专利代理师资格考试
专利代理实务讲座

韩 龙 ◎ 编著

知识产权出版社
全国百佳图书出版单位
—北京—

图书在版编目（CIP）数据

专利代理师资格考试专利代理实务讲座/韩龙编著．—北京：知识产权出版社，2022.6
ISBN 978-7-5130-8155-9

Ⅰ．①专… Ⅱ．①韩… Ⅲ．①专利—代理（法律）—中国—资格考试—自学参考资料 Ⅳ．①D923.424

中国版本图书馆CIP数据核字（2022）第076968号

内容提要

本书为专利代理师资格考试中专利代理实务科目辅导教材，对参加考试需要掌握的基本知识、基本技能、必背模板、解题思路等进行归纳总结，特别适合零基础考生以及备考时间短的在职人员使用。本书对历年考题的出题思路进行深入探索，解密考题背后的规律，按照题型训练考生的逻辑思维能力和概括总结能力。通过学习本书，考生不但能够快速掌握知识，而且对实际工作也有莫大帮助。

读者对象：参加专利代理师资格考试的应试人员以及知识产权行业工作者。

责任编辑：王瑞璞　　　　　　　　　　　责任校对：潘凤越
封面设计：杨杨工作室·张冀　　　　　　责任印制：刘译文

专利代理师资格考试专利代理实务讲座
韩　龙　编著

出版发行：知识产权出版社有限责任公司	网　　址：http://www.ipph.cn
社　　址：北京市海淀区气象路50号院	邮　　编：100081
责编电话：010-82000860转8116	责编邮箱：wangruipu@cnipr.com
发行电话：010-82000860转8101/8102	发行传真：010-82000893/82005070/82000270
印　　刷：三河市国英印务有限公司	经　　销：新华书店、各大网上书店及相关专业书店
开　　本：889mm×1194mm　1/16	印　　张：20.75
版　　次：2022年6月第1版	印　　次：2022年6月第1次印刷
字　　数：545千字	定　　价：99.00元
ISBN 978-7-5130-8155-9	

出版权专有　侵权必究
如有印装质量问题，本社负责调换。

作者简介

韩　龙

工学学士、法学硕士，具有律师执业资格及专利代理师执业资格。

2000年进入国家知识产权局专利局，担任专利实质审查部发明专利审查员，2004年加入北京市浩天信和律师事务所、北京浩天知识产权代理事务所，2014年任中国电子科技集团公司知识产权中心副主任，2016年组创北京慧智兴达知识产权代理有限公司，任总经理，同年组创北京国策方略知识产权研究院。

专利实务业务范围广泛，涵盖机械、机电、通信、计算机、电子设备、光电等领域的案例，对国内专利撰写、涉外专利代理、专利复审、专利无效宣告、专利诉讼、专利侵权分析、专利文献检索、专利信息分析等业务的代理均具有丰富的经验。

2004年起长期承担大中型企业（如天津LG集团、北方兵器集团、北京各经济开发区高新技术企业）、研究院、政府部门等的知识产权管理人员、技术人员、公务员的知识产权培训工作。

2004年起担任专利代理人考前培训班教师，先后为北京市知识产权服务中心、天津市知识产权服务中心、陕西省知识产权服务中心、国防知识产权局、大连理工大学等单位组织的专利代理人考前培训担任教师，主讲专利法基础知识、法律知识、专利代理实务三门课程。

2011年起作为中华全国专利代理人协会指定教师，承担全国专利代理人实务的教材编写和培训工作，为北京、天津、江苏、广东等地执业专利代理人提供实务培训。

2012年入选中华全国专利代理人协会第一批高级人才（全国有190名专利代理人入选）。

2020年开办网络考前培训班、实操训练班，每年报名的学员在2万人次以上。

出版物

《专利法律知识应考教程及同步练习》（专利代理人考前培训教材）副主编，知识产权出版社，2009年出版。

Patent Litigation 中国部分作者（英文撰写），Thomson Reuters 出版社，2006年第1版，2012年第2版。

《专利申请代理实务——机械分册》作者之一，知识产权出版社，2013年3月出版。

《知识产权新动向实务与精要》作者之一，北京大学出版社，2014年2月出版。

《专利代理实务讲座教程及历年试题解析》，国防工业出版社，2015年7月出版。

前　言

一、本书特色

笔者于2012年开始对北京、天津等地以及国防系统的考生面授辅导专利代理实务这门课程，在授课中一直使用化整为零、单元式的教学方法，即按照题型对考生进行专项训练，使得零基础考生掌握起来相对容易一些。历年参加培训的考生经过短期训练后，考试成绩良好。

2020年因新冠肺炎疫情，培训班的形式从面授改为网络培训。网络培训的优势是老师有充分的时间讲授课程，考生学习的时间不受限制。但在辅导中又发现了新问题：网络授课考生听课吸收率低，遗忘率极高；考生往往只关注考试中的超难点而忽视基础知识的记忆、基本功的训练；部分考生只听课，不看书、不做题，无法形成得分能力。

针对以上发现的问题，本书在考前培训班内部材料的基础上，删除难度较大的部分，增强基础性题目训练，并形成如下特色：

（1）本书为网络课程配套教材，图文并茂讲解答题思路、必背模板。考生既可以自行看书学习，也可以跟随视频授课同步学习。

（2）删繁就简，专项训练。本书用前13个专题对考生需要掌握的知识进行分项训练，后5个专题进行综合训练，以循序渐进的方式讲解考试核心知识点。

（3）对考点高度总结。本书训练考生进行套路化记忆，只要回想起标题，即可想到答题思路，例如，无新颖性三段论、无创造性九个得分点、有创造性六个得分点、缺少必要技术特征三段论、不支持找反例、删除式六步法（笔者独创六步法撰写思路，将复杂的主观撰写题转换为客观选择题的答题思路）、不支持的三种情况、创造性判断五种类型、撰写四种类型等。

（4）保必得之分，丢不可得之分，树立120分的得分目标。在多数年份专利代理实务考试150分中，可能由于高估了考生的水平，或者出于调分目的，有20~30分是一般考生（包括有多年撰写经验的人员）根本无法拿到的分数，因此，如果考生纠结于必丢的分数，势必影响备考心情，打击学习积极性，丧失必过的信心。本书在讲解历年试题时，只保留五年经典题目作为五种出题类型的代表，供考生进行综合训练，其余年份题目在剔除难以掌握的知识点后，拆分到各专题进行专题训练。上述学习方法适合绝大部分时间、精力有限的考生。在学习本书后，仍有余力或者希望考取高分的考生可在读者微信群中获得历年试题完整版，以窥历年试题全貌。

二、专利代理实务考试历史沿革与练习题的选择

截止到2022年，专利代理实务考试可分为三个阶段：

第一阶段为1998～2004年。这一阶段每两年考试一次，专利代理实务按机械、化学、电学三个技术领域分别出题，题目以撰写为主，技术难度相当大。这一阶段的考题没有任何参考价值，考生不需要了解其内容。

第二阶段为2006～2010年。这一阶段属于改革探索期，题目不再分专业，以机械类考题为主。考试题型不固定，专利申请撰写、答复审查意见、专利申请撰写加无效宣告都出现过。这一阶段的题目仍然有较大的技术难度，本书选取这一阶段仍然有价值的部分考题作为练习题，未选取的部分考生不需要再学习。

第三阶段为2011年至今。从2011年开始，考试题目固定地分为法律分析和实务撰写两大题型，以生活类产品为主，技术难度大幅下降。其中，法律分析题包括专利申请撰写挑错、答复审查意见、无效宣告请求撰写、无效宣告请求观点分析、无效宣告答辩五种出题方式，实务撰写题包括一个实施例不概括、多个实施例需要概括、并列发明点、多个实施例无法概括四种出题方式。这些题目为本教材讲解重点，也是考生学习重点。

由于2020年开始不再公布考题，而且将考题作为国家秘密，不允许带出考场，因此本书练习题只讲解至2019年。不过，2020年考题的知识点并未超过以往考题，2021年考题新的出题模式已经纳入本书，考生学习本书案例已经足够应对后续年份考试。若再有新的出题模式，会在读者微信群以及学习群中与考生分享。

三、专利代理实务考题出题类型及需要掌握的知识

1. 法律分析题

法律分析题核心考查考生对新颖性、创造性的分析能力，与实践结合得非常紧密。法律分析题可从客户专利申请撰写挑错、答复审查意见、无效宣告请求撰写、无效宣告请求观点分析、无效宣告答辩五个角度出题。

法律分析题核心考查知识点有：权利要求不具有新颖性的分析（参见专题二）、权利要求不具有创造性的分析（参见专题三）、权利要求得不到说明书支持的分析（参见专题四）、权利要求不清楚的分析（参见专题四）、独立权利要求缺少必要特征的分析（参见专题四）。

法律分析题非核心考查知识点有：权利要求不符合发明技术方案的定义、权利要求不是实用新型保护客体、权利要求之间不具有单一性等。以上考点解析请参见专题四。

法律分析题出题形式有：权利要求以及说明书撰写挑错分析（参见专题五，2013年第1题、2017年第1题及第3题、2021年第4题考查过）、答复审查意见（参见专题十，

2014年第1题及第2题考查过）、无效宣告请求书撰写（参见专题十一，2011年第1题、2015年第1题、2016年第2题、2018年第2题、2019年第2题、2020年第2题、2021年第1题考查过）、无效宣告请求观点挑错分析（参见专题十二，2016年第1题、2018年第1题、2019年第1题、2020年第1题考查过）、无效宣告答辩（参见专题十三，2012年第1题、2018年第3题考查过）。

2. 实务撰写题

2011年以后，专利申请撰写题目每年必考。

撰写的知识点有：说明书的撰写（参见专题一，2021年第4题考查过）、一个实施例不概括的撰写方式（参见专题六，2013年第2题、2018年第4题考查过）、两个以上实施例的概括（参见专题七，2012年第2题、2014年第3题、2016年第3题、2017年第3题、2019年第3题、2020年第3题、2021年第2题考查过）、并列发明点的撰写方式（参见专题八，2012年第2题、2013年第2题、2014年第2题、2015年第2题、2018年第4题、2019年第4题、2020年第4题考查过）、并列主题的撰写方式（参见专题九，2010年以后未再考查，非重点）。

除撰写权利要求书外，实务撰写题目还要求考生回答问题。常见的问题有：撰写的权利要求具有新颖性、创造性的理由（参见专题二，2013年第3题、2015年第3题、2017年第4题、2019年第4题、2020年第3题、2021年第3题考查过）、发明所要解决的技术问题和取得的技术效果（2012年第2题第2问、2016年第4题、2018年第5题考查过）、撰写两件以上申请的理由（2011年第2题、2012年第1题、2013年第4题、2015年第2题、2019年第5题、2020年第3题考查过）。

四、学习方法

零基础考生应当采取早动手、早背诵、早做题的学习方法。专利代理实务的知识点不多，但是需要反复琢磨，提高熟练程度和判断能力。

1. 利用视频快速入门

专利代理实务的入门知识比较枯燥，需要大量的阅读和背诵才能迈过第一道门槛，之后的学习便相对容易一些。零基础考生可在读者微信群中领取免费的实务预习课程视频材料，跟着视频案例学习入门知识，更容易迈过入门门槛。

2. 基础部分学习方法

本书专题一至专题四以看书、背诵为主（有条件的考生听讲座后，看书效果更佳），考生一定要在学完之后背诵重点语段、重点模板。专题五为法律分析题第一种题型，也是所有法律题的基础，先学习示范案例，然后动手做练习案例，再对照解析看书或听讲座。专题六至专题九为实务撰写题，其中专题六至专题八为重点，专题九为非重点。专题十至专题十三为四种法律分析题的传统出题方式，先看（有条件的考生先听）示范案例，然后做练习案例，再看书或听讲座。

零基础考生在基础部分应投入至少 100 课时进行学习，打好基础、知晓考试得分点才能遇题不慌。

3. 综合题部分训练方法

基础讲座部分学完后即可进入完整题目训练部分。专题十四至专题十八代表了常见的五种出题方式，已经糅合了所有法律分析和实务撰写的出题方式，无论零基础还是有基础的考生，都应当先做题检测是否掌握了得分要点，再看答案、看解析或听讲座。

经过以上学习、训练，按照要求掌握考点、熟背应试模板并能够完整做题的考生，必将顺利通过专利代理实务考试！预祝各位考生取得良好成绩！

购买本书的读者，请扫以下助理二维码，提供购书凭证进入读者微信群，领取 Word 版练习题、零基础预习课视频、2006～2019 年完整版历年试题（含官方答案与推荐答案对照）。已经报名实务精讲班的考生不需要重复入群。

目　　录

专题一　专利申请文件的格式及形式要求 ························· 1
　　第一节　专利的类型及专利申请文件简介 ····················· 1
　　第二节　说明书的格式及形式要求 ··························· 2
　　第三节　权利要求的格式及形式要求 ························· 4
　　第四节　权利要求的类型与技术方案 ························· 7

专题二　新颖性的概念与判断 ································· 14
　　第一节　新颖性概述 ····································· 14
　　第二节　不具有新颖性的论述 ····························· 17
　　第三节　具有新颖性的论述 ······························· 21
　　第四节　模板记忆 ······································· 23

专题三　创造性的概念与判断 ································· 24
　　第一节　创造性的概念 ··································· 24
　　第二节　不具有创造性的论述 ····························· 26
　　第三节　具有创造性的论述 ······························· 33
　　第四节　模板记忆 ······································· 38

专题四　其他与实务考试相关的法条解析 ······················· 40
　　第一节　对《专利法实施细则》第 20 条第 2 款的理解与适用 ··· 40
　　第二节　对《专利法》第 26 条第 4 款的理解与适用 ·········· 43
　　第三节　单一性的理解与适用 ····························· 47
　　第四节　对《专利法》第 2 条第 2 款的理解与适用 ·········· 49
　　第五节　对《专利法》第 2 条第 3 款的理解与适用 ·········· 50
　　第六节　对《专利法》第 26 条第 3 款的理解与适用 ·········· 52
　　第七节　模板记忆 ······································· 53

专题五　挑错型分析题 ······································· 55
　　第一节　概　　述 ······································· 55
　　第二节　示范案例 ······································· 58
　　第三节　练习案例 1 ····································· 66
　　第四节　练习案例 2 ····································· 74

专题六　权利要求撰写基础案例 ······························· 84
　　第一节　概　　述 ······································· 84
　　第二节　不概括示范案例 ································· 86
　　第三节　不概括练习案例 1 ······························· 91
　　第四节　不概括练习案例 2 ······························· 95

专题七　权利要求的概括 ··· 102
第一节　概　　述 ··· 102
第二节　概括写法示范案例 ·· 103
第三节　概括写法练习案例1 ··· 109
第四节　概括写法练习案例2 ··· 116
第五节　概括写法练习案例3 ··· 123

专题八　两件申请的撰写 ··· 130
第一节　概　　述 ··· 130
第二节　并列发明点示范案例 ·· 132
第三节　多个实施例无法概括示范案例 ······································ 139
第四节　同时存在无法概括和并列发明点示范案例 ····················· 144

专题九　多个并列技术主题的撰写（选修） ····························· 150
第一节　概　　述 ··· 150
第二节　示范案例 ··· 151

专题十　答复审查意见通知书 ·· 158
第一节　概　　述 ··· 158
第二节　示范案例 ··· 161

专题十一　无效宣告请求 ··· 174
第一节　概　　述 ··· 174
第二节　示范案例 ··· 175

专题十二　无效宣告请求观点分析 ··· 186
第一节　概　　述 ··· 186
第二节　示范案例 ··· 186
第三节　练习案例 ··· 199

专题十三　无效宣告答辩 ··· 212
第一节　概　　述 ··· 212
第二节　包装体案例 ·· 214

专题十四　挑错型法律题完整案例 ··· 225

专题十五　答复审查意见完整案例 ··· 244

专题十六　无效请求题完整案例 ··· 265

专题十七　无效宣告请求分析题完整案例 ······························ 280

专题十八　无效宣告答辩题完整案例 ····································· 300

参考文献 ··· 320

后　　记 ··· 321

专题一　专利申请文件的格式及形式要求

对于参加专利代理师资格考试专利代理实务部分的考生来说，读懂专利申请文件、掌握其撰写格式是必须掌握的技能。本专题介绍专利申请文件的基础知识，讲述《中华人民共和国专利法》（以下简称《专利法》）、《中华人民共和国专利法实施细则》（以下简称《专利法实施细则》）以及《专利审查指南》（以下简称《审查指南》）对专利申请文件的形式要求。

第一节　专利的类型及专利申请文件简介

一、专利的类型

《专利法》第 2 条规定了三种类型的专利，即发明专利、实用新型专利和外观设计专利。

简单来说，发明专利涉及比较大的改进。比如，现有钢笔是蘸水形式的，发明人在现有的蘸水钢笔基础上增加笔胆、出水通道等部件，设计出了可携带墨水的钢笔。对这种改进程度比较高的发明创造，可以申请发明专利。

实用新型专利一般涉及小发明、小改进。比如，在可携带墨水的钢笔基础上，增设笔帽以防止墨水流到外部、防止笔尖磕伤。对这种改进程度比较低的发明创造，可以申请实用新型专利。

外观设计专利涉及产品外部的美感设计，比如流线型的钢笔。

发明和实用新型专利都存在专利申请文件撰写的问题。在专利代理师资格考试中，有的年份考题提示考生撰写发明专利申请或实用新型专利申请的权利要求书，有的年份并不提示撰写类型。因近 10 余年仅考查产品权利要求的撰写，而对产品权利要求来说，发明和实用新型权利要求的撰写方式并无明显不同，因此考生也就不必纠结撰写类型，采取一致的标准写法即可。

外观设计专利申请只需要提交产品的图片或者照片以及简要说明，主要涉及制图或拍照问题，不属于专利代理实务考试的内容，因此外观设计申请的文件不在本书讲解之列。

二、专利申请文件的组成

1. 发明和实用新型专利申请文件的组成

专利申请文件是在申请专利时向国家知识产权局提交的材料。发明和实用新型专利申请文件由请求书、说明书及其摘要、权利要求书以及其他附件组成。

2. 申请文件的作用

（1）请求书

请求书是国家知识产权局统一印制的表格，专利代理师或申请人按照要求填写发明或实用新型名称，发明人或设计人姓名，申请人姓名或名称、地址以及其他有关内容即可。

专利代理实务考试不涉及对请求书表格的考查。

（2）说明书

说明书的作用是向公众充分公开发明或实用新型的技术内容，并使本领域普通技术人员能够实施。

说明书是理解、撰写权利要求书的基础,考生应当掌握说明书撰写的形式要求和实质要求。2017年实务第2题考查了说明书撰写挑错,2021年实务第4题考查了说明书的撰写及撰写挑错。

(3) 权利要求书

权利要求书是用来确定发明或实用新型专利权的保护范围的法律文件。在审查过程中,审查员的工作重点是审查权利要求是否满足法律上的要求。如果专利授权后发生侵权问题,则法院审查的重点是被控侵权产品或方法是否落入权利要求的保护范围。因此,专利申请文件最重要的部分是权利要求书。权利要求的撰写是实务考试的重点内容,也是本书讲解的重点。

第二节 说明书的格式及形式要求

下面对发明或实用新型说明书各组成部分的撰写要求分别进行说明。

1. 名称

发明或者实用新型的名称应当按照下列各项要求撰写:

① 清楚、简要、全面地反映发明或实用新型要求保护的技术方案的主题以及类型。

类型是指发明创造要求保护的是产品还是方法。例如,一件包含拉链产品和该拉链制造方法两项发明的申请,名称应当写成"拉链及其制造方法"。

② 发明或实用新型名称应采用所属技术领域通用的技术术语,不得含有非技术词语。

例如,人名、单位名称、地名、商标、型号或商品名称等,都属于非技术词语,不能出现在发明或实用新型名称中。

③ 不得仅使用笼统的词语,致使未给出任何发明信息。

例如,不能仅用"方法""装置""组合物""化合物"等词作为发明名称。

④ 不得使用商业性宣传用语。

⑤ 尽量避免写入发明或实用新型与现有技术的区别技术特征。

2. 技术领域

这一部分应当写明要求保护的技术方案的所属技术领域。发明或者实用新型要求保护的技术方案的所属技术领域是指其所属或者直接应用的具体技术领域,既不是发明或实用新型所属或者应用的广义或上位技术领域,也不是其相邻技术领域,更不是发明或者实用新型本身。

例1 一项关于挖掘机悬臂的发明,其改进之处是将背景技术中的长方形悬臂截面改为椭圆形截面。

建议写法:本发明涉及一种挖掘机,特别是涉及一种挖掘机悬臂(具体的技术领域);

不宜写成:本发明涉及一种建筑机械(上位的技术领域);

不宜写成:本发明涉及挖掘机悬臂的椭圆形截面,或者本发明涉及一种截面为椭圆形的挖掘机悬臂(发明本身)。

3. 背景技术

背景技术部分是对发明或者实用新型理解、检索、审查有用的现有技术。背景技术可以采用综述式写法或者引证式写法。背景技术应当包括以下三方面内容:

① 注明其出处,引证的专利文件至少要写明专利文件的国别和公开号(考试中的文件一般不给公开号,可以用申请号);

② 简要说明该现有技术的相关技术内容，即简要给出该现有技术的主要结构和原理；
③ 客观地、实事求是地指出该现有技术存在的主要问题。

4. 发明内容

这一部分应当写明发明或者实用新型所要解决的技术问题以及解决其技术问题采用的技术方案，并对照现有技术写明发明或者实用新型的有益效果。

(1) 要解决的技术问题

通常针对最接近的现有技术中存在的技术问题并结合本发明所取得的效果提出要解决的技术问题。

发明或者实用新型所要解决的技术问题在撰写时应当满足下面几点要求：

① 应当采用正面语句直接、清楚、客观地说明要解决的技术问题，和背景技术提到的缺陷相对应，所要解决的问题可以是一个，也可以是多个；
② 反映发明或者实用新型要求保护的技术方案的主题名称以及发明的类型；
③ 应当具体体现出其要解决的技术问题，但又不得包含技术方案的具体内容；
④ 不得采用广告宣传用语。

本部分内容通常采用格式语句是："本发明（实用新型）所要解决的问题是提供一种……（对技术内容简要描述）的（产品或方法名称）"；或"为克服……（对存在问题简要描述）的问题，本发明提供一种（对技术内容简要描述）的（产品或方法名称）"。

(2) 技术方案

发明或者实用新型的技术方案在撰写时应当满足下面几点要求：

① 用语与独立权利要求相同或者相应；
② 必要时可以写入从属权利要求的技术方案。

(3) 有益效果

有益效果是指由构成发明或者实用新型的技术特征直接带来的，或者这些技术特征必然产生的技术效果。

对机械、电学领域发明或者实用新型的有益效果，可通过分析结构特点、作用关系方式或理论说明的方式进行说明；化学领域发明的有益效果应当通过实验或试验数据来说明。

5. 附图说明

说明书有附图的，说明书文字部分应当在描述发明或实用新型的具体实施方式之前集中对各幅附图作简略说明。

附图说明部分应当满足下述几方面要求：

① 应当按照机械制图国家标准对附图的图名、图示的内容作简要说明；
② 附图不止一幅时，应当对所有的附图按顺序作出说明，且每幅附图应当单编一个图号。

例 2 附图说明样式

图 1 为现有技术杯子的剖视图；
图 2 为本实用新型第一实施例杯子的剖视图；
图 3 为本实用新型第二实施例杯子的立体图；
图 4 为本实用新型第三实施例杯子的剖视图。

6. 具体实施方式

这一部分应当详细写明申请人认为实现发明或者实用新型的优选实施方式和实施例，必要时举例说明，说明书有附图的应当对照附图作出说明。

在撰写发明或者实用新型的具体实施方式部分时应当注意下述几个方面：

① 通常这一部分至少具体描述一个具体实施例，以使所属技术领域的技术人员按照所描述的内容就能够实现发明或者实用新型；

② 在权利要求（包括独立权利要求和从属权利要求）中出现概括性技术特征（包括功能性技术特征）时，具体实施方式中应当给出多个具体实施方式或者实施例；

③ 通常对最接近的现有技术或者与最接近的现有技术共有的技术特征不必详细展开说明，但对发明或者实用新型区别于最接近的现有技术的技术特征，以及从属权利要求中出现的且不是现有技术或公知常识的技术特征应当详细地说明；

④ 对于产品的发明或者实用新型，实施方式或者实施例应当描述产品的机械构成、电路构成或者化学成分，说明组成产品的各部分之间的相互关系；对于可动作的产品，必要时还应当说明其动作过程或者操作步骤，以帮助所属技术领域的技术人员对技术方案的理解；

⑤ 对于方法发明，应当写明其步骤，涉及的工艺条件可以用不同的参数或者参数范围来表示。

7. 说明书附图

附图是说明书的一个组成部分，用图形补充说明文字部分的描述，帮助本领域普通技术人员直观、形象地理解发明或者实用新型的每个技术特征和整体技术方案。

实务考题不涉及对说明书附图的考查，考生能对照文字读懂附图即可。

8. 说明书摘要

摘要是与专利有关的科学技术的重要情报，摘要的撰写应当满足下述要求：

① 说明书摘要应当写明发明或者实用新型所公开内容的概要，即写明发明或者实用新型的名称和所属技术领域，并清楚地反映所要解决的技术问题、解决该技术问题的技术方案的要点以及主要用途，其中以技术方案的要点为主；

② 摘要应当简单扼要，不分段；

③ 摘要文字部分的附图标记应当加括号。

第三节 权利要求的格式及形式要求

一、独立权利要求和从属权利要求的划分

一件发明或者实用新型专利申请的权利要求书，至少包括一项独立权利要求，还可以包括从属权利要求。

1. 独立权利要求

在技术内容上，独立权利要求从整体上反映发明或者实用新型的技术方案，记载解决其技术问题所需的必要技术特征。

一件申请至少具有一项独立权利要求；具有多个技术主题的申请，还可以有并列独立权利要求。

2. 从属权利要求

从属权利要求用附加的技术特征，对引用的权利要求作进一步的限定。

独立权利要求通常为解决技术问题的最基本的技术方案，保护范围最大。从属权利要求的保护范围落入其引用的权利要求的保护范围之内。

二、独立权利要求的撰写格式

1. 独立权利要求的划界

"划界"是指独立权利要求通常采用两段式格式。即,在撰写形式上,独立权利要求应当包括两个部分:前序部分和特征部分。

① 前序部分:写明所要求保护技术方案的主题名称以及要保护的技术方案与最接近的现有技术共有的必要技术特征。

② 特征部分:通常以"其特征在于:……"或者类似用语开始,写明发明或者实用新型区别于最接近的现有技术的技术特征。这些特征和前序部分写明的特征一起构成发明或实用新型要求保护的技术方案,并限定了其保护范围。

例3 独立权利要求样式

1. 一种便携式牙刷,具有刷柄和刷头,其特征在于:刷头和刷柄通过活动连接装置连接。

主题名称	与最接近的现有技术共有的必要技术特征	区别于最接近的现有技术的技术特征
前序部分		特征部分

2. 划界的目的

独立权利要求分两部分撰写的目的,在于使公众更清楚地看出独立权利要求的全部技术特征中哪些是发明或者实用新型与最接近的现有技术所共有的技术特征,哪些是发明或者实用新型区别于最接近的现有技术的技术特征。

3. 考试中对"划界"的要求

实务撰写考题中要求考生掌握划界,但是对精准划界要求不高,只要考生大致划界正确即可。

三、从属权利要求的撰写格式

通常从属权利要求也包括两个部分:引用部分和限定部分。

① 引用部分:应当写明所引用的权利要求的编号及其主题名称。

② 限定部分:紧接在该引用部分之后,通常以"其特征在于:……"开始,然后写明发明或实用新型的附加技术特征,对其引用的权利要求作进一步限定。

附加技术特征既可以是对引用权利要求技术特征进一步限定的技术特征,也可以是增加的技术特征。

例4 从属权利要求样式

2. 根据权利要求1所述的便携式牙刷,其特征在于:刷柄的上壁有一个容纳刷毛的空腔。

引用权利要求的编号	引用权利要求的主题	附加技术特征(增加技术特征)
引用部分		限定部分

3. 根据权利要求1所述的便携式牙刷,其特征在于:活动连接装置是连接轴。

```
  引用权利                                  
  要求的编号    引用权利要求的主题        附加技术特征(进一步限定的技术特征)
        └─────────┬─────────┘              └──────────┬──────────┘
              引用部分                              限定部分
```

四、从属权利要求的引用规则

1. 从属权利要求的主题名称应当与所引用的权利要求主题名称一致

例5 以下从属权利要求有哪些存在撰写错误?

1. 一种半导体器件,包括A、B和C。

2. 如权利要求1所述的半导体器件的A,其特征在于:还包括D。

☞ 分析:

权利要求2的主题名称与所引用的权利要求1的主题名称不一致,不符合《专利法实施细则》第22条第1款的规定。

2. 从属权利要求应当有引用基础

例6 以下从属权利要求有哪些存在撰写错误?

1. 一种半导体器件,包括A、B和C。

2. 如权利要求1所述的半导体器件,还包括D。

3. 如权利要求1所述的半导体器件,所述的D为d……。

☞ 分析:

权利要求3进一步限定技术特征D,但技术特征D在其引用的权利要求1中并未出现过,因此权利要求3缺少引用基础,不符合《专利法》第26条第4款的规定。

3. 多项从属权利要求的择一引用

引用两项以上权利要求的从属权利要求被称为多项从属权利要求。

多项从属权利要求只能以择一方式引用在前的权利要求,即只能用"或"及其等同语,不得用"和"及其等同语。

例7 以下从属权利要求有哪些存在撰写错误?

3. 根据权利要求1或2所述的便携式牙刷,……。

……

9. 根据权利要求4至7中所述的便携式牙刷,……。

☞ 分析:

权利要求3、9都是多项从属权利要求,权利要求3用"或"引用在先的权利要求,符合引用规定。权利要求9没有用选择其一的方式引用在先的权利要求,属于非择一引用。

4. 禁止多项引多项

多项从属权利要求不得作为另一项多项从属权利要求的引用基础,即多项从属权利要求不得直接或间接地引用另一项多项从属权利要求。

例8 以下权利要求的引用关系是否正确?

4. 根据权利要求1或2所述的便携式牙刷,其特征在于:……。
5. 如前述任一项权利要求所述的便携式牙刷,其特征在于:……。

分析:

权利要求4本身是多项从属权利要求,权利要求5也是多项从属权利要求,权利要求5引用了权利要求4,属于多项从属权利要求引用多项从属权利要求,不符合规定。

五、权利要求的其他格式要求

实务考题中,权利要求的撰写还需注意以下格式要求:
① 权利要求应当用阿拉伯数字顺序编号,编号前不得冠以"权利要求"或者"权项"等词;
② 权利要求中使用的科技术语应当与说明书(技术交底书)中使用的科技术语一致;
③ 权利要求中不得使用"如说明书……部分所述"或者"如图……所示"等类似用语;
④ 权利要求中的技术特征可以引用说明书附图中相应的标记,这些标记应当用括号括起来,放在相应的技术特征后面;
⑤ 每一项权利要求只允许在其结尾处使用句号。

第四节 权利要求的类型与技术方案

一、产品权利要求与方法权利要求的撰写要求

1. 产品权利要求的撰写要求

产品权利要求一般使用产品的名称,零部件的形状、连接关系、作用、材料进行限定。

2. 方法权利要求的撰写要求

方法权利要求一般用生产的工艺过程、操作条件进行限定。

例9 产品权利要求

1. 一种浸泡袋,上述浸泡袋具有透水性外包装层,外包装层的边缘黏合起来形成边缘部,其特征在于:上述外包装层的内侧设置有引导细绳,边缘部上设置有引导通道,引导细绳从边缘部上的引导通道进入浸泡袋,绕过设置在相对的边缘部上的转向柱改变方向后,从边缘部上的引导通道导出。

分析:

权利要求1是产品权利要求,其使用的技术特征包括部件的名称、形状、连接关系、材质等技术内容。

例10 方法权利要求

9. 一种制备浸泡袋的方法,包括如下步骤:
在第一薄层材料层上放置浸泡物质和细绳;

用第二薄层材料层覆盖第一薄层材料层；

在边界处将所述两个薄层材料层结合形成边缘部，

其特征在于：

边缘部上留出引导通道，细绳通过边缘部上的引导通道的引导，并在相对的边缘部上改变方向后，从边缘部上的引导通道导出。

☞ 分析：

权利要求9为方法权利要求，利用产品的制造步骤对技术方案进行限定。

二、权利要求的技术方案

1. 技术特征与技术方案

每一项权利要求都是一个所要求保护的技术方案。技术方案由技术特征构成。技术特征可以是构成发明或者实用新型技术方案的组成要素，也可以是组成要素之间的相互关系。

例11 下面的权利要求中，包括哪些技术特征？

1. 一种便携式牙刷，由牙刷本体、兼作刷柄的盒体和置于盒体内的牙膏软袋组成，其特征在于：牙刷本体与盒体之间通过铰链（6）连接在一起，所述盒体的上壁设有一个形状、大小与刷毛相应的空腔（7），携带时所述牙刷本体（4）上的刷毛正好位于此空腔（7）内。

☞ 分析：

在上面这个权利要求中，权利要求1整体上是一个技术方案。这个技术方案是由多个技术特征组成的，这些技术特征包括：①便携式牙刷，由牙刷本体、兼作刷柄的盒体和置于盒体内的牙膏软袋组成（部件的结构）；②牙刷本体与盒体之间通过铰链连接在一起（部件之间的连接关系）；③盒体的上壁设有一个形状、大小与刷毛相应的空腔（部件的结构）；④携带时所述牙刷本体上的刷毛正好位于此空腔内（连接关系/作用）。

2. 技术方案的数量

一般情况下，一项权利要求包括一个技术方案。对于采用并列选择方式撰写的权利要求，一项权利要求会包括多个技术方案。

例12 下面的权利要求中，包括哪些技术方案？

一种便携式牙刷，由刷头、刷柄组成，其特征在于：刷头和/或刷柄设有带凸点的橡胶层。

☞ 分析：

上述权利要求包括三个技术方案：

方案一：一种便携式牙刷，由刷头、刷柄组成，其特征在于：刷头上设有带凸点的橡胶层。

方案二：一种便携式牙刷，由刷头、刷柄组成，其特征在于：刷柄上设有带凸点的橡胶层。

方案三：一种便携式牙刷，由刷头、刷柄组成，其特征在于：刷头和刷柄上设有带凸点的橡胶层。

在考试和现实撰写中，都应当尽量避免采取"和/或"的表达方式，以免造成权利要求的技术方案过于复杂。

3. 权利要求的保护范围

专利最大的作用在于保护发明创造。在保护发明创造的过程中，权利要求起到确定保护范围的作用。专利代理师撰写权利要求的首要任务是为申请人争取比较宽的保护范围,以利于保护发明创造。

(1) 技术特征的数量对保护范围的影响

权利要求的保护范围通常由记载在该权利要求中的全部内容作为一个整体来限定。对于有多项权利要求的专利,每一项权利要求都确定了一个保护范围。

权利要求是由组成技术方案的技术特征来限定的,技术特征越多,所限定的保护范围越小。

记载在权利要求中的每一个技术特征都会对该权利要求的保护范围产生一定的限定作用。所谓"限定作用",是指但凡在权利要求中写入一个技术特征,就表明该权利要求所要求保护的技术方案应当包含该技术特征。

例 13 技术特征数量对保护范围的影响

第一个独立权利要求:

1. 一种杯子,包括杯体、杯侧壁,其特征在于:在杯侧壁上设置把手。

第二个独立权利要求:

1. 一种杯子,包括杯体、杯侧壁,其特征在于:在杯侧壁上设置可拆卸把手。

第三个独立权利要求:

1. 一种杯子,包括杯体、杯侧壁,其特征在于:在杯侧壁上设置凹槽,把手端部设置凸起,把手通过凹凸结构可拆卸地固定在杯侧壁上。

分析:

第一个独立权利要求包含的技术特征最少,保护范围最宽;第三个独立权利要求包含的技术特征最多,保护范围最小。

(2) 技术特征的措辞对保护范围的影响

权利要求记载的技术特征表述所采用的技术术语越下位或越具体,则其保护范围越小;反之,一项权利要求记载的技术特征表述所采用的技术术语越上位或越抽象,则该权利要求的保护范围就越大。

例 14 技术特征措辞对保护范围的影响

第一个独立权利要求:

1. 一种杯子,包括杯体,其特征在于:在杯体侧面相对设置有防滑结构。

第二个独立权利要求:

1. 一种杯子,包括杯体,其特征在于:在杯体侧面相对设置有防滑凹槽。

分析:

第一个权利要求采用了含义更为抽象的技术特征"防滑结构",第二个权利要求使用更为具体的技术特征"防滑凹槽",技术特征的数量一样,但是保护范围变小了。

4. 独立权利要求与从属权利要求的保护范围

(1) 独立权利要求的保护范围

独立权利要求从整体上反映了发明的技术方案,记载了解决发明提出的技术问题最基本的技术方案,其保护范围最大。

由于独立权利要求的保护范围最大,并且从整体上反映了解决发明所提出的技术问题的技术方案,对保护申请人的利益最为有效。

独立权利要求的划界，不影响独立权利要求保护范围的确定。

（2）从属权利要求的保护范围

从属权利要求包含了所引用的权利要求中的所有技术特征，且对所引用的权利要求的技术方案作了进一步限定，因此从属权利要求的保护范围落入其引用的权利要求的保护范围之内。

例15 一种便携式牙刷如图1所示，请分析如下两个权利要求的保护范围。

1. 一种便携式牙刷，具有刷柄和刷头（4），其特征在于：刷柄由握柄（1）和折叠柄（3）构成，握柄（1）通过活动连接装置与折叠柄（3）以折叠方式连接。

2. 根据权利要求1所述的便携式牙刷，其特征在于：握柄（1）的上壁设有一个形状、大小与刷毛相应的空腔（7），折叠柄（3）向内折叠时，折叠柄（3）与握柄（1）叠合，刷头（4）的刷毛位于空腔（7）的开口上。

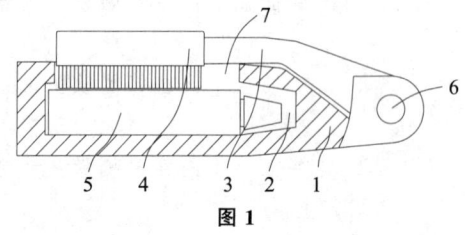

图1

☞ 分析：

权利要求1限定了牙刷的整体结构，权利要求2进一步限定了牙刷握柄上设置有空腔。权利要求2的技术方案包括权利要求1的技术方案，因此权利要求2的保护范围比权利要求1的保护范围小。下面通过列表对比的方式对比两个权利要求的技术方案：

权利要求	技术方案	保护范围
1. 一种便携式牙刷，具有刷柄和刷头（4），其特征在于：刷柄由握柄（1）和折叠柄（3）构成，握柄（1）通过活动连接装置与折叠柄（3）以折叠方式连接。	一种便携式牙刷，具有刷柄和刷头（4），刷柄由握柄（1）和折叠柄（3）构成，握柄（1）通过活动连接装置与折叠柄（3）以折叠方式连接	保护范围比较大，凡是刷柄可折叠的牙刷，都会落入保护范围
2. 根据权利要求1所述的便携式牙刷，其特征在于：握柄（1）的上壁设有一个形状、大小与刷毛相应的空腔（7），折叠柄（3）向内折叠时，折叠柄（3）与握柄（1）叠合，刷头（4）的刷毛位于空腔（7）的开口上。	一种便携式牙刷，具有刷柄和刷头（4），刷柄由握柄（1）和折叠柄（3）构成，握柄（1）通过活动连接装置与折叠柄（3）以折叠方式连接，握柄（1）的上壁设有一个形状、大小与刷毛相应的空腔（7），折叠柄（3）向内折叠时，折叠柄（3）与握柄（1）叠合，刷头（4）的刷毛位于空腔（7）的开口上	保护范围相对小，只有刷柄可折叠、刷柄上设置容纳刷毛的空腔的牙刷，才会落入保护范围

5. 权利要求书的多层次保护体系

实践中，一件专利申请的权利要求书中会包括多个权利要求。通常情况下，独立权利要求尽量采用概括的限定方式使其保护范围最大，而从属权利要求则或者不断增加新的技术特征，或者不断将概括的内容具体化，从而使权利要求的保护范围越来越小。这样做的目的是在专利申请中构造出多层次的保护体系。这样有利于多层次地对发明创造进行保护，而且在专利审查、复审、无效宣告程序中留有修改余地。

附件：

下面以示例形式给出一个发明专利申请文件，考生应当结合左侧的专利文件，背诵右侧的撰写要求。

说　明　书

便携式牙刷

技术领域

本发明涉及一种便携式牙刷，尤其是一种可将牙膏和牙刷一体携带的便携式牙刷。

背景技术

人们到外地工作、旅行，日常洗漱用品是随身之物。目前在市场上最常见的便携式漱具由漱具盒、普通牙刷、牙膏袋组成，携带时将牙刷、牙膏袋放入漱具盒，使用时从盒中取出即可，但这样的漱具盒太大，不便携带。

中国实用新型专利说明书CN212345678U公开了一种牙刷、牙膏袋在携带时合为一体的旅行牙刷，如图1所示，此旅行牙刷有一个可兼作刷柄的盒体31，盒体31的侧壁设有开口，盖体35可盖住开口。此盒体31内放置小包装牙膏袋34以及刷头32。刷头32为分体设置，具有插销，可插在与盖体35相对的侧壁的开孔33上。不使用时，可将刷头从盒体一侧的开口插入此盒，防止刷毛在旅行携带时被弄脏；使用时将刷头取出，倒过来安装在盒体上，即可刷牙。但是，这种牙刷操作起来十分烦琐，使用不方便。

发明内容

本发明要解决的技术问题是提供一种使用、携带更方便的便携式牙刷。

为解决上述技术问题，本发明提供一种便携式牙刷，具有刷柄和刷头，刷头上设置有刷毛，刷柄由握柄和折叠柄构成，其中握柄通过旋转连接装置与折叠柄以折叠方式连接。

为了进一步解决本发明所要解决的技术问题，本发明提供的便携式牙刷中，握柄内部形成有放置牙膏袋的中空腔体。该中空腔体具有开口，开口的大小与牙刷刷毛相应，当牙刷折叠放置时，刷毛正好落入中空腔体的开口内。

名称：应简明、准确地表明发明或实用新型专利请求保护的主题。名称中不应含有非技术性词语，不得使用商标、型号、人名、地名或商品名称等。名称应写在说明书首页正文部分的上方居中位置。

说明书应按以下五个部分顺序撰写：技术领域、背景技术、发明内容、附图说明、具体实施方式；并在每一部分前面写明标题。

技术领域：应写明发明或实用新型技术方案所属或直接应用的技术领域。

背景技术：是指对发明或实用新型的理解、检索、审查有用的技术，可以在背景技术中引证反映这些文件。背景技术中要客观地指出背景技术中存在的问题和缺点。

发明内容：应包括发明或实用新型所要解决的技术问题、解决其技术问题所采用的技术方案及其有益效果。

① **要解决的技术问题**：应当针对现有技术存在的缺陷或不足，写明发明或实用新型所要解决的技术问题。

② **技术方案**：首先应当写明独立权利要求的技术方案，可以写入从属权利要求的技术方案。

采用这样的结构后，由于刷柄采取可折叠方式，因此携带、使用方便。此外，盒体壁上设置了容纳刷毛的空腔，旅行携带时，刷毛就置于此空腔内，从而可保持刷毛清洁，符合卫生要求。

附图说明

下面结合附图和具体实施方式对本发明作进一步的详细说明。

图1是现有技术中便携式牙刷具体实施方式的剖视图。

图2是本发明便携式牙刷的具体实施方式的剖视图。

具体实施方式

图2显示出本发明改进后的便携式牙刷。与现有的牙刷相同，本发明的牙刷也是由刷头4和刷柄组成，刷头4上设置有刷毛，用于刷牙时使用。刷柄用于刷牙时握持牙刷。与现有技术不同的是，刷柄分为折叠柄3、握柄1两个部分，折叠柄3和握柄1之间通过连接轴6连接起来，从而折叠柄3可围绕连接轴6转动。不使用牙刷时，折叠柄3折叠起来，携带方便。折叠柄3也可以通过铰链轴、枢轴等其他旋转连接装置连接。

此外，如图2所示，本发明的握柄1为细长形，内部形成有中空腔体2，用于放置牙膏袋5。该握柄1的顶壁具有开口7，开口7的大小与刷毛相应，当牙刷折叠放置时，刷毛正好落入开口7内。握柄的顶壁开口7与容置牙膏袋的中空腔体2连通。

使用时，旋开折叠柄3，取出牙膏袋5，可挤出牙膏。用毕，将牙膏袋5放入握柄1的中空腔体2内，将折叠柄3折叠至如图2所示状态。

权 利 要 求 书

1. 一种便携式牙刷，具有刷柄和刷头（4），刷头（4）上设置有刷毛，刷柄由握柄（1）和折叠柄（3）构成，其特征在于：握柄（1）通过旋转连接装置与折叠柄（3）以折叠方式连接。

2. 根据权利要求1所述的便携式牙刷，其特征在于：握柄（1）顶壁具有开口（7），开口（7）的大小与刷毛相应，当牙刷折叠放置时，刷毛正好落入顶壁开口（7）内。

3. 根据权利要求2所述的便携式牙刷，其特征在于：握柄（1）内部形成有放置牙膏袋（5）的中空腔体（2）。

4. 根据权利要求3所述的便携式牙刷，其特征在于：握柄（1）顶壁上的开口（7）与中空腔体（2）连通。

③ **有益效果**：是发明或实用新型和现有技术相比所具有的优点及积极效果，是由技术特征直接带来的，或者是技术特征产生的必然的技术效果。

附图说明：应写明各附图的图名和图号，对各幅附图作简略说明，必要时可将附图中标号所示零部件名称列出。

具体实施方式：应当对照附图对发明或实用新型的形状、构造进行说明，实施方式应与技术方案相一致，并且应当对权利要求的技术特征给予详细说明，以支持权利要求。附图中的标号应写在相应的零部件名称之后，使所属技术领域的技术人员能够理解和实现，必要时说明其动作过程或者操作步骤。

独立权利要求：应从整体上反映发明或实用新型的技术方案，记载解决的技术问题的必要技术特征。独立权利要求应包括前序部分和特征部分。前序部分，写明要求保护的主题名称及与其最接近的现有技术共有的必要技术特征。特征部分使用"其特征在于"，写明区别于最接近的现有技术的技术特征。

从属权利要求：用附加的技术特征，对所引用的权利要求作进一步的限定或者增加技术特征。从属权利要求包括引用部分和限定部分。引用部分应写明所引用的权利要求编号及主题名称，该主题名称应与独立权利要求主题名称一致，限定部分写明附加技术特征。从属权利要求应按规定格式撰写，即"根据权利要求（引用的权利要求的编号）所述的（主题名称），其特征在于：……"。

5. 根据权利要求1或2所述的便携式牙刷，其特征在于：旋转连接装置是铰链轴或枢轴。

6. 根据权利要求1或2所述的便携式牙刷，其特征在于：握柄（1）为细长形盒体。

说 明 书 附 图

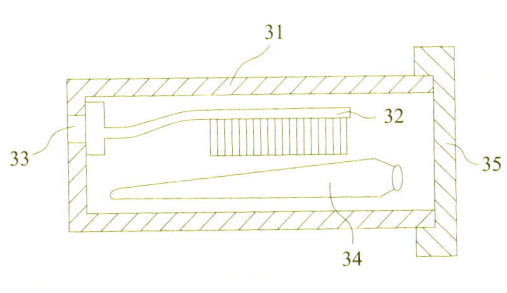

图1

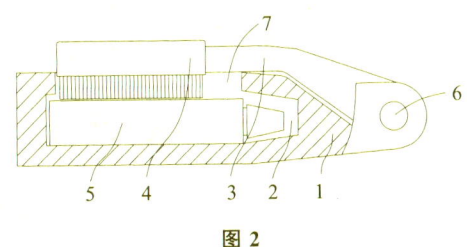

图2

说明书附图：每一幅图应当用阿拉伯数字顺序编号。附图中的标记应当与说明书中所述标记一致。

说 明 书 摘 要

本发明公开了一种便携式牙刷，具有刷柄和刷头（4），刷头（4）上设置有刷毛，刷柄由握柄（1）和折叠柄（3）构成，握柄（1）通过旋转连接装置与折叠柄（3）以折叠方式连接。本发明提供的牙刷具有使用和携带方便、卫生的优点。

摘 要 附 图

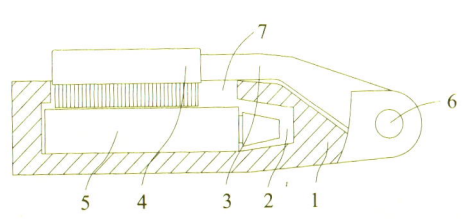

说明书摘要：应写明发明或实用新型的名称、技术方案的要点以及主要用途。摘要不得使用商业性的宣传用语，并提交一幅从说明书附图中选出的附图作为摘要附图。

专题二 新颖性的概念与判断

第一节 新颖性概述

一、新颖性的概念

1. 法律规定

《专利法》第 22 条第 2 款规定："新颖性，是指该发明和实用新型不属于现有技术；也没有任何单位或个人就同样的发明或者实用新型在申请日以前向国务院行政部门提出过申请，并记载在申请日以后公布的专利申请文件或者公告的专利文件中。"

根据上述规定，两种情况影响发明或者实用新型的新颖性：现有技术和抵触申请。

2. 现有技术

在考试中，现有技术是指题目中给出公开日早于涉案专利（客户撰写挑错题中指客户撰写的专利申请，答复审查意见题型中指提交到专利局的专利申请，无效宣告题中指要无效的专利）申请日的对比文件。

现有技术的概念比较宽泛，只要申请日前为公众所知的技术都可以成为现有技术。

3. 抵触申请

抵触申请的概念仅指影响新颖性的专利申请文件或者专利文件。构成抵触申请的条件分为形式要件和实质要件。

（1）形式要件

构成抵触申请的对比文件应当是中国的专利申请文件或者专利文件，其申请日或者优先权日早于涉案专利的申请日或者优先权日，其公布日或公告日晚于涉案专利的申请日或者优先权日。

（2）实质要件（四个相同原则）

构成抵触申请的实质条件是，技术领域、所要解决的技术问题、技术方案和预期效果实质上相同。

（3）申请在先、公开在后的文件的使用条件

申请在先、公开在后的中国专利（申请）文件不属于现有技术，只能单独用于评价权利要求的新颖性，既不可以和公知常识结合，也不可以和其他对比文件结合评价权利要求的创造性。

申请在先、公开在后的文件举例

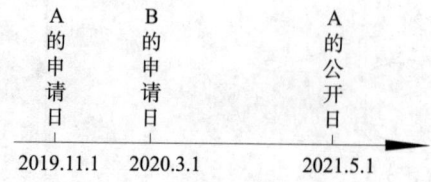

A 文件为评价 B 申请的申请在先、公开在后的中国专利（申请）文件。

二、新颖性的判断方法

1. 判断对象

将对比文件（包括现有技术和申请在先公开在后的文件）全部内容（考试中用对比文件的说明书和附图）与涉案专利的权利要求进行比较。

2. 判断原则

(1) 单独对比原则

判断新颖性时，应当将发明或者实用新型专利申请的各项权利要求分别与每一项现有技术或申请在先、公开在后的文件单独进行比较，每一次对比只能使用一份文件。

(2) 同样的发明或者实用新型原则（四个相同）

同样的发明或者实用新型，是指技术领域、所要解决的技术问题、技术方案和预期效果实质上相同的发明或者实用新型。

3. 新颖性判断几种常见的情形

(1) 相同内容的发明或者实用新型

内容完全相同，或者仅是简单的文字变换，权利要求技术方案的内容可以从对比文件中直接、毫无疑义地确定。

例 1 请判断权利要求是否具备新颖性

专利申请的权利要求：

一种治疗贫血的药物，包括人参和文无。

对比文件公开：

一种治疗贫血的药物，包括人参和当归。

☞ 分析：当归和文无都是同一种药材，只是名称不同，因此对比文件公开的技术方案与权利要求所要求保护的技术方案实质上相同，对比文件破坏专利权利要求的新颖性。

(2) 具体下位概念与一般上位概念

公开了下位概念的对比文件破坏权利要求内容为上位概念的技术方案的新颖性。

例 2 请判断权利要求是否具备新颖性

专利申请的权利要求：

一种带护套挂锁，金属锁体上套有护套。

对比文件公开：

一种带护套挂锁，黄铜锁体上套有黑色乙烯基树脂护套。

☞ 分析："黄铜"是"金属"的下位概念，"黑色乙烯基树脂护套"是"护套"的下位概念，两者技术方案实质上相同，对比文件破坏专利申请权利要求的新颖性。

以上两种情况为绝大多数实务考题的出题判断方式。

(3) 数值和数值范围

近20年的实务考题中，仅2009年考题考查了带有数值范围的权利要求的新颖性判断。带数值范围的权利要求是指发明或者实用新型的权利要求中存在数值或者以连续变化的数值范围限定的技术特征，例如温度、压力等，而其余技术特征与对比文件相同的，则新颖性的判断应当依照以下各项规定：

① 对比文件公开的数值或数值范围落在专利申请权利要求限定的技术特征的数值范围内，将破坏要求保护的发明或者实用新型的新颖性。

例3 数值点、小范围破坏大范围的新颖性

专利申请的权利要求：一种钛合金，由0.6~0.7重量%的镍（Ni）、0.2~0.4重量%的钼（Mo）和余量钛组成。

对比文件公开：一种钛合金，组成为0.65重量%的镍（Ni）、0.3重量%的钼（Mo），余量为钛。

分析：对比文件公开的钛合金组分数值落入权利要求中所要求保护的钛合金组分范围内，技术方案实质上相同，对比文件破坏专利权利要求的新颖性。

② 对比文件公开的数值范围与专利申请权利要求限定的技术特征的数值范围部分重合或者有一个共同的端点，将破坏要求保护的发明或者实用新型的新颖性。

例4 端点重合、数值范围部分重合破坏数值范围新颖性

专利申请的权利要求：一种氮化硅陶瓷的生产方法，其烧成时间为1~10小时。

对比文件公开：氮化硅陶瓷的生产方法中的烧成时间为4~12小时。

分析：专利所要求保护的烧成时间与对比文件公开的数值范围部分重合，二者技术方案实质上相同，对比文件破坏专利申请权利要求的新颖性。

③ 如果专利申请要求限定的技术特征为离散的数值，则对比文件公开的数值范围的两个端点将破坏与该两端点中任一个端点数值相同的权利要求的新颖性，但不破坏上述限定的技术特征为该两端点之间任一数值的发明或者实用新型的新颖性。

例5 离散数值破坏相应数值点的新颖性

专利申请的权利要求：一种二氧化钛光催化剂的制备方法，其干燥温度为40℃、58℃、75℃或者100℃。

对比文件公开：干燥温度为40~100℃的二氧化钛光催化剂的制备方法。

分析：该对比文件破坏干燥温度分别为40℃和100℃时权利要求的新颖性，但不破坏干燥温度分别为58℃和75℃时权利要求的新颖性。

④ 对比文件公开的数值范围包括专利申请权利要求限定的技术特征的数值或者数值范围，但是与上述限定的技术特征的数值或者数值范围没有共同的端点，将不破坏要求保护的发明或者实用新型的新颖性。

例6 大范围不破坏小范围的新颖性

专利申请的权利要求：一种乙烯-丙烯共聚物，其聚合度为100~200。

对比文件公开：聚合度为50~400的乙烯-丙烯共聚物。

分析：权利要求数值范围比对比文件公开的数值范围小，属于选择发明，具有新颖性。

第二节 不具有新颖性的论述

一、不具有新颖性的论述内容

1. 论述权利要求不具有新颖性的题型

权利要求不具有新颖性的论述一般出现在法律分析的各种题型中。

2. 不具有新颖性论述的基本内容

评述权利要求不具有新颖性时，从独立权利要求不具有新颖性开始论述。独立权利要求的论述一般应包括如下三段内容：

① 时间判断。从时间明确对比文件是现有技术还是申请在先、公开在后的专利（申请）文件。

② 特征对比。按照权利要求描述的顺序引用对比文件的原文，对比文件文字没有公开的内容，可引用附图公开的技术内容。出现上下位概念、表述略有不同等实质上相同的情况加括号进行对比。

③ 四个相同及法条。对比两者技术领域、所采用的技术方案、解决的技术问题和预期效果实质上相同，结论中明确指出所论述的权利要求不具有新颖性，不符合《专利法》第22条第2款的规定。

从属权利要求新颖性的论述与独立权利要求的论述类似，一般可以简化论述。

二、不具有新颖性论述示例

1. 现有技术影响新颖性

案例1 请判断权利要求1、2是否具有新颖性并说明理由

(1) 基本案情

如图1所示，某实用新型专利涉及一种折叠式牙刷。

实用新型专利文件

申请人：赵××

申请日：2013年4月3日

公开日：2014年2月1日

图1

权利要求：

1. 一种便携式牙刷，具有刷柄和刷头（4），其特征在于：刷柄由握柄（1）和折叠柄（3）构成，握柄（1）通过活动连接装置与折叠柄（3）连接。

2. 根据权利要求1所述的便携式牙刷，其特征在于：握柄（1）的上壁有一个形状、大小与刷毛相应的空腔（7），折叠柄（3）向内折叠时，折叠柄（3）与握柄（1）叠合，刷头（4）的刷毛位于空腔（7）的开口上。

说明书（节选）：

如图1所示，一种便携式牙刷，具有刷柄和刷头4，刷头4上设置有刷毛，刷柄由握柄1和折叠柄3构成，其中握柄1通过活动连接装置与折叠柄3以折叠方式连接。握柄1的上壁有一个空腔7，空腔7的形状、大小与刷毛相应，当牙刷折叠放置时，刷毛正好落入空腔7的开口内。

采用这样的结构的牙刷由于刷柄采取可折叠方式,因此携带、使用方便。此外,盒体壁上设置了容纳刷毛的空腔,旅行携带时,刷毛就置于此空腔内,从而可保持刷毛清洁,符合卫生要求。

对比文件1

申请人:李××

申请日:2012年6月8日

公开日:2013年3月26日

说明书(节选):

如图2所示,一种折叠式牙刷,盒体1既可作为刷柄也可以作为储存盒,其通过铰链轴3与牙刷本体2相连接。盒体中设置空腔4和空腔6,其中在盒体1下端设有与牙刷本体2上刷毛5相应的空腔4,折叠后刷毛5正好位于该空腔4内。盒体1上还设有可收放牙膏的空腔6。该牙刷不仅在旅途外出中便于携带,且可保持刷毛的卫生清洁。

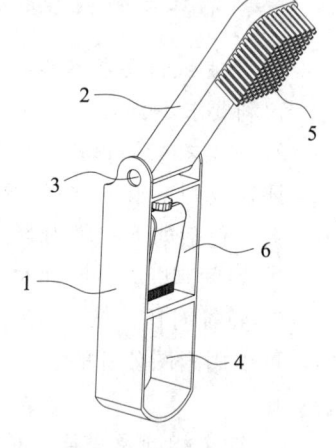

图2

(2)权利要求1新颖性判断分析步骤

1)判断对比文件时间

本申请的申请日是2013年4月3日,对比文件1的公开日是2013年3月26日,早于本申请的申请日,可作为本申请的现有技术。

2)判断技术方案是否相同

技术特征对比如下表所示,下划线表示对比文件1公开的涉案专利的技术特征,括号表示增加的技术内容。

权利要求1	对比文件1	比较结果
一种便携式牙刷	一种折叠式牙刷,(从图中看出具有刷柄和刷头)盒体1既可作为刷柄也可以作为储存盒,其通过铰链轴3与牙刷本体2相连接(握柄通过活动连接装置与折叠柄连接的下位概念)。盒体中设置空腔4和空腔6,其中在盒体1下端设有与牙刷本体2上刷毛5相应的空腔4,折叠后刷毛5正好位于该空腔4内。盒体1上还设有可收放牙膏的空腔6	实质相同
具有刷柄和刷头		
刷柄由握柄(1)和折叠柄(3)构成		
握柄(1)通过活动连接装置与折叠柄(3)连接		

3)确认技术领域、解决的技术问题、预期效果是否相同

对比文件与专利申请属于相同技术领域(牙刷),解决相同的技术问题(便携、使用方便),具有相同的预期效果(便携、使用方便)。

经综合判断,权利要求1不具有新颖性。论述时权利要求1不具有新颖性时,注意使用时间对比、特征对比、四个相同及法条的"三段式"写法。

(3)权利要求1不具有新颖性论述参考答案

对比文件1的公开日是2013年3月26日,早于本申请的申请日2013年4月3日,可作为本申请的现有技术。

对比文件1公开了一种折叠式牙刷,从图中看出具有刷柄和刷头,其中刷柄由盒体1(相当于

权利要求1的握柄1）和牙刷本体2（相当于权利要求1的折叠柄3）构成，盒体1通过铰链轴3与牙刷本体2相连接（权利要求1中"握柄1通过活动连接装置与折叠柄3连接"的下位概念）。

由此可见，对比文件1公开了权利要求1的全部技术特征，二者相比，技术方案实质上相同；且两者属于相同的牙刷领域，要解决的技术问题和产生的效果相同，都是折叠式牙刷便携、使用方便，因此该权利要求1不具备《专利法》第22条第2款规定的新颖性。

（4）权利要求2新颖性分析判断

权利要求2在权利要求1的基础上进一步限定，包括权利要求1的全部技术特征。在已经分析权利要求1相对对比文件1不具有新颖性的基础上，如果权利要求2的附加技术特征仍然在对比文件1中公开，权利要求2也不具有新颖性，在论述时可简略分析。

权利要求2附加技术特征与对比文件1公开内容的特征对比如下表所示，下划线表示对比文件1公开的涉案专利的技术特征。

权利要求2的附加技术特征	对比文件1
握柄（1）的上壁有一个形状、大小与刷毛相应的空腔（7），折叠柄（3）向内折叠时，折叠柄（3）与握柄（1）叠合，刷头（4）的刷毛位于空腔（7）的开口上	一种折叠式牙刷，（从图中看出具有刷柄和刷头）盒体1既可作为刷柄也可以作为储存盒，其通过铰链轴3与牙刷本体2相连接（即握柄通过活动连接装置与折叠柄连接的下位概念）。盒体中设置空腔4和空腔6，其中<u>在盒体1下端设有与牙刷本体2上刷毛5相应的空腔4，折叠后刷毛5正好位于该空腔4内</u>。盒体1上还设有可收放牙膏的空腔6

（5）权利要求2不具有新颖性论述参考答案

权利要求2是权利要求1的从属权利要求，对比文件1公开了其附加技术特征：在盒体1下端设有与牙刷本体2上刷毛5相应的空腔4，折叠后刷毛5正好位于该空腔4内。因此当其引用的权利要求1不具备新颖性时，该从属权利要求也不具备《专利法》第22条第2款所规定的新颖性。

2. 抵触申请影响新颖性

案例2 请判断权利要求1是否具有新颖性并说明理由

（1）基本案情

如涉案专利图1所示，某发明专利申请涉及一种饮用容器。

发明专利申请

申请日：2012年4月6日，公开日：2012年12月7日，授权日：2014年5月21日。

权利要求：

1. 一种饮用容器（12），包括：圆形底部（14）以及设置在圆形底部（14）上的侧壁（18），其特征在于：在侧壁（18）上设置与侧壁热绝缘的手持部件（13）。

说明书（节选）：

如对比文件1图1所示，本发明涉及一种用于盛饮料的新型杯子，可以用于盛放热饮或者冷饮，其侧壁的外表面上设置热绝缘材料形成的套圈13以形成杯子的手持部分。因此，当在手持部分拿着杯子时，手不会与杯子内的饮料热交换。

对比文件1

中国实用新型专利

申请日：2012年1月5日，公开日：2012年12月31日。

说明书（节选）：

如对比文件1图1所示，本实用新型涉及盛饮料的纸质饮料容器12，具有底部和侧壁18。侧壁18由薄纸上蜡而制成。由于纸壁非常薄，水温略高即有烫手感觉。因此，本发明围绕饮料容器的周围设置纸板把手13，则可防止使用者感觉到烫手。

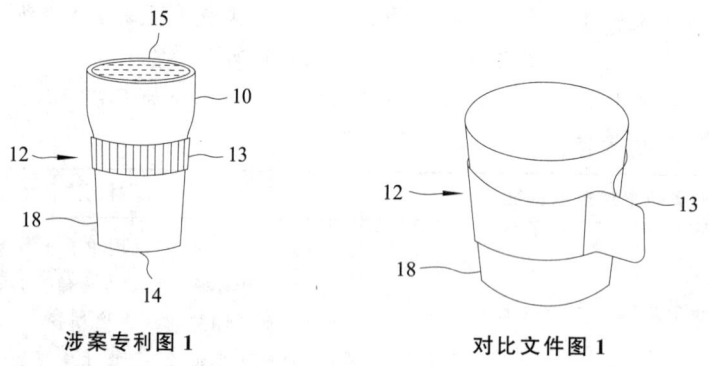

涉案专利图1　　　　　　　对比文件图1

（2）新颖性判断分析

1）判断对比文件时间

对比文件1的申请日为2012年1月5日，早于本申请的申请日2012年4月6日，公开日为2012年12月31日，因此，对比文件1是申请在先、公开在后的专利文件，可用于评价权利要求的新颖性。

2）判断技术方案是否相同

技术特征对比如下表所示，下划线表示对比文件1公开的涉案专利的技术特征，括号表示增加的技术内容。

权利要求1	对比文件1	比较结果
一种饮用容器（12）	本实用新型涉及盛饮料的纸质<u>饮料容器</u>，具有底部（从图中看也是圆形）和侧壁（从图中看出也是设置在圆形底部上）。侧壁由薄纸上蜡而制成。由于纸壁非常薄，水温略高即有烫手感觉。因此，本发明围绕饮料容器的周围设置纸板把手（相当于<u>侧壁热绝缘的手持部件</u>），则可防止使用者感觉到烫手。	实质相同
<u>圆形底部</u>（14）以及设置在<u>圆形底部</u>（14）上的<u>侧壁</u>（18）		
<u>在侧壁</u>（18）<u>上设置与侧壁热绝缘的手持部件</u>（13）		

3）确认技术领域、解决的技术问题、预期效果是否相同

二者属于相同的饮用容器领域，要解决的技术问题和预期产生的效果相同，都是防止使用者和杯子内饮料之间发生热交换。

综合判断，权利要求1不具有新颖性。

（3）新颖性评述参考答案

对比文件1申请日为2012年1月5日，早于本申请的申请日2012年4月6日，公开日为2012年12月31日。该对比文件是申请在先、公开在后的中国专利文件。

对比文件1公开了一种盛饮料的纸质饮料容器，具有底部和侧壁（从图中看具有圆形底

部，侧壁也是设置在圆形底部上），围绕饮料容器的周围设置纸板把手（相当于权利要求1中手持部件）。

由此可见，对比文件1公开了权利要求1的全部技术特征，二者相比，技术方案实质上相同，且两者属于相同的饮用容器领域，要解决的技术问题和技术效果相同，都是热绝缘。因此对比文件1是该发明的抵触申请，该权利要求1不具备新颖性，不符合《专利法》第22条第2款的规定。

第三节 具有新颖性的论述

一、论述权利要求具有新颖性的内容

1. 考查权利要求具有新颖性的题型

具有新颖性的论述一般出现在新申请撰写回答问题、答复审查员意见通知书、无效宣告请求程序专利权人的意见陈述中。

2. 权利要求具有新颖性的情形

考试中出现最多的权利要求具有新颖性的理由是对比文件未公开涉案专利权利要求的某技术特征，公开的技术方案与涉案专利权利要求所要求保护的技术方案不同。

3. 具有新颖性的论述步骤

在答复审查意见、无效宣告答辩题型中，需要详细论述修改后的权利要求具有新颖性的结论，论述内容应当包括：对比文件公开内容、权利要求与对比文件的区别技术特征、对比文件没有公开区别技术特征的原因。

在撰写权利要求之后回答问题的题型中，可以采取简化的论述步骤：指出权利要求与对比文件的区别技术特征、得出权利要求具有新颖性的结论。

二、具有新颖性论述案例

案例3 请判断权利要求1是否具有新颖性并说明理由

(1) 基本案情

申请日：2018年5月22日。

权利要求：

1. 一种开瓶器，包括用于支撑在瓶口处的支撑部件（1）以及贯穿所述支撑部件（1）并可旋转的螺旋杆（2），所述支撑部件（1）的两侧连接有旋转臂（6），所述螺旋杆（2）的上端为直杆部分（2a）、下端为螺旋部分（2b），其中所述直杆部分（2a）的顶端连接手柄（3），其特征在于：所述螺旋部分（2b）下端相邻匝之间的间距（a2）小于上端相邻匝之间的间距（a1）。

说明书（节选）：

开瓶器如涉案专利图1、图2所示，螺旋部分2b具有两个不同的间距a1和a2，间距大小是指两个相邻匝之间的距离，由于螺旋杆2向下旋转时会在瓶颈上施加额外的压力，并且在拉软木塞时需要施加较大的力，因此螺旋部分2b靠下的部分具有小间距a2，会使得螺旋部分更容易钻入软木塞，不会在瓶颈上产生太大的压力，在抽取软木塞时更加稳定，也大大降低了软木塞断裂的可能性。在小间距部分a2钻入软木塞后，大间距部分a1会加快螺旋杆2钻入软木塞的速度，更加省时省力。

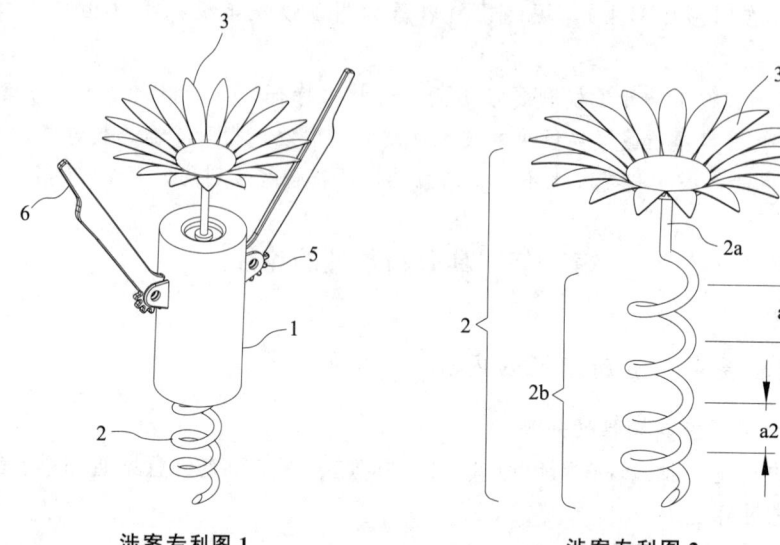

涉案专利图1　　　　　涉案专利图2

对比文件1

公开日：2017年9月28日。

说明书（节选）：

一种红酒开瓶器，如对比文件1图1所示，包括居中设置的软木抽取元件，该软木抽取元件具有螺杆1和连接柄2，连接柄2的顶端连接有手柄3，连接柄2的外周设置有凸脊4，开瓶器还包括用于支撑在瓶口的支撑元件5。如图所示，支撑元件5包括用于套在瓶口外周的圆形套环5b，圆形套环5b的上端设置有开口朝下的U形套件，U形套件包括分别位于两侧的肋5c以及位于顶端的弧形部分5a，弧形部分5a、圆形套环5b和肋5c合围形成支撑元件5。支撑元件5以足够大的内径允许软木抽取元件穿过，支撑元件5的两侧分别设置有可旋转的杠杆7，杠杆7的顶端具有凸齿6，圆形套环5b的内径大于U形套件的内径。

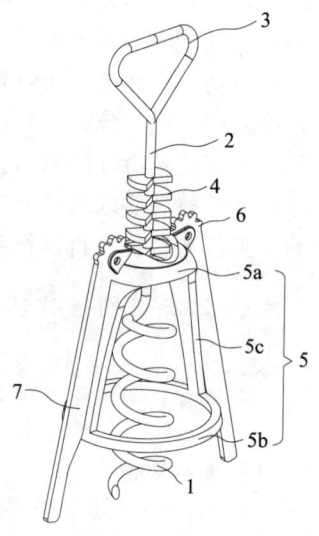

对比文件图1

(2) 权利要求1新颖性分析判断

对比涉案专利的权利要求1与对比文件1公开的技术内容，很明显发现对比文件1的螺杆各部分螺距之间分布是均匀的，因此权利要求1具有新颖性。

(3) 权利要求1新颖性论述（详细论述，用于答复审查意见、无效宣告答辩中）

权利要求1要求保护一种开瓶器；对比文件1公开了一种红酒开瓶器，这种开瓶器包括居中放置的软木抽取元件，还包括用于支撑在瓶口的支撑元件5，支撑元件5以足够大的内径允许软木抽取元件穿过，软木抽取元件具有螺杆1和连接柄2，从图中明显可以看出，螺杆1的螺距均等。而在权利要求1中，螺旋部分包括螺距大小不同的两部分。因此，对比文件1没有公开"螺旋部分（2b）下端相邻匝之间的间距（a2）小于上端相邻匝之间的间距（a1）"这一技术特征，权利要求1具有新颖性，符合《专利法》第22条第2款的规定。

(4) 权利要求1新颖性论述（简要论述，用于撰写后回答问题）

对比文件1没有公开"螺旋部分（2b）下端相邻匝之间的间距（a2）小于上端相邻匝之间的

间距（a1）"这一技术特征，因此权利要求1具有新颖性，符合《专利法》第22条第2款的规定。

第四节　模板记忆

1. 现有技术影响独立权利要求的新颖性

对比文件1的公开日早于本申请的申请日，可作为本申请的现有技术评价权利要求的新颖性。

对比文件1具体公开了……（特征对比，按权利要求对部件的描述顺序引入对比文件的内容，遇到表述不同的地方加括号对照，对比文件文字未公开的内容引入附图公开内容）。

由此可见，对比文件1公开了权利要求1的全部技术特征，二者相比，技术方案实质上相同，且两者属于相同的……领域，要解决的技术问题和产生的效果相同，都是……，因此该权利要求1不具备新颖性，不符合《专利法》第22条第2款的规定。

2. 抵触申请影响新颖性

对比文件1申请日为××××年×月×日，早于本申请的申请日××××年×月×日，公告（公开）日为××××年×月×日。对比文件1是申请在先、公开在后的中国专利（申请）文件，可以评价权利要求的新颖性。

对比文件1具体公开了……（特征对比，按权利要求对部件的描述顺序引入对比文件的内容，遇到表述不同的地方加括号对照，对比文件文字未公开的内容引入附图内容）。

由此可见，对比文件1公开了权利要求1的全部技术特征，二者相比，技术方案实质上相同，且两者属于相同的……领域，要解决的技术问题和产生的效果相同，都是……，因此对比文件1是该发明的抵触申请，该权利要求1不具备《专利法》第22条第2款规定的新颖性。

3. 从属权利要求无新颖性（前提：独立权利要求无新颖性，同一对比文件也公开了从属附加技术特征）

权利要求2是权利要求1的从属权利要求，其附加技术特征是：……。

对比文件1公开了其增加的附加技术：……。因此，当其引用的权利要求1不具备新颖性时，该从属权利要求也不具备《专利法》第22条第2款所规定的新颖性。

4. 简要论述权利要求具有新颖性

与对比文件1相比，区别技术特征为……，因此，二者属于不同的技术方案，权利要求1相对于对比文件1具备新颖性。

与对比文件2相比，区别技术特征为……，因此，二者属于不同的技术方案，权利要求1相对于对比文件2具备新颖性。

5. 详细论述权利要求具有新颖性

权利要求1要求保护一种……，对比文件1具体公开了……，权利要求1中的……与对比文件1所公开的……不同。因此对比文件1中没有公开……这一技术特征，权利要求1具有新颖性，符合《专利法》第22条第2款的规定。

权利要求1要求保护一种……，对比文件2具体公开了……，权利要求1中的……与对比文件2所公开的……不同。因此对比文件2中没有公开……这一技术特征，权利要求1具有新颖性，符合《专利法》第22条第2款的规定。

专题三 创造性的概念与判断

第一节 创造性的概念

一、法律规定

《专利法》第22条第3款规定："创造性，是指与现有技术相比，该发明具有突出的实质性特点和显著的进步，该实用新型具有实质性特点和进步"。

在上述规定中，"发明具有突出的实质性特点""实用新型具有实质性特点"是指对所属技术领域的技术人员来说，发明或实用新型相对于现有技术是非显而易见的。发明具有显著的进步、实用新型具有进步是指发明或实用新型与现有技术相比能够产生有益的技术效果。

实务考题中，发明与实用新型的创造性判断标准是相同的，只是表述略有不同。

二、创造性判断原则

① 在评价发明或实用新型是否具备创造性时，不仅要考虑技术方案本身，而且还要考虑发明或实用新型所属技术领域、所解决的技术问题和所产生的技术效果，将发明或实用新型作为一个整体看待。

② 与新颖性"单独对比"的判断原则不同，判断创造性时，将一份或者多份现有技术中的不同技术内容组合在一起对要求保护的发明或实用新型进行评价。

三、判断方法

创造性的判断分为对突出的实质性特点的判断和对显著的进步的判断两个部分。

1. 突出的实质性特点的判断方法

判断要求保护的发明或实用新型相对于现有技术是否显而易见，通常可按照以下三个步骤进行：

第一步，确定最接近的现有技术；

第二步，确定发明的区别技术特征和实际解决的技术问题；

第三步，判断要求保护的发明对本领域的技术人员来说是否显而易见。

通过上述三个步骤判断创造性的方法称为"三步法"。三步法判断创造性是专利代理实务考试的核心，考生务必掌握相关思路和表述方式。下面依次讲解三步法的具体判断方式。

（1）确定最接近的现有技术

在确定最接近的现有技术时，应首先考虑技术领域相同或相近的现有技术。

几份现有技术的技术领域相同或者相近时，优先将所要解决的技术问题、技术效果或用途最接近的现有技术作为最接近的现有技术。

（2）确定发明或实用新型的区别技术特征和实际解决的技术问题

区别技术特征的作用和效果即发明或者实用新型所要解决的技术问题。

（3）判断是否显而易见

第三步中要分析现有技术整体上是否存在某种技术启示，即现有技术中是否给出将上述区别技术特征应用到该最接近的现有技术以解决其存在的技术问题（即发明或实用新型实际解决的技术问题）的启示。这种启示会使本领域的技术人员在面对所述技术问题时，有动机改进该最接近的现有技术并获得要求保护的发明或者实用新型。

一般来说，以下三种情况属于存在技术启示：

① 所述区别技术特征为公知常识。

② 所述区别技术特征为与最接近的现有技术相关的技术手段，例如，同一份对比文件其他部分披露的技术手段。该技术手段在该其他部分所起的作用，与该区别技术特征在要求保护的发明或实用新型中为解决该重新确定的技术问题所起的作用相同。

③ 所述区别技术特征为另一份对比文件中披露的相关技术手段，该技术手段在该对比文件中所起的作用与该区别技术特征在要求保护的发明或实用新型中为解决该重新确定的技术问题所起的作用相同。

（4）判断难点

三步法的第三步显而易见性的判断是创造性判断的核心。在考试中，第三步显而易见性的判断又分为两步：

① 判断区别技术特征是否被另外一份对比文件或者同一份文件的其他实施例中公开；

② 区别技术特征在另外一份对比文件或者是同一份文件其他实施例中起到的作用与其在涉案专利中起到的作用是否相同。

2. 显著的进步的判断方法

考试中基本不需要进行显著的进步的判断。如果涉案专利的区别技术特征并未被其他文件公开，或者虽然公开但是作用不同，则可得出涉案专利具有显著的进步的结论；如果涉案专利的区别技术特征被其他文件公开，且作用相同，则可得出涉案专利不具有显著的进步的结论。

三步法判断创造性的思维逻辑图见图3-1。

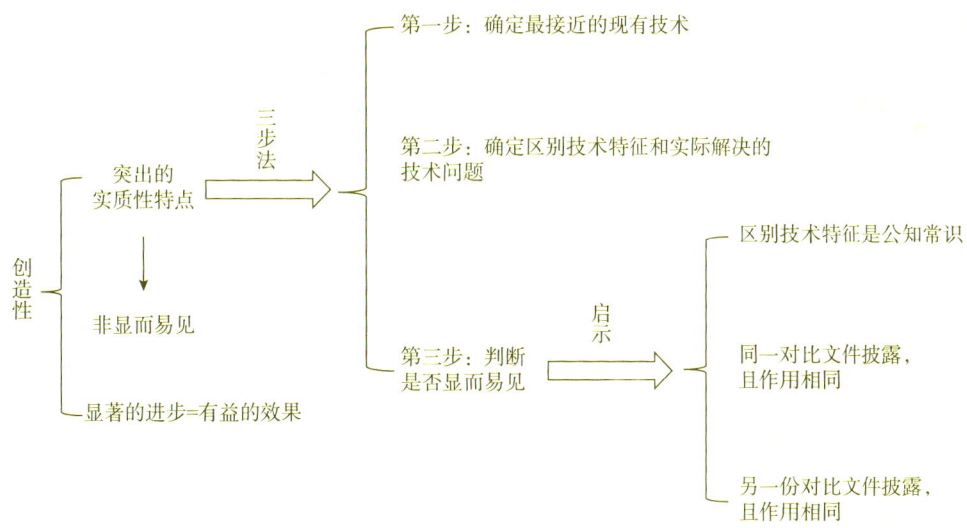

图3-1 创造性判断逻辑图

第二节 不具有创造性的论述

一、权利要求不具有创造性的论述要点

不具有创造性的论述会出现在法律分析题的各种考题类型中。不具有创造性的论述一般应包括如下九方面内容：

① 时间判断：判断对比文件的公开时间是否早于被评价专利申请的申请日；

② 确定最接近的现有技术；

③ 第一次特征对比：用最接近的现有技术与权利要求进行对比，找出已经被公开的特征；

④ 判断出区别技术特征；

⑤ 根据区别技术特征确定发明实际要解决的技术问题；

⑥ 第二次特征对比：使用另外一份对比文件与区别技术特征进行比较；

⑦ 分析区别技术特征的作用；

⑧ 分析启示：论述在现有技术中存在技术启示，使得本领域技术人员显而易见地将所述区别技术特征应用到最接近的现有技术解决所述技术问题，获得要求保护的技术方案；

⑨ 结论：明确指出所论述的权利要求不具有突出的实质性特点和显著的进步，不符合《专利法》第22条第3款有关创造性的规定。

二、不具有创造性类型一：特征公开，作用相同，不具有创造性

1. 判断要点

区别技术特征的结构与另外一份文件公开的结构相同，作用也相同，权利要求不具有创造性。

2. 基本案情

案例1 判断发明专利申请权利要求1是否具有创造性，并说明理由。

发明专利申请

申请日：2018年5月22日，公开日：2019年11月22日。

权利要求：

1. 一种开瓶器，包括用于支撑在瓶口处的支撑部件（1）以及贯穿所述支撑部件（1）并可旋转的螺旋杆（2），所述支撑部件（1）的两侧连接有旋转臂（6），所述螺旋杆（2）的顶端连接手柄（3），其特征在于：所述螺旋杆的螺旋部分（2b）下端相邻匝之间的间距（a2）小于上端相邻匝之间的间距（a1）。

说明书（节选）：

开瓶器如涉案专利图1、图2所示，螺旋部分2b具有两个不同的间距a1和a2，间距大小是指两个相邻匝之间的距离，由于螺旋杆2向下旋转时会在瓶颈上施加额外的压力，并且在拉软木塞时需要施加较大的力，因此螺旋部分2b靠下的部分具有小间距，会使得螺旋部分更容易钻入软木塞，不会在瓶颈上产生太大的压力，在抽取软木塞时更加稳定，也大大降低了软木塞断裂的可能性。在小间距部分钻入软木塞后，大间距的螺旋部分会加快螺旋杆2钻入软木塞的速度，更加省时省力。

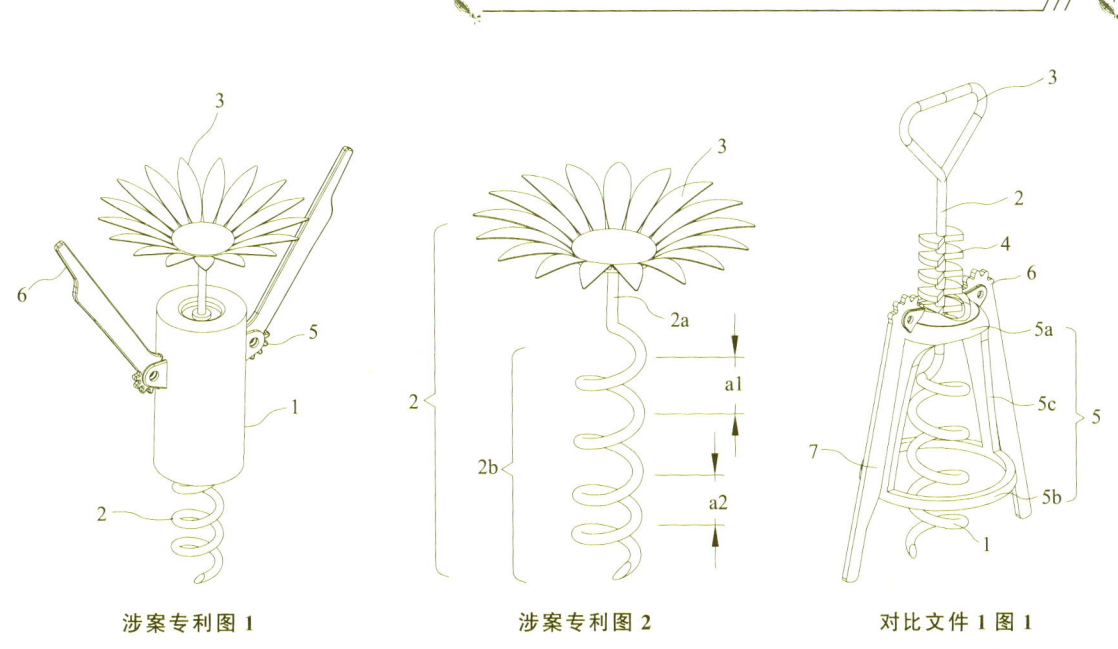

涉案专利图 1　　　　　　涉案专利图 2　　　　　　对比文件 1 图 1

对比文件 1

公开日：2017 年 9 月 28 日

说明书（节选）：

一种红酒开瓶器，如对比文件 1 图 1 所示，包括居中设置的软木抽取元件，该软木抽取元件具有螺杆 1 和连接柄 2，连接柄 2 的顶端连接有手柄 3，连接柄 2 的外周设置有凸脊 4，开瓶器还包括用于支撑在瓶口的支撑元件 5。如图所示，支撑元件 5 包括用于套在瓶口外周的圆形套环 5b，圆形套环 5b 的上端设置有开口朝下的 U 形套件，U 形套件包括分别位于两侧的肋 5c 以及位于顶端的弧形部分 5a，弧形部分 5a、圆形套环 5b 和肋 5c 合围形成支撑元件 5，支撑元件 5 以足够大的内径允许软木塞抽取元件穿过，支撑元件 5 的两侧分别设置有可旋转的杠杆 7，杠杆 7 的顶端具有凸齿 6，圆形套环 5b 的内径大于 U 形套件的内径。

对比文件 2

申请日：2011 年 3 月 21 日，公开日：2012 年 6 月 6 日。

说明书（节选）：

一种气动开瓶器，如对比文件 2 图 1 所示，气动开瓶器 1 包括中空套筒 2、穿刺元件 3 和放置在中空套筒 2 和穿刺元件 3 之间的阀（未显示），中空套筒 2 内穿套加压气筒 4，阀芯的出口与阀门连通，当用户操作时该阀门打开，穿刺元件 3 的底端具有出气孔 5，用于将气体供入瓶中。

加压气筒 4 可以加压空气或氮气，穿刺元件 3 为具有尖端的空心细圆柱体，使用者将穿刺元件 3 插入软木塞中，以便其出气孔 5 位于液位上方的空间内，打开阀门，从阀芯释放的气体将被输送到该空间并增加压力，压力的增加将迫使软木塞向外移动，但压力增加可能不足以完全排出软木塞。为了解决这种情况，如对比文件 2 图 2 所示，穿刺元件 3 的顶端设计成螺旋形，螺旋形穿刺元件 3 从下到上螺距逐渐增加。这样的结构一方面使用该设备可以比较容易地钻入软木塞，另一方面减少了在拉动软木塞时使软木塞断裂的可能性。

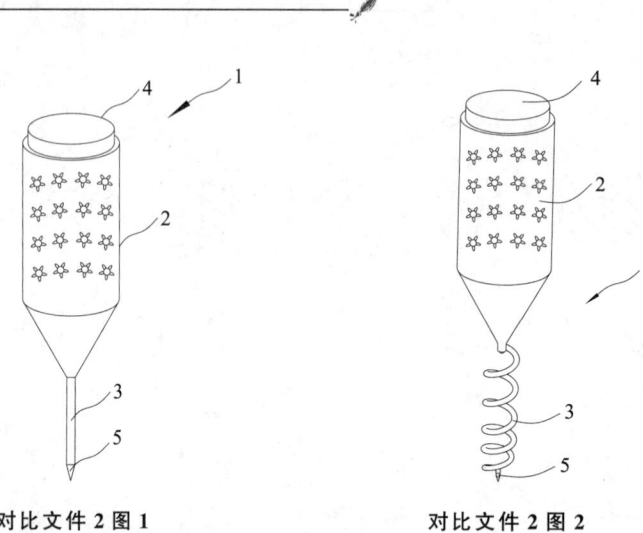

对比文件 2 图 1　　　　　　　　对比文件 2 图 2

3. 三步法分析创造性

对比文件 1 的公开日为 2017 年 9 月 28 日，对比文件 2 的公开日为 2012 年 6 月 6 日，均早于本发明的申请日 2018 年 5 月 22 日，两份文件均属于现有技术。

第一步：确定最接近的现有技术

对比文件 1 技术领域与本发明相同，都是开瓶器，所要解决的技术问题也最为接近，因此对比文件 1 是最接近的现有技术。

第二步：确定发明的区别技术特征和发明实际解决的技术问题

涉案专利权利要求与对比文件特征对比如下表所示，下画线表示对比文件公开的涉案专利的技术特征。

权利要求 1	对比文件 1	对比文件 2
一种开瓶器	<u>一种红酒开瓶器</u>，包括居中设置的软木抽取元件，该软木抽取元件具有螺杆 1 和连接柄 2，连接柄 2 的顶端连接有手柄 3，连接柄 2 的外周设置有凸脊 4，开瓶器还包括用于支撑在瓶口的支撑元件 5，……，支撑元件 5 的两侧分别设置有可旋转的杠杆 7，杠杆 7 的顶端具有凸齿 6，圆形套环 5b 的内径大于 U 形套件的内径	一种气动开瓶器，……<u>穿刺元件 3 的顶端设计成螺旋形，螺旋形穿刺元件 3 从下到上螺距逐渐增加。</u>这样的结构一方面使用该设备比较容易地钻入软木塞，另一方面减少了在拉动软木塞时使软木塞断裂的可能性
支撑在瓶口处的支撑部件（1）以及贯穿支撑部件（1）并可旋转的螺旋杆（2）		
支撑部件（1）的两侧连接有旋转臂（6）		
所述螺旋杆（2）的顶端连接手柄（3）		
所述螺旋杆的螺旋部分（2b）下端相邻匝之间的间距（a2）小于上端相邻匝之间的间距（a1）。		

和对比文件 1 相比，权利要求 1 的区别技术特征是螺旋部分下端相邻匝之间的间距小于上端相邻匝之间的间距，权利要求 1 实际要解决的技术问题是钻入软木塞更加容易，且在抽取软木塞时更加稳定，防止软木塞断裂。

第三步：判断要求保护的发明对本领域的技术人员来说是否显而易见

对比文件 2 公开了上述区别技术特征，而且该特征在对比文件 2 中所起的作用与其在本发明中为解决其技术问题所起的作用相同，都是钻入软木塞时更容易，在抽取软木塞时更加稳定，防止软木塞断裂。也就是说，对比文件 2 给出了将该区别技术特征用于对比文件 1 以解决上述技术问题的启示，因此，该技术方案相对于对比文件1和对比文件2的结合是显而易见的。

4. 创造性论述参考答案

权利要求1不具有创造性，理由如下：

对比文件1的公开日为2017年9月28日，对比文件2的公开日为2012年6月6日，均早于本发明的申请日2018年5月22日，两份文件均属于现有技术，可以用于评价专利申请权利要求的创造性。

对比文件1技术领域与本发明相同，都是开瓶器，所要解决的问题也最接近，因此对比文件1是最接近的现有技术。

对比文件1公开了一种开瓶器，并具体公开了以下技术特征：一种红酒开瓶器，具有支撑在瓶口的支撑元件，从图中可以看出，软木塞抽取元件在支撑元件内旋转，支撑元件的两侧分别设置有可旋转的杠杆，软木塞抽取元件具有螺杆和连接柄，连接柄的顶端连接有手柄。

该权利要求与对比文件1相比，区别技术特征是：螺旋部分下端相邻匝之间的间距小于上端相邻匝之间的间距。

基于上述区别技术特征可以确定，权利要求1相对于对比文件1实际要解决的技术问题是螺旋杆钻入软木塞更加容易，在抽取软木塞时更加稳定，防止软木塞断裂。

对比文件2公开了一种气动开瓶器，具有螺旋形穿刺元件，螺旋形穿刺元件从下到上螺距逐渐增加。由此可见，对比文件2公开了上述区别技术特征。而且该特征在对比文件2中所起的作用与其在本发明中为解决其技术问题所起的作用相同，都是更容易钻入软木塞，抽取软木塞时防止软木塞断裂。

也就是说，对比文件2给出了将该技术特征用于对比文件1以解决上述技术问题的启示，进而使本领域技术人员在面对易于钻入软木塞并防止软木塞断裂的技术问题时，有动机将对比文件2与对比文件1结合起来设计出该权利要求所要求保护的技术方案。

因此，该技术方案相对于对比文件1和对比文件2的结合是显而易见的，权利要求1没有突出的实质性特点和显著的进步，不具有创造性，不符合《专利法》第22条第3款的规定。

5. 答题模板变型

考试中的题目往往是权利要求1不具有新颖性，权利要求2或者其他从属权利要求不具有创造性。下面还是以案例1为基础，将权利要求1拆分为权利要求1和2，分析权利要求1不具有新颖性、权利要求2不具有创造性的论述方式。

涉案专利权利要求：

1. 一种开瓶器，其特征在于：包括用于支撑在瓶口处的支撑部件（1）以及贯穿所述支撑部件（1）并可旋转的螺旋杆（2），所述支撑部件（1）的两侧连接有旋转臂（6），所述螺旋杆（2）的顶端连接手柄（3）。

2. 根据权利要求1所述的开瓶器，其特征在于：所述螺旋杆的螺旋部分（2b）下端相邻匝之间的间距（a2）小于上端相邻匝之间的间距（a1）。

参考答案

对比文件1的公开日为2017年9月28日，对比文件2的公开日为2012年6月6日，均早于本发明的申请日2018年5月22日，两份文件均属于现有技术，可以用于评价专利申请权利要求的新颖性和创造性。

1. 权利要求1不具有新颖性

对比文件1公开了一种红酒开瓶器，并具体公开了以下技术特征：一种红酒开瓶器，具有支撑在瓶口的支撑元件5，从图中可以看出，软木塞抽取元件在支撑元件1内旋转，支撑元件5的两侧分别设置有可旋转的杠杆7，软木塞抽取元件具有螺杆1和连接柄2，连接柄2的顶端连接有手柄3。

由此可见，对比文件1公开了权利要求1的全部技术特征，二者相比，技术方案实质上相同，且两者属于相同的开瓶器领域，要解决的技术问题和技术效果相同，都是打开酒瓶的软木塞，因此该权利要求1不具备新颖性，不符合《专利法》第22条第2款的规定。

2. 权利要求2不具有创造性

对比文件1技术领域与本发明相同，都是开瓶器，所要解决的问题也最接近，因此对比文件1是最接近的现有技术。

对比文件1公开了权利要求1的全部技术内容。该权利要求2与对比文件1相比，区别技术特征为螺旋部分下端相邻匝之间的间距小于上端相邻匝之间的间距。

基于上述区别技术特征可以确定，权利要求2相对于对比文件1实际要解决的技术问题是螺旋杆钻入软木塞更加容易，在抽取软木塞时更加稳定，防止软木塞断裂。

对比文件2公开了一种气动开瓶器，其具有螺旋形穿刺元件，螺旋形穿刺元件从下到上螺距逐渐增加。由此可见，对比文件2公开了上述区别技术特征。而且该区别特征在对比文件2中所起的作用与其在本发明中为解决其技术问题所起的作用相同，都是更容易地钻入软木塞，抽取软木塞时防止软木塞断裂。

也就是说，对比文件2给出了将该区别技术特征用于对比文件1以解决上述技术问题的启示，进而使得本领域技术人员在面对易于钻入软木塞并防止软木塞断裂的技术问题时，有动机将对比文件2与对比文件1结合起来设计出该权利要求所要求保护的技术方案。

因此，该技术方案相对于对比文件1和对比文件2的结合是显而易见的，权利要求2没有突出的实质性特点和显著的进步，不具有创造性，不符合《专利法》第22条第3款的规定。

三、不具有创造性类型二：特征实质相同，作用相同，不具有创造性

1. 判断要点

区别技术特征的结构与另外一份文件公开的结构实质相同，作用也相同，权利要求不具有创造性。

2. 基本案情

案例2 判断发明专利申请权利要求1是否具有创造性，并说明理由。

发明专利申请

申请日：2009年1月7日，公开日：2010年6月4日。

权利要求：

1. 一种家用保险箱，包括箱体（4）和螺栓（1），其特征在于：通过螺栓（1）将箱体（4）同建筑物墙壁（3）固定在一起，螺栓（1）从墙的另一侧通过垫板（2）、墙壁（3）穿入箱体内，并在箱体内用螺母（6）固定。

说明书（节选）：

现有的家用保险箱因为重量轻，存在易被搬走的缺点。本发明的家用保险箱利用机械方法将保险箱的箱体与墙壁固定在一起，以防止保险箱被搬动，从而更加安全。由于机械连接的可拆卸

部位位于保险箱内部,所以在未打开保险箱门的时候,是很难拆开的。如涉案专利图1所示的连接机构中,螺栓1通过垫板2将墙壁3及箱体4连接在一起,螺母6及垫圈5均在箱体4内部,因螺栓1是圆柱头的,所以在外面很难拆开。垫板2的作用是加大接触面,提高连接强度。

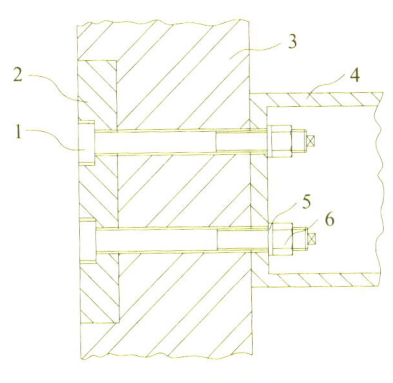

涉案专利图1

对比文件1

申请日:2005年9月13日,公开日:2006年7月22日。

说明书(节选):

一种壁式家用保险箱装置(见对比文件1图1),由保险箱和固定连接装置组成,该保险箱固定于墙上,固定连接由膨胀螺母1、膨胀管2、垫圈3和螺钉4组成。这种保险箱不需要专门的固定面,不影响室内有效空间的使用,为它在室内的放置带来了极大方便。

对比文件2

申请日:1988年5月17日,公开日:1989年12月28日。

说明书(节选):

如对比文件2图1所示,宾馆内使用的带锁的木箱,螺栓从衣柜后壁11的另一侧通过垫板47、板体穿入木箱箱体内,并在箱体内用螺母51固定,使箱体不易被搬走。

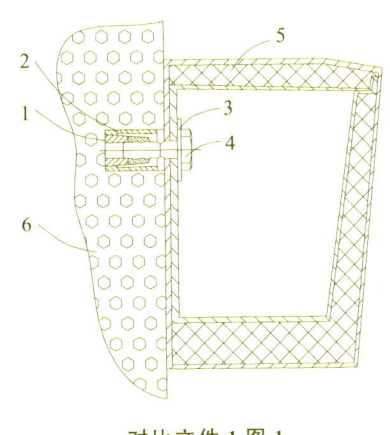

对比文件1图1

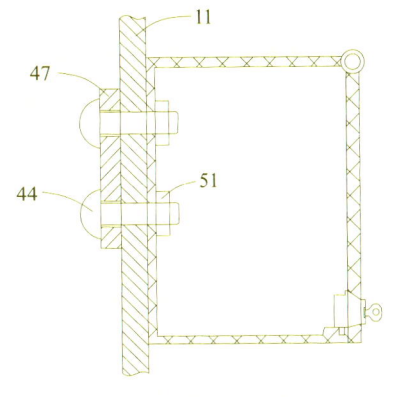

对比文件2图1

3. 创造性判断分析

(1)从时间上判断对比文件是否属于现有技术

发明专利的申请日为2009年1月7日,对比文件1的公开日为2006年7月22日,对比文件2的公开日为1989年12月28日,均早于本发明的申请日,可以作为评价权利要求1创造性的现有技术。

(2) 三步法判断显而易见性

权利要求1与对比文件1、2特征对比如下表所示，下划线表示对比文件公开的涉案专利的技术特征，括号表示增加的技术内容。

权利要求1	对比文件1	对比文件2
一种家用保险箱	<u>一种</u>壁式<u>家用保险箱</u>装置，由<u>保险箱</u>和固定连接装置组成，该保险箱固定于墙上，固定连接由膨胀螺母1、膨胀管2、垫圈3和螺钉4组成。这种保险箱不需要专门的固定面，不影响室内有效空间的使用，为它在室内的放置带来了极大方便	宾馆内使用的带锁的木箱，<u>螺栓从</u>衣柜<u>后壁</u>11<u>的另一侧通过垫板</u>47、板体<u>穿入</u>木箱<u>箱体内，并在箱体内用螺母</u>51<u>固定</u>，使箱体不易被搬走
包括箱体（4）和螺栓（1）		
通过螺栓（1）将箱体（4）同建筑物墙壁（3）固定在一起		
螺栓（1）从墙的另一侧通过垫板（2）、墙壁（3）穿入箱体内，并在箱体内用螺母（6）固定		

对比文件1与本发明属于同样的技术领域，所要解决的技术问题与本发明最为接近，因此是本发明最接近的现有技术。

对比文件2公开了穿垫板而过，实质上公开了螺栓穿墙而过，也解决了更好固定的技术问题。因此权利要求1的技术方案是显而易见的。

4. 创造性论述参考答案

对比文件1的公开日为2006年7月22日，对比文件2的公开日为1989年12月28日，均早于本发明的申请日2009年1月7日。因此两份文件均属于现有技术，可以用于评价专利申请权利要求的创造性。

对比文件1技术领域与该专利技术领域相同，所要解决的技术问题也最为接近，是最接近的现有技术。

对比文件1公开了一种家用保险箱装置：包括箱体和螺钉，通过螺钉和膨胀管将箱体固定在建筑物墙体上，并在箱体内用螺母固定。

该权利要求与对比文件1的区别在于："螺栓从墙的另一侧通过垫板、墙壁穿入箱体内"。

基于该区别技术特征，该专利权利要求1所要解决的技术问题是提高保险箱与墙壁固定的牢固性。

对比文件2公开了一种宾馆用的带锁木箱，螺栓从衣柜后壁另一侧通过垫板、板体穿入箱体内。对比文件2公开了上述区别技术特征，且该区别技术特征在对比文件2中所起到的作用与其在该发明中为解决技术问题所起的作用相同，都是提高固定的牢固性。

对比文件2给出了将该区别技术特征用于对比文件1以解决上述技术问题的启示，进而使得本领域技术人员在面对提高保险箱和建筑物墙体固定的牢固性的技术问题时，有动机将对比文件2与对比文件1结合起来设计出该权利要求所要求保护的技术方案。

因此，权利要求1的方案对本领域的技术人员来说是显而易见的，权利要求1不具有突出的实质性特点和显著的进步，不具备创造性，不符合《专利法》第22条第3款的规定。

第三节 具有创造性的论述

一、具有创造性论述要点

具有创造性的论述一般出现在新申请撰写回答问题、答复审查员意见通知书、无效宣告请求中专利权人的意见陈述（无效答辩）中。具有创造性的论述一般应包括如下六方面内容：

① 确定最接近的现有技术；

② 将权利要求与该对比文件公开的技术方案进行对比，找出区别技术特征；

③ 根据区别技术特征确定发明实际要解决的技术问题；

④ 论述其他对比文件没有公开区别技术特征，或者虽然公开区别技术特征，但是因作用不同而不存在特征结合的启示；

⑤ 从效果角度论述权利要求具有显著的进步；

⑥ 最后，明确指出所论述的权利要求具有突出的实质性特点和显著的进步，符合《专利法》第22条第3款有关创造性的规定。

二、具有创造性类型一：特征未公开，作用也不同，具有创造性

1. 判断要点

与最接近的现有技术相比具有区别技术特征，该区别技术特征以及其作用均未在另外一份文件公开，权利要求具有创造性。

2. 基本案情

案例 3 请判断下面发明专利申请权利要求1是否具有创造性，并论述理由。

发明专利申请

申请日：2009年1月7日，公开日：2010年6月4日。

权利要求：

1. 一种家用保险箱，包括箱体（4）和螺栓（1），其特征在于：通过螺栓（1）将箱体（4）同建筑物墙壁（3）固定在一起，墙壁（3）远离箱体（4）的一侧开设有凹槽，凹槽内设置有垫板（2），垫板（2）的外表面与墙壁（3）齐平，螺栓（1）依次通过垫板（2）、墙壁（3）和箱体（4）穿入箱体内，并在箱体（4）内用螺母（6）固定。

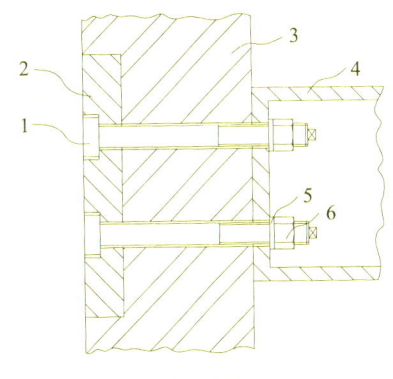

涉案专利图1

说明书（节选）：

现有的家用保险箱因为重量轻，存在易被搬走的缺点。本发明的家用保险箱利用机械的方法将保险箱的箱体与墙壁固定在一起，以防止保险箱被搬动，从而更加安全。由于机械连接的可拆卸部位位于保险箱内部，所以在未打开保险箱门的时候，是很难拆开的。如涉案专利图1所示的连接机构中，螺栓1依次通过垫板2、墙壁3和箱体4连接在一起，螺母6及垫圈5均在箱体4内部，因螺栓1是圆柱头的，所以在外面很难拆开。垫板

2的作用是加大箱体4与墙壁3之间的接触面，提高箱体4连接的稳定性。此外，为更进一步保证箱体4的安全性，墙壁3远离箱体4的一面开设有凹槽，垫板2设置在凹槽内，垫板2的外表面与墙壁3齐平，从而当墙壁3刷上漆的时候，垫板2隐藏在墙壁3内，从外部看不出墙壁3上固定有保险箱，从而进一步提高安全性。

对比文件1

申请日：2005年9月13日，公开日：2006年7月22日。

说明书（节选）：

一种壁式家用保险箱装置（见对比文件1图1），由保险箱和固定连接装置组成，该保险箱固定于墙上，固定连接由膨胀螺母1、膨胀管2、垫圈3和螺钉4组成。这种保险箱不需要专门的固定面，不影响室内有效空间的使用，为它在室内的放置带来了极大方便。

对比文件2

申请日：1988年5月17日，公开日：1989年12月28日。

说明书（节选）：

如对比文件2图1所示，宾馆内使用的带锁的木箱，螺栓从衣柜后壁11的另一侧通过垫板47、板体穿入木箱箱体内，并在箱体内用螺母51固定，使箱体不易被搬走。

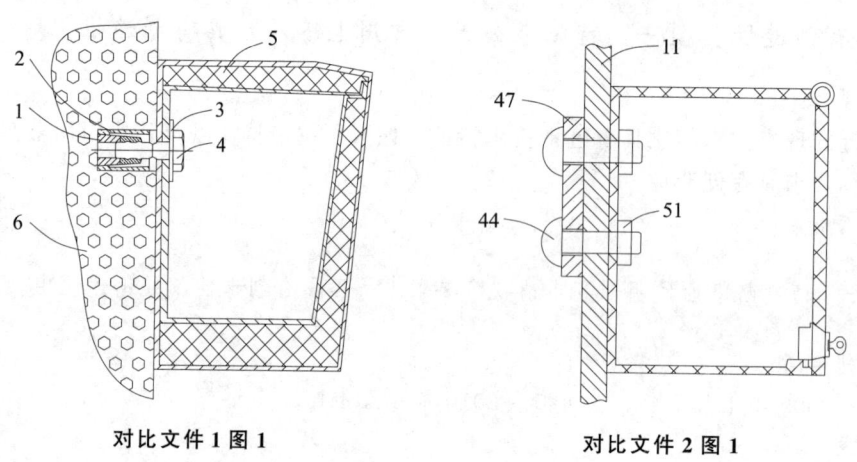

对比文件1图1　　　　　　　　对比文件2图1

3. 权利要求1创造性判断步骤

对比文件1、2均未公开权利要求1中"墙壁（3）远离箱体（4）的一侧开设有凹槽，凹槽内设置有垫板（2），垫板（2）的外表面与墙壁（3）齐平"，因此权利要求1具有创造性。

4. 权利要求1具有创造性论述

对比文件1与本发明领域相同，所要解决的技术问题最接近，是最接近的现有技术。

权利要求1与该对比文件1所公开的内容相比，区别技术特征在于：墙壁远离箱体的一侧开设有凹槽，凹槽内设置有垫板，垫板的外表面与墙壁齐平。

基于上述区别技术特征，本发明权利要求1所要解决的问题是加大保险箱与墙壁之间的接触面，提高保险箱连接的稳定性，并且可将垫板隐藏在墙壁内。

对比文件2的垫板是凸出在衣柜后壁外部的，因此对比文件2并没有公开上述区别技术特征，也无法解决本发明的技术问题。

因此，对比文件2没有给出将上述区别技术特征用于对比文件1以解决本发明技术问题的启示，权利要求1相对于对比文件1、2是非显而易见的，具有突出的实质性特点。

由于采用上述结构，可将垫板隐藏在墙壁内，增大了接触面积，且由外部看不出墙壁上固定有保险箱，进一步提高安全性，因此权利要求1具有显著的进步。

综上所述，权利要求1具有《专利法》第22条第3款规定的创造性。

三、具有创造性类型二：特征公开但作用不同，有创造性

1. 判断要点

区别技术特征被另外一份对比文件公开，但是区别技术特征在另外一份文件起的作用与其在发明中起的作用不同，权利要求具有创造性。

2. 基本案情

案例4 请判断下面发明专利申请权利要求1是否具有创造性，并论述理由。

发明专利申请

申请日：2020年8月4日，公开日：2021年2月22日。

权利要求：

1. 一种晾衣架，包括弧形衣架主体（1），与衣架主体（1）连接的悬挂部件（2），其特征在于：所述衣架主体（1）的两端可伸缩调节。

说明书（节选）：

衣架主体1的两端可伸缩调节，能够适应不同尺寸的衣服稳固悬挂，涉案专利图1所示为伸缩变形前和变形后的状态。

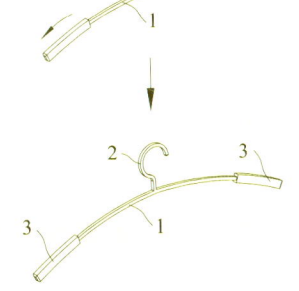

涉案专利图1

对比文件1

公开日：1993年3月24日。

说明书（节选）：

对比文件1图1中的晾衣架由衣架主体1、与衣架主体1连接的悬挂部件2组成，衣架主体为弧形，从而防止软薄衣物的两肩部分出现褶皱。

对比文件2

公开日：1998年6月28日。

说明书（节选）：

对比文件2图1所示是可伸缩杆状的晾衣杆，两端的支撑部件5可放在任何两个物体之间，或者夹持在不同距离的两个墙面之间，其中间部件悬空，且中间的第一连杆3和第二连杆4之间可伸缩连接。第一连杆3和第二连杆4伸长后，可以挂上更多数量的衣服或者其他更多的物体。由于晾衣杆可伸缩，可以适用于不同的晾衣空间。

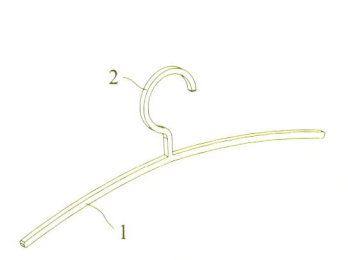

对比文件1图1

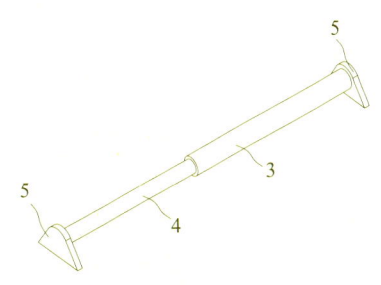

对比文件2图1

3. 创造性分析判断

本发明衣架主体两端可伸缩调节，其所要解决的问题是适应不同尺寸衣服的稳固悬挂。对比文件 2 中所公开的可伸缩杆状的晾衣杆，其第一连杆 3 和第二连杆 4 之间可伸缩连接的作用是根据晾衣空间大小而调整晾衣杆的长短。区别技术特征起到的作用不同，因此对比文件 2 与对比文件 1 没有结合的启示。

4. 权利要求 1 具有创造性论述

对比文件 1 与本申请的技术领域相同，所解决的技术问题最为相近，是最接近的现有技术。

权利要求 1 与对比文件 1 所公开的内容相比，区别技术特征在于：衣架主体的两端可伸缩调节。

基于上述区别技术特征，本发明实际要解决的技术问题是提供一种可伸缩调节的衣架主体，从而适应不同尺寸衣服的稳固悬挂。

对比文件 2 中虽然公开了晾衣杆第一连杆和第二连杆之间可伸缩连接，但作用是为了适用于宽窄不同的晾衣空间，与本申请中衣架主体的两端可伸缩调节适应不同尺寸衣服悬挂的作用不同。

因此对比文件 2 没有给出将上述区别技术特征用于对比文件 1 以解决本发明技术问题的启示，权利要求 1 的技术方案相对于对比文件 1、2 是非显而易见的，具有突出的实质性特点。

权利要求 1 的技术方案能够适应不同尺寸衣服的稳固悬挂，因而具有显著的进步。

综上所述，权利要求 1 相对于这两个对比文件具有《专利法》第 22 条第 3 款规定的创造性。

四、具有创造性类型三：结构原理相似，作用相同，但存在区别技术特征，仍有创造性

1. 判断要点

专利所要求保护的方案与对比文件公开的技术方案相比，虽然结构类似，作用相同、原理相同、功能相同，但结构上存在区别，往往被考生忽略，这种情形下权利要求具有创造性。

2. 基本案情

案例 5 请判断下面发明专利申请权利要求 1 是否具有创造性，并论述理由。

发明专利申请

权利要求：

1. 一种用于指示油温的温度指示器，其特征在于：包括空心球体（1），在空心球体（1）外壁设有指示油温的圆弧形温度指示线（7），所述空心球体（1）内壁连有双层金属条（3）的一端，双层金属条（3）的另一端设有金属球（5），双层金属条（3）的热膨胀系数不同，随着油温变化，双层金属条（3）牵引金属球（5）在球体内部移动，从而可使空心球体（1）在食用油中来回转动以显示油温。

说明书（节选）：

如涉案专利图 1 所示，温度指示器的壳体为中空球体 1，中空球体 1 的外壁上设置用于指示油温的圆弧形温度指示线 7。该温度指示器的内部设置有双层金属条 3，双层金属条 3 分别由不同材质的两种金属制成，即两种金属具有不同的热膨胀系数，双层金属条 3 的其中一端固定在中空球体 1 的内壁上，另一端共同固定有金属球 5，当温度发生变化时，双层金属条 3 可双向地牵引金属球 5 偏移。由于两种金属材料的热膨胀系数不同，当温度升高时，使双层金属条 3 向预先

设计的方向弯曲；当温度下降时，双层金属条3向相反方向弯曲。在常规状态下，双层金属条3沿着中空球体1的轴线延伸，金属球5位于中空球体1的球心处。随着食用油的温度升高，双层金属条3开始弯曲，从而按图中箭头X所示方向牵引金属球5从中空球体1的中心位置向外偏移，带动温度指示器在食用油中旋转。随着食用油的温度下降，双层金属条3牵引金属球5回到球心处，带动温度指示器在食用油中反向旋转。上述结构的温度指示器可以不经重置而反复使用，操作便利且节省资源。

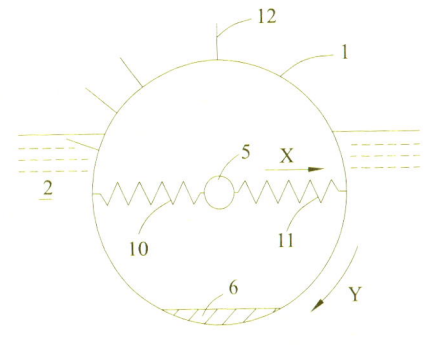

涉案专利图1

对比文件1（现有技术）

说明书（节选）：

如对比文件1图1所示，一种温度指示器，标有相应的温度值指示条12从球体1的外表面向外突出。球形砝码5通过第一弹簧10和第二弹簧11固定在球体1内。两个弹簧10和11处于拉紧状态，并将砝码5保持在球体1的球心位置。平衡砝码6固定在球体1的内表面上。平衡砝码6能确保浮在食用油2中的温度指示器取得预先设计的定位方向。第一弹簧10由钢材制成，其硬度不受温度变化的影响。第二弹簧11是由镍钛合金制成的热敏弹簧，其硬度随温度的升高而增大。当食用油2的温度升高时，第二弹簧11变得更硬，而第一弹簧10的硬度不受温度升高的影响。由于两个弹簧10和11处于拉紧状态，当温度升高时，弹簧按图中箭头X所示方向牵引球形砝码5从球体球心位置向外偏移。结果，温度指示器按箭头Y所示方向在食用油2中旋转。当温度下降时，弹簧牵引砝码5回到球心处，带动温度指示器在食用油2中反向旋转。上述结构的温度指示器可以不经重置而反复使用，操作便利且节省资源。

对比文件1图1

3. 创造性判断分析

对比文件1设计原理与本发明相同，但是本发明的结构并未被对比文件1公开，权利要求1具有区别技术特征，区别技术特征不属于公知常识，因此权利要求1具有创造性。

4. 创造性论述

对比文件1是最接近现有技术。

权利要求1与对比文件1公开的内容相比，区别技术特征在于：空心球体内壁连有双层金属条的一端，双层金属条的另一端设有金属球，双层金属条的热膨胀系数不同，随着油温变化，双层金属条牵引金属球在球体内部移动，从而可使空心球体在食用油中来回转动以显示油温。

对比文件1虽然也公开了一种随温度变化翻转的温度指示器，但是并未公开本发明所要求保护的结构，也没有给出设计出具有双层金属条的温度指示器的启示。因此，权利要求1相对于对比文件1是非显而易见的，具有突出的实质性特点。

本发明提供了一种与现有技术不同结构的温度指示器，可清楚地显示油温，且可以不经重置而反复使用，具有显著的进步。

因此，本发明权利要求1具有突出的实质性特点和显著的进步，符合《专利法》第22条第3款规定的创造性。

第四节 模板记忆

1. 独立权利要求不具有创造性

对比文件 1 和对比文件 2 都属于现有技术，可以用于评价专利申请权利要求的创造性。

对比文件 1 技术领域与本发明相同，所要解决的技术问题与本发明最为接近，因此对比文件 1 是最接近的现有技术。

对比文件 1 公开了：（按照权利要求技术特征的顺序引入对比文件的原文）。

权利要求 1 与对比文件 1 相比，区别技术特征在于：……。

基于上述区别技术特征可以确定，权利要求 1 相对于对比文件 1 实际要解决的技术问题是……。

对比文件 2 公开了……，上述区别技术特征已被对比文件 2 公开，而且该特征在对比文件 2 中所起的作用与其在本发明中为解决其技术问题所起的作用相同，都是……，也就是说，对比文件 2 给出了将该区别技术特征用于对比文件 1 以解决上述技术问题的启示。因此，该技术方案相对于对比文件 1 和对比文件 2 的结合是显而易见的，权利要求 1 没有突出的实质性特点和显著的进步，不具有创造性，不符合《专利法》第 22 条第 3 款的规定。

2. 独立权利要求不具有新颖性，从属权利要求不具有创造性

（1）权利要求 1 相对于对比文件 1 不具有新颖性

对比文件 1 的公开日早于本申请的申请日，可作为现有技术，用于评价本申请的新颖性。

对比文件 1 具体公开了：（特征对比，按权利要求对部件的描述顺序引入对比文件的内容，遇到表述不同的地方加括号对照，对比文件文字未公开的内容引入附图公开内容）。

由此可见，对比文件 1 公开了权利要求 1 的全部技术特征，二者相比，技术方案实质上相同，且两者属于相同的……领域，要解决的技术问题和产生的效果相同，都是……，因此该权利要求 1 不具备新颖性，不符合《专利法》第 22 条第 2 款的规定。

（2）权利要求 2 相对对比文件 1、2 组合不具有创造性

对比文件 1 和对比文件 2 都属于现有技术，可以用于评价专利申请权利要求的创造性。

对比文件 1 技术领域与本发明相同，所要解决的技术问题与本发明最为接近，因此对比文件 1 是最接近的现有技术。

对比文件 1 公开了权利要求 1 的全部技术内容。权利要求 2 与对比文件 1 相比，区别技术特征在于：……。

基于上述区别技术特征可以确定，权利要求 2 实际要解决的技术问题是……。

对比文件 2 公开了……，上述区别技术特征已被对比文件 2 公开，而且该特征在对比文件 2 中所起的作用与其在本发明中为解决其技术问题所起的作用相同，都是……，也就是说，对比文件 2 给出了将该区别技术特征用于对比文件 1 以解决上述技术问题的启示。因此，该技术方案相对于对比文件 1 和对比文件 2 的结合是显而易见的，权利要求 2 没有突出的实质性特点和显著的进步，不具有创造性，不符合《专利法》第 22 条第 3 款的规定。

3. 从属权利要求的简化论述写法（适用于已经详细论述过前面权利要求的创造性）

从属权利要求 6 的附加技术特征进一步限定了……。对比文件 2 公开了……。上述技术特征在对比文件 2 中所起的作用与其在权利要求 6 中为解决其技术问题所起的作用相同，都是……，因此在其所引用的权利要求不具备创造性的情况下，权利要求 6 相对于对比文件 1 和对比文件 2

的结合也不具备创造性，不符合《专利法》第 22 条第 3 款的规定。

4. 论述独立权利要求具有创造性第一种方式：特征未公开，作用也不同

对比文件 1 与本申请的技术领域相同，所解决的技术问题相近，是最接近的现有技术。

权利要求 1 与对比文件 1 公开相比，区别技术特征在于：……。

基于该区别技术特征，本发明实际解决的技术问题是……。

对比文件 2 未公开上述区别技术特征，也不存在解决上述技术问题的任何启示。因此，权利要求 1 不是显而易见的，具有突出的实质性特点。

本发明有益的技术效果是……，具有显著的进步。

综上所述，独立权利要求 1 相对于现有技术具有突出的实质性特点和显著的进步，具有《专利法》第 22 条第 3 款规定的创造性。

5. 论述独立权利要求具有创造性第二方式：特征公开，但作用不同

对比文件 1 与本申请的技术领域相同，所解决的技术问题相近，是最接近的现有技术。

权利要求 1 与对比文件 1 公开的技术方案相比，区别技术特征在于：……。

基于该区别技术特征，本发明实际解决的技术问题是……。

对比文件 2 虽然公开了……，但是该特征的作用是……。对比文件 2 的……与本发明的……解决的技术问题和所起的作用均不同。即，对比文件 2 没有给出与对比文件 1 结合以解决上述技术问题的启示。因此，权利要求 1 所要求保护的技术方案相对于现有技术不是显而易见的，具有突出的实质性特点。

权利要求 1 有益的技术效果是……，具有显著的进步。

因此，权利要求 1 相对于对比文件 1、2 的结合具有突出的实质性特点和显著的进步，符合《专利法》第 22 条第 3 款有关于创造性的规定。

专题四 其他与实务考试相关的法条解析

第一节 对《专利法实施细则》第 20 条第 2 款的理解与适用

一、法律规定

《专利法实施细则》第 20 条第 2 款规定:"独立权利要求应当从整体上反映发明或者实用新型的技术方案,记载解决技术问题的必要技术特征。"

二、理解适用

1. 必要技术特征的概念

必要技术特征是指发明或者实用新型为解决其技术问题所不可缺少的技术特征,其总和足以构成发明或者实用新型的技术方案,使之区别于(说明书)背景技术中所述的其他技术方案。

对必要技术特征涉及的概念,解析如下:

(1) 本发明解决的技术问题

这里所称的"本发明解决的技术问题"应当是指由说明书中记载内容能确定的本发明解决的技术问题。

(2) 完整的技术方案

《专利法实施细则》第 20 条第 2 款的立法宗旨在于,确保独立权利要求从整体上反映发明或者实用新型的技术方案,也就是说,该独立权利要求对于其所要解决的技术问题是一个完整的技术方案。

为了使所撰写的独立权利要求包括解决技术问题的必要技术特征,对产品独立权利要求来说,不仅要写明解决该技术问题所必须具备的各个部件,还应当写明对解决该技术问题必不可少的部件之间的相互关系;对方法独立权利要求来说,不仅要写明解决该技术问题所必需的步骤,还应当写明对解决该技术问题必不可少的各步骤之间的顺序关系。

但是也需要注意,为了充分保护申请人的权益,在撰写权利要求书时,不要将非必要技术特征写入独立权利要求。

2. 确定必要技术特征的意义

必要技术特征解决了独立权利要求写什么的问题。将必要技术特征进行组合,即可完成独立权利要求的撰写。

一种_____,包括_____和_____,其特征在于_____。

主题名称 | 已被最接近的现有技术公开的必要技术特征 | 能够带来新颖性、创造性的必要技术特征

前序部分 | 特征部分

三、考点分析

1. 考查题型

对必要技术特征的考查有两种题型：

（1）在撰写权利要求的考题中考查

在权利要求的实务撰写题型中，必然考到技术交底书中哪些特征是必要技术特征，分值在20分以上。

撰写题型中必要技术特征的判断见专题六至专题九，本专题不再赘述。

（2）在法律分析型考题中单独考查

在权利要求挑错、答复审查意见通知书、无效宣告请求书撰写题型中，都可以考查已经撰写好的独立权利要求是否缺少必要技术特征。本节重点分析这些法律分析题型中如何判断独立权利要求缺少必要技术特征。

2. 法律分析题型中缺少必要技术特征的判断案例

2008年、2013年、2014年、2016年、2019年、2020年的法律分析考题中均考查了独立权利要求缺少必要技术特征。

法律分析题目中会给出已经撰写完毕的权利要求、说明书（个别情况为技术交底书），因此判断是否缺少必要技术特征可采取"三段式"思路：首先从说明书背景技术提到的现有技术缺陷判断本发明所要解决的技术问题，其次看说明书具体实施方式中解决技术问题的特征，最后看独立权利要求是否记载了这些特征。

一般来说，独立权利要求缺少的可能是解决技术问题必要的部件，也可能是缺少部件之间的连接关系。必要的部件可能属于现有技术，也有可能属于技术改进。

案例 1 权利要求 1 是否符合相关规定？

说明书（节选）：

现有技术中经常需要在路灯的圆柱体上固定广告板。由于广告板材为平面板，在直接与路灯的柱体固定时，接触面积不够，广告板容易滑动。

本实用新型柱挂式广告板有一面板1，该面板1背面的横向中间位置有一凸块2。该凸块2的高度可以在整个面板1的高度方向延伸，这样广告板的强度比较好；但是，该凸块2也可以如图1所示，其高度约为面板1整个高度的1/3至1/2，大体位于其纵向中间位置，这样既保证了广告板有一定强度，又节省了广告板的材料，并减轻了广告板的重量；当然，该凸块2的高度也可采用其他尺寸。在图中，凸块2背部表面为横向凹弧形表面，为适应

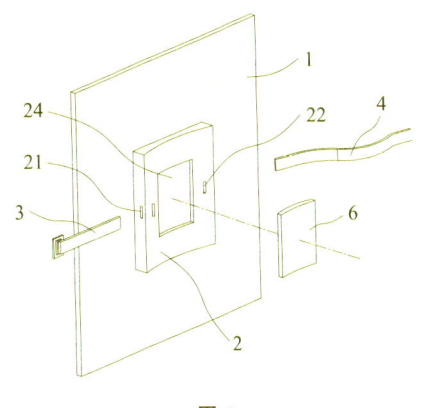

图 1

不同支撑物的形状，该凸块2背部表面还可选择与支撑物上和该凸块2相接触的表面形状相适配。凸块2两侧分别设有左耳孔21和右耳孔22，两根束带3、4可分别穿过左耳孔21和右耳孔22，其端头折回平贴带身，可采用线缝制、铆钉铆合或其他类似的连接方式，使其与凸块相连。这样就可将两根束带绕过柱杆，相互系紧，从而将广告板栓固在柱杆上。为防止广告面板滑动，还可以在凸块上开设凹槽，凹槽中填充海绵块6等其他增加摩擦力的材料。

权利要求1：

1. 一种柱挂式广告板，其特征在于：该广告板包括面板（1）和位于面板（1）背面横向中间位置的凸块（2），该凸块（2）与支撑物接触的表面相适配。

☞ 分析：

现有技术中的缺陷是广告面板在与柱体固定时，接触面积不够，容易滑动。根据具体实施方式中的记载，为了保证广告板稳定，在面板的背面设置与支撑物形状适配的凸块，并通过束带栓固广告板。因此权利要求1缺少"束带"这一技术特征，无法解决固定问题。另外，考生需要注意，凸块上设有耳孔不是必要技术特征，其解决的是束带与凸块的固定问题，与现有技术的缺陷无关。

☞ 参考答案：

本实用新型要解决的技术问题是提供一种支撑稳定的柱挂式广告板。

为解决上述技术问题，由说明书中所描述的实施方式可知，在本实用新型广告板面板的背部横向中间位置设置有凸块，凸块背面的形状与支撑物和该凸块相接触的表面形状相适配，其与束带配合就能使广告板比较牢固地固定在电线杆之类的支撑物上。若没有束带，则广告板就无法栓固在柱状支撑物上。因此，束带是实现本实用新型技术问题的必要技术特征。

权利要求1未包含束带这个必要技术特征，不能构成完整的技术方案，不符合《专利法实施细则》第20条第2款的规定。

案例2 权利要求1是否符合相关规定？

说明书（节选）：

现有技术中有一种能折叠的牙刷，其折叠后的刷头直接扣在刷柄上表面上，刷头处于裸露的环境中，并不卫生。

本发明提供一种能折叠起来、牙膏袋与牙刷一体携带的牙刷。如图1所示，牙刷由刷头4和刷柄组成，刷头4上设置有刷毛。刷柄用于刷牙时握持牙刷。刷柄分为折叠柄3、握柄1两个部分，折叠柄3和握柄1之间通过旋转连接装置6连接起来。握柄1为细长形，内部形成有中空腔体2，用于放置牙膏袋5。该握柄1的顶壁具有开口7，开口7的大小与刷毛相应，当牙刷

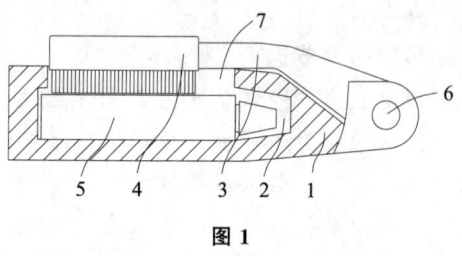

图1

折叠放置时，刷毛正好落入开口7内。握柄1的顶壁开口7与容置牙膏袋的中空腔体2连通。

权利要求1：

1. 一种便携式牙刷，包括握柄（1）、刷头（4），握柄（1）和刷头（4）之间通过旋转连接装置（6）连接，其特征在于：握柄（1）上设置有开口（7）。

☞ 分析：

权利要求1特征部分描述了部件的名称，但是没有写入部件之间的连接关系，不能构成完整的技术方案，因此权利要求1缺少必要技术特征。

☞ 参考答案：

本实用新型要解决的技术问题是提供一种折叠起来后，刷毛落入刷柄开口处的牙刷。

为解决上述技术问题，由说明书中所描述的实施方式可知，握柄1的顶壁具有开口7，开口

7 的大小与刷毛相应,当牙刷折叠放置时,刷毛正好落入开口 7。

权利要求 1 未记载开口与牙刷其他部件之间的连接关系,不能构成完整的技术方案,不符合《专利法实施细则》第 20 条第 2 款的规定。

第二节　对《专利法》第 26 条第 4 款的理解与适用

一、法律规定

《专利法》第 26 条第 4 款规定:"权利要求书应当以说明书为依据,清楚、简要地限定要求专利保护的范围。"

二、理解适用

《专利法》第 26 条第 4 款规定了以下三方面的要求:

① 权利要求应当清楚。权利要求应当清楚包括的具体类型非常多,下面的考点分析中只分析实务考试中经常考查的权利要求不清楚的三种情况。

② 权利要求应当简要。权利要求应当简要在实践中和考试中都可忽略。

③ 权利要求应当以说明书为依据。

以说明书为依据是考试的重点和难点,分数一般在 10～15 分,是考生需要掌握的核心知识点之一。

三、考点分析

在《专利法》第 26 条第 4 款规定的三方面要求中,实务题常考的是保护范围不清楚和权利要求未以说明书为依据。

1. 权利要求书应当清楚

实务试题常考权利要求不清楚的情形是从属权利要求缺少引用基础,权利要求主题名称不一致,"最好是"造成保护范围不清楚、假从属等。

(1) 权利要求主题名称不一致

案例 3 权利要求是否符合规定?

权利要求:

1. 一种柱挂式广告板,其特征在于:……。
2. 根据权利要求 1 所述的一种柱挂式广告板面板背面的凸块,其特征在于:……。

分析:

权利要求 2 的主题名称和权利要求 1 主题名称不一致,导致权利要求不清楚。[1]

参考答案:

---

[1] 主题名称不一致应当引用《专利法实施细则》第 22 条第 1 款。为讲课方便,将主题不一致的缺陷放到权利要求不清楚讲述。考试中主题名称不一致优先引用《专利法实施细则》第 22 条第 1 款,如果记不准法条,引用《专利法》第 26 条第 4 款也得分。

权利要求2是权利要求1的从属权利要求,权利要求1的主题名称为"一种柱挂式广告板",而权利要求2的主题名称为"一种柱挂式广告板面板背面的凸块",两者不一致,不符合《专利法实施细则》第22条第1款(或写为不符合《专利法》第26条第4款)的规定。

(2) 缺少引用基础

案例4 一种枕头,如图1所示,请判断权利要求3是否符合规定。

权利要求:

1. 一种头颈矫治器,其特征在于:中间部位设有近似于头形的凹陷槽(3),凹陷槽(3)下方为头枕(4),凹陷槽(3)沿头颈矫治器宽度方向的两侧为颈枕(5),头枕(4)的下方设置有气囊(6)。

2. 根据权利要求1所述的头颈矫治器,其特征在于:头枕(4)内设置有振动器(7)。

3. 根据权利要求1或2所述的头颈矫治器,其特征在于:气囊(6)和振动器(7)之间设置有隔层(8)。

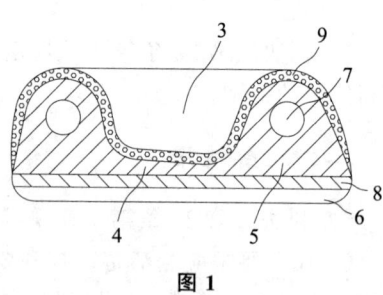

图1

分析:

权利要求3限定隔层的位置时,使用了技术特征"气囊"和"振动器",但是在其引用的权利要求1中,并未出现"振动器",因此权利要求3引用权利要求1时缺少引用基础。

参考答案:

从属权利要求3引用权利要求1或2,进一步限定"气囊(6)和振动器(7)之间设置有隔层(8)",但是,在其引用的权利要求1中并没有出现技术特征"振动器(7)",因此,权利要求3引用权利要求1时缺少引用基础,导致技术方案不清楚,不符合《专利法》第26条第4款的规定。

(3) "最好是"等表述造成多个保护范围

案例5 一种饮用容器,如图1所示,请判断权利要求2是否存在缺陷。

权利要求:

1. 一种饮用容器,包括:圆形底部(14)以及设置在圆形底部上的侧壁(18),其特征在于:在侧壁(18)上设置有手持部件(13)。

2. 根据权利要求1所述的饮用容器,其特征在于:手持部件(13)由与侧壁(18)热绝缘的材料制成,最好是橡胶材料。

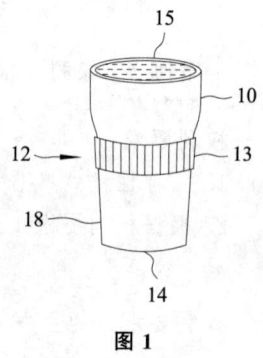

图1

分析及参考答案: 权利要求2中,热绝缘材料为上位概念,橡胶材料为下位概念,"最好是"导致权利要求出现两个保护范围,造成权利要求不清楚。

(4) 假从属

案例6 请判断权利要求3是否存在缺陷。

权利要求:

1. 一种饮用容器,包括:圆形底部(14)以及设置在圆形底部上的侧壁(18),其特征在于：在侧壁（18）上设置有手持部件（13）。

2. 根据权利要求1所述的饮用容器，其特征在于：所述手持部件（13）为套设在杯体侧壁（18）上的橡胶圈。

3. 根据权利要求2所述的饮用容器，其特征在于：所述手持部件（13）为套设在杯体侧壁（18）上的纸环，纸环接口处形成把手。

分析：

权利要求2和权利要求3是手持部件的两个实施例，二者是并列关系，权利要求3不是对权利要求2的进一步限定。

参考答案：

权利要求3所进一步限定的技术特征"所述手持部件（13）为套设在杯体侧壁（18）上的纸环，纸环接口处形成把手"与引用的权利要求2技术内容矛盾，不是对所引用的权利要求作出的进一步限定，因此权利要求3保护范围不清楚，不符合《专利法》第26条第4款的规定。

2. 权利要求应当以说明书为依据

（1）实务考试中三种出题方式

1）权利要求的描述在形式上得不到说明书的支持

因权利要求与说明书描述不一致得不到支持（形式不支持）的判断按照如下步骤分析：

① 找到权利要求描述的内容与说明书公开内容的差别；

② 判断出权利要求与说明书描述矛盾，得出权利要求没有以说明书为依据的结论。

2）概括有反例导致权利要求得不到说明书的支持

因概括不支持（实质不支持）的判断按照如下步骤分析：

① 找到权利要求描述的内容与说明书公开内容的差别；

② 判断出权利要求使用了概括；

③ 找到涵盖在权利要求概括范围内，但是不能解决相应问题的反例；

④ 得出概括没有以说明书为依据的结论。

3）一个实施例无法概括

说明书中只给出了一个具体的结构，但是权利要求中使用了上位概括或功能性概括。本领域技术人员从一个具体的结构中，无法推导出还有其他结构也能解决同样的技术问题。这种情形在实践中最为常见，在考试中较少考查，一定要到实在无法挑出其他问题的情况下再考虑。

（2）形式不支持案例

案例7 说明书及附图参见案例1，请判断权利要求4是否符合规定。

权利要求：

1. 一种柱挂式广告板，其特征在于：该广告板包括面板（1）和位于面板（1）背面中间位置的凸块（2），该凸块（2）与支撑物接触的表面为弧形表面。

......

4. 根据权利要求1所述的柱挂式广告板，其特征在于：该凸块（2）的一侧有一根束带（4），该凸块（2）上与该束带（4）连接处相对的另一侧有一个供束带（4）自由端穿过的耳孔（21）。

说明书（节选）：

凸块两侧分别设有左耳孔21和右耳孔22，两根束带3、4可分别穿过左耳孔21和右耳

22,其端头折回平贴带身,可采用线缝制、铆钉铆合或其他类似的连接方式,使其与凸块相连。这样就可将两根束带绕过柱杆,相互系紧,从而将广告板栓固在柱杆上。

分析:

说明书只记载了束带为两根的情形,并未记载一根束带的情形,因此权利要求4的记载没有以说明书为依据。

参考答案:

权利要求4的技术方案中仅采用一根束带,而此技术方案并未记载在说明书的具体实施方式中,因此权利要求4未以说明书为依据,不符合《专利法》第26条第4款的规定。

(3) 概括有反例案例❶

案例 8 权利要求2是否符合规定?

权利要求:

1. 一种即配式饮料瓶盖,其特征在于:包括顶壁(1)和侧壁(2),侧壁(2)下部具有与瓶口外螺纹配合的内螺纹(3),侧壁(2)内侧在内螺纹(3)上方具有环状凸缘(4),隔挡片(5)固定于环状凸缘(4)上,所述顶壁(1)、侧壁(2)和隔挡片(5)共同形成容纳调味材料的容置腔室(6)。

2. 根据权利要求1所述的即配式饮料瓶盖,其特征在于:瓶盖带有一个用于刺破隔挡片(5)的尖刺部(7),所述尖刺部(7)位于顶壁(1)内侧且向隔挡片(5)的方向延伸。

说明书(节选):

为了方便、卫生地破坏隔挡片,如图1所示,在顶壁1内侧设置尖刺部7,尖刺部7位于顶壁1内侧且向隔挡片5的方向延伸。顶壁1具有弹性易于变形。常态下,尖刺部7与隔挡片5不接触,按压顶壁1时,尖刺部7向隔挡片5方向运动并刺破隔挡片5,如图2所示。

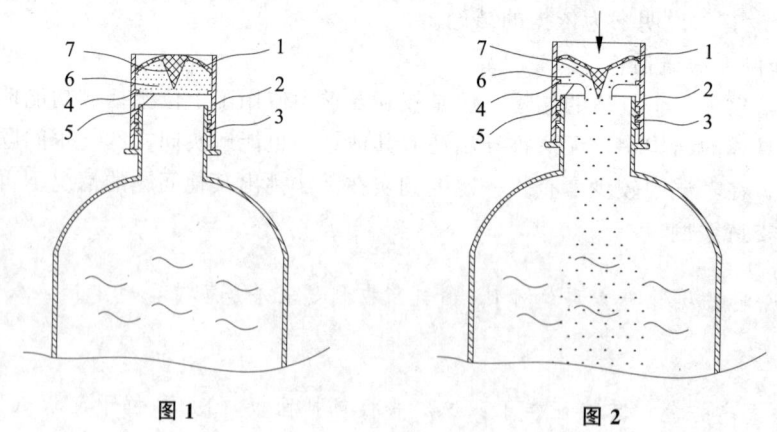

图1　　　　　图2

分析:

权利要求2中,对尖刺部的描述是:"瓶盖带有一个用于刺破隔挡片(5)的尖刺部(7),所

---

❶ "概括有反例"这种判断思路仅限于法律分析题中,且只有在权利要求有新颖性、创造性,不存在不清楚的前提之下才能用,撰写题以及实际工作中不要采用这种判断思路。

述尖刺部（7）位于顶壁（1）内侧且向隔挡片（5）的方向延伸。"说明书相应部分的描述是："在顶壁1内侧设置尖刺部7,尖刺部7位于顶壁1内侧且向隔挡片5的方向延伸。顶壁1具有弹性易于变形。常态下，尖刺部7与隔挡片5不接触，按压顶壁1时，尖刺部7向隔挡片5方向运动并刺破隔挡片5。"二者相比，权利要求2中没有对顶壁易于变形进行限定，因此权利要求2的保护范围涵盖顶壁易于变形和不能变形两种情况。顶壁不能变形的情况，无法解决尖刺部刺破隔挡片的技术问题。因此，权利要求2的概括得不到说明书的支持。

参考答案：

从属权利要求2没有以说明书为依据，不符合《专利法》第26条第4款的规定。

根据该专利说明书记载的内容可知，为了方便、卫生地破坏隔挡片，在顶壁内侧设置尖刺部，顶壁由易变形的弹性材料制成，从而按压顶壁时，顶壁能够向下变形带动尖刺部向下运动刺破隔挡片。

权利要求2以概括方式描述了顶壁，涵盖了顶壁有弹性易于变形和无弹性不能变形两种情况。而顶壁不能变形就不能解决刺破隔挡片的技术问题。因此权利要求2在说明书公开内容的基础上概括了一个较宽的保护范围，未以说明书为依据，不符合《专利法》第26条第4款的规定。

（4）一个实施例不概括案例

案例9 权利要求1是否以说明书为依据？

权利要求1：

1. 一种便携式牙刷，具有刷柄和刷头（4），刷头（4）上设置有刷毛，刷柄由握柄（1）和折叠柄（3）构成，其特征在于：握柄（1）与折叠柄（3）之间活动连接。

说明书（节选）：

握柄1与折叠柄3之间活动连接，例如通过连接轴6连接。

分析：

虽然权利要求1中使用了和说明书相同的表述，但是说明书只给出了握柄1与折叠柄3之间活动连接的一个实施例，即通过连接轴6连接。本领域普通技术人员无法从一个实施例中想到还有其他方式也能实现活动连接，因此权利要求的概括未以说明书为依据。

参考答案：

权利要求1中"握柄（1）与折叠柄（3）之间活动连接"概括了握柄和折叠柄之间的连接关系。本发明要解决的技术问题是缩小牙刷体积，携带方便。为了解决该技术问题，本申请的说明书中仅提供了一种具体的通过连接轴6连接握柄1与折叠柄3的方案，本领域技术人员无法想到其他也能解决本发明技术问题的方案。因此，该权利要求没有以说明书为依据，不符合《专利法》第26条第4款的规定。

第三节 单一性的理解与适用

一、法律规定

《专利法》第31条第1款规定："一件发明或者实用新型专利申请应当限于一项发明或实用新型。属于一个总的发明构思的两项以上的发明或实用新型，可以作为一件申请提出。"

二、理解适用

根据《专利法实施细则》第 34 条的规定，属于一个总的发明构思的两项以上的发明或实用新型应当在技术上相互关联，包含一个或者多个相同或者相应的特定技术特征，其中特定技术特征是每一项发明或者实用新型作为整体，对现有技术作出贡献的技术特征。

三、考点分析

单一性是热门考点，在撰写试题中，会要求考生分析撰写出的多个独立权利要求能否在一件专利申请中提出（具体内容参见专题八）。本节仅探讨法律分析题（无效宣告请求试题除外）中考查权利要求之间不具有单一性的情形。

在两项权利要求具有新颖性、创造性的基础上，才会判断它们之间是否具有单一性。法律分析题中可能会考到，当独立权利要求不具有新颖性或创造性时，从属权利要求之间不具有单一性。

案例 10 权利要求是否满足单一性要求？[1]

案例背景：

一件涉及电饭煲的发明专利申请，涉案专利图 1、图 2 显示了箅子的两个实施例。涉案专利图 3 显示出了具有小孔的米托架。权利要求如下：

1. 一种电饭煲，具有电饭煲煲体；锅胆（3）可装拆地设置在所述电饭煲的煲体内，其特征在于：在锅胆的底部设置有箅子（12），所述箅子（12）具有使放入所述锅胆中的米与所述锅胆的底部相分离的米托架（13）。

2. 根据权利要求 1 所述的电饭煲，其特征在于：所述米托架（13）搭置在从所述锅胆（3）的侧面水平地延伸的水平部分（18）上。

3. 根据权利要求 1 所述的电饭煲，其特征在于：所述的锅胆（3）由磁性材料制成，箅子（12）朝向所述锅胆底的面上设有磁铁式固定装置，用于将所述锅胆（3）与所述箅子（12）固定住。

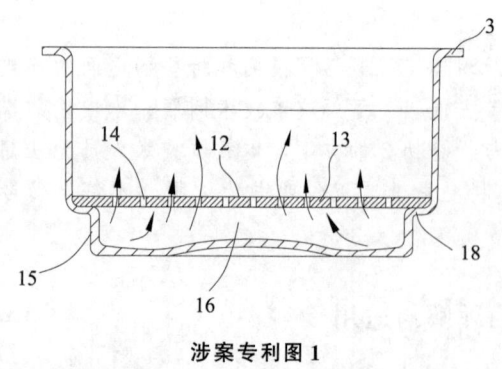

涉案专利图 1

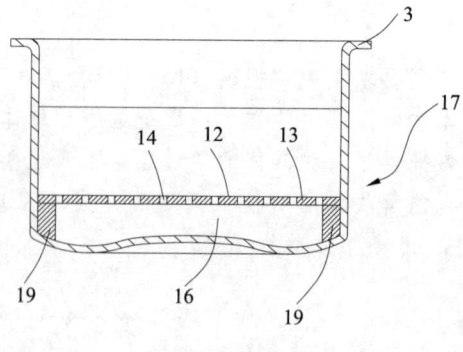

涉案专利图 2

---

[1] 从属权利要求之间缺少单一性的判断思路仅考查过一次，只有在从属权利要求具有新颖性、创造性且找不到其他缺陷的情形下才能考虑。单一性不是无效宣告请求理由，因此无效宣告请求题目中不判断单一性的缺陷。

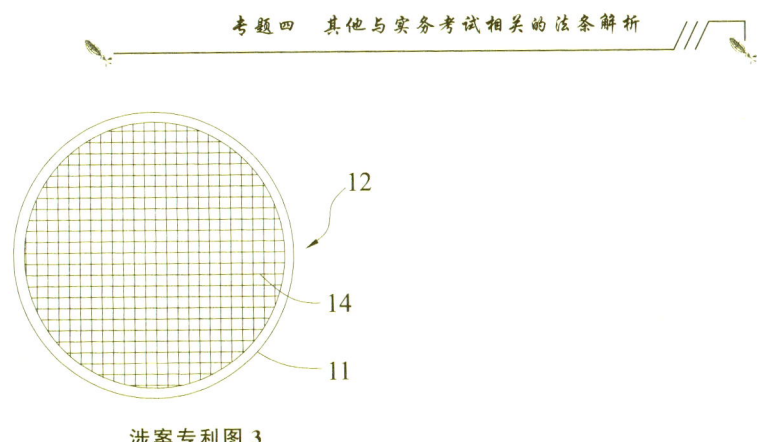

涉案专利图 3

对比文件（现有技术）：

如对比文件图1所示，电饭煲包括煲体（图中省略）、锅胆。锅胆7以可装拆的方式设置在煲体内，在锅胆7的内底部上设置有算子，算子具有米载台23和支撑腿25，米载台23使放入锅胆7中的米与锅胆7的底部相分离，并且在除了外缘部分26附近之外的位置上设有使米通不过去的许多小孔。米载台23的外缘部分26顶住锅胆7的侧面部分。

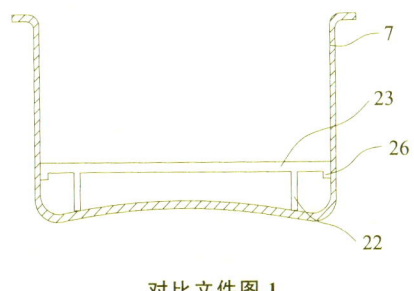

对比文件图 1

☞ **分析：**

权利要求1的所有技术特征均被对比文件公开，权利要求1不具有新颖性。权利要求2、3均具有新颖性和创造性，但是权利要求2、3之间没有其他相同或相应的特定技术特征，因此二者之间不具有单一性。

☞ **参考答案：**

由于独立权利要求1没有新颖性，在独立权利要求1不具备新颖性的情况下，需要考虑从属权利要求之间是否符合单一性。

权利要求2中相对于现有技术作出贡献的技术特征为"所述米托架（13）搭置在从所述锅胆（3）的侧面水平方向延伸的水平部分（18）上"。

权利要求3中相对于现有技术作出贡献的技术特征为"锅胆（3）由磁性材料制成，算子（12）朝向所述锅胆底的面上设有磁铁式固定装置，用于将所述锅胆（3）与所述算子（12）固定住"。

由此可见，这两个权利要求对现有技术作出贡献的技术特征既不相同，也不相应，在技术上也无相互关联，彼此之间不属于一个总的发明构思，从而两个权利要求之间不具有相同或者相应的特定技术特征，彼此之间不具备单一性，不符合《专利法》第31条第1款的规定。

第四节 对《专利法》第2条第2款的理解与适用

一、法律规定

《专利法》第2条第2款规定："发明，是指对产品、方法或者其改进所提出的新的技术方案。"

二、理解适用

《专利法》第2条第2款一般出现在法律分析题中，要求考生会判断一个方案是否为技术方案。根据《审查指南》第2部分第1章第2节的规定，技术方案是对要解决的技术问题所采取的利用了自然规律的技术手段的集合。技术手段通常是由技术特征来体现的。未采取技术手段解决技术问题，以获得符合自然规律的技术效果的方案，不属于《专利法》第2条第2款规定的客体。在实践中，这一法条多用在判断计算机程序是否属于授权客体，机械领域较为少见。

三、考点分析

实务考题往往以挑错的方式要求考生发现撰写出的权利要求不是专利法意义上的技术方案。这一法条的应用需要通过记忆经典案例来理解。

 请分析权利要求1是否符合相关规定。

说明书：

一种香烟盒，其利用了香烟盒廉价、传播范围广的特点，在香烟盒上设置广告。

权利要求：

1. 一种利用香烟盒进行广告宣传的方法。所述香烟盒具有盒体，其特征在于：在盒体的至少一个外侧面上印有商标、图形或文字。

☞ 分析：

权利要求1要求保护的是利用香烟盒进行广告宣传的方法，但采取的手段没有对烟盒的结构产生影响，没有采取技术手段，因此权利要求1不符合《专利法》第2条第2款的规定。

☞ 参考答案：

权利要求1要求保护一种利用香烟盒进行广告宣传的方法。该方法不涉及香烟盒本身的构造，香烟盒只作为信息表述的载体，其特征不是技术特征，也没有采取利用自然规律的技术手段，解决的问题也不是技术问题，不能获得技术效果，因而不能构成技术方案，不符合《专利法》第2条第2款的规定。

第五节　对《专利法》第2条第3款的理解与适用

一、法律规定

《专利法》第2条第3款规定："实用新型，是指对产品的形状、构造或者其结合所提出的适于实用的新的技术方案。"

二、理解适用

实用新型专利只保护经过产业方法制造的，有确定形状、构造且占据一定空间的实体。理解该规定需要注意以下两个方面：

① 方法以及未经人工制造的自然存在物不属于实用新型专利保护的客体。但是，权利要求中可以使用已知方法的名称限定产品的形状和构造。

② 实用新型的技术方案不能是物质的分子结构、组分、金相结构等，但是权利要求中可以包含已知材料的名称。

三、考点分析

2009年、2012年、2018年均出现了要求考生判断实用新型的权利要求中出现材料特征时，是否符合《专利法》第2条第3款规定的问题。判断权利要求是否属于实用新型的保护客体的关键在于，权利要求中出现的材料特征是否被对比文件公开。如果对比文件公开了实用新型权利要求中的材料特征，则权利要求属于实用新型的技术方案。如果对比文件中未公开实用新型权利要求中的材料特征，则权利要求不符合《专利法》第2条第3款的规定❶。

案例 12 权利要求2是否为实用新型的保护客体？

权利要求：

1. 一种药枕，其特征在于：中间部位设有近似于头形的凹陷槽（3），凹陷槽下方为头枕（4），凹陷槽（3）沿药枕宽度方向的两侧为颈枕（5），头枕（4）和颈枕（5）上缝缀药垫（9）。

2. 根据权利要求1所述的药枕，其特征在于：药垫（9）内装有重量配比为3∶2的茶叶和荞麦皮的混合物。

对比文件（现有技术）：

一种颈椎疾病治疗枕，其枕头上通过缝纫或者粘钩等方式结合装有药物的药垫，药物由例如麝香、人参等能预防和治疗颈椎病的药物构成。

☞ 分析：

权利要求2涉及药垫的组分，并未被对比文件公开，因此权利要求2属于对材料的改进，权利要求2的技术方案不属于实用新型的保护客体。

☞ 参考答案：

权利要求2的附加技术特征是对产品材料的限定，对比文件中也并未公开药垫的组分是茶叶与荞麦皮的混合物，因此权利要求2是对材料本身提出的改进。由此，权利要求2的方案不属于实用新型的保护客体，不符合《专利法》第2条第3款的规定。

案例 13 权利要求2是否为实用新型的保护客体？

权利要求：

1. 一种硬质冷藏箱，具有箱体和箱盖，箱体包括内、外防水层和保温中间层，其特征在于：箱盖和箱体中间通过拉链连接。

2. 根据权利要求1所述的硬质冷藏箱，其特征在于：所述保温中间层为泡沫材料。

对比文件（现有技术）：

一种冷藏桶，包括桶体和旋转方式盖在桶体上的盖体，箱本体包括不透水层、内衬层、硬质

---

❶ 考生请注意，某项从属权利要求是否属于实用新型的保护客体和是否具有创造性是两个问题。如果从属权利要求的技术特征被对比文件公开，该从属权利要求一定属于实用新型的保护客体。判断是否具有新颖性或创造性时，要看其引用的在先权利要求是否有新颖性或创造性。如果其引用的在先权利要求有新颖性或创造性，虽然从属权利要求的附加技术特征被公开，该从属权利要求仍然有新颖性和创造性。

加强层、保温层和外层。为了增强箱本体的保温效果，箱本体的保温中间层采用泡沫材料。

☞ 分析：

保温中间层为泡沫材料已经被对比文件公开，因此权利要求中出现的材料特征属于使用已知材料的名称，权利要求仍属于实用新型的保护客体。

☞ 参考答案：

由于对比文件公开了保温层可以采用泡沫材料，因此权利要求2不属于对材料本身提出的改进，权利要求2属于实用新型的保护客体，符合《专利法》第2条第3款的规定。

第六节　对《专利法》第26条第3款的理解与适用

一、法律规定

《专利法》第26条第3款规定："说明书应当对发明或实用新型作出清楚、完整的说明，以所属技术领域的技术人员能够实现为准"。

二、考点分析

《专利法》第26条第3款在实务考试中很少涉及，只有2011年实务试题中考查了保留技术秘密与公开充分之间的关系。

在技术方案具有新颖性和创造性的前提下，不公开技术诀窍的好处在于能保留技术秘密，从而使己方在市场竞争中处于有利地位；而其弊端在于一旦上述技术方案不具有新颖性和创造性，在审查过程或专利无效过程中就不能再将申请时所保留的技术诀窍补入专利申请文件或专利文件中使其相对于现有技术具备新颖性和创造性。

案例14 说明书是否符合《专利法》第26条第3款的规定？

申请人提出了一项饮料瓶盖的专利申请，涉及饮料瓶盖的结构。这个饮料瓶瓶口用隔挡片进行密封。虽然现有的隔挡片也能适用于本发明，但新研制的隔挡片材料效果更好，并希望以商业秘密的方式加以保护。请问：如果所撰写的该申请的说明书中不记载改进后的隔挡片材料，能否满足说明书应当充分公开发明的要求？

☞ 分析：

申请人的发明创造技术改进点在于饮料瓶盖的结构，隔挡片的材料只要采取现有技术的材料，能配合瓶盖解决相应的技术问题即可，不需要将新的改进写入说明书中。

☞ 参考答案：

现有的隔挡片也能适用于该发明，因此本领域技术人员只要将现有技术中已有的隔挡片应用于新发明的技术方案中，就能够实现相应的方案，解决其技术问题，并且产生预期的技术效果。新改进的隔挡片材料是一种更加优选的实施方式，但并不是实现该发明所必需的技术信息，因此，说明书中即便不公开改进后的隔挡片材料，也不影响技术方案的实现，能够满足说明书应当充分公开发明的要求。

第七节 模板记忆

一、权利要求未以说明书为依据

1. 形式不支持

权利要求×记载了技术特征……，根据说明书的描述……，权利要求所要求保护的内容与说明书中记载的内容不一致。因此，该权利要求未以说明书为依据，不符合《专利法》第26条第4款的规定。

2. 概括有反例

权利要求×要求保护一种……，其中"……"概括了较宽的保护范围。根据说明书的记载，应当是……。如果是……【举反例】，就不能解决本发明要解决的技术问题，……【具体问题】。因此，该权利要求没有以说明书为依据，不符合《专利法》第26条第4款的规定。

3. 一个实施例概括不当，无反例

权利要求×要求保护一种……，其中"……"是概括。本发明要解决的技术问题是……。为了解决该技术问题，本申请的说明书中仅提供了一种具体的……方案，本领域技术人员无法想到其他也能解决本发明技术问题的方案。因此，该权利要求没有以说明书为依据，不符合《专利法》第26条第4款的规定。

二、不清楚

1. 缺少引用基础

对于从属权利要求×记载的技术特征……，在其引用的权利要求×中并没有出现。因此，该从属权利要求缺少引用基础，导致权利要求保护范围不清楚，不符合《专利法》第26条第4款的规定。

2. 主题名称不一致

从属权利要求×记载的主题名称是……，其引用的权利要求×的主题名称是……。两者不一致，不符合《专利法实施细则》第22条第1款的规定（或不符合《专利法》第26条第4款的规定）。

3. 假从属

权利要求×所进一步限定的技术特征"……"与其引用的权利要求×技术内容矛盾，不是对所引用的权利要求作出的进一步限定，因此该权利要求保护范围不清楚，不符合《专利法》第26条第4款的规定。

4. 语义不清楚

权利要求×记载的"最好是"导致其出现不同的保护范围，因此该权利要求保护范围不清楚，不符合《专利法》第26条第4款的规定。

5. 非择一引用

根据《专利法实施细则》第22条第2款的规定，多项从属权利要求只能择一地引用被引用的权利要求，即只能采用"或"或者其他与"或"同义的方式表达。从属权利要求×的引用部分为"如权利要求××-××所述的……"，不符合《专利法实施细则》第22条第2款的规定（或不符合《专利法》第26条第4款的规定）。

6. 多项引多项

从属权利要求×本身是一个多项从属权利要求，其引用了在前的多项从属权利要求×，因此不符合《专利法实施细则》第22条第2款的规定（或不符合《专利法》第26条第4款的规定）。

三、必要技术特征

根据说明书的记载，本发明所要解决的技术问题是……。说明书中描述，通过……来解决上述技术问题。因此，××是解决技术问题的必要技术特征。权利要求1中未记载上述必要技术特征，所以不符合《专利法实施细则》第20条第2款的规定。

四、单一性

1. 独立权利要求之间不具有单一性

独立权利要求1相对于现有技术作出贡献的技术特征为……，【所解决的技术问题是……】。

独立权利要求×相对于现有技术作出贡献的技术特征为……，【所解决的技术问题是……】。

由此可见，两个权利要求对现有技术作出贡献的技术特征既不相同，也不相应，在技术上也无相互关联，彼此之间不属于一个总的发明构思，从而两个权利要求之间并不包含相同或相应的特定技术特征，彼此之间不具备单一性，不符合《专利法》第31条第1款的规定。

2. 从属权利要求之间不具有单一性

由于独立权利要求1没有新颖性（或创造性），在独立权利要求1不具备新颖性或创造性的情况下，需要考虑从属权利要求之间是否符合单一性的规定。

权利要求×相对于现有技术作出贡献的技术特征为……。

权利要求××相对于现有技术作出贡献的技术特征为……。

由此可见，两个权利要求对现有技术作出贡献的技术特征既不相同，也不相应，在技术上也无相互关联，彼此之间不属于一个总的发明构思，从而两个权利要求之间并不包含相同或相应的特定技术特征，彼此之间不具备单一性，不符合《专利法》第31条第1款的规定。

五、其他小法条

1. 不是实用新型技术方案

权利要求×中，"……"是材料特征，并未在对比文件中公开，因此权利要求×是对材料本身提出的改进，不属于实用新型的保护客体，不符合《专利法》第2条第3款的规定。

2. 不是发明技术方案

权利要求×所要求保护的……，采取的特征不是技术特征，没有采取技术手段，解决的问题也不是技术问题，不能获得技术效果，因而不能构成技术方案，不符合《专利法》第2条第2款的规定。

专题五　挑错型分析题

第一节　概　述

一、往年考情分析及答题思路

1. 出题方式

挑错型分析题的题目会给出客户自行撰写的权利要求书以及说明书（或技术交底书，也可称为"技术交底材料"），要求考生挑出权利要求的错误，个别年份还会要求考生挑出说明书（或技术交底书）的错误并给出修改建议（或重新撰写说明书）。

2. 出题样式

挑错型分析题的典型出题样式是：

客户A公司向你所在的专利代理机构提供了自行撰写的说明书（或技术交底书）1份、2份对比文件（附件1至附件2）以及公司技术人员撰写的权利要求书1份（附件3）。现委托你所在的专利代理机构为其提供咨询意见并具体办理专利申请事务。

第一题：请你撰写提交给客户的咨询意见，逐一解释其自行撰写的权利要求书是否符合《专利法》及其实施细则的规定并说明理由。

第二题：根据附件1至附件2反映的现有技术，对说明书（或技术交底书）提出修改建议（或重新撰写说明书）。

3. 答题思路

（1）答题内容

虽然每次考试题目中都会问权利要求"是否"符合规定，但凡是权利要求符合规定（如独立权利要求不缺特征，从属权利要求具有新颖性、创造性）一律不用回答。或者虽然对客户利益有较大损失（例如多非必要技术特征），但是并不违反法律规定，也不需要回答。

（2）法条竞合的处理

如果一个权利要求（往往是独立权利要求）有多个错误，考生需要一一指出。例如，权利要求1和对比文件1相比没有新颖性，和对比文件2相比没有新颖性，缺少必要技术特征（不能勉强，需要真的存在这些缺陷）。

考生需要注意，不要盲目找缺陷，先保证最基础得分，在时间富裕的情况下再考虑扩展。

（3）考查的重点法条

这种题型的考查重点（按顺序）：

① 权利要求不具有新颖性；

② 权利要求不具有创造性；

③ 权利要求未以说明书为依据（权利要求概括有反例、权利要求与说明书描述不一致）；

④ 权利要求不清楚（主要考查主题名称不一致、缺少引用基础等）；

⑤ 独立权利要求缺少必要技术特征。

非重点考查：
① 权利要求不符合发明技术方案的定义；
② 权利要求不是实用新型的保护客体；
③ 权利要求属于疾病诊断治疗方法；
④ 权利要求属于智力活动规则；
⑤ 权利要求之间不具有单一性。

(4) 一般不作为考查内容的知识点
① 独立权利要求多非必要技术特征；
② "可""基本上""大约"等模糊性用语；
③ 权利要求与说明书表达不一致，但是不影响实现所要解决的技术问题。

(5) 说明书的缺陷
如果考查说明书的组成及撰写要求，会要求考生判断是否缺少说明书的组成部分，论述内容包括：
① 缺发明名称，并给出建议的名称；
② 缺技术领域，并给出建议的领域；
③ 背景技术的修改建议（补引证文件、现有技术缺陷）；
④ 缺发明内容（所要解决的技术问题、技术方案、有益效果）；
⑤ 缺附图说明（图名和简要说明）；
⑥ 具体实施方式（可能会删除已经被公开的实施例、删除非技术方案等）。

二、常用答题模板

挑错型分析题常用模板为：

尊敬的××公司：

很高兴贵方委托我代理机构代为办理专利申请案，经仔细阅读说明书（或技术交底书）、技术人员撰写的权利要求书以及现有技术，我方认为贵公司技术人员所撰写的权利要求书（及说明书）存在一些不符合《专利法》和《专利法实施细则》之处，将会影响本发明专利申请的顺利授权，现逐一指出。

一、权利要求存在的缺陷
对比文件1、2都是现有技术，可以评价权利要求的新颖性和创造性。
1. 权利要求1不具有新颖性
（具体内容略，参见专题二模板）
2. 权利要求2不具有新颖性
（具体内容略，参见专题二模板）
3. 权利要求3相对对比文件1、2结合不具有创造性
（具体内容略，参见专题三模板）
4. 权利要求6不具有创造性
（具体内容略，参见专题三模板）
5. 权利要求1缺少必要技术特征
（具体内容略，参见专题四模板）

6. 权利要求 2 主题名称不一致
（具体内容略，参见专题四模板）

7. 权利要求 4 未以说明书为依据
（具体内容略，参见专题四模板）

8. 权利要求 4 缺少引用基础
（具体内容略，参见专题四模板）

9. 权利要求 5 未以说明书为依据

权利要求 5 要求保护一种……，其中"……"概括了较宽的保护范围。根据说明书的记载，应当是……。如果是……【举反例】，就不能解决本发明要解决的技术问题，……【具体问题】。因此，该权利要求 5 没有以说明书为依据，不符合《专利法》第 26 条第 4 款的规定。

10. 权利要求 6 不清楚
（具体内容略，参见专题四模板）

二、说明书存在的缺陷及修改建议

客户自行撰写的说明书中，需要修改的内容有：

1. 缺少发明名称

应当明确记载本申请的发明名称：……。

2. 缺少技术领域

应当写明要求保护的技术方案所属的技术领域：本发明涉及一种……，尤其涉及一种……。

3. 背景技术存在的缺陷

根据目前检索到的现有技术情况，对比文件 1 已经构成了本申请的现有技术，因此应当将背景技术修改为对比文件 1 的技术方案，并且应当分析背景技术存在的不足：……。

4. 发明内容

该部分中应当明确发明所要解决的技术问题、解决其技术问题所采用的技术方案，并对照现有技术写明发明的有益效果。

首先，本申请所要解决的技术问题是……。

其次，应当记载该申请的独立权利要求的技术方案（也可以再写入从属权利要求的技术方案）。

最后，应当阐明本申请与现有技术相比，优点（有益效果）在于：……。

5. 附图说明

目前的说明书中缺少附图说明，应当写明各幅图的图名并作简要说明。

6. 具体实施方式

目前的实施例一的技术方案已经被对比文件 1 所公开，其已经构成了现有技术，可以从申请文件中删除。

说明书第×段涉及非技术方案，应当从申请文件中删除。

综上所述，目前贵公司撰写的权利要求书（或说明书）存在较多问题，我方专利代理师将会与贵方积极沟通，在充分理解发明内容的基础上，结合对现有技术的检索、分析和对比，重新撰写权利要求书和说明书。

以上为咨询意见，供参考。

专利代理机构：××××　专利代理师：×××

××××年××月××日

注意：以上模板仅为举例，考生需要根据题目要求、具体权利要求的缺陷进行调整。

第二节 示范案例

试题说明

客户A公司向你所在的专利代理机构提供了自行撰写的说明书（节选）以及公司技术人员撰写的权利要求书1份、2份对比文件。现委托你所在的专利代理机构为其提供咨询意见并具体办理专利申请事务。

请你撰写提交给客户的咨询意见，逐一解释其自行撰写的权利要求书是否符合《专利法》及其实施细则的规定并说明理由。

权利要求书：

1. 一种电饭煲，包括：电饭煲煲体；以可装拆的方式设置在所述电饭煲煲体内的锅胆（3）；其特征在于：所述锅胆（3）的底部设置有箅子（12），所述箅子（12）具有使放入所述锅胆（3）中的米与所述锅胆（3）的底部相分离的米托架（13），米托架（13）具有外缘部分（11），所述米托架（13）上在外缘部分（11）之外的位置上设有米通不过去的许多小孔（14）。

2. 根据权利要求1所述的电饭煲，其特征在于：所述米托架（13）搭置在从所述锅胆（3）的侧面水平延伸的水平部分（18）上。

3. 根据权利要求1所述的电饭煲，其特征在于：所述箅子（12）具有支撑所述箅子的支脚（15），所述锅胆（3）的侧面部分与所述米托架（13）的外缘部分（11）相互顶住。

4. 根据权利要求3所述的电饭煲，其特征在于：所述的锅胆（3）具有从底部垂直向上延伸的垂直侧面部分（17a），从垂直侧面部分（17a）的上端起，向锅胆的开口方向延伸形成有扩张侧面部分（17b），扩张侧面部分（17b）的直径大于垂直侧面部分（17a）的直径，箅子（12）的支脚（15）呈环形，设在米托架（13）外缘部分（11）的全部周长上，所述支脚（15）的侧壁与所述锅胆（3）的约呈垂直的侧面部分（17a）的全部周长接触。

5. 根据权利要求3~4所述的电饭煲，其特征在于：所述锅胆（3）垂直侧面部分（17a）的上端高于所述箅子（12）的米托架（13）上表面。

6. 根据权利要求3~5任一项所述的电饭煲，其特征在于：所述的锅胆（3）由磁性材料制成，箅子（12）朝向所述锅胆底的面上设有磁铁式固定装置，用于将所述锅胆（3）与所述箅子（12）固定住。

说明书（节选）：

现有技术的电饭煲具有大致呈圆筒状的煲体，煲体内设置有锅胆。煮饭时，直接将米置入锅胆内，加水后接通电源开始煮饭。传统的电饭煲制出的米饭由于锅胆内的水对流不畅，上下层之间的米饭口感有差异。

本发明涉及的电饭煲与现有技术常见的电饭煲相同，改进在于本发明的锅胆3内设置有箅子12，箅子12以可装拆的方式装在锅胆3的内底部。该箅子12具有米托架13，米托架13上放置米，该米托架13上设有米通不过去的许多小孔14。如图6所示，米托架上的小孔14设置在除了米托架13的外缘部分11之外的位置上，换句话说，米托架13的外缘部分11上不设置上述小孔14。由于在锅胆内设置了箅子，随着箅子下部的水被加热时能更好地对流，提高了煮饭性能。

在本发明第一实施例中，如图1所示，箅子12包括米托架13和支脚15。箅子12放入锅胆3中时，米托架13的外缘部分以及支脚15的外缘部分顶住锅胆3的侧面部分。支脚15将米托架13和锅胆3底部之间隔开，米托架13上的米与锅胆3的底部相分离。

下面说明上述结构的工作情况。将米放置在箅子 12 的米托架 13 上，箅子 12 和锅胆 3 的底部之间的空间部分 16 充填水。随着煮饭的进行，空间部分 16 中的水被加热直至沸腾，发生如图 1 箭头所示的对流。由于在米托架 13 的外缘 11 部分上未设有小孔 14，因此产生的对流不会沿锅胆 3 的侧面部分向上泄漏，对流能很好地从箅子 12 的中央部分传递到米的上部，从而能够提高煮饭性能，解决上下层米饭口感不一的问题。另外，米托架 13 的外缘宽度为 10mm 以上时，更能实现上述效果。

另外，由于锅胆 3 内的米与锅胆 3 的内底部不接触，锅胆 3 的内底部处不会发生米饭烧焦的情况。同样，保温时也不会发生烧焦的现象。

优选地，支脚 15 在米托架 13 外缘部分的全部周长上延伸，形成环状支脚。这样，支脚 15 与锅胆 3 的侧面 17 的全部周长进行接触，箅子 12 能稳定地固定在锅胆 3 上。

另外，如图 2 所示，在第二实施例中，锅胆 3 内侧面还可以制成具有垂直侧面部分 17a，以及在垂直侧面部分 17a 之上的扩张侧面部分 17b。其中，沿锅胆 3 的开口方向，扩张侧面部分 17b 的内壁面的直径比垂直侧面部分 17a 的直径大。这样在米托架 13 的上方如箭头所示的那样，将产生从锅胆 3 的侧面部分指向锅胆 3 的中心部分的对流。这样的对流也能很好地传递到锅胆 3 的上层部分的米中，从而提高煮饭性能。

米托架 13 的高度超过锅胆 3 的略呈垂直的侧面部分 17a 的上端时，箅子 12 的外缘部分将成为障碍，附近的对流就不能很好地流动，这将会引起煮饭性能的下降。因此，在本实施例中，将米托架 13 的高度设置在锅胆垂直侧面部分 17a 的最高点之下（如图 5 所示）。这样就能使煮饭时箅子 12 与锅胆 3 的底部之间的空间部分 16 中充填的水沸腾时产生的对流稳定化，从而提高煮饭性能，并且消除做熟的饭口感不一的现象。

根据本发明的第三实施例，如图 3 中所示，锅胆 3 具有从锅胆 3 的侧面部分 17 水平延伸的水平部分 18，箅子 12 为圆板状。锅胆 3 中设有将米与锅胆 3 的底部分离的米托架 13，米托架 13 上除了外缘部分 11 附近之外的位置上设有米通不过去的许多小孔 14，箅子 12 的米托架 13 搭置在锅胆 3 中的水平部分 18 上。这样，箅子 12 与锅胆 3 的内底部不接触就能够得到支撑。

根据本发明第四实施例，如图 4 所示，锅胆 3 由不锈钢板等磁性材料制成，箅子 12 朝向锅胆底的面上设有磁铁式固定装置 19，将锅胆 3 与箅子 12 固定住。这样，煮饭时箅子 12 与锅胆 3 底部之间的空间部分 16 中充填的水沸腾时，箅子 12 就能牢牢地固定在锅胆 3 的底部，从而抑制箅子 12 的摇晃，产生稳定的对流，将煮饭性能的差异控制在最小范围内。

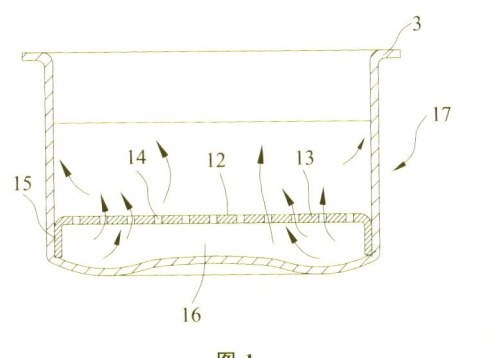

图 1

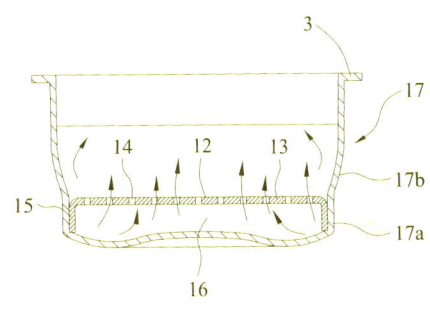

图 2

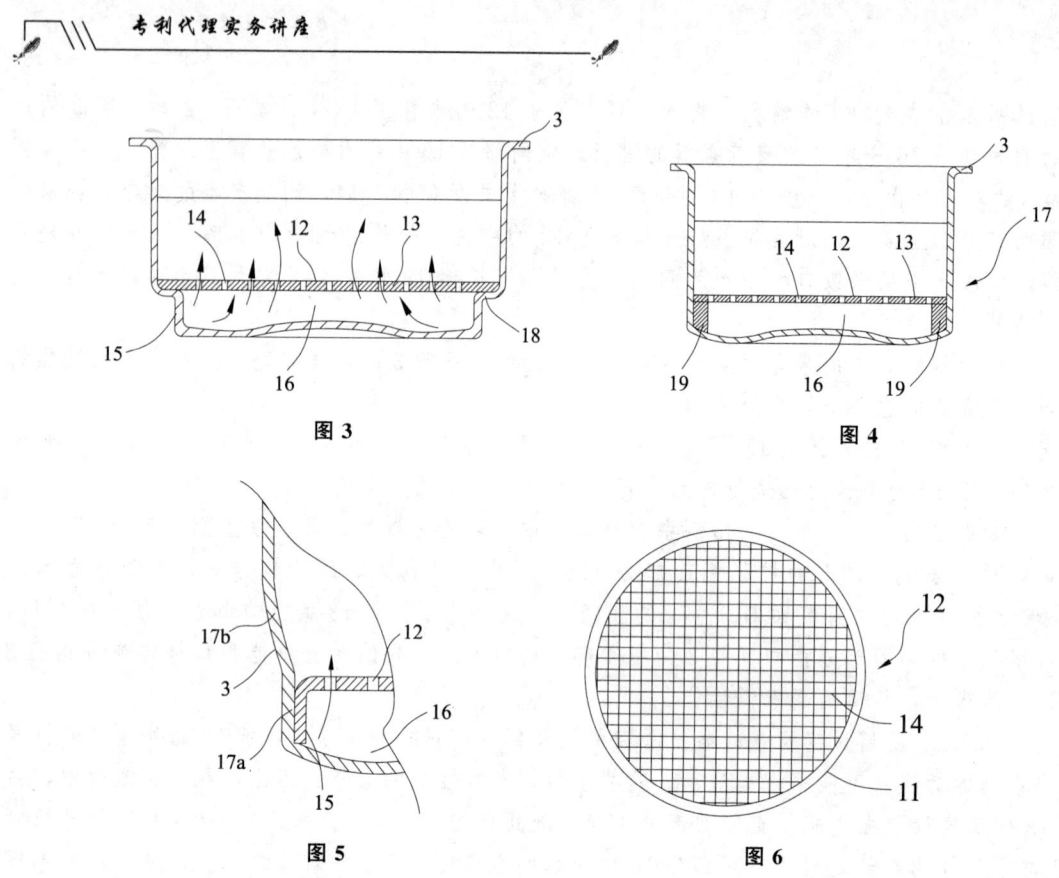

图3　　　　　　　　　图4

图5　　　　　　　　　图6

对比文件1

CN2166111A，公开日：1992年9月2日。

说明书（节选）：

电饭煲包括煲体（图中略）、锅胆7和箅子21。锅胆7以可装拆的方式设置在煲体内，箅子21安装在锅胆7的内底部上。箅子21具有米载台23和脚部22，米载台23使放入锅胆7中的米与锅胆7的底部相分离，并且在除了外缘部分附近之外的位置上设有若干圆孔24，其直径小于米粒。米载台23的外缘部分26具有向下延伸的折边，当米载台23放入锅胆内时，外缘部分顶住锅胆7的侧面部分，从而保持箅子21的稳定。由于煮饭时米和水不接触，锅胆7底部发生热对流，从而使米饭加热均匀，口感更佳。

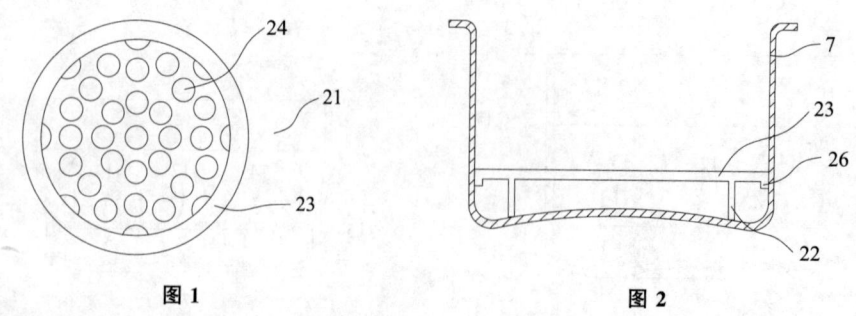

图1　　　　　　　　　图2

对比文件2

CN2109147U，公开日：1996年8月15日。

说明书（节选）：

本实用新型磁化保健不糊饭锅胆由以下三个部分组成：一个用不锈钢板冲压拉伸成型的上下

两个不同直径的圆筒形锅胆体1，从而形成放置隔离箅子5的台阶。一个用以上相同材料冲压加工成型的其直径等于锅胆体1上部直径的圆形多孔箅子5。箅子5可以稳定地搁置在锅体内部的台阶上。

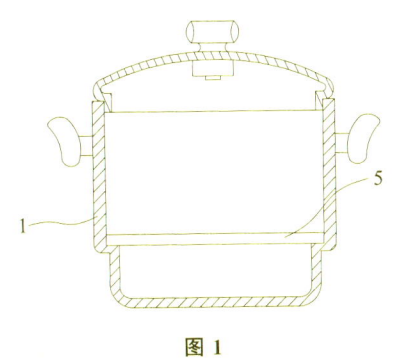

图1

解题思路及参考答案

一、解题思路

解题前，需要首先阅读客户撰写的说明书和对比文件的相关内容，并按照以下思路和步骤进行分析。

1. 核对对比文件日期

对比文件1的公开日期为1992年9月2日，对比文件2的公开日期为1996年8月15日，均为现有技术。

2. 挑错顺序

对挑错型分析题权利要求存在的缺陷，首先判断权利要求是否具有新颖性。在权利要求具有新颖性的情况下，判断权利要求是否具有创造性。在权利要求具有新颖性、创造性的情况下，考虑是否符合《专利法》第26条第4款的规定。

3. 分析客户撰写的权利要求是否存在新颖性、创造性问题

（1）权利要求1的新颖性和创造性问题

权利要求1的技术特征与对比文件1公开内容对比如下表所示，下划线表示对比文件1公开的涉案专利的技术特征。

权利要求1	对比文件1
一种电饭煲，包括：电饭煲煲体；以可拆的方式设置在电饭煲煲体内的锅胆（3）	电饭煲包括煲体、锅胆7和箅子21。锅胆7可以装拆的方式设置在煲体内，箅子21安装在锅胆7的内底部上。箅子21具有米载台23和脚部22，米载台23使放入锅胆7中的米与锅胆7的底部相分离，并且在除了外缘部附近之外的位置上设有若干圆孔24，其直径小于米粒。米载台23的外缘部分26具有向下延伸的折边，当米载台23放入锅胆7时，外缘部分顶住锅胆7的侧面部分，从而保持箅子21的稳定。由于煮饭时米和水不接触，锅胆7底部发生热对流，从而使米饭加热均匀，口感更佳
锅胆（3）的内底部上设置有箅子（12），箅子（12）具有使放入锅胆中的米与锅胆的底部相分离的米托架（13）	
米托架（13）具有外缘部分（11），米托架上在外缘部分（11）之外的位置上设有米通不过去的许多小孔（14）	

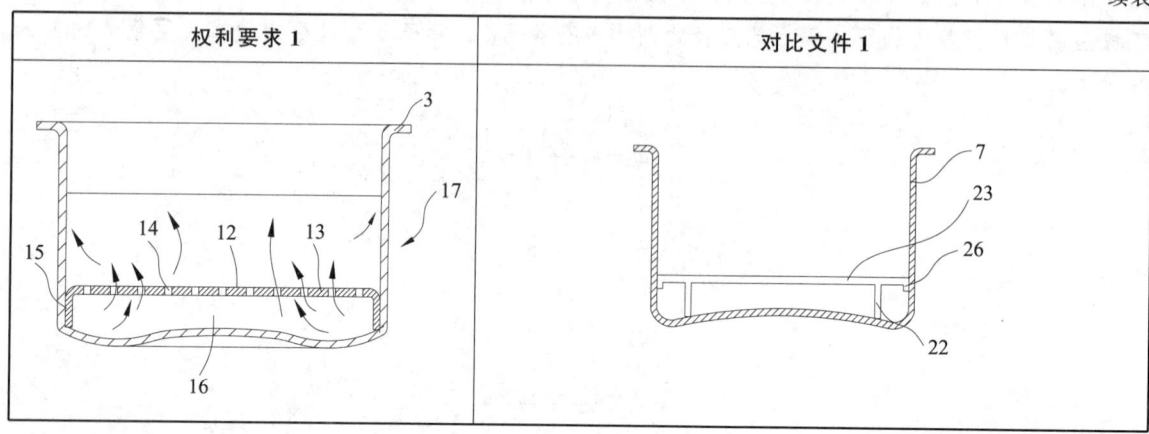

对比文件1与权利要求1属于相同的技术领域，采用的技术方案相同，解决相同的技术问题并具有相同的预期效果。权利要求1相对于对比文件1不具有新颖性。因此，也无须考虑其创造性问题。遇到此类问题，不再赘述。

（2）权利要求2的新颖性和创造性问题

权利要求2的附加技术特征与对比文件1、2公开内容对比如下表所示，下划线表示对比文件公开的技术特征。

权利要求2的附加技术特征	对比文件1	对比文件2
米托架（13）搭置在从所述锅胆的侧面水平延伸的水平部分（18）上	未公开	磁化保健不糊饭锅胆由以下三个部分组成：一个用不锈钢板冲压拉伸成型的上下两个不同直径的圆筒形锅胆体1，从而形成<u>放置隔离算子5的台阶</u>。一个用以上相同材料冲压加工成型的其直径等于锅胆体1上部直径的圆形多孔算子5。<u>算子5可以稳定地搁置在锅体内部的台阶上</u>

由于权利要求2的附加技术特征未被对比文件1公开，因此权利要求2具有新颖性。但是权利要求2的附加技术特征被对比文件2公开，并且该附加技术特征在对比文件2中的作用与其在该专利中所起的作用相同，都是算子与锅胆的底部不接触就能够得到支撑，不会妨碍煮饭时算子

与锅胆底部之间的空间部分中充填的水沸腾时产生的对流,因此权利要求2相对于对比文件1、2的结合不具有创造性。

(3) 权利要求3的新颖性和创造性问题

权利要求3的附加技术特征与对比文件1公开内容对比如下表所示,下划线表示对比文件公开的技术特征。

权利要求3的附加技术特征	对比文件1
箅子(12)具有支撑箅子的支脚(15)	电饭煲包括煲体、锅胆7和箅子21。锅胆7以可装拆的方式设置在煲体内,箅子21安装在锅胆7的内底部上。<u>箅子21具有米载台23和脚部22</u>,米载台23使放入锅胆7中的米与锅胆7的底部相分离,并且在除了外缘部分附近之外的位置上设有若干圆孔24,其直径小于米粒。米载台23的外缘部分26具有向下延伸的折边,<u>当米载台23放入锅胆内时,外缘部分26顶住锅胆7的侧面部分</u>,从而保持箅子21的稳定。由于煮饭时米和水不接触,锅胆7底部发生热对流,从而使米饭加热均匀,口感更佳
锅胆(3)的侧面部分与米托架(13)的外缘部分(11)相互顶住	
(图示)	(图示)

权利要求3是对权利要求1的进一步限定,对比文件1公开了权利要求1的全部技术特征,权利要求3的附加技术特征也被对比文件1公开,且对比文件1与权利要求3属于相同的技术领域,采用的技术方案相同,解决相同的技术问题并具有相同的预期效果。权利要求3相对于对比文件1不具有新颖性。

(4) 权利要求4的新颖性和创造性问题

权利要求4中"锅胆(3)具有从底部垂直地向上延伸的垂直侧面部分(17a),从垂直侧面部分(17a)的上端起,向锅胆的开口方向延伸形成有扩张侧面部分(17b),扩张侧面部分(17b)的直径大于垂直侧面部分(17a)的直径,箅子(12)的支脚(15)呈环形,设在米托架(13)外缘部分(11)的全部周长上,所述支脚(15)的侧壁与所述锅胆(3)呈垂直的侧面部分(17a)的全部周长接触"在对比文件1、2中均未公开,因此权利要求4具有新颖性和创造性。

(5) 权利要求5的新颖性和创造性问题

权利要求5中"所述锅胆(3)的垂直侧面部分(17a)的上端高于所述箅子(12)的米托架(13)上表面"在对比文件1、2中均未公开,因此权利要求5具有新颖性和创造性。

(6) 权利要求6的新颖性和创造性问题

权利要求6中"锅胆(3)由磁性材料制成,箅子(12)朝向锅胆底的面上设有磁铁式固定装置,用于将锅胆(3)与所述箅子(12)固定住"在对比文件1、2中均未公开,因此权利要求6具有新颖性和创造性。

4. 其他缺陷

(1) 权利要求 4 的缺陷

权利要求 4 具有新颖性和创造性，接下来判断权利要求 4 是否符合《专利法》第 26 条第 4 款的规定。权利要求 4 不存在不清楚的情形，重点要判断权利要求 4 的描述与说明书的描述是否一致。

说明书中的描述是："米托架 13 的高度超过锅胆 3 的略呈垂直的侧面部分 17a 的上端时，算子 12 的外缘部分将成为障碍，附近的对流就不能很好地流动，这将会引起煮饭性能的下降。将米托架 13 的高度设置在锅胆垂直侧面部分 17a 的最高点之下（如图 5 所示），这样就能使煮饭时算子 12 与锅胆 3 的底部之间的空间部分 16 中充填的水沸腾时产生的对流稳定化，从而提高煮饭性能，并且消除做熟的饭口感不一的现象。"

根据说明书的描述，米托架的高度只能设置在锅胆垂直侧面部分的最高点之下，不能超过锅胆约呈垂直的侧面部分的上端。

而权利要求 4 中只限定了锅胆具有从底部垂直向上延伸的垂直侧面部分，从垂直侧面部分的上端起，向锅胆的开口方向延伸形成有扩张侧面部分，并未限定米托架的高度位置，涵盖了米托架高于、等于或低于锅胆垂直侧面部分的三种情形。因此权利要求 4 的概括没有以说明书为依据，不符合《专利法》第 26 条第 4 款的规定。

(2) 权利要求 5 的缺陷

多项从属权利要求只能择一地引用被引用的权利要求，即只能采用"或"或者其他与"或"同义的方式表达，权利要求 5 引用权利要求 3～4，属于非择一引用，不符合《专利法实施细则》第 22 条第 2 款的规定。

权利要求 5 中限定的"锅胆的垂直侧面部分"在其引用的权利要求 3 中并没有出现，缺乏引用基础，不符合《专利法》第 26 条第 4 款的规定。

(3) 权利要求 6 的缺陷

从属权利要求 6 本身是一个多项从属权利要求，其引用了在前的多项从属权利要求 5，因此不符合《专利法实施细则》第 22 条第 2 款的规定。

权利要求 6 限定的是"锅胆（3）由磁性材料制成，算子（12）朝向锅胆底的面上设有磁铁式固定装置，用于将锅胆（3）与所述算子（12）固定住"，其并非对权利要求 3、4、5 的进一步限定，内容相互矛盾，造成权利要求不清楚，不符合《专利法》第 26 条第 4 款的规定。

二、参考答案

尊敬的 A 公司：

很高兴贵方委托我代理机构代为办理专利申请案，经仔细阅读说明书、技术人员撰写的权利要求书以及现有技术，我方认为贵公司技术人员所撰写的权利要求书存在一些不符合《专利法》和《专利法实施细则》规定之处，将会影响本专利申请的顺利授权，现逐一指出。

对比文件 1、2 均属于现有技术，可以用于评价专利申请的新颖性和创造性。

1. 权利要求 1 不具备新颖性

对比文件 1 具体公开了如下技术特征：电饭煲包括煲体和锅胆 7，锅胆 7 以可装拆的方式设置在煲体内，算子 21 安装在锅胆 7 的内底部上，算子 21 具有米载台 23（相当于本申请中的米托架）和脚部 22，米载台 23 使放入锅胆 7 中的米与锅胆 7 的底部相分离，米载台 23 在除了外缘部分附近之外的位置上设若干使米通不过去的圆孔 24。

由此可见，对比文件1公开了权利要求1的全部技术特征，二者相比，技术方案实质上相同，且两者属于相同的电饭煲领域，要解决的技术问题和产生的效果相同，都是提供一种使米与锅胆的底部相分离、加热均匀、消除口感差异的电饭煲。因此该权利要求1不具有新颖性，不符合《专利法》第22条第2款的规定。

2. 权利要求2不具备创造性

对比文件1技术领域与本发明相同，所要解决的技术问题与本发明最为接近，因此对比文件1是最接近的现有技术。

权利要求2是权利要求1的从属权利要求，对比文件1公开了权利要求1的全部技术内容。权利要求2与对比文件1相比，区别技术特征是：米托架搭置在从所述锅胆的侧面水平延伸的水平部分上。

基于上述区别技术特征可以确定，权利要求2实际要解决的技术问题是提供一种箅子与锅胆的内底部不接触就能够得到支撑的电饭煲。

对比文件2公开了一种锅胆，形成有放置箅子的台阶，箅子可以稳定地放置在锅体内部的台阶上。因此，对比文件2公开了上述区别技术特征，而且该技术特征在对比文件2中所起的作用与其在本发明中为解决其技术问题所起的作用相同，都是使箅子与锅胆的内底部不接触就能够得到支撑，也就是说，对比文件2给出了将该技术特征用于对比文件1以解决上述技术问题的启示。因此，该技术方案相对于对比文件1和对比文件2的结合是显而易见的，权利要求2没有突出的实质性特点和显著的进步，不具有创造性，不符合《专利法》第22条第3款的规定。

3. 权利要求3不具备新颖性

权利要求3是权利要求1的从属权利要求，其附加技术特征是：箅子具有支撑箅子的支脚，锅胆的侧面部分与米托架的外缘部分相互顶住。对比文件1公开了其附加技术特征：箅子21具有米载台23和脚部22（相当于本申请中的米托架和支脚），米载台23的外缘部分26顶住锅胆7的侧面部分。因此当引用的权利要求1不具备新颖性时，该从属权利要求也不具备《专利法》第22条第2款所规定的新颖性。

4. 权利要求4没有以说明书为依据

权利要求4进一步限定"锅胆（3）具有从底部垂直向上延伸的垂直侧面部分（17a），从垂直侧面部分（17a）的上端起，向锅胆的开口方向延伸形成有扩张侧面部分（17b），扩张侧面部分（17b）的直径大于垂直侧面部分（17a）的直径，箅子（12）的支脚（15）呈环形，设在米托架（13）外缘部分（1）的全部周长上，所述支脚（15）的侧壁与所述锅胆（3）约呈垂直的侧面部分（17a）的全部周长接触"，所要解决的问题是水沸腾时产生的对流稳定化，从而提高煮饭性能，并且消除做熟的饭口感不一的现象。

根据说明书的记载，如果米托架的高度超过锅胆略呈垂直的侧面部分的上端时，箅子的外缘部分将成为障碍，附近的对流就不能很好地流动，这将会引起煮饭性能的下降。因此，应当将米托架的高度设置在锅胆垂直侧面部分的最高点之下。这样能使煮饭时箅子与锅胆的底部之间的空间部分中充填的水沸腾时产生的对流稳定化，从而提高煮饭性能，并且消除做熟的饭口感不一的现象。

权利要求4对支脚的设置位置进行了概括，包括米托架高度超过锅胆垂直侧面上端和低于锅胆垂直侧面部分的最高点两种情形。如果米托架高于锅胆的垂直侧面部分，就不能解决水沸腾时产生的对流稳定化、提高煮饭性能、消除做熟的饭口感不一的技术问题。因此，该权利要求没有以说明书为依据，不符合《专利法》第26条第4款的规定。

5. 权利要求5缺少引用基础

从属权利要求5进一步限定"所述锅胆（3）的垂直侧面部分（17a）的上端高于所述箅子（12）的米托架（13）上表面"，但是，在引用的权利要求3中并没有出现技术特征"锅胆的垂直侧面部分"，因而当权利要求5引用权利要求3时缺少引用基础，导致权利要求5的保护范围不清楚，不符合《专利法》第26条第4款的规定。

6. 权利要求5非择一引用

根据《专利法实施细则》第22条第2款的规定，多项从属权利要求只能择一地引用被引用的权利要求，即只能采用"或"或者其他与"或"同义的方式表达。目前的从属权利要求5的引用部分为"根据权利要求3~4所述的电饭煲"，不符合《专利法实施细则》第22条第2款的规定（或不符合《专利法》第26条第4款的规定）。

7. 权利要求6不清楚

权利要求6所进一步限定的技术特征"锅胆（3）由磁性材料制成，箅子（12）朝向锅胆底的面上设有磁铁式固定装置，用于将锅胆（3）与所述箅子（12）固定住"与其引用的权利要求3、4、5技术内容矛盾，不是对所引用的权利要求作出的进一步限定，因此权利要求保护范围不清楚，不符合《专利法》第26条第4款的规定。

8. 权利要求6属于多项引多项

从属权利要求6本身是一个多项从属权利要求，引用了在前的多项从属权利要求5，因此不符合《专利法实施细则》第22条第2款的规定（或不符合《专利法》第26条第4款的规定）。

综上所述，贵公司撰写的权利要求书存在较多问题，我方专利代理师将会与贵方积极沟通，在充分理解发明内容的基础上，结合对现有技术的检索、分析和对比，重新撰写权利要求书和说明书。

以上为咨询意见，供参考。

专利代理机构：××××　　专利代理师：×××
××××年××月××日

第三节　练习案例1[1]

试题说明

客户A公司向你所在代理机构提供了自行撰写的实用新型专利申请材料（包括自行撰写的权利要求书、说明书1份），以及检索到的2篇对比文件。现委托你所在的代理机构为其提供咨询意见并具体办理专利申请事务。

请你撰写提交给客户的信函，要求：

1. 为客户逐一解释其自行撰写的权利要求书是否符合《专利法》及其实施细则的规定并说明理由。

2. 请你根据《专利法实施细则》第17条的规定，依据检索到的对比文件，说明客户自行撰写的说明书中哪些部分需要修改并对需要修改之处予以说明。

---

[1] 本题根据2007年全国专利代理人资格考试专利代理实务第1题改编。

附件1：

权 利 要 求 书

1. 一种头颈矫治器，包括枕套（1）、枕芯（2），其特征在于：中间部位设有近似于头形的凹陷槽（3），凹陷槽（3）下方为头枕（4），凹陷槽（3）沿头颈矫治器宽度方向的两侧为颈枕（5）。

2. 根据权利要求1所述的头颈矫治器，其特征在于：头颈矫治器整体尺寸为长50～80cm、宽20～60cm、高6～18cm，制成长方体、圆柱体或长椭圆体三种形状。

3. 根据权利要求1所述的头颈矫治器，其特征在于：颈枕（5）内装有振动器（7）。

4. 根据权利要求3所述的头颈矫治器，其特征在于：枕芯（2）的底部设置气囊（6），气囊（6）与振动器（7）之间设置有隔层（8）。

5. 根据权利要求1所述的头颈矫治器，其特征在于：头枕（4）和颈枕（5）上面缝缀药垫（9），药垫（9）中装有预防和治疗颈椎病的药物。

6. 根据权利要求5所述的头颈矫治器，其特征在于：药垫（9）中充填预防和治疗颈椎病的药物为重量配比为3∶2的茶叶和荞麦皮的混合物。

说 明 书

市场上有荞麦皮枕、织物枕及药枕等多种枕头，形状一般是长方体或圆柱体。该形状与人体颈椎在自然放松状态下的生理曲线不一致，导致人们在仰卧或侧卧时都不能很好地放松颈椎，容易引发或加重颈椎病。

本实用新型提供了一种由枕套、枕芯构成的头颈矫治器，中间部位设有近似于头形的凹陷槽，凹陷槽下方为头枕，凹陷槽沿头颈矫治器宽度方向的两侧为颈枕，其整体尺寸为长50～80cm、宽20～60cm、高6～18cm，可制成长方体、圆柱体或长椭圆体等不同形状。头颈矫治器还包括气囊，颈枕内装有振动器。

下面结合附图进一步说明本实用新型最佳实施例的具体结构。

如图1、2所示，该头颈矫治器由枕套1、枕芯2组成，头颈矫治器的中间部位设有凹陷槽3，凹陷槽3下方是头枕4，凹陷槽3沿头颈矫治器宽度方向的两侧为颈枕5，头枕4与颈枕5的形状配合可使睡眠者的颈椎处于自然放松状态。此外，该头颈矫治器还可包括中空的气囊6，气囊6位于枕芯2的底部，可通过充、放气调节矫治器高度。在颈枕5内设置振动器7，振动可起活血化瘀作用。

本头颈矫治器采用了气囊，若又采用振动器，则可能导致气囊漏气，而且即使气囊不漏气，也会抵消振动器的振动作用。为了避免振动器7的振动作用可能被气囊6的缓冲作用所抵消，在二者之间设置隔层8。隔层8由硬质聚合物例如橡胶材料制成，从而在同时使用气囊和振动器时保证其发挥各自的作用。柔软材料的隔层起不到隔开气囊和振动器的作用。

头颈矫治器还可包括缝缀在颈枕5上的药垫9，其中充填有预防和治疗颈椎病的药物，药物为重量配比为3∶2的茶叶和荞麦皮的混合物。

本头颈矫治器具有使人感觉舒适和预防、治疗颈椎病的双重作用。

说明书附图

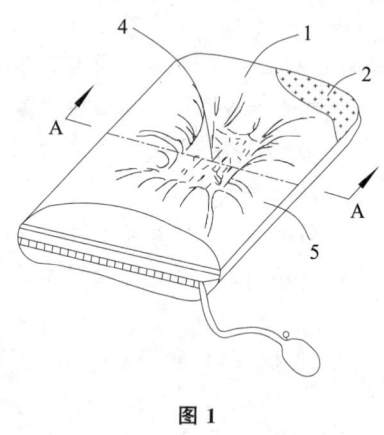

图1

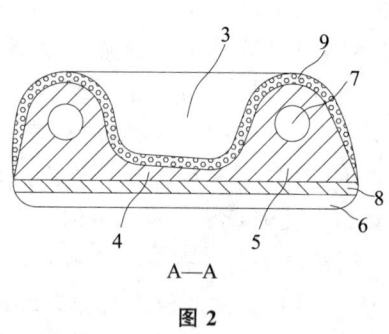

图2

对比文件1：

公开日 2010 年 9 月 23 日

对比文件1说明书相关内容

一种用于预防、治疗颈椎病的高度可调的颈椎乐枕头。

图1为本发明的整体构造示意图；

图2为局部横断面剖视图。

该颈椎乐枕头包括：由丝、棉等织物制成的枕套1，由海绵、荞麦皮等制成的枕芯2；枕头的中间部位有头形凹陷槽；枕芯2下设有气囊3，可通过操作与气囊相连接的气泵7充、放气来随时调整枕头的高低；头形凹陷槽上设有衬垫4，通过增减衬垫4可改变凹陷槽的深浅；围绕头形凹陷槽形成的凸起5上设有颈垫6。本发明可制成长方体、圆柱体或长椭圆体等不同形态，整体尺寸一般是长350~650mm、宽250~550mm、高60~160mm。

该枕头在实际应用中，可以与其他多种枕用附设装置，例如负离子发生器、收音机等结合使用，互相配合产生更好的效果。本颈椎乐枕头采用了气囊，若又采用振动器，则可能导致气囊漏气，而且即使气囊不漏气，也会抵消振动器的振动作用，故本颈椎乐枕头不宜与振动器结合使用。

对比文件1附图

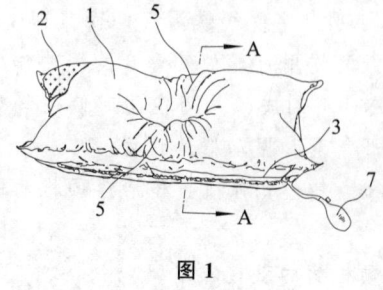

图1

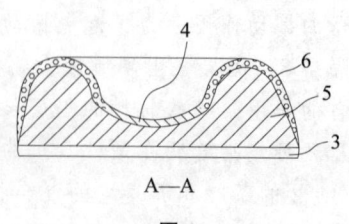

图2

对比文件 2：

公开日 2004 年 5 月 23 日

对比文件 2 说明书相关内容

本发明属于理疗器械，特别是颈椎病治疗枕。

图 1 是本发明所述颈椎病治疗枕的透视图。

图 2 是图 1 中的 A—A 剖面的振动产生部件的剖视图。

本发明的枕芯 1 内部安装有振动电机 2、振动器 3，二者共同构成振动产生部件。振动器 3 上设有突出部件 4，并从枕芯表面上形成的孔中突出一定高度。可以将本发明的振动产生部件和突出部件均布在枕芯上或者单设在头枕部位或颈枕部位，而且突出部件 4 也可以选择不从枕芯表面突出来。启动电源后，振动电机 2 带动振动器 3 振动，突出部件 4 进一步产生局部按压作用，可以促进与之接触的人体头颈部的血液循环，解决了颈椎保健问题。

该安装有振动器的枕芯可以位于任何形状的枕头主体内。此外，本发明的振动器还可以用于防止使用者打鼾。具体的实施方案是在枕芯内部或外部设置一个音频检测器，用来检测环境中的声音信号，并根据检测到的信号激活枕芯内的振动电机，从而利用突出部件 4 振动刺激使用者，使其中止打鼾。

对比文件 2 附图

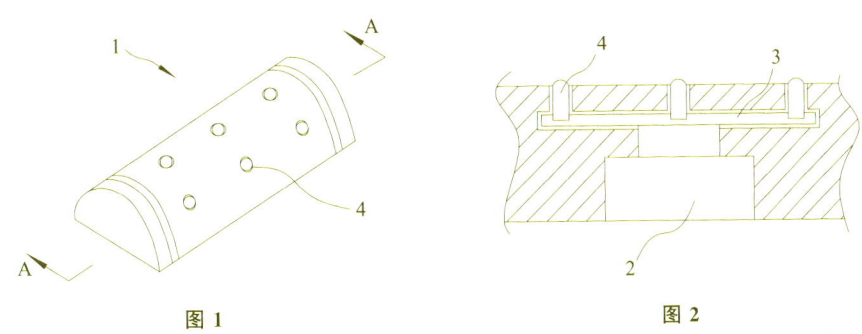

图 1　　　　　图 2

解题思路及参考答案

一、解题思路

首先阅读理解专利文件，明确对比文件 1、对比文件 2 描述的内容，按照如下思路进行分析：

1. 核对对比文件日期

对比文件 1 的公开日期为 2010 年 9 月 23 日，对比文件 2 的公开日期为 2004 年 5 月 23 日，可作为现有技术使用。

2. 挑错顺序

对挑错型分析题权利要求存在的缺陷，首先判断权利要求是否具有新颖性。在权利要求具有新颖性的情况下，判断权利要求是否具有创造性。当权利要求具有新颖性、创造性的情况下，考虑是否符合《专利法》第 26 条第 4 款的规定。

3. 分析附件 1 的权利要求是否存在新颖性、创造性问题

(1) 权利要求 1 的新颖性和创造性问题

权利要求 1 的技术特征与对比文件 1 公开的技术方案的对比如下表所示，下划线表示对比文件公开的技术特征。

权利要求 1	对比文件 1
头颈矫治器，包括枕套（1）、枕芯（2）	<u>一种用于预防、治疗颈椎病的高度可调的颈椎乐枕头，该颈椎乐枕头包括：由丝、棉等织物制成的枕套 1，由海绵、荞麦皮等制成的枕芯 2</u>；枕头的中间部位有头形凹陷槽（从图中可看出，凹陷槽下方设置头枕）；枕芯 2 下设有气囊 3，可通过操作与气囊相连接的气泵 7 充、放气来随时调整枕头的高低；头形凹陷槽上设有衬垫 4，通过增减衬垫 4 可改变凹陷槽的深浅；围绕头形凹陷槽形成的凸起 5（相当于颈枕）上设有颈垫 6……
中间部位设有近似于头形的凹陷槽（3），凹陷槽下方为头枕（4），凹陷槽沿头颈矫治器宽度方向的两侧为颈枕（5）	
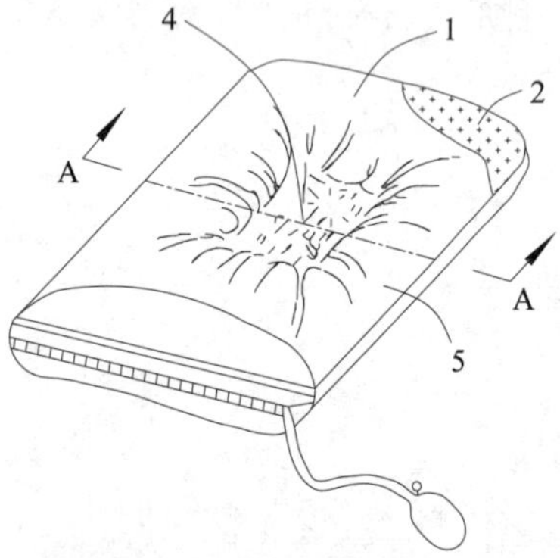 （图示）	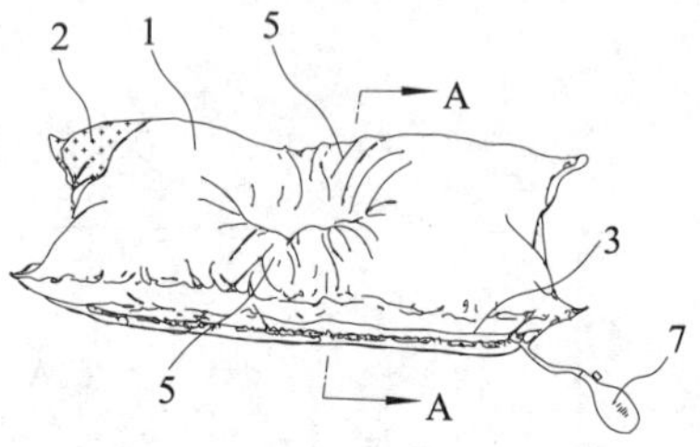 （图示）

权利要求 1 的技术方案与对比文件 1 的技术领域、技术方案、解决的技术问题和预期效果都相同，权利要求 1 不具有新颖性。

(2) 权利要求 2 的新颖性和创造性问题

权利要求 2 的附加技术特征与对比文件 1 公开的技术方案的对比如下表所示。

权利要求 2 附加技术特征	对比文件 1
制成长方体、圆柱体或长椭圆体三种形状	本发明可制成长方体、圆柱体或长椭圆体等不同形态，整体尺寸一般是长 350～650mm、宽 250～550mm、高 60～160mm
头颈矫治器整体尺寸为长 50～80cm、宽 20～60cm、高 6～18cm，制成长方体、圆柱体或长椭圆体三种形状	

对比文件 1 公开的数值范围与权利要求 2 限定的数值范围相比，长度参数数值范围部分重合，对比文件 1 的宽度参数、高度参数数值范围小，因此权利要求 2 技术方案与对比文件 1 公开的技术方案实质相同，不具有新颖性。

(3) 权利要求 3 的新颖性和创造性问题

权利要求 3 的附加技术特征与对比文件 1、2 公开的技术方案的对比如下表所示，下划线表示对比文件公开的涉案专利的技术特征。

权利要求3附加技术特征	对比文件1	对比文件2
颈枕（5）内装有振动器（7）	……本颈椎乐枕头采用了气囊，若又采用振动器，则可能导致气囊漏气，而且即使气囊不漏气，也会抵消振动器的振动作用，故本颈椎乐枕头不宜与振动器结合使用	颈椎病治疗枕……枕芯1内部安装有振动电机2、振动器3，二者共同构成振动产生部件……
(图)	(图)	(图)

对比文件1最后一段强调，枕头不宜和振动器结合使用，也就是说对比文件1并未公开在枕头中设置振动器的方案，因此权利要求3相对于对比文件1具有新颖性。

由于权利要求3的附加技术特征被对比文件2公开，并且该附加技术特征在对比文件2中的作用与其在该专利中所起的作用相同，都是活血化瘀，因此权利要求3相对于对比文件1、2的结合不具有创造性。

(4) 权利要求4的新颖性和创造性问题

权利要求4中，"气囊（6）与振动器（7）之间设置有隔层（8）"在对比文件1、2中均未公开，因此权利要求4具有新颖性和创造性。

(5) 权利要求5、6的新颖性和创造性问题

权利要求5中，"头枕（4）和颈枕（5）上面缝缀药垫（9），药垫（9）中装有预防和治疗颈椎病的药物"。对比文件1公开的是衬垫，并未公开设置药垫，对比文件2也未公开设置药垫，因此权利要求5具有新颖性和创造性。权利要求6中药物成分也并未被公开，权利要求6具有新颖性和创造性。

4. 其他缺陷

(1) 权利要求4的缺陷

权利要求4具有新颖性和创造性，需要判断是否存在不清楚或不支持的情况。

说明书中对隔层的描述是"为了避免振动器7的振动作用可能被气囊6的缓冲作用所抵消，在二者之间设置隔层8。隔层8由硬质聚合物例如橡胶材料制成，从而在同时使用气囊和振动器时保证其发挥各自的作用。柔软材料的隔层起不到隔开气囊和振动器的作用"。根据说明书的描述，隔层只能是硬质材料制成的，不能是软质材料制成的。但是，权利要求4中只限定了气囊与振动器之间设置隔层，并未限定隔层的材料，涵盖了隔层是硬质材料和软质材料两种情形。因此权利要求4的概括没有以说明书为依据，不符合《专利法》第26条第4款的规定。

(2) 权利要求5的缺陷

权利要求5具有新颖性和创造性，需要判断是否存在不清楚或不支持的情况。

说明书中对药垫的描述是"头颈矫治器还可包括缝缀在颈枕5上的药垫9"，并未描述头枕

上也缝缀药垫。因此权利要求5的描述未以说明书为依据，不符合《专利法》第26条第4款的规定。

(3) 权利要求6的缺陷

权利要求6具有新颖性和创造性，也不存在不清楚或不支持的情况，需要考虑其他少见条款。

权利要求6涉及药垫的组分，并未被对比文件公开，因此权利要求6属于对材料的改进，权利要求6的技术方案不属于实用新型的保护客体。

5. 说明书分析

客户撰写的说明书缺少各部分的标题，缺少实用新型名称、技术领域、附图说明，实用新型内容部分缺少所要解决的技术问题以及技术效果，按照模板回答问题即可。

二、参考答案

第一题参考答案

尊敬的A公司：

很高兴贵方委托我代理机构代为办理专利申请案，经仔细阅读说明书、技术人员撰写的权利要求书以及现有技术，我方认为贵公司技术人员所撰写的权利要求书及说明书存在一些不符合《专利法》和《专利法实施细则》规定之处，将会影响本实用新型专利申请的顺利授权，现逐一指出。

对比文件1、2均属于现有技术，可以用于评价实用新型专利申请的新颖性和创造性。

1. 权利要求1不具备新颖性

权利要求1要求保护一种头颈矫治器，对比文件1公开了一种颈椎乐枕头，具体公开：该颈椎乐枕头包括：枕套1、枕芯2；枕头的中间部位有头形凹陷槽。从图中可看出，凹陷槽下方设置头枕，凹陷槽两侧凸起（相当于该权利要求的颈枕）。

由此可见，对比文件1公开了权利要求1的全部技术特征，二者相比，技术方案实质相同。且二者属于相同的头颈治疗枕头的技术领域，所要解决的问题和预期效果也相同，都是提供一种头枕与颈枕的形状配合可使睡眠者的颈椎处于自然放松状态的枕头。因此权利要求1不具备新颖性，不符合《专利法》第22条第2款的规定。

2. 权利要求2不具有新颖性

权利要求2是权利要求1的从属权利要求，其附加技术特征为"头颈矫治器整体尺寸为长50～80cm、宽20～60cm、高6～18cm，制成长方体、圆柱体或长椭圆体三种形状"。对比文件1公开了其附加技术特征：该枕头可制成长方体、圆柱体或长椭圆体等不同形态，枕头整体尺寸一般是长350～650mm、宽250～550mm、高60～160mm，分别落入权利要求2数值范围内或数值范围部分重合。因此当其引用的权利要求1不具有新颖性的情况下，权利要求2也不具有《专利法》第22条第2款规定的新颖性。

3. 权利要求3不具备创造性

对比文件1和对比文件2都属于现有技术，可以用于评价专利申请权利要求的创造性。

对比文件1技术领域与本实用新型相同，所要解决的技术问题最为接近，因此对比文件1是最接近的现有技术。

权利要求3是权利要求1的从属权利要求，对比文件1公开了权利要求1的全部技术内容。权利要求3与对比文件1相比，区别技术特征是颈枕内设置了振动器。

基于上述区别技术特征可以确定，权利要求3实际要解决的技术问题是活血化瘀。

对比文件2公开了枕头内设置振动产生部件，因此上述区别技术特征已被对比文件2公开，而且该特征在对比文件2中所起的作用与其在本实用新型中为解决其技术问题所起的作用相同，都是产生振动，促进血液循环，活血化瘀。因此对比文件2给出了将该技术特征用于对比文件1以解决上述技术问题的启示，权利要求3的技术方案相对于对比文件1和对比文件2的结合是显而易见的，不具有实质性特点和进步，不具备创造性，不符合《专利法》第22条第3款的规定。

4. 权利要求4没有以说明书为依据

权利要求4对权利要求3进一步限定为"枕芯（2）的底部设置气囊（6），气囊（6）与振动器（7）之间设置隔层（8）"，其中"隔层"概括了较宽的保护范围。

根据说明书的记载，"本头颈矫治器采用了气囊，若又采用振动器，则可能导致气囊漏气，而且即使气囊不漏气，也会抵消振动器的振动作用。为了避免振动器7的振动作用可能被气囊6的缓冲作用所抵消，在二者之间设置隔层8。隔层8由硬质聚合物制成，从而在同时使用气囊和振动器时保证其发挥各自的作用，柔软材料的隔层起不到隔开气囊和振动器的作用"。

权利要求4中概括地限定了气囊与振动器之间设置隔层。但是，如果隔层是软质材料制成的，也就无法解决权利要求4技术方案所要解决的同时使气囊和振动器发挥作用的技术问题。因此，权利要求4没有以说明书为依据，不符合《专利法》第26条第4款的规定。

5. 权利要求5没有以说明书为依据

权利要求5对权利要求1进一步限定为"头枕（4）和颈枕（5）上面缝缀药垫（9），药垫（9）中装有预防和治疗颈椎病的药物"。根据说明书的记载，药垫9缝缀在颈枕5上，并未记载头枕上缝缀药垫的技术方案。因此，权利要求5所保护的内容与说明书记载不一致，权利要求5没有以说明书为依据，不符合《专利法》第26条第4款的规定。

6. 权利要求6不属于实用新型保护客体

权利要求6的附加技术特征是对产品材料的限定，对比文件中并未公开药垫的组分是茶叶与荞麦皮的混合物，因此权利要求6是对材料本身提出的改进。权利要求6的方案不属于实用新型专利保护的客体，不符合《专利法》第2条第3款的规定。

第二题参考答案

对说明书修改建议如下：

1. 目前说明书缺少标题，应当补入说明书的各组成部分的标题

根据《专利法实施细则》第17条的规定，实用新型的说明书应当包括技术领域、背景技术、实用新型内容、附图说明，以及具体实施方式，并在说明书每一部分前面写明标题。

2. 目前说明书缺少名称，应当补入名称

建议名称写为："一种头颈矫治器"。

3. 目前说明书缺少技术领域，应当补入技术领域

建议技术领域写为："本实用新型属于医疗保健用品领域，尤其涉及防治颈椎病的头颈矫治器。"

4. 对背景技术部分的修改建议

应当将对比文件1以引证的方式写入本实用新型的背景技术，并且应当分析背景技术存在的不足：由于设置了气囊，不能与振动器结合使用。

5. 对发明内容部分的修改建议

发明内容部分中应当明确实用新型所要解决的技术问题、解决其技术问题所采用的技术方

案，并对照现有技术写明实用新型的有益效果。

首先，本申请所要解决的技术问题是提供一种可以同时设置气囊与振动器的头颈矫治器。其次，应当记载该申请的技术方案，即独立权利要求的技术方案。最后，应当阐明本申请与现有技术相比，优点（有益效果）在于头颈矫治器设置有气囊的同时还可以设置振动器。

6. 对附图说明的修改建议

应写入附图的图名和简要说明。

综上所述，目前贵公司撰写的权利要求书和说明书存在较多问题，我方专利代理师将会与贵方积极沟通，在充分理解发明内容的基础上，结合对现有技术的检索、分析和对比，重新撰写权利要求书和说明书。

以上为咨询意见，供参考。

专利代理机构：××××　专利代理师：×××
××××年××月××日

第四节　练习案例2[1]

试题说明

客户A公司向你所在代理机构提供了自行撰写的申请材料（包括说明书1份、权利要求书1份），以及检索到的2篇对比文件。现委托你所在的代理机构为其提供咨询意见并具体办理专利申请事务。

第一题：请你撰写提交给客户的信函，为客户逐一解释其自行撰写的权利要求书是否符合《专利法》及其实施细则的规定并说明理由。

第二题：请你根据《专利法实施细则》第17条的规定，依据检索到的对比文件，说明客户自行撰写的说明书中哪些部分需要修改并对需要修改之处予以说明。

第三题：撰写修改后的说明书。

附件1（客户自行撰写的说明书）：

背景技术

图1示出了现有起钉锤的立体图。起钉锤大致为英文字母"T"的形状，包括把手2和锤头组件3。锤头组件3包括锤头32和起钉翼31。所述起钉翼31呈弯曲双叉形爪，并在中部形成"V"形缺口。起钉时，起钉翼31的缺口用于卡住钉子的边缘，以锤头组件3的中部作为支点，沿着方向A扳动把手2，弯曲双叉形爪与把手2一起用于在拔出钉子时通过杠杆作用将钉子拔出。

现有的起钉锤在起钉子时是通过锤头组件的中部作为支点，由于支点和起钉翼的距离有限，要拔起较长的钉子时，往往起到一定程度就无法再往上拔了，只好无奈地再找辅助工具垫高支点才能继续往上拔，费时费力。

发明内容

本发明提供一种起钉锤，包括锤头组件和把手，其特征在于所述锤头组件一端设置有起钉翼，另一端设置有锤头，所述锤头组件的中间位置具有支撑部。

---

[1] 本案例节选自2017年全国专利代理人资格考试专利代理实务考题第1题、第2题，增加了第3题说明书撰写的内容。

具体实施方式

图2示出了本发明的第一实施例。如图所示，该起钉锤的锤头组件3顶部中间向外突出形成支撑部4，用于作为起钉的支点。这种结构的起钉锤增大了起钉支点的距离，使得起钉，尤其是起长钉，更加方便。

图3示出了本发明的第二实施例。如图所示，该起钉锤的锤头组件3上设置有一个调节螺杆53，通过该调节螺杆53作为调节结构，可以调节起钉支点的高度。该起钉锤的具体结构是：起钉锤包括锤头组件3、把手2、支撑部4和调节螺杆53。锤头组件3的中部具有一个贯穿的通孔，通孔内固定设置把手2。把手2是中空的，调节螺杆53贯穿其中。把手2的中空内表面设置有与调节螺杆53配合使用的内螺纹，这样调节螺杆53可在把手2内旋进旋出。调节螺杆53靠近锤头组件3的一端固定支撑部4，另一端具有一个调节控制钮62。调节螺杆53的长度比把手2的长度长。

使用时，可以通过旋转调节控制钮62来调节支撑部4伸出的距离，从而调节起钉支点的高度。

支撑部4可以是半球形等各种形状，优选地为板状并且两端具有弧形支撑面。这样可以增大支点的接触面积，避免支点对钉有钉子的物品造成损坏，同时可增加起钉时的稳定性。

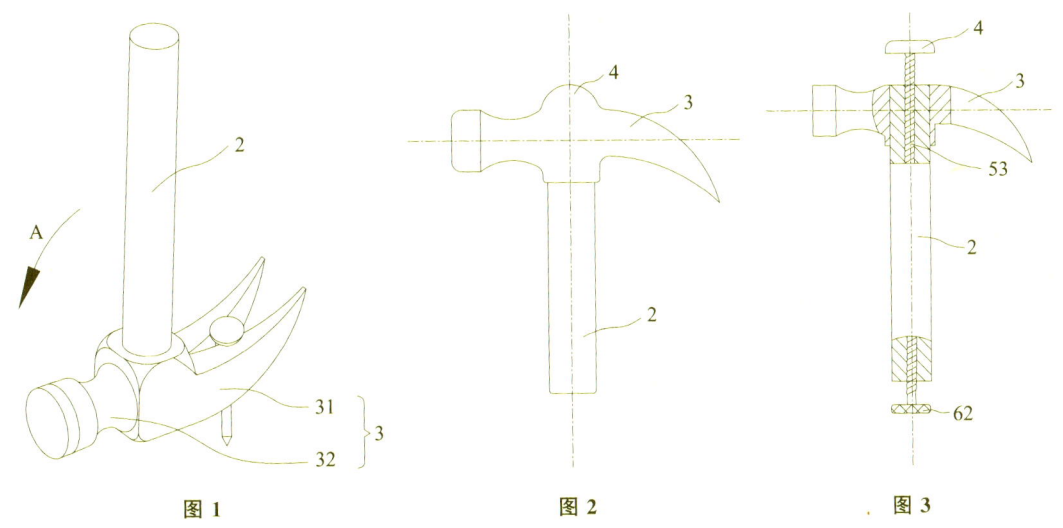

图1　　　　　　　　图2　　　　　　　　图3

附件2（客户撰写的权利要求书）：

1. 一种起钉锤，包括锤头组件和把手，其特征在于：所述锤头组件一端设置有起钉翼，另一端设置有锤头，所述锤头组件的顶部中间位置具有支撑部。

2. 如权利要求1所述的起钉锤，其特征在于：所述支撑部由锤头组件顶部中间向外突出的部分构成。

3. 如权利要求1或2所述的起钉锤，其特征在于：所述支撑部的高度可以调节。

4. 如权利要求3所述的起钉锤，其特征在于：所述把手为中空的，内设调节装置，所述调节装置与锤头组件螺纹连接。

5. 如权利要求1所述的起钉锤，其特征在于：所述支撑部为板状，其两端具有弧形支撑面。

附件3（对比文件1）：

(19) 中华人民共和国国家知识产权局

（12）实用新型专利说明书

(45) 授权公告日　2017年5月9日

(21) 申请号　201620123456.5
(22) 申请日　2016年8月22日
(73) 专利权人　赵××

（其余著录项目略）

说　明　书

一种多功能起钉锤

技术领域

本实用新型涉及手工工具领域，尤其涉及一种多功能起钉锤。

背景技术

目前，人们使用的起钉锤如图1所示，包括锤柄，锤柄一端设置起钉锤头，起钉锤头的一侧是榔头，另一侧的尖角处有倒脚，用于起钉操作。起钉锤头的顶部中央向外突出形成支撑柱，设置支撑柱的目的是为了增加起钉高度，使需要拔出的钉子能够完全被拔出。起钉锤是一种常见的手工工具，但作用单一，使用率低，闲置时又占空间。

发明内容

本实用新型的目的在于解决上述问题，使起钉锤有开瓶器的作用，在起钉锤闲置不用时，可以作为开瓶器使用，提高使用率。

为达到上述目的，具体方案如下：

一种多功能起钉锤，包括一锤柄、一起钉锤头，所述起钉锤头固定于锤柄顶部。

优选地，所述锤柄底部有塑胶防滑把手。

优选地，所述起钉锤头的榔头一侧中间挖空，呈普通开瓶器状。

附图说明

图1是本实用新型的多功能起钉锤的示意图。

具体实施方式

如图1所示，一种多功能起钉锤，包括锤柄20、起钉锤头30，所述起钉锤头30的榔头一侧310中间挖空，呈普通开瓶器状，起钉锤头30另一侧尖角处有倒脚，用于起钉操作。起钉锤头30固定于锤柄20顶部。优选地，所述锤柄20底部有塑胶防滑把手40。本实用新型可以提高起钉锤的使用率，起钉锤头30的榔头一侧310内部挖空

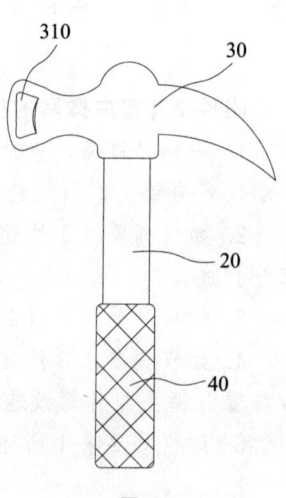

图1

形成开瓶器口,开瓶时只需将挖空部分里侧对准瓶口翘起即可,使用方便,且整体结构简单,制作方便。

附件4(对比文件2):

(19) 中华人民共和国国家知识产权局

(12) 实用新型专利说明书

(45) 授权公告日 2017年9月27日

(21) 申请号 201720789117.7
(22) 申请日 2017年4月4日
(73) 专利权人 孙××

(其余著录项目略)

说 明 书

一种新型起钉锤

技术领域

本实用新型涉及一种起钉锤。

背景技术

在日常生活中,羊角起钉锤是一种非常实用的工具。羊角起钉锤一般由锤头和锤柄组成,其锤头具有两个功能:一是用来钉钉子,二是用来起钉子。现有的起钉锤在起钉子时是将锤头的中部作为支点,受力支点与力臂长度是固定的,当钉子拔到一定高度后,羊角锤的长度有限,受力支点不能很好地发挥作用,力矩太小,导致很长的钉子很难被拔出来。

实用新型内容

为了克服现有羊角起钉锤的不足,本实用新型提供一种锤身长度可以加长的起钉锤。该起钉锤不仅能克服很长的钉子无法拔出来的不足,而且使用更加省力、方便、快捷。

附图说明

图1是本实用新型起钉锤的结构示意图。

具体实施方式

如图1所示,该起钉锤包括锤柄200、锤体300和长度附加头500。锤体300一端设置有锤头,另一端设置有起钉翼。

长度附加头500为一圆柱形附加头,其直径与锤头直径相同。所述长度附加头500与锤体300的锤头采用卡扣的方式连接在一起。使用时,如果需要起长钉,则将长度附加头500安装在锤体300上,从而增加起钉锤的锤身长度。

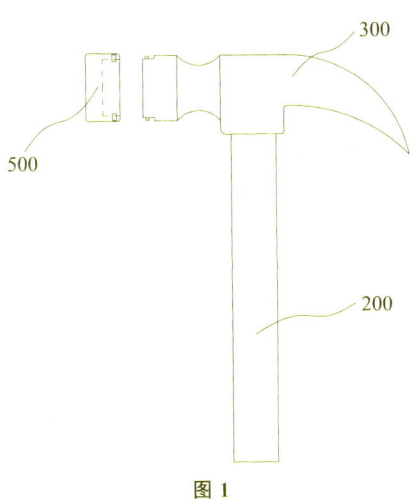

图1

解题思路及参考答案

一、解题思路

首先阅读理解专利文件，明确对比文件1、对比文件2描述的内容，按照如下思路进行分析：

1. 核对对比文件日期

对比文件1的公开日期为2017年5月9日，对比文件2的公开日期为2017年9月27日，均可作为现有技术使用。

2. 挑错顺序

对挑错型分析题权利要求存在的缺陷，首先判断权利要求是否具有新颖性。在权利要求具有新颖性的情况下，判断权利要求是否具有创造性。当权利要求具有新颖性、创造性的情况下，考虑是否符合《专利法》第26条第4款的规定。

3. 分析权利要求是否存在新颖性、创造性问题

（1）权利要求1的新颖性和创造性问题

权利要求1的技术特征与对比文件1公开的技术方案的对比如下表所示，下划线表示对比文件公开的技术特征。

权利要求1	对比文件1
一种起钉锤，包括锤头组件和把手	<u>一种多功能起钉锤，包括</u>锤柄，锤柄一端设置起钉锤头，起钉锤头的一侧是榔头，另一侧的尖角处有倒脚（相当于起钉翼），用于起钉操作。起钉锤头的顶部中央向外突出形成支撑柱（相当于支撑部），设置支撑柱是为了增加起钉高度，使需要拔出的钉子能够完全被拔出
锤头组件一端设置有起钉翼，另一端设置有锤头	
锤头组件的顶部中间位置具有支撑部	
（图）	（图）

通过对比可知，对比文件1公开了权利要求1的所有技术特征，二者均属于起钉锤的技术领域。在权利要求1中，起钉锤的锤头组件顶部中间向外突出形成支撑部4，所要解决的技术问题是增大了起钉支点的距离，使得起钉，尤其是起长钉，更加方便。对比文件1中设置支撑柱是为了增加起钉高度，使需要拔出的钉子能够完全被拔出。二者所要解决的技术问题也相同，能够达到相同的有益效果，因此权利要求1不具有新颖性。

（2）权利要求2的新颖性和创造性问题

权利要求2的附加技术特征与对比文件1公开的技术方案的对比如下表所示，下划线表示对比文件公开的技术特征。

权利要求 2 附加技术特征	对比文件 1
所述支撑部由锤头组件顶部中间向外突出的部分构成	起钉锤头的顶部中央向外突出形成支撑柱，设置支撑柱是为了增加起钉高度，使需要拔出的钉子能够完全被拔出

通过对比发现，对比文件 1 公开了权利要求 2 的附加技术特征。在权利要求 1 不具有新颖性的情况下，权利要求 2 也不具有新颖性。

（3）权利要求 3 的新颖性和创造性问题

权利要求 3 对权利要求 1 或 2 进一步限定"所述支撑部的高度可以调节"。对比文件 1 的支撑部是固定的，不能调节，没有公开区别技术特征。对比文件 2 公开的起钉锤具有长度附加头，可以增加或缩短锤身长度，但是并不能调节支撑部的高度，因此权利要求 3 具有新颖性和创造性。❶

（4）权利要求 4 的新颖性和创造性问题

权利要求 4 的附加技术特征"所述把手为中空的，内设调节装置，所述调节装置与锤头组件螺纹连接"在对比文件 1、2 中均没有公开，因此权利要求 4 具有新颖性和创造性。

（5）权利要求 5 的新颖性和创造性问题

权利要求 5 对权利要求 1 进一步限定"所述支撑部为板状，其两端具有弧形支撑面"，该内容为对第二实施例的描述。

板状支撑部在对比文件 1、2 中均没有公开，因此权利要求 5 具有新颖性和创造性。

4. 其他缺陷

（1）权利要求 3 的缺陷

权利要求 3 具有新颖性和创造性，需要判断权利要求 3 是否存在不清楚或不支持的情况。

权利要求 2 进一步限定的内容是第一实施例（支撑部高度不可调节），权利要求 3 进一步限定的内容是第二实施例（支撑部高度可以调节）。因此权利要求 3 可以对权利要求 1 作进一步限定，但是不能对权利要求 2 作进一步限定。当权利要求 3 引用权利要求 2 时，技术方案相互矛盾，因此权利要求 3 不是对权利要求 2 的进一步限定，造成权利要求 3 保护范围不清楚，不符合《专利法》第 26 条第 4 款的规定。

（2）权利要求 4 的缺陷

权利要求 4 具有新颖性和创造性，需要判断权利要求 4 是否存在不清楚或不支持的情况。

"把手为中空"出现在第二实施例中，因此权利要求 4 的附加技术特征应当是对第二实施例的描述。在第二实施例的描述中，把手的中空内表面设置有与调节螺杆配合使用的内螺纹，从而

---

❶ 考试中，很难分清"长度附加"与"高度调节"之间的区别，可以回答权利要求 3 不具有创造性，不会导致扣分。

调节螺杆可在把手内旋进旋出。因此，调节装置是与把手螺纹连接，并非与锤头组件螺纹连接。权利要求4的描述与说明书不一致，没有以说明书为依据，不符合《专利法》第26条第4款的规定。

（3）权利要求5的缺陷

权利要求5具有新颖性和创造性，权利要求5进一步限定的内容和说明书的表述一致，也没有不清楚或者未以说明书为依据的问题。在找不出缺陷的情形下，需要判断从属权利要求之间的单一性问题。因为权利要求1、2不具有新颖性，权利要求3、5之间不包括相同或者相应的特定技术特征，因此权利要求3、5之间不具有单一性。

5. 说明书分析

客户撰写的说明书缺少发明名称、技术领域、附图说明，应当补充。

此外，客户撰写的具体实施方式中第一实施例的内容已经被对比文件1公开，因此在重新撰写说明书时，背景技术存在的技术问题、发明内容中为了克服上述技术问题所采用的技术方案以及有益的技术效果均发生了变化，需要改写，并建议将第一实施例在具体实施方式中删除。

6. 说明书撰写

按照第二题分析的内容，在客户撰写说明书的基础上，补入说明书所缺部分即可。

二、参考答案

第一题参考答案

尊敬的A公司：

很高兴贵方委托我代理机构代为办理有关起钉锤的专利申请案，经仔细阅读技术交底材料、技术人员撰写的权利要求书、说明书以及现有技术，我方认为贵公司技术人员所撰写的权利要求书和说明书存在一些不符合《专利法》和《专利法实施细则》之处，将会影响本发明专利申请的顺利授权，现逐一指出。

1. 权利要求1不具备新颖性

对比文件1的公开日早于本申请的申请日，可作为本申请的现有技术，评价权利要求的新颖性。

对比文件1公开了以下技术特征：一种多功能起钉锤，包括锤柄，锤柄一端设置起钉锤头，所述锤头的一侧是榔头，锤头另一侧尖角处有倒脚（相当于权利要求1中的起钉翼）。起钉锤头的顶部中央向外突出形成支撑柱（相当于支撑部）。

由此可见，对比文件1公开了权利要求1的全部技术特征，二者相比，技术方案实质上相同，并且它们都属于起钉锤这一相同的技术领域，要解决的技术问题和产生的效果相同，都是便于起钉锤拔出长钉。因此，权利要求1相对于对比文件1不具备新颖性，不符合《专利法》第22条第2款的规定。

2. 权利要求2不具备新颖性

权利要求2是权利要求1的从属权利要求，其附加技术特征是："所述支撑部由锤头组件顶部中间向外突出的部分构成"，对比文件1中已经公开了起钉锤头的顶部中央向外突出形成支撑柱，因此在其引用的独立权利要求1不具备新颖性的情况下，从属权利要求2相对于对比文件1也不具备新颖性，不符合《专利法》第22条第2款的规定。

3. 权利要求3引用权利要求2的技术方案不清楚

权利要求3进一步限定了支撑部的高度可以调节。但是其引用的权利要求2中的支撑部是由锤头组件顶部中间向外突出构成的，该部分是固定的，其高度不能调节，因此权利要求3引用权利要求 2 的限定部分与引用部分存在矛盾，导致权利要求 3 引用权利要求 2 的技术方案保护范围是不清楚的，不符合《专利法》第 26 条第 4 款的规定。

4. 权利要求 4 没有以说明书为依据

权利要求 4 限定了"所述把手为中空的，内设调节装置，所述调节装置与锤头组件螺纹连接"。根据说明书的记载，把手是中空的，调节螺杆贯穿其中。把手的中空内表面设置有与调节螺杆配合使用的内螺纹，这样调节螺杆可在把手内旋进旋出，即说明书中记载的是调节螺杆与把手螺纹连接，而不是与锤头组件螺纹连接。因此，权利要求 4 所限定的技术方案与说明书的记载不一致，没有以说明书为依据，不符合《专利法》第 26 条第 4 款的规定。

5. 权利要求 3 与权利要求 5 之间不具有单一性

由于独立权利要求 1 没有新颖性，在独立权利要求 1 不具备新颖性的情况下，需要考虑从属权利要求之间是否符合单一性的规定。

权利要求 3 引用权利要求 1 的技术方案相对于现有技术作出贡献的技术特征为"所述支撑部的高度可以调节"，从而使支撑部的高度适用于不同长度的钉子。

权利要求 5 引用权利要求 1 的技术方案相对于现有技术作出贡献的技术特征为"支撑部为板状，其两端具有弧形支撑面"，从而增大支点的接触面积，避免支点对钉有钉子的物品造成损坏，同时可增加起钉时的稳定性。

由此可见，两个权利要求对现有技术作出贡献的技术特征既不相同也不相应，在技术上也无相互关联，彼此之间不属于一个总的发明构思，从而两个权利要求之间并不包含相同或相应的特定技术特征，彼此之间不具备单一性，不符合《专利法》第 31 条第 1 款的规定。

第二题参考答案

说明书第一页第一行应当写明发明的名称，其后应当写明技术领域、背景技术、发明内容、附图说明以及具体实施方式，且各部分应当写明标题。客户自行撰写的说明书中，存在以下缺陷：

1. 发明名称

目前的申请文件缺少发明名称，建议本申请的发明名称为：一种起钉锤。

2. 技术领域

目前的说明书缺少技术领域部分。应写明要求保护的技术方案所属的技术领域：本发明涉及一种锤子，尤其涉及一种起钉锤。

3. 背景技术

对比文件 1 与本发明更为接近，因此应当以引证的方式将对比文件 1 公开的"锤头组件顶部中央向外突出形成支撑部"的技术方案写入背景技术中，并且应当分析背景技术存在的不足：虽然设置支撑柱能增加起钉高度，但是由于支撑柱的高度是固定的，而现实中钉子的长度是各种各样的，这种起钉锤不能适应不同长度的钉子。

4. 发明内容

该部分中应当明确发明所要解决的技术问题、解决其技术问题所采用的技术方案，并对照现有技术明示本发明的有益效果。

首先，本申请所要解决的技术问题是现有技术中起钉锤的支撑部高度不能调节、适应范围窄、不能起出不同长度钉子的问题。其次，应当记载该申请的技术方案，即独立权利要求的技术方案。最后，应当根据本申请的技术方案，明示本发明的有益效果在于可根据需要调节支撑部的高度，从而增大支点距离，适应拔出不同长度钉子的需要。

5. 附图说明

目前的说明书中缺少附图说明,应当写明各幅图的图名并作简要说明,建议删除原现有技术的图1,将第一实施例的现有技术作为新的图1。

6. 具体实施方式

目前的第一实施例的技术方案已经被对比文件1所公开,已经构成了现有技术,建议从具体实施方式中删除。

综上所述,目前贵公司撰写的权利要求书和说明书存在较多问题,我方专利代理师将会与贵方积极沟通,在充分理解发明内容的基础上,结合对现有技术的检索、分析和对比,重新撰写权利要求书和说明书。

以上为咨询意见,供参考。

专利代理机构:××××　　专利代理师:×××
××××年××月××日

第三题参考答案❶

一种起钉锤

技术领域

本发明涉及一种锤子,尤其涉及一种起钉锤。

背景技术

现有技术中的起钉锤在起钉子时是将锤头组件的中部作为支点,但支点和起钉翼的距离有限,要拔起较长的钉子时,往往起到一定程度就无法再往上拔了,只好无奈地再找辅助工具垫高支点才能继续往上拔,费时费力。如图1所示,申请号为201620123456.5的中国实用新型专利公开了一种多功能起钉锤,该起钉锤的锤头组件3顶部中间向外突出形成支撑部4,用于作为起钉的支点。这种结构的起钉锤虽然增大了起钉支点的距离,增加了起钉高度,可以适用一定长度的长钉,但是由于支撑柱的高度是固定的,而钉子的长度是各种各样的,从而不能适应不同长度的钉子。

发明内容

为解决上述现有技术中起钉锤不能适用不同长度钉子的问题,本发明提供了一种起钉锤,包括锤头组件和把手,锤头组件一端设置有起钉翼,另一端设置有锤头,锤头组件的中间位置具有支撑部,支撑部的高度可以调节。

本发明的有益效果为可根据需要调节支撑部的高度,从而增大支点距离,可适用于不同长度的钉子。

附图说明

图1为现有技术中的起钉锤结构示意图;

图2为本发明改进后的起钉锤结构剖视图。

具体实施方式

图2所示为本发明改进后的起钉锤,该起钉锤的锤头组件3上设置有一个调节螺杆53,通

---

❶ 考试中重写说明书,只需改写文字部分,附图无法拷贝到答题纸上,不需要修改。考试中为方便考生答题,会在图中用文字标示出部件名称,不是错误,不需要修改。

过该调节螺杆53作为调节结构,可以调节起钉支点的高度。该起钉锤的具体结构是:起钉锤包括锤头组件3、把手2、支撑部4和调节螺杆53。锤头组件3的中部具有一个贯穿的通孔,通孔内固定设置有把手2。把手2是中空的,调节螺杆53贯穿其中。把手2的中空内表面设置有与调节螺杆53配合使用的内螺纹,这样调节螺杆53可在把手2内旋进旋出。调节螺杆53靠近锤头组件3的一端固定支撑部4,另一端具有一个调节控制钮62。调节螺杆53的长度比把手2的长度长。

使用时,可以通过旋转调节控制钮62来调节支撑部4伸出的距离,从而调节起钉支点的高度。

支撑部4可以是半球形等各种形状,优选地为板状,并且两端具有弧形支撑面。这样可以增大支点的接触面积,避免支点对钉有钉子的物品造成损坏,同时可增加起钉时的稳定性。

专题六　权利要求撰写基础案例

第一节　概　　述

专利代理师最重要的工作是根据申请人或者发明人提供的材料，撰写出符合法律要求的专利申请文件。在专利代理师实务考试中，专利申请文件的撰写是重点考查内容。近 20 年的专利代理实务考试中，仅有 2 次考试未考查撰写，2011 年以后每年都有撰写题目。

实务撰写题目要求考生根据说明书或技术交底书提供的技术素材撰写权利要求。

一、撰写要求

撰写完成的权利要求书应当满足如下要求：

① 权利要求书应当包括独立权利要求和从属权利要求；

② 独立权利要求保护范围合理，不缺少必要技术特征（尤其是不缺发明点），不多非必要技术特征；

③ 独立权利要求相对于现有技术具备新颖性和创造性；

④ 当技术交底书有多个实施例时，独立权利要求应当体现概括；

⑤ 从属权利要求数量合理，涵盖了技术交底书中的主要技术特征；

⑥ 从属权利要求与独立权利要求之间的逻辑关系清楚。

二、不同领域权利要求的表述

1. 生活、机械类权利要求

生活、机械类权利要求应当描述出产品在结构上的组成，技术特征可包括部件名称、形状、连接关系、作用及材料等内容。

方法权利要求，应当写明其步骤，技术特征包括可以用不同的参数或者参数范围表示的工艺条件。

2. 电学类权利要求

电学类权利要求的撰写在 2009 年和 2010 年各考查过一次。电学领域的权利要求书一般会出现产品权利要求和方法权利要求，其中产品权利要求的技术特征包括模块名称和作用，方法权利要求的技术特征主要为处理步骤。

3. 化学类权利要求

化学类权利要求的撰写在 2008 年和 2010 年以小型案例形式考查过 2 次，只考查了化学组合物组分的写法。

三、权利要求撰写的四种方式

1. 不考虑概括的撰写方式

试题中给出的技术交底书中，一般会有多个区别技术特征，撰写的核心任务是在这些区别技术特征中找到发明点，并围绕发明点撰写独立权利要求。本书将起到基础、根本作用的区别技术特征称为发明点。

在给出的技术交底材料中，如果针对发明点只有一个实施例，一般不需要考虑对实施例的概括。本专题重点讲解不概括的撰写方式。

2. 多个实施例的概括撰写方式

如果针对发明点有两个以上的实施例，应当尽可能将其共性在一个独立权利要求中进行概括。专题七中讲解常见的概括撰写方式。

3. 两件以上申请的撰写方式

2011~2020年这10年考题中，有8年考查了两件以上申请的写法。有两种原因会导致写出两件以上的申请：

（1）并列发明点

如果技术交底材料中给出了两个所要解决的根本问题，或者明显给出了两种不相关联的改进，则出现了并列发明点。这种题目的做法是：在第一件专利申请中，将所有的技术内容都要撰写成权利要求；在第二件专利申请中，将第二个发明点撰写为独立权利要求。

（2）多个实施例之间无法概括

如果题目中给出多个实施例，通常是要考虑将多个实施例概括到一起，但是也有个别情况无法概括，就要分别撰写独立权利要求。专题八将讲解两件以上申请的撰写方式。

4. 并列主题的撰写方式

如果技术交底书中出现了产品、制造方法、化学成分及配套的设备等内容，则可能会出现并列的主题。每一个主题都需要写成并列独立权利要求。专题九讲解并列主题的撰写方式。

四、权利要求不需要概括的撰写六步法

针对不需要概括的权利要求，通过以下六个步骤撰写。

第一步：技术特征分析

技术交底材料中会给出很多内容，包括产品的部件名称、连接关系、作用、效果、原理、操作方法、制造方法及用途等。在阅读技术交底材料的过程中，首先要找出可以写入权利要求的技术特征。

对于产品权利要求来说，可写入权利要求的技术特征包括：部件名称、形状、连接关系、作用、材料这五方面。为方便记忆，本书称为可作为权利要求特征的"五要素"。

在计算机考试中，建议大家使用"删除法"，即将题目中技术交底材料的所有内容都拷贝到答题区域，然后删除掉"非技术特征"，留在答题区域全部都是技术特征。这样操作的好处是不会遗漏技术特征，方便答题。

第二步：找发明点

找发明点的步骤最为关键，可分为三小步：

1. 找出区别技术特征

挑出技术特征后，与对比文件进行技术对比，找出区别技术特征。

2. 逻辑分析

对于技术简单的题目，可跳过此步（专题六的案例未进行逻辑分析，专题七、八、九的案例均进行了逻辑分析）。

3. 确定发明点

技术交底书中的区别技术特征往往有多个，这时要判断多个区别技术特征之间的逻辑关系是否为进一步限定的关系，并找到最基础、最根本的区别技术特征作为发明点。

最根本的发明点（改进点）可能有1个，也可能有2个（考试中给出最根本的发明点数量最多为2个）。专题六、七只讲述出现1个发明点的撰写情形，专题八讲述2个发明点的情形。

第三步：确定所要解决的技术问题

在第三步中，应当根据第二步中确定的发明点所产生的作用和效果，确定发明所要解决的技术问题。

第四步：确定必要技术特征

在第四步中，围绕所要解决的最根本的技术问题，确定必要技术特征。在确定必要技术特征时，也可结合发明点找出与发明点联系最密切的技术特征作为必要技术特征。

考试中，一般来说，必要技术特征包括技术交底书中的现有技术特征、体现发明点的技术特征以及发明点的作用（发明点的作用有时题目会给出，有时不会给出，题目没有给出的话略过）。

第五步：撰写独立权利要求

在第四步确定必要技术特征的基础上，完成独立权利要求的撰写。独立权利要求的撰写分为两个方面：

1. 确定主题名称

主题名称一般限于技术交底书提供的产品或者方法的名称，主题名称一般不需要概括。

2. 对必要技术特征在语言上进行调整

将第四步确定的必要技术特征进行组合，与最接近的现有技术作比较，将它们共同的必要技术特征写入独立权利要求的前序部分，区别于最接近的现有技术的必要技术特征写入独立权利要求的特征部分。

第六步：撰写从属权利要求

将说明书（技术交底书）中给出的其他技术特征写成相应的从属权利要求。如果从属权利要求中出现了并列改进的情况，注意从属权利要求也需要概括。

第二节 不概括示范案例

试题说明

客户向你所在的专利代理机构提交了一份技术材料及其附图（参见附件1），以及两份他们所了解的现有技术材料及其附图（参见附件2、附件3）。客户现委托你所在的专利代理机构为之提交专利申请，要求你为客户撰写专利申请文件。

请根据上述技术交底材料以及现有技术材料为客户撰写一份实用新型专利申请的权利要求书，并针对撰写的独立权利要求，说明相对于附件2、附件3具有新颖性和创造性的理由。

附件1（技术交底材料）：

现有技术中的晾衣架通常具有用于悬挂的挂钩，以及用于悬挂衣物的架体。一般家庭中都会使用大小和尺寸不同的晾衣架，小尺寸的晾衣架用于悬挂小件衣物及孩子衣物，大尺寸晾衣架用于悬挂成年人衣物。由于架体的横向尺寸是固定的，有时候衣服的肩宽大于架体长度，衣物容易下滑脱落，有时候衣物肩宽比较小，无法使用大尺寸晾衣架。

为解决上述问题，本实用新型提供一种可调节晾衣架，如图1、2所示，本实用新型的晾衣架具有架体1和挂钩2，挂钩2的一端连接在架体1中间处。在架体1的左右两个端部分别套设有调节套管3，调节套管3的内径大于架体1的外径，调节套管3可沿架体1伸缩滑动，从而调节架体 1 的横向长度。这样，晾衣架能够悬挂不同肩宽尺寸的衣物，以防止与衣架尺寸不相应的衣物悬挂上造成衣物出现褶皱或滑落。

作为优选方案，架体 1 为弧形，调节套管 3 为弧形套管，弧形调节套管 3 与弧形架体 1 的规格尺寸相匹配，且曲率相等，此处弧形设计与所晾晒的衣物肩部相互契合，能更好地晾晒衣物，防止肩部褶皱。

如图 3、4 所示，调节套管 3 的外侧端部设置有挡板 4，可进一步防止搭在晾衣架上的衣物滑落。

作为本实用新型的进一步改进，架体 1 的上表面设置有多个棒状支撑件 5，棒状支撑件 5 通过销轴 6 与架体 1 连接，支撑件 5 可以在架体 1 的上表面以销轴 6 为中心旋转。当调节套管 3 收缩时，将棒状支撑件 5 旋至与架体 1 平行，可将支撑件 5 收纳于调节套管 3 内；当调节套管 3 伸展后，旋转支撑件 5 至垂直于架体 1，可进一步增大衣物与晾衣架的接触面积，进一步防止晾晒衣物滑落。同时支撑件 5 可以增加衣物晾晒时衣物之间的空隙，有利于衣物更快地干燥。

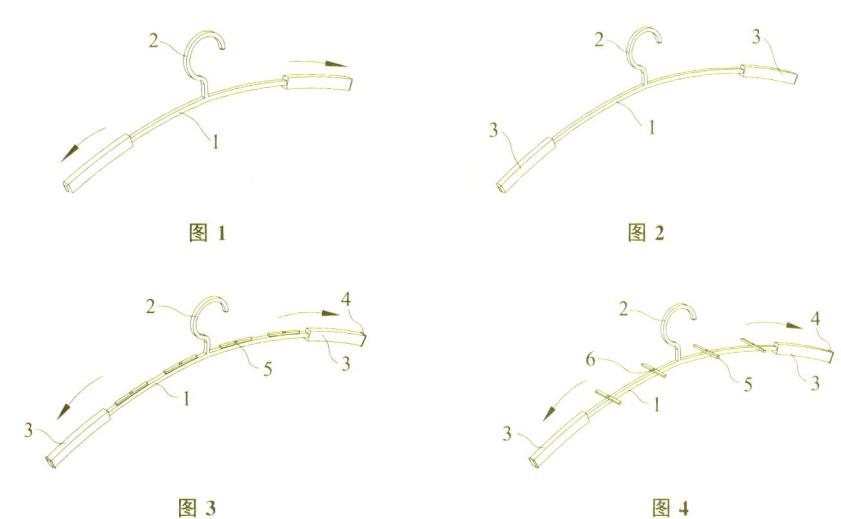

图 1　　　　　　　　　　　图 2

图 3　　　　　　　　　　　图 4

附件 2（说明书节选）：公开日：2013 年 9 月 20 日

本实用新型公开了一种晾衣架，由衣架主体 1 和设置在主体 1 上的悬挂部件 2 构成，主体 1 和悬挂部件 2 之间可以固定连接，也可以旋转连接，主体 1 可以由刚性材料制成，也可以采用弹性材料。

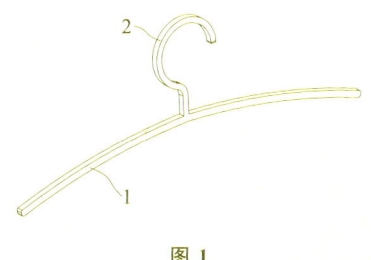

图 1

附件3（说明书节选）：公开日：1998年6月28日

图1所示是可伸缩的晾衣杆，两端的支撑部件5可放在任何两个物体之间，或者夹持在不同距离的两个墙面之间，其中间部位悬空，且中间的第一连杆3和第二连杆4之间可伸缩连接。第一连杆3和第二连杆4伸长后，可以挂上更多数量的衣服或者其他更多的物体。由于晾衣杆可伸缩，可以放置在不同的晾衣空间。晾衣杆的两端分别设置有支撑部件5，支撑部件5将晾衣杆架设在两个物体之间。

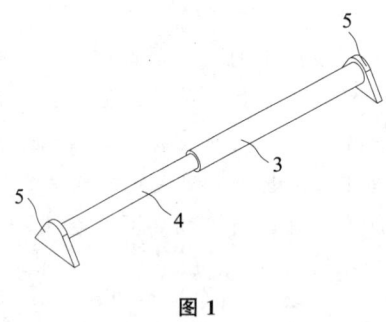

图1

解题思路及参考答案

一、删除式六步法撰写思路

第一步：技术特征分析

下面在技术交底书原文基础上，以删除线形式显示删除的非技术特征：

~~现技术中的晾衣架通常具有用于悬挂的挂钩，以及用于悬挂衣物的架体。一般家庭中都会使用大小尺寸不同的晾衣架，小尺寸的晾衣架用于悬挂小件衣物以及孩子衣物，大尺寸晾衣架用于悬挂成年人衣物。由于架体的横向尺寸是固定的，有时候衣服的肩宽大于架体长度，衣物容易下滑脱落，有时候衣物肩宽比较小，无法使用大尺寸晾衣架。~~

为解决上述问题，本实用新型提供一种可调节晾衣架，如图1—2所示，本实用新型的晾衣架具有架体1和挂钩2，挂钩2的一端连接在架体1中间处。在架体1的左右两个端部分别套设有调节套管3，调节套管3的内径大于架体1的外径，调节套管3可沿架体1伸缩滑动，从而调节架体1的横向长度。~~这样，晾衣架能够悬挂不同肩宽尺寸的衣物，以防止与衣架尺寸不相应的衣物悬挂上造成衣物出现褶皱或滑落。~~

作为优选方案，架体1为弧形，调节套管3为弧形套管，弧形调节套管3与弧形架体1的规格尺寸相匹配，且曲率相等，~~此处弧形设计与所晾晒的衣物肩部相互契合，能更好地晾晒衣物，防止肩部褶皱。~~

如图3、4所示，调节套管3的外侧端部设置有挡板4，~~可进一步防止搭在晾衣架上的衣物的滑落。~~

作为本实用新型的进一步改进，架体1的上表面和调节套管3的下表面之间设置有多个棒状支撑件5，棒状支撑件5通过销轴6与架体1连接，支撑件5可以在架体1的上表面以销轴6为中心旋转。当调节套管3收缩时，将棒状支撑件5旋至与架体1平行，可将支撑件5收纳于调节套管3内，当调节套管3伸展后，旋转支撑件5至垂直于架体1，可进一步增大衣物与晾衣架的接触面积，进一步防止晾晒衣物滑落，同时支撑件5可以增加衣物晾晒时衣物之间的空隙，有利

~~于衣物更快的干燥。~~

第二步：找发明点

1. 找出区别技术特征

下表中对比技术交底书的技术特征与现有技术的区别，下划线部分为相对于现有技术的区别技术特征。

技术交底	附件2	附件3
一种可调节晾衣架，具有架体1和挂钩2，挂钩2的一端连接在架体1中间处。<u>在架体1的左右两个端部分别套设有调节套管3，调节套管3的内径大于架体1的外径，调节套管3可沿架体1伸缩滑动，从而调节架体1的横向长度。</u>架体1为弧形，调节套管3为弧形套管，弧形调节套管3与弧形架体1的规格尺寸相匹配，且曲率相等。调节套管3的外侧端部设置有挡板4。架体1的上表面和调节套管3的下表面之间设置有多个棒状支撑件5，棒状支撑件5通过销轴6与架体1连接，支撑件5可以在架体1的上表面以销轴6为中心旋转	一种晾衣架，由衣架主体1和设置在主体1上的悬挂部件2构成，主体1和悬挂部件2之间可以固定连接，也可以旋转连接，主体1可以由刚性材料制成，也可以采用弹性材料（图中看出衣架主体为弧形）	可伸缩杆状的晾衣杆，两端的支撑部件5可放在任何两个物体之间，或者夹持在不同距离的两个墙面之间，其中间部件悬空，且中间的第一连杆3和第二连杆4之间可伸缩连接。第一连杆3和第二连杆4伸长后，可以挂上更多数量的衣服或者其他更多的物体。由于晾衣杆可伸缩，可以放置在不同的晾衣空间。晾衣杆的两端分别设置有支撑部件5，支撑部件5将晾衣杆架设在两个物体之间

尽管附件3中公开了第一连杆3和第二连杆4之间可伸缩连接，但其作用是为了放置在不同间距的晾衣空间，与本申请调节套管的作用不同，因此将调节套管可伸缩确定为区别技术特征。

2. 确定发明点

在画线部分的区别技术特征中，在架体的左右两个端部分别套设有调节套管是根本性改进，属于发明点。挡板、支撑件是进一步改进，不属于发明点。

第三步：确定所要解决的技术问题

根据发明点的效果确定，本实用新型所要解决的技术问题是提供一种能够悬挂不同肩宽尺寸衣物的晾衣架。

第四步：确定必要技术特征

要解决上述技术问题，需要包括以下两方面的技术特征：

1. 为使技术方案完整所必需的部件及连接关系

技术交底书出现在发明点之前的现有技术特征基本都属于必要技术特征，包括：

"一种可调节晾衣架，具有架体1和挂钩2，挂钩2的一端连接在架体1的中间处。"

2. 体现发明点的技术特征

体现发明点的特征"架体1的左右两个端部分别套设有调节套管3，调节套管3的内径大于架体1的外径，并且可沿架体1伸缩滑动，从而调节架体1的横向长度"为必要技术特征。

第五步：撰写独立权利要求

1. 确定主题名称

根据技术交底书第二段第一句话，将主题名称确定为"可调节晾衣架"。

2. 组合全部必要技术特征

将上述必要技术特征中与附件2中的晾衣架所共有的技术特征写入独立权利要求的前序部分中，将上述必要技术特征中的区别技术特征写入独立权利要求的特征部分中，附图标记加括号，句子中间的句号改为逗号或分号，完成独立权利要求1的撰写：

1. 一种可调节晾衣架，具有架体（1）和挂钩（2），挂钩（2）的一端连接在架体（1）的中间处，其特征在于：架体（1）的左右两个端部分别套设有调节套管（3），调节套管（3）的内径大于架体（1）的外径，并且可沿架体（1）伸缩滑动，从而调节架体（1）的横向长度。

第六步：撰写从属权利要求

将调节套管的形状、挡板和支撑件写入从属权利要求（参照参考答案，此处略）。

二、参考答案

权利要求的撰写

1. 一种可调节晾衣架，具有架体（1）和挂钩（2），挂钩（2）的一端连接在架体（1）的中间处，其特征在于：架体（1）的左右两个端部分别套设有调节套管（3），调节套管（3）的内径大于架体（1）的外径，并且可沿架体（1）伸缩滑动，从而调节架体（1）的横向长度。

2. 根据权利要求1所述的可调节晾衣架，其特征在于：架体（1）和调节套管（3）为弧形，弧形架体（1）和调节套管（3）的规格尺寸相匹配且曲率相等。

3. 根据权利要求1或2所述的可调节晾衣架，其特征在于：调节套管（3）的外侧端部设置有挡板（4）。

4. 根据权利要求1或2所述的可调节晾衣架，其特征在于：架体（1）的上表面和调节套管（3）的下表面之间设置有多个棒状支撑件（5），多个棒状支撑件（5）通过销轴（6）与架体（1）连接，支撑件（5）可在架体（1）的上表面以销轴（6）为中心旋转。

论述独立权利要求具有新颖性和创造性的理由

1. 权利要求1具有新颖性

附件2未公开权利要求1中的技术特征"架体（1）的左右两个端部分别套设有调节套管（3），调节套管（3）的内径大于架体（1）的外径，并且可沿架体（1）伸缩滑动，从而调节架体（1）的横向长度"，因此权利要求1相对附件2具有新颖性。

附件3未公开权利要求1中的技术特征"挂钩（2）"以及"挂钩（2）的一端连接在架体（1）的中间处"，因此权利要求1相对附件3也具有新颖性。

综上所述，撰写的权利要求1具有《专利法》第22条第2款规定的新颖性。

2. 权利要求1具有创造性

附件2的技术领域与本实用新型技术领域相同，解决的技术问题最为接近，是最接近的现有技术。

权利要求1与附件2技术方案的区别在于：架体的左右两个端部分别套设有调节套管，调节套管的内径大于架体的外径，并且可沿架体伸缩滑动，从而调节架体的横向长度。

基于上述区别技术特征，本实用新型独立权利要求1所要解决的技术问题为：提供一种能够悬挂不同肩宽尺寸的衣物，以防止与衣架尺寸不相应的衣物悬挂造成衣物出现褶皱或滑落的晾衣架。

附件3虽然公开了第一连杆3和第二连杆4之间可伸缩连接，但是该特征的作用是晾衣杆可以放置在不同距离的晾衣空间。附件3的两个连杆与本实用新型的调节套管解决的技术问题和所起的作用均不相同。即附件3没有给出与附件2结合以解决上述技术问题的启示。因此，权利要求1所要求保护的技术方案相对于现有技术是非显而易见的。

权利要求1的技术方案能够便于悬挂不同肩宽尺寸的衣物，防止与衣架尺寸不相应的衣物悬挂造成衣物出现褶皱或滑落,具有有益的技术效果。因此,权利要求1相对于附件2、附件3的结合具有实质性特点和进步,符合《专利法》第22条第3款关于创造性的规定。

第三节 不概括练习案例1

试题说明

客户向你所在的专利代理机构提交了一份技术材料及其附图(参见附件1),以及两份他们所了解的现有技术材料及其附图(参见附件2、附件3)。客户现委托你所在的专利代理机构为之提交专利申请,要求你为客户撰写专利申请文件。

请根据上述交底材料以及现有技术材料为客户撰写一份发明专利申请的权利要求书,要求:
1. 针对撰写的独立权利要求,说明相对于附件2、附件3具有新颖性、创造性的理由。
2. 简述所撰写的独立权利要求相对于现有技术所解决的问题及取得的效果。

附件1(客户提供的交底材料):

市场上有荞麦皮枕、织物枕及药枕等多种枕头,形状一般是长方体或圆柱体。该形状与人体颈椎在自然放松状态下的生理曲线不一致,导致人们在仰卧或侧卧时都不能很好地放松颈椎,容易引发或加重颈椎病。

如图1、2所示,提供一种头颈矫治器,由枕套1、枕芯2组成,枕芯的中间部位设有凹陷槽3,凹陷槽下方是头枕4,凹陷槽沿头颈矫治器宽度方向的两侧为颈枕5。此外,该头颈矫治器还可包括中空气囊6,中空气囊6位于枕芯2的底部,可通过充、放气调节矫治器高度。在颈枕5内设置有振动器7,振动可起活血化瘀作用。

本头颈矫治器采用了气囊,若又采用振动器,则可能导致气囊漏气,而且即使气囊不漏气也会抵消振动器的振动作用。为了避免振动器7的振动作用可能被中空气囊6的缓冲作用所抵消,在二者之间设置有硬质隔层8。隔层8由硬质聚合物例如橡胶材料制成,从而在同时使用气囊和振动器时保证其发挥各自的作用。

头颈矫治器还可包括缝缀在颈枕5上的药垫9。

本头颈矫治器具有使人感觉舒适和预防、治疗颈椎病的双重作用。

交 底 材 料 附 图

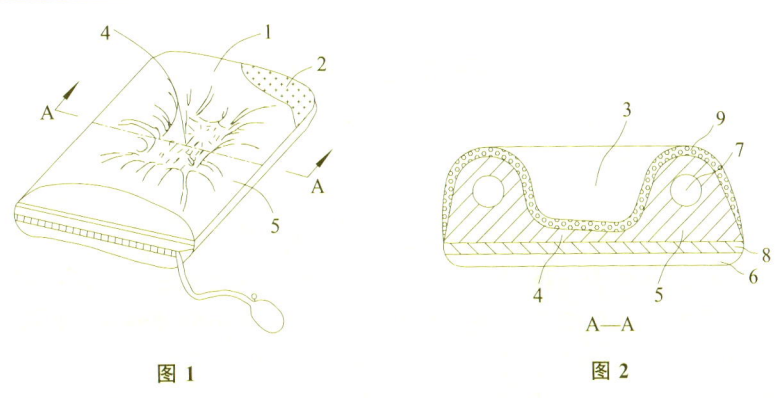

图1　　　　　图2

附件2（说明书节选）：公开日：2010年9月23日

本实用新型提供一种颈椎乐枕头，包括：由丝、棉等织物制成的枕套1，由海绵、荞麦皮等制成的枕芯2；枕头的中间部位有头形凹陷槽；枕芯2下设有气囊3，可通过操作与气囊相连接的气泵7充、放气来随时调整枕头的高低；头形凹陷槽上设有衬垫4，通过增减衬垫4可改变凹陷槽的深浅；围绕头形凹陷槽形成的凸起5上设有颈垫6。衬垫和颈垫内还可填充治疗颈椎病的药物，例如麝香和人参。本发明可制成长方体、圆柱体或长椭圆体等不同形态。

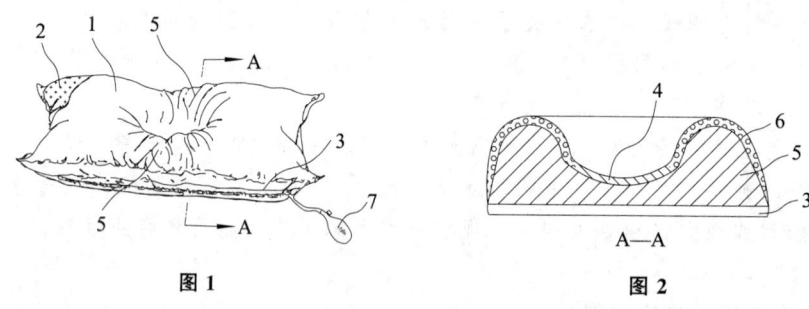

图1　　　　　　　　　　　图2

附件3（说明书节选）：公开日：2004年5月23日

本发明属于理疗器械，特别是颈椎病治疗枕。

本发明的枕芯1内部安装有振动电机2、振动器3，二者共同构成振动产生部件。振动器3上设有突出部件4，并从枕芯表面上形成的孔中突出一定高度。可以将本发明的振动产生部件和突出部件均布在枕芯上或者单设在头枕部位或颈枕部位，而且突出部件4也可以选择不从枕芯表面突出来。启动电源后，振动电机2带动振动器3振动，突出部件4进一步产生局部按压作用，可以促进与之接触的人体头颈部的血液循环，从而解决颈椎保健问题。

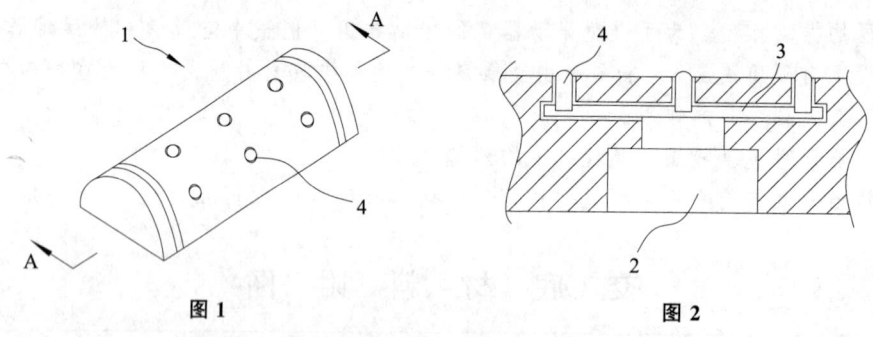

图1　　　　　　　　　　　图2

解题思路及参考答案

一、删除式六步法撰写思路

第一步：技术特征分析

下面在技术交底书原文基础上，以删除线形式显示删除的非技术特征。

~~市场上有荞麦皮枕、织物枕及药枕等多种枕头，形状一般是长方体或圆柱体。该形状与人体颈椎在自然放松状态下的生理曲线不一致，导致人们在仰卧或侧卧时都不能很好地放松颈椎，容易引发或加重颈椎病。~~

如图1、2所示，提供一种头颈矫治器，由枕套1、枕芯2组成，枕芯的中间部位设有凹陷槽3,凹陷槽下方是头枕4,凹陷槽沿头颈矫治器宽度方向的两侧为颈枕5。此外,该头颈矫治器还可包括中空气囊6,中空气囊6位于枕芯2的底部,可通过充、放气调节矫治器高度。在颈枕5内设置有振动器7,振动可起活血化瘀作用。

由于本头颈矫治器采用了气囊,若又采用振动器,则可能导致气囊漏气,而且即使气囊不漏气也会抵消振动器的振动作用。为了避免振动器7的振动作用可能被中空气囊6的缓冲作用所抵消,在二者之间设置有硬质隔层8。隔层8由硬质聚合物例如橡胶材料制成,从而在同时使用气囊和振动器时保证其发挥各自的作用。

头颈矫治器还可包括缝缀在颈枕5上的药垫9。

本头颈矫治器具有使人感觉舒适和预防、治疗颈椎病的双重作用。

第二步:找发明点

1. 找出区别技术特征

下表中对比技术交底书的技术特征与现有技术的区别,其中用下划线标示出相对于现有技术的区别技术特征。

技术交底	附件2	附件3
一种头颈矫治器,由枕套1、枕芯2组成 枕芯的中间部位设有凹陷槽3,凹陷槽下方是头枕4,凹陷槽沿头颈矫治器宽度方向的两侧为颈枕5 还包括中空气囊6,中空气囊6位于枕芯2的底部 在颈枕5内设置有振动器7 <u>振动器7和中空气囊6之间设置有硬质隔层8</u> <u>隔层8由硬质聚合物材料制成</u> <u>隔层8由橡胶材料制成</u> <u>还包括缝缀在颈枕5上的药垫9</u>	颈椎乐枕头包括:由丝、棉等织物制成的枕套1,由海绵、荞麦皮等制成的枕芯2;枕头的中间部位有头形凹陷槽;枕芯2下设有气囊3,可通过操作与气囊相连接的气泵7充、放气来随时调整枕头的高低;头形凹陷槽上设有衬垫4,通过增减衬垫4可改变凹陷槽的深浅;围绕头形凹陷槽形成的凸起5上设有颈垫6。衬垫和颈垫内还可填充治疗颈椎病的药物,例如麝香和人参。本发明可制成长方体、圆柱体或长椭圆体等不同形态	本发明的枕芯1内部安装有振动电机2、振动器3,二者共同构成振动产生部件。振动器3上设有突出部件4,并从枕芯表面上形成的孔中突出一定高度。可以将本发明的振动产生部件和突出部件均布在枕芯上或者单设在头枕部位或颈枕部位……,突出部件4进一步产生局部按压作用,可以促进与之接触的人体头颈部的血液循环,从而解决颈椎保健问题

2. 确定发明点

在上述区别技术特征中,在振动器和中空气囊之间设置硬质隔层是根本性改进,属于发明点。

第三步:确定所要解决的技术问题

围绕硬质隔层,确定发明所要解决的技术问题是:头颈矫治器同时设置有气囊和振动器的情况下,避免振动器的振动作用会被气囊的缓冲作用所抵消。

第四步:确定必要技术特征

要解决上述技术问题,需要包括以下两方面的技术特征:

1. 为使技术方案完整所必需的部件及连接关系

技术交底书中发明点之前的技术特征基本都属于构成技术方案完整的必要技术特征:

一种头颈矫治器,由枕套1、枕芯2组成,枕芯的中间部位设有凹陷槽3,凹陷槽下方是头枕4,凹陷槽沿头颈矫治器宽度方向的两侧为颈枕5。还包括中空气囊6,中空气囊6位于枕芯2

的底部。在颈枕5内设置有振动器7。

2. 体现发明点的技术特征

体现发明点的技术特征"在振动器7和中空气囊6之间设置有硬质隔层8"为必要技术特征。

第五步：撰写独立权利要求

1. 确定主题名称

根据技术交底书第二段的第一句话，将主题名称确定为"头颈矫治器"。

2. 组合全部必要技术特征

将上述必要技术特征中与附件2中的枕头所共有的技术特征写入独立权利要求的前序部分中，附图标记加括号，句子中间的句号改为逗号或分号，完成独立权利要求1的撰写：

1. 一种头颈矫治器，由枕套（1）、枕芯（2）组成，枕芯的中间部位设有凹陷槽（3），凹陷槽下方是头枕（4），凹陷槽沿头颈矫治器宽度方向的两侧为颈枕（5），还包括中空气囊（6），中空气囊（6）位于枕芯（2）的底部，其特征在于：在颈枕（5）内设置有振动器（7），振动器（7）和气囊（6）之间设置有硬质隔层（8）。

第六步：撰写从属权利要求

将隔层材料、药垫等技术特征写入从属权利要求（参照参考答案，此处略）。

二、参考答案

权利要求的撰写

1. 一种头颈矫治器，由枕套（1）、枕芯（2）组成，枕芯的中间部位设有凹陷槽（3），凹陷槽下方是头枕（4），凹陷槽沿头颈矫治器宽度方向的两侧为颈枕（5），还包括中空气囊（6），中空气囊（6）位于枕芯（2）的底部，其特征在于：在颈枕（5）内设置有振动器（7），振动器（7）和气囊（6）之间设置有硬质隔层（8）。

2. 根据权利要求1所述的头颈矫治器，其特征在于：隔层（8）由硬质聚合物材料制成。

3. 根据权利要求2所述的头颈矫治器，其特征在于：硬质聚合物材料为橡胶材料。

4. 根据权利要求1或2所述的头颈矫治器，其特征在于：颈枕（5）上缝缀有药垫（9）。

论述独立权利要求具有新颖性和创造性的理由

1. 权利要求1具有新颖性

附件2并未公开权利要求1中的技术特征"在颈枕（5）内设置有振动器（7），振动器（7）和气囊（6）之间设置有硬质隔层（8）"，因此权利要求1相对附件2具有新颖性。

附件3也未公开权利要求1中的技术特征"振动器（7）和气囊（6）之间设置有硬质隔层（8）"，因此权利要求1相对附件3也具有新颖性。

综上，撰写的权利要求1具有《专利法》第22条第2款规定的新颖性。

2. 权利要求1具有创造性

附件2的技术领域与本发明技术领域相同，解决的问题最为接近，是最接近的现有技术。

权利要求1与附件2公开的内容相比，区别技术特征在于：在颈枕内设置有振动器，振动器和中空气囊之间设置有硬质隔层。

基于上述区别技术特征，本发明独立权利要求1所要解决的技术问题为：在头颈矫治器同时设置有气囊和振动器的情况下，避免振动器的振动作用会被中空气囊的缓冲作用所抵消。

附件3虽然公开了在枕芯内设置有振动电机，但是并未公开"振动器和中空气囊之间设置有硬质隔层"。附件3也不能解决在头颈矫治器同时设置气囊和振动器的情况下，避免振动器振动作用被中空气囊的缓冲作用抵消的问题。因此，附件3并未给出将上述区别技术特征用于附件2以解决上述技术问题的启示，权利要求1相对于附件2、附件3或者其结合是非显而易见的，具有突出的实质性特点。

同时，本发明由于在振动器和中空气囊之间设置有硬质隔层，从而在同时使用气囊和振动器时保证其发挥各自的作用，避免气囊对振动器产生缓冲作用，因此权利要求1具有显著的进步。

综上，撰写的权利要求1具备《专利法》第22条第3款规定的创造性。

本发明所要解决的技术问题和有益效果

本发明独立权利要求1通过在振动器和气囊之间设置硬质隔层，解决了在头颈矫治器同时采用气囊和振动器的情况下，振动器的振动作用会被气囊的缓冲作用抵消的技术问题，取得了头颈矫治器在同时使用气囊和振动器时保证其发挥各自的作用，避免振动器的振动作用被气囊的缓冲作用抵消的有益效果。

第四节 不概括练习案例2[1]

试题说明

客户向你所在的专利代理机构提供了他们发明的食品料理机的交底材料（附件1）和他们所了解的现有技术（附件2），委托你所在的代理机构为其提出专利申请。在撰写专利申请文件前，你对现有技术进行检索，并找到了一篇相关的对比文件（附件3）。

第一题：请根据上述交底材料、客户提供的现有技术以及你检索到的对比文件为客户撰写一份发明专利申请的权利要求书。

第二题：说明所撰写的权利要求书相对于现有技术具备新颖性和创造性的理由。

附件1（客户提供的交底材料）：

一种电机上置式食品料理机10（参见图1），包括机头101，其内设置有电机102；刀轴104从机头101的下盖伸出，其前端固定安装刀片105；U形管状的电热器106，从机头101下盖伸出；以及杯体107。此外，食品料理机10还包括一个上下开口中空筒状的引流罩108，其上部卡合固定在机头101的下盖上，下部不接触杯体107内侧底部。引流罩108上设置有多个供水和制浆物料通过的引流孔109，引流孔109的形状可以为圆形、椭圆形或者矩形，位置为交错分布。刀片105深入引流罩内。使用时，制浆物料被旋转的刀片105打碎，在引流罩108内形成不规则的涡流和负压。制浆物料和水被从杯体107的底部吸入、提升到引流罩108内充分混合，在离心力的作用下被不断地甩出，从引流孔109射出后回流到杯体107内。回流到杯体107内的制浆物料和水再次被从底部吸入、提升到引流罩108内，从而在杯体107和引流罩108之间反复循环（参见图2），并不断被刀片105打碎，浆液中颗粒的细度逐渐提高。

该食品料理机可以处理大豆、花生、核桃、玉米等五谷杂粮原材料，用以自制豆浆、花生浆、核桃浆、玉米浆，甚至混合五谷浆等。

由于食品料理机10中采用引流罩108代替传统的过滤网罩，克服了过滤网罩死角难以清洗的缺陷。此外，由于制浆物料是在杯体107和引流罩108内随水在大范围内循环粉碎制浆，不是在过滤网罩内被粉碎制浆，因而粉碎制浆效果更好，营养更好地溶解在浆液中。

---

[1] 本案例改编自2010年全国专利代理人资格考试专利代理实务试题，进行了比较大的简化和改动。

作为引流孔109的变形，还可以在引流孔109的上方增设外凸的引流帽110（参见图2），当制浆物料经刀片105打碎后，继续高速旋转，沿引流孔109射出，由于受到外凸引流帽110的阻挡，降低出浆高度并有效回流，缩短了打浆循环时间。

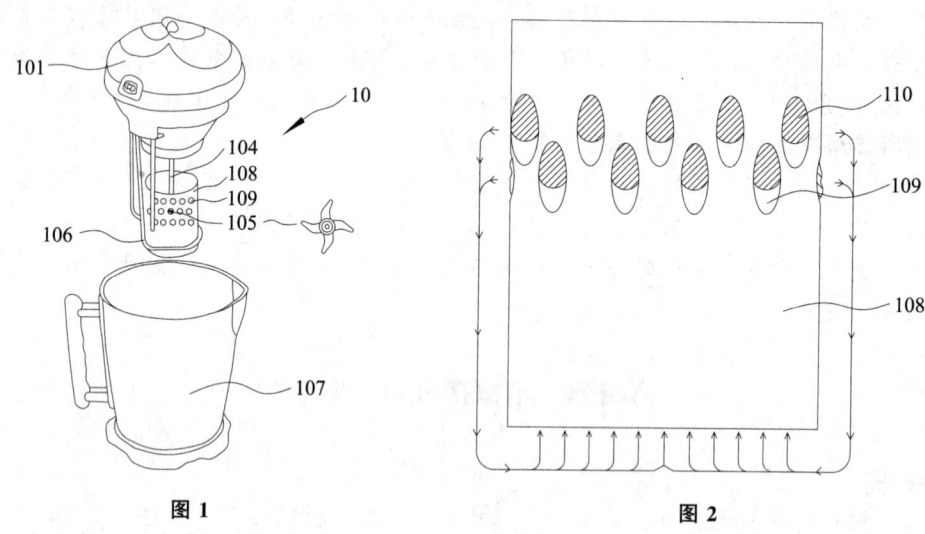

图1　　　　　　　　　　　　　图2

附件2（现有技术）：

具有特殊制浆装置的豆浆机

本实用新型涉及一种具有特殊制浆装置的豆浆机。

通常豆浆机是在常压下加热豆浆，加热过程中不断产生热蒸汽和气泡，豆浆体积迅速热膨胀。为避免煮沸时溢锅，需要暂停加热，待液面下降后再通电加热，如此反复加热、停止几次才能制熟豆浆。这样制备的豆浆加热温度限于100℃之内，品质和口味因此受到影响。

本实用新型公开了一种豆浆机，能在高于沸点时对豆浆持续加热，如图1所示，该豆浆机包括电机1、刀片2、滤罩3、电热盘4、制浆装置5及电路控制器件。该制浆装置5由外桶51、内桶52和桶盖53组成，内桶52上端卡装在桶盖53内面上，桶盖53扣装在外桶51上端，内桶52的侧壁上设置有连通孔54，内桶52的底部设置有循环孔55，外桶51置于电热盘4上。

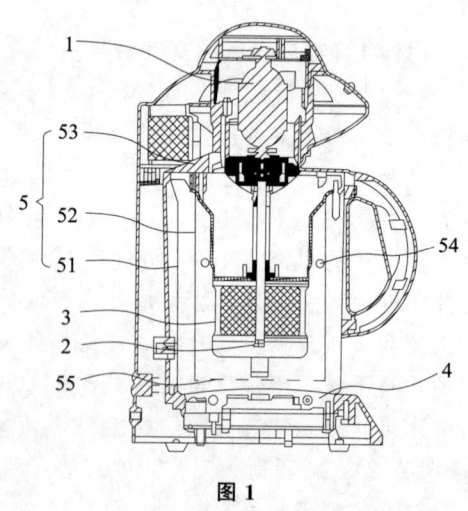

图1

刀片2伸入内桶52，滤罩3上端卡装在桶盖53内面上。使用时，将豆子装入滤罩3内，水放入制浆装置5中，电热盘4加热，电机1启动刀片2打豆制浆，经滤罩3过滤，豆渣残留在滤罩3内，而豆浆液流入制浆装置5的内桶52和外桶51内。豆浆液加热煮沸时，内桶52上部形成高于大气压10～20千帕的微压，内桶52内豆浆液面升高到内桶52侧壁上的连通孔54处，从连通孔54流入外桶51，再经内桶52底部设置的循环孔55回流到内桶52中。豆浆液在制浆装置内循环流动，持续加热4～10分钟，加热温度保持在100℃～105℃，豆浆煮沸制熟。

附件3（对比文件）：

推进式搅拌机

本实用新型涉及工业用推进式搅拌机，具体涉及一种含有导流筒的推进式搅拌机。

本实用新型的目的是提供一种效率高、效果好的推进式搅拌机。

该搅拌机1包括叶片2、传动杆3，其特征在于还包括有导流筒4，导流筒4侧壁的上、下部分别均匀开有上孔51、下孔52，导流筒4的下端是开口的，上端与传动杆3活动连接，叶片2位于导流筒4下孔52的下方（参见图1）。

将本实用新型安装于反应器10中，导流筒4的上端与反应器10的传动杆3活动连接，当反应器10中充满液体时，启动搅拌机1，导流筒4内的液体在叶片2的作用下向下运动，液体流出导流筒4后在反应器10的作用下向上运动，当到达下孔52时，一部分液体通过下孔52进入导流筒4，其余的液体通过上孔51进入导流筒4，然后向下运动，如此反复循环，达到搅拌、混合的目的。

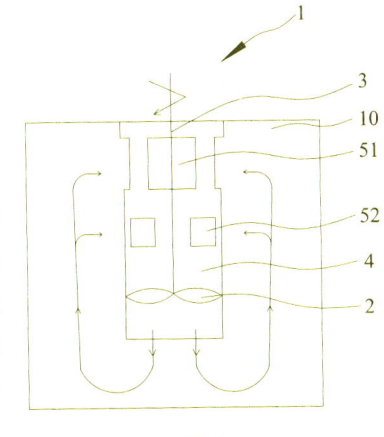

图1

在搅拌含固体颗粒悬浮液时，在一部分液体通过下层孔52进入导流筒4后，上面液体的流速明显变慢，反应器10内液体流速不同，从而使其中的固体颗粒按颗粒大小分为两层。

本实用新型与现有技术相比，具有结构简单、搅拌效率高、搅拌效果好、节约能源，以及当用于固体颗粒悬浮液体时，可实现分层效果的优点。

解题思路及参考答案

一、删除式六步法撰写思路

第一步：技术特征分析

下面在技术交底书原文基础上，以删除线形式显示删除的非技术特征：

一种电机上置式食品料理机10 ~~（参见图1）~~，包括机头101，其内设置有电机102；刀轴104从机头101的下盖伸出，其前端固定安装刀片105；U形管状的电热器106，从机头101下盖伸出；以及杯体107。此外，食品料理机10还包括一个上下开口中空筒状的引流罩108，其上部卡合固定在机头101的下盖上，下部不接触杯体107内侧底部。引流罩108上设置有多个供水和制浆物料通过的引流孔109，引流孔109的形状可以为圆形、椭圆形或者矩形，位置为交错分布。刀片105深入引流罩内。使用时，~~制浆物料被旋转的刀片105打碎，在引流罩108内形成不规则的涡流和负压。制浆物料和水被从杯体107的底部吸入，提升到引流罩108内充分混合，在离心力的作用下被不断地甩出，从引流孔109射出后回流到杯体107内。回流到杯体107内的制浆物料和水再次被从底部吸入，提升到引流罩108内，从而在杯体107和引流罩108之间反复循环（参见图2），并不断被刀片105打碎，浆液中颗粒的细度逐渐提高。~~

~~该食品料理机可以处理大豆、花生、核桃、玉米等五谷杂粮原材料，用以自制豆浆、花生浆、核桃浆、玉米浆，甚至混合五谷浆等。~~

由于食品料理机10中采用引流罩108代替传统的过滤网罩,克服了过滤网罩死角难以清洗的缺陷。此外,由于制浆物料是在杯体107和引流罩108内随水在大范围内循环粉碎制浆,不是在过滤网罩内被粉碎制浆,因而粉碎制浆效果更好,营养更好地溶解在浆液中。

作为引流孔109的变形,还可以在引流孔109的上方增设(置)外凸的引流帽110(参见图2),当制浆物料经刀片105打碎后,继续高速旋转,沿引流孔109射出,由于受到外凸引流帽110的阻挡,降低出浆高度并有效回流,缩短了打浆循环时间。

第二步:找发明点

1. 找出区别技术特征

下表中对比技术交底书的技术特征与现有技术的区别,以下划线形式标示出相对于现有技术的区别技术特征。

技术交底书	附件2	附件3
电机上置式食品料理机,包括机头101,内置有电机102 刀轴104从机头101下盖伸出 刀轴104前端固定安装刀片105 U形管状的电热器106,从机头下盖伸出 杯体107 引流罩108,上下开口中空筒状 引流罩上部卡固在机头下盖上,下部不接触杯体内侧底部 引流罩上设置引流孔109 刀片伸入引流罩内 引流孔为圆形、椭圆形、矩形 引流孔交错分布 引流孔上方设置外凸的引流帽110	一种豆浆机(图中所示为电机上置,具有机头),包括电机1、刀片2、滤罩3、电热盘4、制浆装置5及电路控制器件。该制浆装置5由外桶51(相当于杯体)、内桶52和桶盖53组成,内桶52上端卡装在桶盖53内面上,桶盖53扣装在外桶51上端,内桶52的侧壁上设置有连通孔54,内桶52的底部设置有循环孔55,外桶51置于电热盘4上。刀片2伸入内桶52,滤罩3上端卡装在桶盖53内面上	一种含有导流筒的推进式搅拌机,该搅拌机1包括叶片2(相当于刀片)、传动杆3(相当于刀轴),还包括有导流筒4,导流筒4侧壁的上、下部分别均匀开有上孔51、下孔52,导流筒4的下端是开口的,上端与传动杆3活动连接,叶片2位于导流筒4下孔52的下方。将本实用新型安装于反应器10(相当于杯体)中,导流筒4的上端与反应器10的传动杆3活动连接

关于区别技术特征创造性具体分析如下:

(1) 最接近的现有技术

从技术领域看,附件2公开了一种豆浆机,与本发明技术领域相同;附件3是一种工业用搅拌机,与本发明技术领域不同。应当将附件2作为最接近的现有技术。

(2) 与最接近的现有技术相比的区别技术特征和作用

附件2虽然公开了内桶,但是其结构与本发明不同,并未公开上下开口的引流罩。引流罩起的作用是形成大范围的制浆循环,粉碎颗粒。

(3) 区别技术特征起到的作用与附件3不同

附件3公开的导流筒的结构虽然与引流罩的结构相似,但是区别技术特征起到的作用不同。附件3虽然公开了导流筒下端开口,筒壁上设置有上孔和下孔,但是其作用是利用搅拌叶片的推力使得颗粒与水的混合物从导流筒的下端流出,由孔流入导流筒,以充分混合、颗粒分层。而本发明的引流罩是利用刀片的高速旋转形成负压,使得食物颗粒从引流孔射出,与水混合后,再从引流罩下部进入,再次粉碎,从而提高粉碎和营养溶解的效果。

因此，区别技术特征在附件3中起到的作用和在本发明中起到的作用不同，附件3没有给出与附件2相结合的技术启示，引流罩的结构特征能为本发明带来创造性。

下表中对比本发明与附件2、附件3的结构和作用。

	技术交底书	附件2	附件3
浆体循环对比			
区别技术特征的作用	刀片高速旋转，制浆物料和水被从杯体的底部吸入、提升到引流罩内充分混合，在离心力的作用下被不断地甩出，从引流孔射出后回流到杯体内	浆体受热上升，从连通孔流入外桶，再从内桶底部的循环孔回流到内桶	导流筒内的液体在叶片的作用下向下运动，液体流出导流筒后在反应器的作用下向上运动，当到达下孔时，一部分液体通过下孔进入导流筒，其余的液体通过上孔进入导流筒，然后向下运动

2. 确定发明点

在上述区别技术特征中，引流罩的结构是最根本的改进点，因此将"引流罩108，上下开口中空筒状；引流罩上部卡固在机头下盖上，下部不接触杯体内侧底部；引流罩上设置引流孔109；刀片伸入引流罩内"确定为发明点。

第三步：确定所要解决的技术问题

根据技术交底书第三段的描述，本发明所要解决的技术问题是：引流罩下部敞开、侧壁有引流孔，省去过滤网。这样不仅便于食品料理机的清洗，而且实现大范围内循环制浆，取得更好的粉碎制浆效果。其记载的技术问题与第二步确定的发明点的作用和效果吻合。

第四步：确定必要技术特征

要解决上述技术问题，需要包括以下技术特征：

1. 为使技术方案完整所必需的部件及连接关系

电机上置式食品料理机；包括机头101，内置有电机102；刀轴104从机头101下盖伸出；刀轴104前端固定安装的刀片105；杯体107。

2. 体现发明点的技术特征

引流罩108，上下开口中空筒状；引流罩上部卡固在机头下盖上，下部不接触杯体内侧底部；引流罩上设置引流孔109；刀片伸入引流罩内。

3. 其他特征分析

其他技术特征都不是必要技术特征：

"U形管状电热器106，从机头下盖伸出"不是必要技术特征，因为电热器的设置与本发明所要解决的技术问题（清洗方便，大范围的循环）无关；

"引流孔为圆形、椭圆形，矩形；引流孔交错分布；引流孔上方设置外凸的引流帽110"是优选实施方式，可放入从属权利要求。

第五步：撰写独立权利要求

1. 确定主题名称

根据技术交底书的第一句话，将主题名称确定为"电机上置式食品料理机"。

2. 组合全部必要技术特征

将上述技术特征中与附件2中的豆浆机所共有的技术特征写入独立权利要求的前序部分中，调整语言语序，完成独立权利要求1的撰写：

1. 一种电机上置式食品料理机（10），包括：机头（101）以及杯体（107），机头（101）内设置有电机（102），机头（101）的下盖伸出设置有刀轴（104），刀轴（104）的前端固定安装刀片（105），其特征在于：所述食品料理机（10）还包括一个引流罩（108），引流罩（108）为上下开口的中空筒状，其上部卡合固定在机头（101）的下盖上，下部不接触杯体（107）内侧底部，引流罩（108）上设置有引流孔（109），刀轴前端固定的刀片（105）伸入引流罩（108）内。

第六步：撰写从属权利要求

将电加热器、引流孔的形状、布置，引流帽写入从属权利要求（参照参考答案，此处略）。

二、参考答案

权利要求撰写

1. 一种电机上置式食品料理机（10），包括：机头（101）以及杯体（107），机头（101）内设置有电机（102），机头（101）的下盖伸出设置有刀轴（104），刀轴（104）的前端固定安装刀片（105），其特征在于：所述食品料理机（10）还包括一个引流罩（108），引流罩（108）为上下开口的中空筒状，其上部卡合固定在机头（101）的下盖上，下部不接触杯体（107）内侧底部，引流罩（108）上设置有引流孔（109），刀轴前端固定的刀片（105）伸入引流罩（108）内。

2. 如权利要求1所述的电机上置式食品料理机（10），其特征在于：引流孔（109）位置交错分布。

3. 如权利要求2所述的电机上置式食品料理机（10），其特征在于：引流孔（109）的形状为圆形、椭圆形或者矩形。

4. 如权利要求2所述的电机上置式食品料理机（10），其特征在于：引流孔（109）的上方设有外凸的引流帽（110）。

5. 如权利要求1～4任何一项所述的电机上置式食品料理机（10），其特征在于：还包括从机头下盖伸出的U形管状电热器（106）。

回答问题

1. 权利要求1的新颖性

附件2并未公开权利要求1中的技术特征"食品料理机（10）还包括一个引流罩（108），引流罩（108）为上下开口的中空筒状，其上部卡合固定在机头（101）的下盖上，下部不接触杯体（107）内侧底部，引流罩（108）上设置有引流孔（109），刀轴前端固定的刀片（105）伸入引流罩（108）内"，因此权利要求1相对于附件2具有新颖性。

附件3也未公开权利要求1中的技术特征"食品料理机（10）还包括一个引流罩（108），引流罩（108）为上下开口的中空筒状，其上部卡合固定在机头（101）的下盖上，下部不接触杯体（107）内侧底部，引流罩（108）上设置有引流孔（109），刀轴前端固定的刀片（105）伸入引流罩（108）内"，因此权利要求1相对于附件3也具有新颖性。

综上，撰写的权利要求1具有《专利法》第22条第2款规定的新颖性。

2. 权利要求1的创造性

附件2的技术领域与本发明的技术领域相同，是最接近的现有技术。

权利要求1与附件2所公开的内容相比，区别技术特征在于：食品料理机（10）还包括一个引流罩（108），引流罩（108）为上下开口的中空筒状，其上部卡合固定在机头（101）的下盖上，下部不接触杯体（107）内侧底部，引流罩（108）上设置有引流孔（109），刀轴前端固定的刀片（105）伸入引流罩（108）内。

基于上述区别技术特征，本发明所解决的技术问题为：提供一种引流罩容易清洗、食品物料大范围循环充分粉碎的食品料理机。

附件3所涉及的技术领域、解决的技术问题以及液体流动的方式均与本申请完全不同，没有给出将上述区别技术特征与附件2结合以解决上述技术问题的启示，上述区别技术特征也不属于所属技术领域的公知常识。

因此，权利要求1相对于附件2、附件3或者其结合是非显而易见的，具有突出的实质性特点。

权利要求1的技术方案能够使得制浆物料在被旋转的刀片打碎的同时，在引流罩内形成不规则的涡流和负压，于杯体和引流罩内随水在大范围内循环粉碎制浆，使得粉碎制浆效果更好，制浆物料的营养析出更充分，权利要求1具有显著的进步。

综上，撰写的权利要求1具备《专利法》第22条第3款规定的创造性。

3. 从属权利要求2~5的新颖性、创造性

由于权利要求1具备新颖性和创造性，其从属权利要求2~5也具备新颖性和创造性。

专题七　权利要求的概括

第一节　概　　述

与专题六不需要概括的权利要求撰写相比，本专题权利要求撰写的特点是需要对技术交底材料中给出的多个实施例的共性进行总结，在独立权利要求和/或从属权利要求中进行上位概括或功能性概括。

一、多个实施例需要概括的判断

对于考题中出现的产品，技术交底书针对所要解决的技术问题或者重要的技术内容往往会给出产品结构的多种实施方式。对于具有多种不同结构的产品权利要求而言，在撰写权利要求时，首先应当分析这些不同结构的产品之间的逻辑关系。

如果不同结构的产品之间是并列的且满足单一性要求的技术方案，则应当尽可能地对这些不同结构的产品采用概括方式（上位概括或者功能性概括）加以描述，从而将这些不同结构的产品都纳入独立权利要求的保护范围之内；在此基础上，再分别针对不同结构撰写相应的从属权利要求。

如果几种不同结构的产品没有共性，无法概括，则应针对不同结构的产品分别以独立权利要求方式进行撰写（无法概括的写法见专题八）。

二、需要概括的权利要求撰写步骤

针对需要概括的权利要求，仍然通过专题六中介绍的"六步法"进行撰写。在第二步确定发明点时，根据案情的复杂程度，可以增加分析这些技术特征之间在技术上的逻辑关系。比如分析一件产品的技术特征时，要找出哪些技术特征是这件产品基础性的特征，哪些技术特征是进一步的改进，哪些技术特征是并列的。用树形结构图表示出主要技术特征及其之间的逻辑关系。这样的逻辑分析有助于确定发明点，有助于对多个实施例的共同点进行概括。

三、常见概括方式

对于发明点有两个及以上并列实施例的，可以通过以下方式概括：
① 功能性概括，采取具有……的功能的装置/部件/结构的概括方式；
② 功能性概括，但是不出现部件名称，而是直接以功能代替具体结构；
③ 上位概括，采取部件的上位名称代替具体部件。

下面通过案例说明以上"六步法"在技术材料给出多个实施例的情况下如何应用。

第二节　概括写法示范案例

试题说明

客户向你所在的专利代理机构提供了他们发明的温度指示器的交底材料（附件1）和他们所了解的现有技术（附件2），委托你所在的代理机构为其提出专利申请。

请根据上述交底材料、客户提供的现有技术以及你检索到的一份对比文件（附件3）为客户撰写一份发明专利申请的权利要求书。

附件1（技术交底材料）：

在制作油炸食品时，油温决定油炸食品的口感。以炸油饼为例，面圈与油接触的温度不能低于180℃，如果温度低于180℃，做出来的油饼会很油腻。

现有技术中具有多种测定食用油温度的装置。常见的温度指示器包括用于指示油温的指针和刻度。但是当温度指示器溅上油，很难看清楚指针指示的位置。附件2公开了另外一种温度指示器，该指示器上有从球体表面向外突出呈鱼鳍状的外部指示条，当温度指示器飘浮在常温20℃的油面上时，则位于球体顶面的鱼鳍状指示条标注的是20℃，表明此时测得食用油2的温度是20℃，但是这种温度指示器使用一次后，就须丢弃或者重置该温度指示器。

图1～3所示为本发明的温度指示器，同样为漂浮在食用油上使用。图1a示出了盛有食用油2的油炸锅，图1b是图1a的局部放大图。本发明的温度指示器相对于附件2和附件3，其改进之处在于内部结构的不同。

本发明温度指示器的壳体为中空结构，中空壳体1的外壁上设置用于指示油温的温度指示标记。该温度指示器的内部设置有双金属牵引部件，双金属牵引部件分别由不同材质的两种金属制成，即两种金属具有有不同的热膨胀系数，双金属牵引部件的其中一端固定在中空壳体1的内壁上，双金属牵引部件的另一端共同固定有砝码5。当温度发生变化时，双金属牵引部件可双向地牵引砝码5偏移。

图2所示为本发明的第一优选实施例，双金属牵引部件为双层金属条3，双层金属条3之间沿着长度方向黏合而成，双层金属条3的一个端部4固定在中空壳体1的内壁上，双层金属条3的另一个端部固定砝码5。砝码5优选为球形，由金属或者陶瓷材料制成。通常，用铁和铜来制作双层金属条3。由于这两种金属材料的热膨胀系数不同，当温度升高时，双层金属条3向预先设计的方向弯曲；当温度下降时，双层金属条3向相反方向弯曲。

在常规状态下，如图2中虚线所示，双层金属条3沿着中空壳体1的轴线9延伸，双层金属条3支撑砝码5使其位于中空壳体1的中心处。随着食用油的温度升高，双层金属条3开始弯曲，从而按图2中箭头X所示方向牵引砝码5从中空壳体1的中心位置向外偏移，带动温度指示器在食用油2中旋转。随着食用油的温度下降，双层金属条3牵引砝码5回到中空壳体1的中心处，带动温度指示器在食用油2中反向旋转。

图3所示为本发明的第二优选实施例，与第一实施例不同之处在于，双金属牵引部件为两个弹簧10、11，两个弹簧沿着中空壳体1的轴线设置，两个弹簧的其中一个端部分别相对地固定在中空壳体1的内壁上，两个弹簧的另一端通过砝码5连接。其中一个弹簧的硬度不受温度变化影响，通常由钢材制成，另一个弹簧的硬度随温度升高而增大，通常是由镍钛合金制成的热敏弹簧。

在常规状态下，两个弹簧均处于拉紧状态，并将砝码5保持在中空壳体1的中心位置。当食用油2的温度升高时，热敏弹簧变得更硬，而钢材弹簧的硬度不受温度升高的影响。由于两弹簧处于拉紧状态，当温度升高时，弹簧按图3中箭头X所示方向牵引砝码5从中空壳体1的中心位置向外偏移，带动温度指示器按图3中箭头Y所示方向在油面上旋转。当温度下降时，弹簧牵引砝码5回到中空壳体1的中心处，带动温度指示器在食用油2中反向旋转。

温度指示器的中空壳体1可以是球体，温度指示标记为环绕球体外壁的圆弧线7，每条圆弧线7上都标注相应的温度值（20℃、160℃、180℃、200℃）。或者，温度指示标记也可以如附件2那样，在中空壳体1的外壁上设置鱼鳍状指示条12，鱼鳍状指示条12不限于设置在球形壳体上。为维持中空壳体1的相对平衡，温度指示器的中空壳体1内壁上还设置有平衡重6。

由于双金属牵引部件在对温度变化作出反应时，可以双向地牵引砝码5偏移，所以该温度指示器可以不经重置而反复使用。

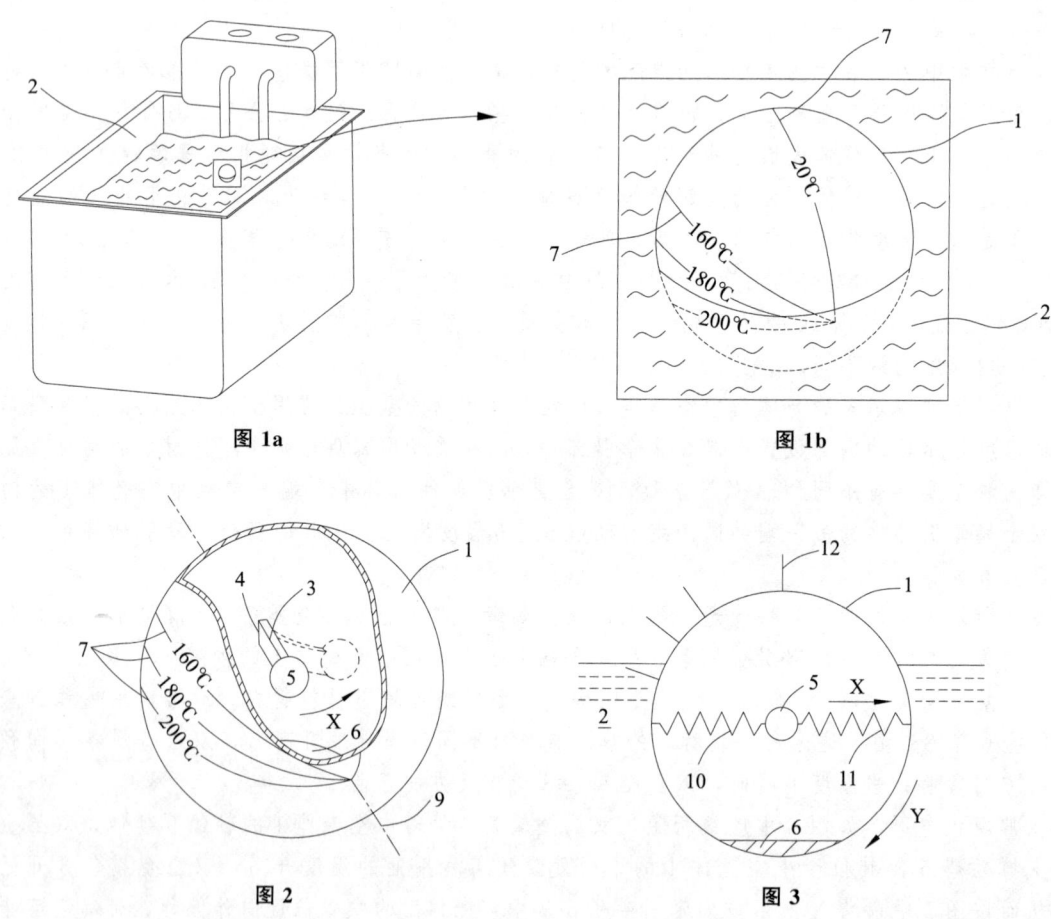

图1a　　　　　图1b

图2　　　　　图3

附件2（说明书节选）：

本发明涉及一种用于指示油温达到180℃以上的指示装置。如图1所示，该温度指示器具有由金属材料制成的中空球形球体1。鱼鳍状指示条12从球体1的外表面向外突出。

通过弹簧42、涂抹的蜡层41和金属材料制成的中空的圆锥形支撑件40，将金属制的球形砝码5固定在球体1的内表面上。在20℃条件下，蜡层呈现固态，固态蜡层将砝码5黏结固定在圆锥形支撑件40上。此时，弹簧42处于压缩状态。平衡砝码6固定在球体1的内表面上，用于确保浮在食用油 2 中的温度指示器取得预先设计的定位方向。

蜡层的熔点为 180℃，当食用油 2 的温度达到 180℃时，蜡层开始熔化分散。由于弹簧 42 处于压缩状态向外舒张时，牵引砝码 5 按箭头 X 所示方向向外离开支撑件 40。结果，温度指示器按箭头 Y 所示方向在食用油 2 中旋转。

通常情况下，这种温度指示器使用一次后就被丢弃，或者，将其重置再次使用。为了满足可重置的要求，球体 1 应当设计成可打开的形式，并可用新的蜡层将球形砝码 5 固定在锥形支撑件 40 上。

指示器的主体结构也可以不采用球形而设计成圆柱形或其他形状。

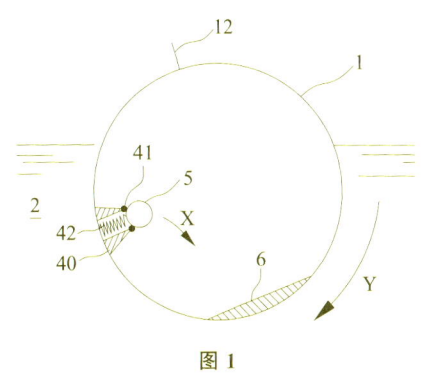

图 1

附件 3（说明书节选）：

本发明涉及一种用于指示食用油温度的装置。图 1 示出了该装置漂浮在食用油 2 中时的垂直横截面。图 2 示出了该装置漂浮在食用油 2 中时的俯视图。

温度指示装置包括由导热材料制成的中空球形壳体 1，壳体 1 的上部是透明的，温度标尺 35 设置在壳体 1 透明部分的外表面上。

温度指示装置内部设置有指针 34，指针 34 可旋转地连接在枢轴 33 上，还包括分别由钢和铜制成的双金属条 30，双金属条 30 呈螺旋状盘绕设置，双金属条 30 的第一端 31 连接在壳体 1 的内壁上，双金属条 30 的第二端通过销子 32 连接到指针 34 的一侧。双金属条 30 沿着其盘旋的轨迹具有一定的伸缩量。

金属的平衡砝码 6 位于壳体 1 的内壁底部，由于双金属条 30 和指针 34 的重量非常轻，因此温度指示装置始终使指针 34 平行于食用油 2 的液面并稳定地漂浮在食用油 2 中。

当食用油 2 的温度升高，双金属条 30 会以顺时针方向盘绕张开（如图 2 中的箭头 X 所示方向），双金属条 30 带动指针 34 的相对位置旋转至温度标尺 35 处表示机油 2 的温度；当食用油 2 的温度降低，则双金属条 30 盘绕收缩并带动指针 34 以逆时针方向旋转。在上述过程中，温度指示装置在食用油 2 中始终保持静止。

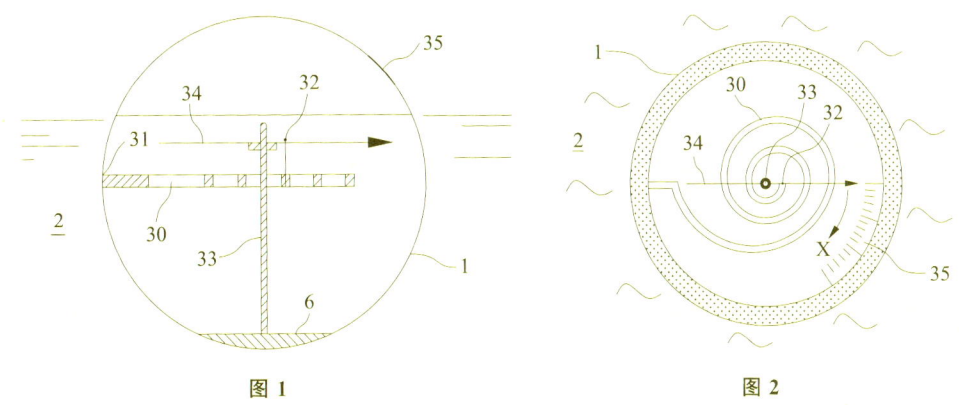

图 1   图 2

解题思路及参考答案

一、删除式六步法撰写思路

第一步：技术特征分析

下面在技术交底书原文基础上，以删除线形式显示删除的非技术特征：

在制作油炸食品时，油温决定油炸食品的口感。以炸油饼为例，面圈与油接触的温度不能低于180度，如果温度低于180度，做出来的油炸饼会很油腻。

现有技术中具有多种测定食用油温度的装置。常见的温度指示器包括用于指示油温的指针和刻度。但是当温度指示器溅上油，很难看清楚指针指示的位置。附件2公开了另外一种温度指示器，该指示器上有从球体表面向外突出呈鱼鳍状的外部指示条，当温度指示器飘浮在常温20度的油面上时，则位于球体顶面的鱼鳍状指示条标注的是20度，表明此时测得食用油2的温度是20度，但是这种温度指示器使用一次后，就须丢弃或者重置该温度指示器。

图1～3所示为本发明的温度指示器，同样为漂浮在食用油上使用。图1a示出了盛有食用油2的油炸锅，图1b是图1a的局部放大图。本发明的温度指示器相对于附件2和附件3，其改进之处在于内部结构的不同。

（第一实施例）

本发明温度指示器的壳体为中空结构，中空壳体1的外壁上设置用于指示油温的温度指示标记。该温度指示器的内部设置有双金属牵引部件，双金属牵引部件分别由不同材质的两种金属制成，即两种金属具有不同的热膨胀系数，双金属牵引部件的其中一端固定在中空壳体1的内壁上，双金属牵引部件的另一端共同固定有砝码5。当温度发生变化时，双金属牵引部件可双向地牵引砝码5偏移。

图2所示为本发明的第一优选实施例，双金属牵引部件为双层金属条3，双层金属条3之间沿着长度方向黏合而成，双层金属条3的一个端部4固定在中空壳体1的内壁上，双层金属条3的另一个端部固定砝码5。砝码5优选为球形，由金属或者陶瓷材料制成。通常，用铁和铜来制作双层金属条3。由于这两种金属材料的热膨胀系数不同，当温度升高时，双层金属条3向预先设计的方向弯曲；当温度下降时，双层金属条3向相反方向弯曲。

在常规状态下，如图2中虚线所示，双层金属条3沿着中空壳体1的轴线9延伸，双层金属条3支撑砝码5使其位于中空壳体1的中心处。随着食用油的温度升高，双层金属条3开始弯曲，从而按图2中箭头X所示方向牵引砝码5从中空壳体1的中心位置向外偏移，带动温度指示器在食用油2中旋转。随着食用油的温度下降，双层金属条3牵引砝码5回到中空壳体1的中心处，带动温度指示器在食用油2中反向旋转。

（第二实施例）

图3所示为本发明的第二优选实施例，与第一实施例不用之处在于，双金属牵引部件为两个弹簧10、11，两个弹簧沿着中空壳体1的轴线设置，两个弹簧的其中一个端部分别相对地固定在中空壳体1的内壁上，两个弹簧的另一端通过砝码5连接。其中一个弹簧的硬度不受温度变化影响，通常由钢材制成，另一个弹簧的硬度随温度升高而增大，通常是由镍钛合金制成的热敏弹簧。

在常规状态下，两个弹簧均处于拉紧状态，并将砝码5保持在中空壳体1的中心位置。当食用油2的温度升高时，热敏弹簧变得更硬，而钢材弹簧的硬度不受温度升高的影响。由于两弹簧处于拉紧状态,当温度升高时,弹簧按图 3 中箭头 X 所示方向牵引砝码 5 从中空壳体 1 的中心位置向外偏移,带动温度指示器按图 3 中箭头 Y 所示方向在油面上旋转。当温度下降时,弹簧牵引砝码 5 回到中空壳体 1 的中心处,带动温度指示器在食用油 2 中反向旋转。

温度指示器的中空壳体 1 可以是球体,温度指示标记为环绕球体外壁的圆弧线 7,每条圆弧线 7 上都标注相应的温度值(20℃、160℃、180℃、200℃)。或者,温度指示标记也可以如附件 2 那样,在中空壳体 1 的外壁上设置鱼鳍状指示条 12,鱼鳍状指示条 12 不限于设置在球形壳体上。为维持中空壳体 1 的相对平衡,温度指示器的中空壳体 1 内壁上还设置有平衡重 6。

由于双金属牵引部件在对温度变化作出反应时,可以双向地牵引砝码 5 偏移,所以该温度指示器可以不经重置而反复使用。

第二步:找发明点

1. 找出区别技术特征

下表中对比技术交底书的技术特征与现有技术的区别,以下划线形式标示出区别技术特征。

技术交底	附件 2	附件 3
一种温度指示器 壳体为中空结构 中空壳体 1 的外壁上设置用于指示油温的温度指示标记 温度指示器的内部设置有双金属牵引部件 双金属牵引部件分别由不同热膨胀系数的两种金属制成 双金属牵引部件的其中一端固定在中空壳体的内壁上,另一端共同固定有砝码 5 当温度发生变化时,双金属牵引部件可双向地牵引砝码 5 偏移 双金属牵引部件为双层金属条 3 双层金属条 3 之间沿着长度方向黏合而成 双层金属条 3 的一个端部 4 固定在中空壳体的内壁上,另一个端部固定砝码 5 砝码 5 为球形,由金属或者陶瓷材料制成 用铁和铜来制作双层金属条 3 双金属牵引部件为两个弹簧 10、11 两个弹簧沿着中空壳体的轴线设置 两个弹簧的其中一个端部分别相对地固定在中空壳体的内壁上,另一端通过砝码 5 连接 其中一个弹簧由钢材制成,另一个弹簧由镍钛合金制成 中空壳体 1 是球体 温度指示标记为环绕球体外壁的圆弧线 7,每条圆弧线 7 上都标注相应的温度值 中空壳体 1 的外壁上设置鱼鳍状指示条 12 中空壳体内壁上设置平衡重 6	一种用于指示油温达到 180℃以上的指示装置,该温度指示器具有由金属材料制成的中空球形球体 1。鱼鳍状指示条 12 从球体 1 的外表面向外突出。通过弹簧 42、涂抹的蜡层 41 和金属材料制成的中空的圆锥形支撑件 40,将金属制的球形砝码 5 固定在球体 1 的内表面上。在 20℃条件下,蜡层呈现固态,固态蜡层将砝码 5 黏结固定在圆锥形支撑件 40 上。此时,弹簧 42 处于压缩状态。平衡砝码 6 固定在球体 1 的内表面上。 球体 1 应当设计成可打开的形式,并可用新的蜡层将球形砝码 5 固定在锥形支撑件 40 上。指示器的主体结构也可以不采用球形而设计成圆柱形或其他形状	一种用于指示食用油温度的装置,包括由导热材料制成的中空球形壳体 1,壳体 1 的上部是透明的,温度标尺 35 设置在壳体 1 透明部分的外表面上。 温度指示装置内部设置有指针 34,指针 34 可旋转地连接在枢轴 33 上,还包括分别由钢和铜制成的双金属条 30,双金属条 30 呈螺旋状盘绕设置,双金属条 30 的第一端 31 连接在壳体 1 的内壁上,双金属条 30 的第二端通过销子 32 连接到指针 34 的一侧。双金属条 30 沿着其盘旋的轨迹具有一定的伸缩量。金属的平衡砝码 6 位于壳体 1 的内壁底部,由于双金属条 30 和指针 34 的重量非常轻,因此温度指示装置始终使指针 34 平行于食用油 2 的液面并稳定地漂浮在食用油 2 中

2. 技术逻辑分析

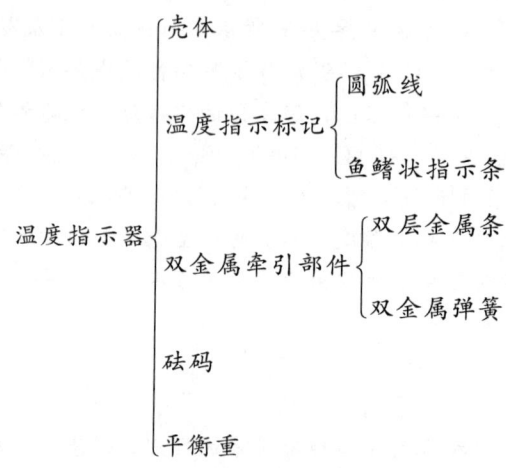

3. 确定发明点

在上述区别技术特征中,两个实施例的共同改进点"双金属牵引部件的其中一端固定在中空壳体的内壁上,另一端共同固定有砝码5"是本发明最基础的改进,是发明点,"当温度发生变化时,双金属牵引部件可双向地牵引砝码5偏移"是发明点的作用。

第三步:确定所要解决的技术问题

上述发明点所获得的效果是:实现温度指示器可以不经重置而反复使用。根据上述效果,确定发明点所要解决的技术问题是:提供一种可反复使用,且无须换新或重置的温度指示器。

第四步:确定必要技术特征

要解决上述技术问题,需要以下技术特征:

1. 为使技术方案完整所必需的部件及连接关系

温度指示器;壳体为中空结构;中空壳体1的外壁上设置用于指示油温的温度指示标记;温度指示器的内部设置有双金属牵引部件;双金属牵引部件分别由不同热膨胀系数的两种金属制成。

2. 体现发明点的技术特征及发明点的作用

双金属牵引部件的其中一端固定在中空壳体的内壁上,另一端共同固定有砝码5;当温度发生变化时,双金属牵引部件可双向地牵引砝码5偏移。

3. 其他特征分析

其他技术特征都不是必要技术特征,尤其注意"中空壳体内壁上设置平衡重6"的作用是平衡配重,与解决的技术问题无关。

第五步:撰写独立权利要求

1. 确定主题名称

根据技术交底材料中第四段的第一句话,确定本发明主题名称为"温度指示器"。

2. 组合全部必要技术特征

前面所确定的必要技术特征中"壳体为中空结构、中空壳体的外壁上设置用于指示油温的温度指示标记"是与最接近的现有技术共有的技术特征,写入独立权利要求的前序部分;发明点及发明的作用写入独立权利要求的特征部分:

1. 一种温度指示器,具有中空壳体(1),中空壳体(1)的外壁上设置有用于指示油温的温度指示标记,其特征在于:温度指示器内部设置有双金属牵引部件,双金属牵引部件分别由两种具有不同热膨胀系数的金属制成,双金属牵引部件的一端固定在中空壳体(1)的内壁上,双金属牵引部件的另一端共同固定有砝码(5),当温度发生变化时,双金属牵引部件双向地牵引砝码偏移。

第六步:撰写从属权利要求

将两个实施例的具体结构以及其他非必要技术特征写入从属权利要求(参照参考答案,此处略)。

二、参考答案

权利要求的撰写

1. 一种温度指示器,具有中空壳体(1),中空壳体(1)的外壁上设置有用于指示油温的温度指示标记,其特征在于:温度指示器内部设置有双金属牵引部件,双金属牵引部件分别由两种具有不同热膨胀系数的金属制成,双金属牵引部件的一端固定在中空壳体(1)的内壁上,双金属牵引部件的另一端共同固定有砝码(5),当温度发生变化时,双金属牵引部件双向地牵引砝码偏移。

2. 根据权利要求1所述的温度指示器,其特征在于:双金属牵引部件为双层金属条(3),双层金属条(3)之间沿着长度方向黏合而成,双层金属条(3)的一个端部(4)固定在中空壳体(1)的内壁上,双层金属条(3)的另一个端部固定砝码(5)。

3. 根据权利要求1所述的温度指示器,其特征在于:双金属牵引部件为沿中空壳体(1)轴线设置的两个弹簧(10,11),两个弹簧的一端部分别相对地固定在中空壳体(1)的内壁上,两个弹簧的另一端连接到砝码(5)。

4. 根据权利要求2所述的温度指示器,其特征在于:双层金属条(3)的材料为铁和铜。

5. 根据权利要求3所述的温度指示器,其特征在于:两个弹簧(10,11)的材料分别为钢和镍钛合金。

6. 根据权利要求1~5任一项所述的温度指示器,其特征在于:温度指示器的中空壳体(1)为球体。

7. 根据权利要求6所述的温度指示器,其特征在于:温度指示标记为环绕中空壳体(1)的球体外壁设置的圆弧线(7),每条圆弧线(7)上都标注相应的温度值。

8. 根据权利要求1~5任一项所述的温度指示器,其特征在于:温度指示标记为中空壳体(1)外壁上设置的鱼鳍状指示条(12)。

9. 根据权利要求1~5任一项所述的温度指示器,其特征在于:中空壳体(1)的内壁上设置有平衡重(6)。

10. 根据权利要求1~5任一项所述的温度指示器,其特征在于:砝码(5)为球形,由金属或者陶瓷材料制成。

第三节 概括写法练习案例1[1]

试题说明

第一题:客户A公司向你所在的代理机构提供了技术交底材料(附件1),希望就该技术申请实用新型专利,并给出了附件2作为现有技术,请你综合考虑以上材料,为客户撰写实用新型

---

[1] 本案例改编自2016年全国专利代理人资格考试专利代理实务试题第3题、第4题。

专利申请的权利要求书。

第二题：简述你撰写的独立权利要求相对于现有技术解决的技术问题和取得的技术效果。

附件1（技术交底材料）：

茶叶在冲泡过程中，一般需要数十秒到数分钟，才能使其味道浸出。保证茶叶的浸出时间，对于泡出香味浓郁的茶水非常重要。当突然来了客人需要泡茶时，往往会因为茶叶的浸出时间不足，而造成茶水的色、香、味过于清淡。对此，通常采取的方法都是用筷子或勺子放入茶壶搅拌。但是，一方面，寻找合适的搅拌工具很不方便；另一方面，使用后的搅拌工具没有固定地方放置，经常被随意地放在桌上，很不卫生。

在现有技术的基础上，我公司提出一种改进的茶壶。

如图1所示的茶壶，在壶身101的侧面设有壶嘴102和壶把103。壶身101的上部开口处具有壶盖104。壶盖104的中央安装有抓手105。在抓手105的旁边有一个穿透壶盖的通气孔H，在通气孔H中贯穿地插入一搅拌工具110。

如图2所示，搅拌工具110具有杆部111、搅拌部112和把手114。杆部111可自由地穿过通气孔H，并可在通气孔H内拉动和旋转。杆部111的前端可拆卸地安装有把手114，后端一体成型有搅拌部112。搅拌部112的形状可以采用现有搅拌工具的形状，但这样的形状在茶水中的移动速度慢，不利于茶叶的快速浸出。优选地，搅拌部112为螺旋形，在杆部111的轴向上保持规定的间距而螺旋形延伸。螺旋的内侧空间还可以容纳水质改良剂。例如，将由天然石头做成的球体放入搅拌部112，可以从球体溶出矿物质成分，使茶的味道更加温和。

使用茶壶时，如图1所示，在壶身101内放入茶叶，倒入适量的热水浸泡茶叶。在茶壶中倒入热水后，立即盖上壶盖104。在盖着壶盖104的状态下，拉动和旋转搅拌工具110。在茶壶内，随搅拌工具110的运动，茶叶在热水中移动，茶叶的成分迅速在整个热水中扩散。在将搅拌工具110上下移动时，搅拌部112还可以起到泵的作用，在茶壶内部促使茶水产生对流，因此，可以高效泡出味道浓郁且均匀的茶水。

图3示出了另一种搅拌工具210。搅拌工具210具有杆部211、搅拌部212和把手214。把手214与杆部211可拆卸连接，杆部211的轴向周围伸出螺旋形的叶片板形成螺旋形的搅拌部212，所述杆部211与所述搅拌部212一体成型。

图4为另一种结构的搅拌工具310。搅拌工具310具有杆部311、搅拌部312和把手314。杆部311与把手314一体成型，与搅拌部312之间可拆卸连接，搅拌部312的上端固定有十字接头316。杆部311的下端插入十字接头316的突出部。搅拌部312可以使用弹性材料制成，由于弹性材料的作用，螺旋形搅拌部容易变形，使得搅拌更容易进行。

带有搅拌工具的茶壶，结构简单，成本低廉，操作方便。将搅拌工具穿入通气孔H，拉动和旋转把手，杆部带动搅拌部对壶身内的茶水和茶叶进行搅拌，使容器内有效地产生对流，方便地完成茶叶的冲泡。其利用了茶壶上现有的通气孔，将搅拌工具安装在茶壶上，不需要改变茶壶的结构就可以方便卫生地实现对茶叶的搅拌操作。

技术交底材料附图

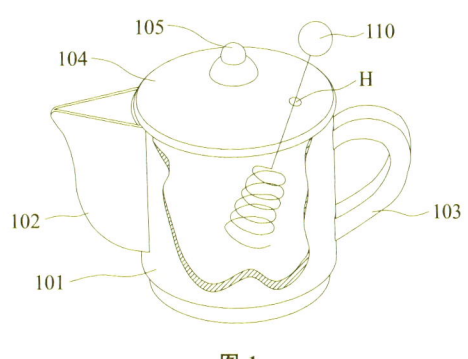

图1

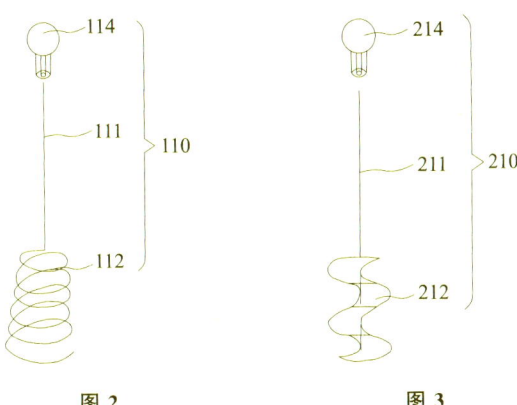

图2　　　图3

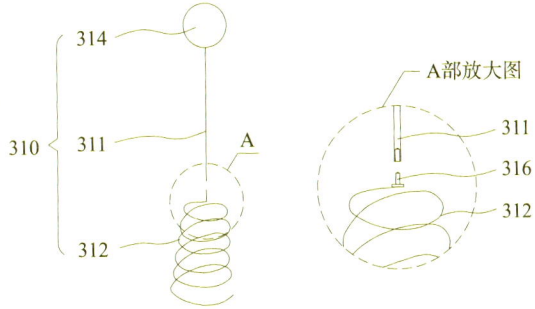

图4

附件2（说明书节选）：

说 明 书

茶 壶

本发明涉及品茗茶壶的改良。

一般茶叶在冲泡过程中，茶叶经常聚集在茶壶底部，需要长时间浸泡才能伸展出味。当需要迅速冲泡茶叶的时候，有人会使用搅拌棒或者筷子对茶壶里面的茶叶进行搅拌，这样既不方便，也不卫生。

再者，茶壶在倾倒过程中，壶盖往往向前滑动，容易使得茶水溢出，甚至烫伤他人。

本发明的主要目的是提供一种具有搅拌工具的茶壶，所述搅拌工具可拆卸地固定在壶盖底面中央，并向壶身内部延伸。

图1为本发明的茶壶的立体外观图。

如图1所示，本发明的茶壶包括有壶身1、壶嘴2、带有抓手的壶盖3、壶把4及搅拌工具5。搅拌工具5包括搅拌棒11和作为搅拌部的叶轮12。壶身1内可放入茶叶，并供茶叶在冲泡后具有伸展空间。壶盖3的底面中央安装有一个六角螺母。搅拌棒11的两端具有螺纹，其一端旋进六角螺母，从而实现与壶盖3的可拆卸安装，另一端与叶轮12螺纹连接。由于搅拌工具为可拆卸结构，因此易于安装和更换。

使用时，先在壶身1内置入茶叶等冲泡物，倾斜壶盖3，使搅拌工具5置于壶身1内，然后向下将壶盖3置于护盖板13的下方。旋转壶盖3，搅拌工具5随着壶盖3的转动而转动，实现对壶身1内的茶叶及茶水进行搅拌。

为了更好地对茶叶进行搅拌，可在叶轮12的底部设置齿板14。

说 明 书 附 图

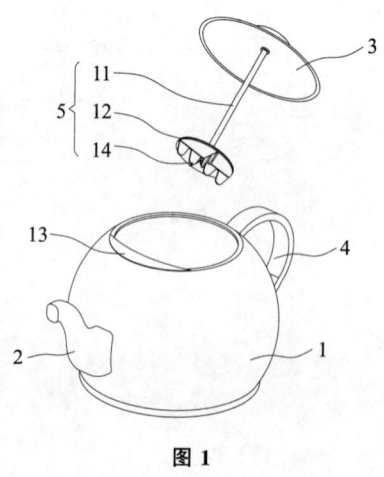

图1

解题思路及参考答案

一、删除式六步法撰写思路

第一步：技术特征分析

下面在技术交底书原文基础上，以删除线形式显示删除的非技术特征：

茶叶在冲泡过程中，一般需要数十秒到数分钟，才能使其味道浸出。~~保证茶叶的浸出时间，对于泡出香味浓郁的茶水非常重要。当突然来了客人需要泡茶时，往往会因为茶叶的浸出时间不足，而造成茶水的色、香、味过于清淡。~~对此，通常采取的方法都是用筷子或勺子放入茶壶搅拌。但是，一方面，寻找合适的搅拌工具很不方便；另一方面，使用后的搅拌工具没有固定地方放置，经常被随意地放在桌上，很不卫生。

~~在现有技术的基础上，我公司提出一种改进的茶壶。~~

如图1所示的茶壶，在壶身101的侧面设有壶嘴102和壶把103。壶身101的上部开口处具有壶盖104。壶盖104的中央安装有抓手105。在抓手105的旁边有一个穿透壶盖的通气孔H，在通气孔H中贯穿地插入一搅拌工具110。

（第一实施例）

~~如图2所示，~~搅拌工具110具有杆部111、搅拌部112和把手114。杆部111可自由地穿过通气孔H，并可在通气孔H内拉动和旋转。杆部111的前端可拆卸地安装有把手114，后端一体成型有搅拌部112。搅拌部112的形状可以采用现有搅拌工具的形状，~~但这样的形状在茶水中的移动速度慢，不利于茶叶的快速浸出。优选地，~~搅拌部112为螺旋形，在杆部111的轴向上保持规定的间距而螺旋形延伸。螺旋的内侧空间还可以容纳水质改良剂。~~例如，将由天然石头做成的球体放入搅拌部112，可以从球体溶出矿物质成分，使茶的味道更加温和。~~

使用茶壶时，如图1所示，在壶身101内放入茶叶，倒入适量的热水浸泡茶叶。~~在茶壶中倒入热水后，立即盖上壶盖104。在盖着壶盖104的状态下，~~拉动和旋转搅拌工具110。在茶壶内，随搅拌工具110的运动，茶叶在热水中移动，茶叶的成分迅速在整个热水中扩散。在将搅拌工具110上下移动时，搅拌部112还可以起到泵的作用，在茶壶内部促使茶水产生对流，因此，可以高效泡出味道浓郁且均匀的茶水。

（第二实施例）

~~图3示出了另一种搅拌工具210。~~搅拌工具210具有杆部211、搅拌部212和把手214。把手214与杆部211可拆卸连接，杆部211的轴向周围伸出螺旋形的叶片板形成螺旋形的搅拌部212，所述杆部211与所述搅拌部212一体成型。

（第三实施例）

~~图4为另一种结构的搅拌工具310。~~搅拌工具310具有杆部311、搅拌部312和把手314。杆部311与把手314一体成型，与搅拌部312之间可拆卸连接，搅拌部312的上端固定有十字接头316。杆部311的下端插入十字接头316的突出部。搅拌部312可以使用弹性材料制成，~~由于弹性材料的作用，螺旋形搅拌部容易变形，使得搅拌更容易进行。~~

带有搅拌工具的茶壶，~~结构简单，成本低廉，操作方便。~~将搅拌工具穿入通气孔H，拉动和旋转把手，杆部带动搅拌部对壶身内的茶水和茶叶进行搅拌，使容器内有效地产生对流，方便地完成茶叶的冲泡。其利用了茶壶上现有的通气孔，将搅拌工具安装在茶壶上，不需要改变茶壶的结构就可以方便卫生地实现对茶叶的搅拌操作。

第二步：找发明点

1. 找出区别技术特征

下表中对比技术交底书的技术特征与现有技术的区别，以下划线形式标示出区别技术特征。

技术交底	附件2
一种茶壶，在壶身101的侧面设有壶嘴102和壶把103，壶身101的上部开口处有壶盖104，壶盖104的中央安装有抓手105 在抓手105的旁边有一个穿透壶盖的通气孔H，在通气孔H中贯穿地插入一搅拌工具110 搅拌工具110具有杆部111、搅拌部112和把手114 杆部111可自由地穿过通气孔H，并可在通气孔H内拉动和旋转 杆部111的前端可拆卸地安装有把手114，后端一体成型有搅拌部112 搅拌部112为螺旋形，在杆部111的轴向上保持规定的间距而螺旋形延伸 螺旋的内侧空间容纳水质改良剂 搅拌工具210具有杆部211、搅拌部212和把手214 把手214与杆部211可拆卸连接，杆部211与搅拌部212一体成型 杆部211的轴向周围伸出螺旋形的叶片板形成螺旋形的搅拌部212 搅拌工具310具有杆部311、搅拌部312和把手314 杆部311与把手314一体成型，与搅拌部312之间可拆卸连接 搅拌部312的上端固定有十字接头316，杆部311的下端插入十字接头316的突出部 搅拌部312使用弹性材料制成	一种茶壶，包括有壶身1、壶嘴2、带有抓手的壶盖3、壶把4及搅拌工具5。搅拌工具5包括搅拌棒11和作为搅拌部的叶轮12。壶身1内可放入茶叶，并供茶叶在冲泡后具有伸展空间。壶盖3的底面中央安装有一个六角螺母。搅拌棒11的两端具有螺纹，其一端旋进六角螺母，从而实现与壶盖3的可拆卸安装，另一端与叶轮12螺纹连接。在叶轮12的底部设置齿板14

2. 技术逻辑分析

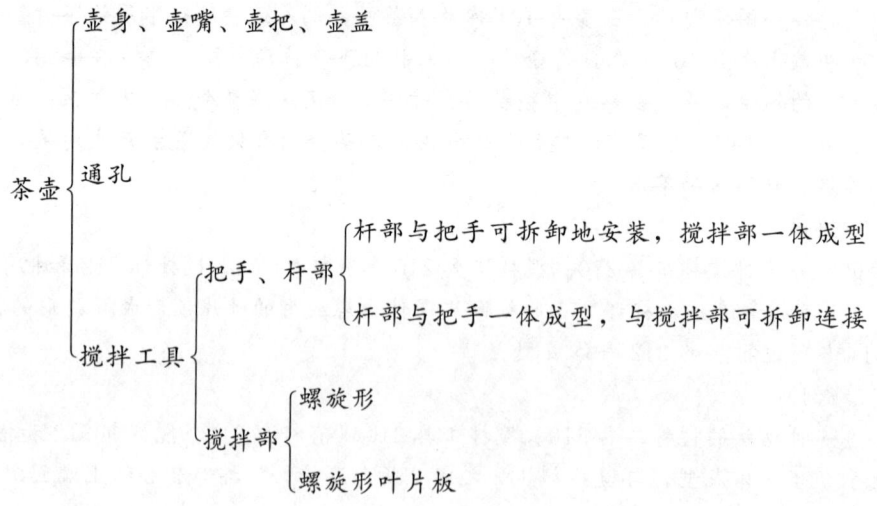

3. 确定发明点

在以上区别技术特征中，最基础改进的特征是"在抓手105的旁边设置有一个穿透壶盖的通气孔H，在通气孔H中贯穿地插入一搅拌工具"，是发明点。

第三步：确定所要解决的技术问题

基于发明点带来的效果可以确认，发明所要解决的问题是搅拌工具在通气孔中旋转或上下移动就能方便、均匀地搅拌茶叶。

第四步：确定必要技术特征

要解决上述技术问题，需要包括以下技术特征：

1. 为使技术方案完整所必需的部件及连接关系

在壶身101的侧面设有壶嘴102和壶把103，壶身101的上部开口处具有壶盖104，壶盖104的中央安装有抓手105。

2. 体现发明点的技术特征

体现发明点的技术特征以及发明点的作用均是必要技术特征："在抓手105的旁边有一个穿透壶盖的通气孔H，在通气孔H中贯穿地插入一搅拌工具""杆部111可自由地穿过通气孔H，并可在通气孔H内拉动和旋转"。

3. 其他特征分析

其他技术特征均为搅拌工具不同的具体实施方式，不是必要技术特征。

第五步：撰写独立权利要求

1. 确定主题名称

根据技术交底材料第二段记载的内容，确定主题名称为"茶壶"。

2. 组合全部必要技术特征

将与附件2共有的必要技术特征写入前序部分，将区别技术特征写入特征部分。调整语言语序，得到权利要求1如下：

1. 一种茶壶，在壶身（101）的侧面设有壶嘴（102）和壶把（103），壶身101的上部开口处具有壶盖（104），壶盖（104）的中央安装有抓手（105），其特征在于：在抓手（105）的旁边设置有一个穿透壶盖的通气孔（H），搅拌工具贯穿地插入通气孔（H），并在通气孔（H）中拉动和旋转。

第六步：撰写从属权利要求

将三个实施例具体结构及其余技术特征按顺序分别撰写为从属权利要求（参照参考答案，此处略）。

二、参考答案

权利要求的撰写

1. 一种茶壶，在壶身（101）的侧面设有壶嘴（102）和壶把（103），壶身101的上部开口处具有壶盖（104），壶盖（104）的中央安装有抓手（105），其特征在于：在抓手（105）的旁边设置有一个穿透壶盖的通气孔（H），搅拌工具贯穿地插入通气孔（H），并在通气孔（H）中拉动和旋转。

2. 如权利要求1所述的茶壶，其特征在于：所述搅拌工具具有杆部、搅拌部和把手。

3. 如权利要求2所述的茶壶，其特征在于：所述搅拌部为螺旋形，在杆部的轴向上保持规定的间距而螺旋形延伸。

4. 如权利要求3所述的茶壶，其特征在于：所述螺旋形搅拌部的内侧空间容纳水质改良剂。

5. 如权利要求3所述的茶壶，其特征在于：所述螺旋形搅拌部是在杆部的轴向周围伸出螺旋形的叶片板而形成的。

6. 如权利要求2~4任一项所述的茶壶，其特征在于：所述杆部和搅拌部一体成型，所述把手与所述杆部可拆卸连接。

7. 如权利要求2~4任一项所述的茶壶，其特征在于：所述杆部和把手一体成型，所述杆部和搅拌部之间可拆卸连接。

8. 如权利要求7所述的茶壶，其特征在于：所述搅拌部的上端固定有十字接头，所述杆部的下端插入十字接头的突出部。

9. 如权利要求8所述的茶壶，其特征在于：所述搅拌部由弹性材料制成。

权利要求1相对于附件2解决的技术问题和取得的技术效果

现有技术中在壶盖底部中央可拆卸地固定搅拌工具，仅能通过旋转壶盖带动搅拌工具搅拌茶叶，操作不方便，搅拌不均匀。权利要求1所要解决的问题是提供一种茶叶搅拌更均匀的搅拌工具。

权利要求1通过在抓手的旁边设置有一个穿透壶盖的通气孔，搅拌工具贯穿地插入通气孔，并在通气孔中拉动和旋转，获得了搅拌工具在通气孔中不仅可以旋转操作，还可以上下拉动，使得茶壶下部的水可以流动到茶壶上部，更加方便、均匀地冲泡茶叶的技术效果。

第四节 概括写法练习案例2

试题说明

客户A公司向你所在的代理机构提供了自行撰写的技术交底书1份以及检索到的2篇对比文件。现委托你所在的代理机构为其具体办理专利申请事务。

第一题：请你综合考虑对比文件1及对比文件2所反映的现有技术，为客户撰写发明专利申请的权利要求书。

第二题：请你根据"三步法"陈述所撰写的独立权利要求相对于现有技术具备创造性的理由。

附件1（技术交底书）：

图1示出了现有起钉锤的立体图。起钉锤大致为英文字母"T"的形状，包括把手2和锤头组件3。锤头组件3包括锤头32和起钉翼31。所述起钉翼31呈弯曲双叉形爪，并在中部形成"V"型缺口。起钉时，起钉翼31的缺口用于卡住钉子的边缘，以锤头组件3的中部作为支点，沿着方向A扳动把手2，弯曲的双叉形爪与把手2一起通过杠杆作用将钉子拔出。

现有的起钉锤在起钉子时是将锤头组件的中部作为支点，由于支点和起钉翼的距离有限，要拔起较长的钉子时，往往起到一定程度就无法再往上拔了，只好无奈地再找辅助工具垫高支点才能继续往上拔，费时费力。

本发明提供一种起钉锤，该起钉锤可适用于不同长度的钉子。

图2示出了本发明起钉锤的第一实施例。起钉锤包括锤头组件和把手，锤头组件一端设置有起钉翼，另一端设置有锤头，所述锤头组件的中间位置具有支撑部。该起钉锤的锤头组件3上设置有一个调节螺杆51，将该调节螺杆51作为调节结构，可以调节起钉支点的高度。该起钉锤的具体结构是：把手2的一端与锤头组件3固定连接，锤头组件3远离把手2的一端设有沿把手2长度方向开设的螺纹槽，其内设有内螺纹。调节螺杆51上设有外螺纹，其一端螺接于螺纹槽中并可从螺纹槽中旋进旋出，另一端固定有支撑部4。支撑部4可以是半球形等各种形状，优选地为板状并且两端具有弧形支撑面。这样可以增大支点的接触面积，避免支点对钉有钉子的物品造成损坏，同时可增加起钉时的稳定性。

使用时，可根据需要将调节螺杆51旋出一定长度，从而调节起钉支点的高度，以便能够轻松地拔起各种长度的钉子，适用范围广。不拔钉子时，可将调节螺杆旋进去隐蔽起来，不占任何空间，与普通的起钉锤外观相差无几，美观效果好。

图3示出了第一实施例的一个变型，作为本申请的第二实施例。起钉锤包括锤头组件3、把手2、支撑部4和调节螺杆52。锤头组件3上设有贯穿的通孔，通孔内设有与调节螺杆52配合使用的螺纹。调节螺杆52通过通孔贯穿锤头组件3，并与锤头组件3螺纹连接。在调节螺杆52穿过锤头组件3的顶部固定支撑部4。所述调节螺杆52基本与把手平行设置，在把手2的中上部设置一个固定支架7，调节螺杆52可在固定支架7内活动穿过。调节螺杆52的底部设有调节控制钮61。调节螺杆52的长度比把手2的长度短，以方便抓握把手。

在该实施例中，虽然调节螺杆52也是设置在锤头组件3上，但是由于其贯穿锤头组件3，支撑部4和调节控制钮61分别位于锤头组件3的两侧。这样在使用过程中，在将钉子拔起到一定程度后，使用者可以旋转调节控制钮61，使得支撑部4从锤头组件3的表面升起一定的距离，继续进行后续操作，直至将钉子拔出。这种结构的起钉锤能够根据具体情况，随时调节支撑部的位置，不仅使得起钉锤起钉子的范围大大增加，而且可以一边进行起钉操作，一边进行支点调整，更加省时省力。

图4示出了本发明的第三实施例。在该实施例中，调节螺杆设置于把手上。起钉锤包括锤头组件3、把手2、支撑部4和调节螺杆53。锤头组件3的中部具有一个贯穿的通孔，通孔内固定设置把手2。把手2是中空的，调节螺杆53贯穿其中。把手2的中空内表面设置有与调节螺杆53配合使用的内螺纹，这样调节螺杆53可在把手2内旋进旋出。调节螺杆53靠近锤头组件3的一端固定支撑部4，另一端具有一个调节控制钮62。调节螺杆53的长度比把手2的长度长。

使用时，可以通过旋转调节控制钮62来调节支撑部4伸出的距离，从而调节起钉支点的高度。

应当注意的是，虽然在本申请的三个实施例中，调节支撑部高度的装置均采用调节螺杆，但是在不偏离本发明实质内容的基础上，其他具有锁定功能的可伸缩调节机构，例如具有多个卡位的卡扣连接结构、具有锁定装置的齿条传动结构等都可以作为调节装置应用于本发明。

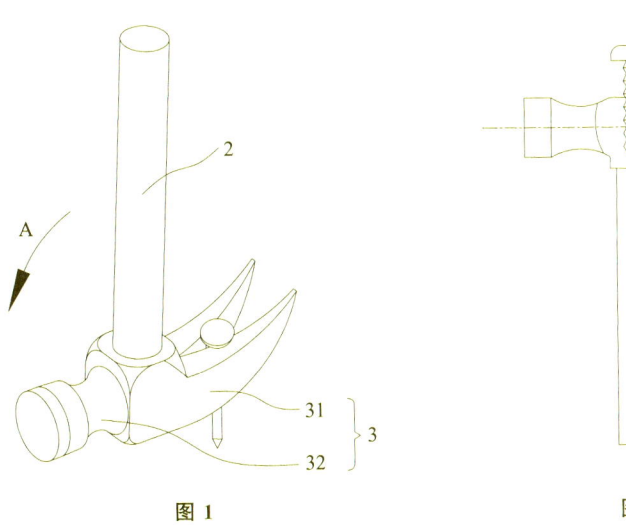

图1

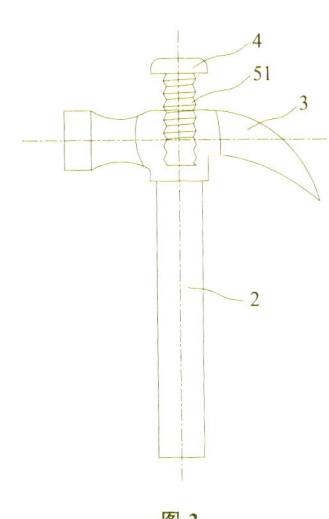

图2

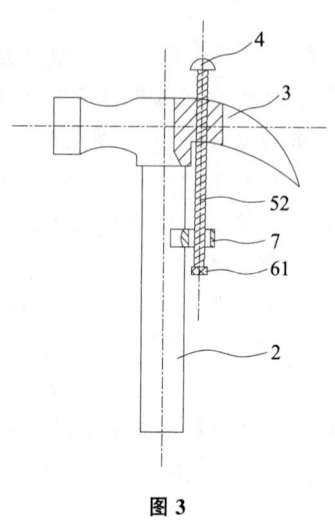

图3

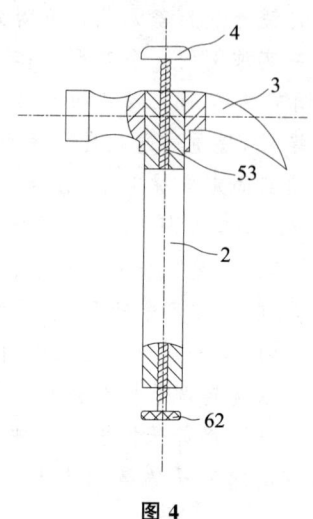

图4

对比文件1：

说 明 书

一种多功能起钉锤

技术领域

本实用新型涉及手工工具领域，尤其涉及一种多功能起钉锤。

背景技术

目前，人们使用的起钉锤如图1所示，包括锤柄，锤柄一端设置起钉锤头，起钉锤头的一侧是榔头，另一侧的尖角处有倒脚，用于起钉操作。起钉锤头的顶部中央向外突出形成支撑柱，设置支撑柱是为了增加起钉高度，使需要拔出的钉子能够完全被拔出。起钉锤是一种常见的手工工具，但作用单一，使用率低，闲置时又占空间。

实用新型内容

本实用新型的目的在于解决上述问题，使起钉锤有开瓶器的作用，在起钉锤闲置不用时，可以作为开瓶器使用，提高使用率。

为达到上述目的，具体方案如下：

一种多功能起钉锤，包括一锤柄，一起钉锤头，所述起钉锤头固定于锤柄顶部。

优选地，所述锤柄底部有塑胶防滑把手。

优选地，所述起钉锤头的榔头一侧中间挖空，呈普通开瓶器状。

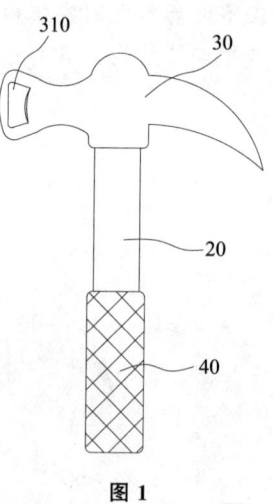

图1

附图说明

图1是本实用新型的多功能起钉锤的示意图。

具体实施方式

如图1所示，一种多功能起钉锤，包括锤柄20、起钉锤头30，所述起钉锤头30的榔头一侧

310中间挖空，呈普通开瓶器状，起钉锤头30另一侧尖角处有倒脚，用于起钉操作。起钉锤头30固定于锤柄20顶部。优选地，所述锤柄20底部有塑胶防滑把手40。本实用新型可以提高起钉锤的使用率，起钉锤头30的榔头一侧310内部挖空形成开瓶器口，开瓶时只需将挖空部分里侧对准瓶口翘起即可，使用方便，且整体结构简单，制作方便。

对比文件2（说明书节选）：

说　明　书

一种新型起钉锤

技术领域

本实用新型涉及一种起钉锤。

背景技术

在日常生活中，羊角起钉锤是一种非常实用的工具。羊角起钉锤一般由锤头和锤柄组成，其锤头具有两个功能，一是用来钉钉子，二是用来起钉子。现有的起钉锤在起钉子时是通过锤头的中部作为支点，受力支点与力臂长度是固定的，当钉子拔到一定高度后，由于羊角锤的长度有限，受力支点不能起到良好的作用，力矩太小，很长的钉子很难拔出来。

实用新型内容

为了克服现有羊角起钉锤的不足，本实用新型提供一种锤身长度可以加长的起钉锤。该起钉锤不仅能克服很长的钉子无法拔出来的不足，而且使用更加省力、方便、快捷。

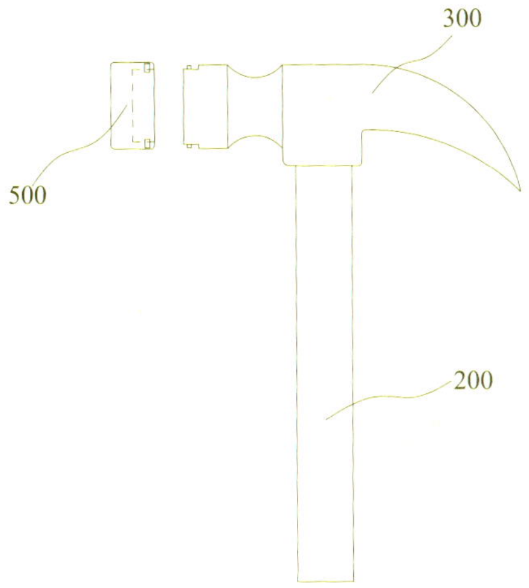

附图说明

图1是本实用新型起钉锤的结构示意图。

具体实施方式

如图1所示，该起钉锤包括锤柄200、锤体300和长度附加头500。锤体300一端设置有锤头，另一端设置有起钉翼。

长度附加头500为一圆柱形附加头，其直径与锤头直径相同。所述长度附加头500与锤体300的锤头采用卡扣的方式连接在一起。使用时，如果需要起长钉，则将长度附加头500安装在锤体300上，从而增加起钉锤的锤身长度。

解题思路及参考答案

一、删除式六步法撰写思路

第一步：技术特征分析

下面在技术交底书原文基础上，以删除线形式显示删除的非技术特征：

图1示出了现有起钉锤的立体图。起钉锤大致为英文字母"T"的形状,包括把手2和锤头组件3。锤头组件3包括锤头31和起钉翼32。所述起钉翼32呈弯曲双叉形爪,并在中部形成"V"形缺口。起钉时,起钉翼32的缺口用于卡住钉子的边缘,以锤头组件3的中部作为支点,沿着方向A扳动把手2,弯曲的双叉形爪与把手2一起通过杠杆作用将钉子拔出。

现有的起钉锤在起钉子时是将锤头组件的中部作为支点,由于支点和起钉翼的距离有限,要拔起较长的钉子时,往往起到一定程度就无法再往上拔了,只好无奈地再找辅助工具垫高支点才能继续往上拔,费时费力。

本发明提供一种起钉锤,该起钉锤可适用不同长度的钉子。

(第一实施例)

图2示出了本发明起钉锤的第一实施例。起钉锤包括锤头组件和把手,锤头组件一端设置有起钉翼,另一端设置有锤头,所述锤头组件的中间位置具有支撑部。该起钉锤的锤头组件3上设置有一个调节螺杆51,将该调节螺杆51作为调节结构,可以调节起钉支点的高度。该起钉锤的具体结构是:把手2的一端与锤头组件3固定连接,锤头组件3远离把手2的一端设有沿把手2长度方向开设的螺纹槽,其内设有内螺纹。调节螺杆51上设有外螺纹,其一端螺接于螺纹槽中并可从螺纹槽中旋进旋出,另一端固定有支撑部4。支撑部4可以是半球形等各种形状,优选地为板状并且两端具有弧形支撑面。这样可以增大支点的接触面积,避免支点对钉有钉子的物品造成损坏,同时可增加起钉时的稳定性。

使用时,可根据需要将调节螺杆51旋出一定长度,从而调节起钉支点的高度,以便能够轻松地拔起各种长度的钉子,适用范围广。不拔钉子时,可将调节螺杆旋进去隐蔽起来,不占任何空间,与普通的起钉锤外观相差无几,美观效果好。

(第二实施例)

图3示出了第一实施例的一个变型,作为本申请的第二实施例。起钉锤包括锤头组件3、把手2、支撑部4和调节螺杆52。锤头组件3上设有贯穿的通孔,通孔内设有与调节螺杆52配合使用的螺纹。调节螺杆52通过通孔贯穿锤头组件3,并与锤头组件3螺纹连接。在调节螺杆52穿过锤头组件3的顶部固定支撑部4。所述调节螺杆52基本与把手平行设置,在把手2的中上部设置一个固定支架7,调节螺杆52可在固定支架7内活动穿过。调节螺杆52的底部设有调节控制钮61。调节螺杆52的长度比把手2的长度短,以方便抓握把手。

在该实施例中,虽然调节螺杆52也是设置在锤头组件3上,但是由于其贯穿锤头组件3,支撑部4和调节控制钮61分别位于锤头组件3的两侧。这样在使用过程中,在将钉子拔起到一定程度后,使用者可以旋转调节控制钮61,使得支撑部4锤头组件3的表面升起一定的距离,继续进行后续操作,直至将钉子拔出。这种结构的起钉锤能够根据具体情况,随时调节支撑部的位置,不仅使得起钉锤起钉子的范围大大增加,而且可以一边进行起钉操作,一边进行支点调整,更加省时省力。

(第三实施例)

图4示出了本发明的第三实施例。在该实施例中,调节螺杆设置于把手上。起钉锤包括锤头组件3、把手2、支撑部4和调节螺杆53。锤头组件3的中部具有一个贯穿的通孔,通孔内固定设置把手2。把手2是中空的,调节螺杆53贯穿其中。把手2的中空内表面设置有与调节螺杆53配合使用的内螺纹,这样调节螺杆53可在把手2内旋进旋出。调节螺杆53靠近锤头组件3的一端固定支撑部4,另一端具有一个调节控制钮62。调节螺杆53的长度比把手2的长度长。

使用时,可以通过旋转调节控制钮62来调节支撑部4伸出的距离,从而调节起钉支点的高度。

应当注意的是，虽然在本申请的三个实施例中，调节支撑部高度的装置均采用调节螺杆，但是在不偏离本发明实质内容的基础上，其他具有锁定功能的可伸缩调节机构，例如具有多个卡位的卡扣连接结构、具有锁定装置的齿条传动结构等都可以作为调节装置应用于本发明。[注意最后一段技术逻辑分析]

第二步：找发明点

1. 找出区别技术特征

下表中对比技术交底书的技术特征与现有技术的区别，以下划线形式标示出区别技术特征：

技术交底	对比文件1	对比文件2
起钉锤包括锤头组件和把手，锤头组件一端设置有起钉翼，另一端设置有锤头，所述锤头组件的中间位置具有支撑部 该起钉锤的锤头组件3上设置有一个调节螺杆51，可以调节起钉支点的高度 把手2的一端与锤头组件3固定连接 锤头组件3远离把手2的一端设有沿把手2长度方向开设的螺纹槽，其内设有内螺纹 调节螺杆51上设有外螺纹，其一端螺接于螺纹槽中并可从螺纹槽中旋进旋出，另一端固定有支撑部4 支撑部4是半球形，为板状并且两端具有弧形支撑面 锤头组件3上设有贯穿的通孔，通孔内设有与调节螺杆52配合使用的螺纹 调节螺杆52通过通孔贯穿锤头组件3，并与锤头组件3螺纹连接 在调节螺杆52穿过锤头组件3的顶部固定支撑部4 调节螺杆52基本与把手平行设置，在把手2的中上部设置一个固定支架7，调节螺杆52可在固定支架7内活动穿过 调节螺杆52的底部设有调节控制钮61 调节螺杆52的长度比把手2的长度短 锤头组件3的中部具有一个贯穿的通孔，通孔内固定设置把手2 把手2是中空的，调节螺杆53贯穿其中 把手2的中空内表面设置有与调节螺杆53配合使用的内螺纹，调节螺杆53可在把手2内旋进旋出 调节螺杆53靠近锤头组件3的一端固定支撑部4，另一端具有一个调节控制钮62 调节螺杆53的长度比把手2的长度长 调节支撑部高度的装置均采用调节螺杆 具有锁定功能的可伸缩调节机构 具有多个卡位的卡扣连接结构、具有锁定装置的齿条传动结构作为调节装置	一种多功能起钉锤，包括锤柄20、起钉锤头30，所述起钉锤头30的榔头一侧310中间挖空，呈普通开瓶器状，起钉锤头30另一侧尖角处有倒脚，用于起钉操作。起钉锤头30固定于锤柄20顶部。优选地，所述锤柄20底部有塑胶防滑把手40	一种新型起钉锤，包括锤柄200、锤体300和长度附加头500。锤体300一端设置有锤头，另一端设置有起钉翼。 长度附加头500为圆柱形附加头，其直径与锤头直径相同。所述长度附加头500与锤体300的锤头采用卡扣的方式连接在一起

2. 技术逻辑分析

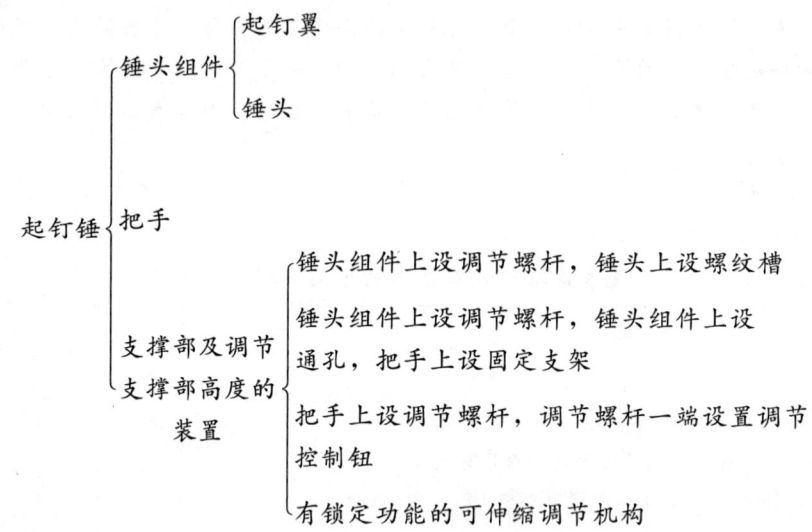

3. 确定发明点

以上区别技术特征中，起钉锤顶面设置调节支撑部高度的装置是发明点。

第三步：确定所要解决的技术问题

本申请的调节装置对支撑部伸出锤头组件的高度进行调节，解决了起钉锤无法满足不同长度钉子起钉需要的技术问题。

第四步：确定必要技术特征

要解决上述技术问题，需要包括以下技术特征：

1. 为使技术方案完整所必需的部件及连接关系

起钉锤包括锤头组件和把手，锤头组件一端设置有起钉翼，另一端设置有锤头，所述锤头组件的中间位置具有支撑部；把手2的一端与锤头组件3固定连接。

2. 体现发明点的技术特征

起钉锤设置有可调节支撑部高度的调节装置，调节装置的一端固定有支撑部。

3. 其他特征分析

其他技术特征均为调节装置不同的具体实施方式，不是必要技术特征。

第五步：撰写独立权利要求

1. 确定主题名称

根据技术交底材料第三段记载的内容，确定主题名称为"起钉锤"。

2. 组合全部必要技术特征

以对比文件1为最接近的现有技术进行划界，调整语言语序，得到权利要求1如下：

1. 一种起钉锤，包括锤头组件和一端与锤头组件固定连接的把手，所述锤头组件一端设置有起钉翼，另一端设置有锤头，所述锤头组件的顶面具有支撑部，其特征在于：所述起钉锤设置有用于调节支撑部高度的调节装置，其一端与支撑部固定。

第六步：撰写从属权利要求

将三个实施例具体结构及其余技术特征按顺序分别写入从属权利要求（参照参考答案，此处略）。

二、参考答案

权利要求的撰写

1. 一种起钉锤，包括锤头组件和一端与锤头组件固定连接的把手，所述锤头组件一端设置有起钉翼，另一端设置有锤头，所述锤头组件的顶面具有支撑部，其特征在于：所述起钉锤设置有用于调节支撑部高度的调节装置，其一端与支撑部固定。

2. 如权利要求1所述的起钉锤，其特征在于：所述调节装置是调节螺杆。

3. 如权利要求2所述的起钉锤，其特征在于：所述调节螺杆与锤头组件螺纹连接。

4. 如权利要求3所述的起钉锤，其特征在于：所述锤头组件上开设有螺纹槽，所述调节螺杆与所述螺纹槽螺纹连接。

5. 如权利要求3所述的起钉锤，其特征在于：所述锤头组件上设置一个贯穿的孔，孔内设有螺纹，所述调节螺杆通过所述贯穿的孔与锤头组件螺纹连接。

6. 如权利要求5所述的起钉锤，其特征在于：所述调节螺杆远离锤头组件的一端固定有调节控制钮。

7. 如权利要求5所述的起钉锤，其特征在于：所述调节螺杆与把手平行设置，把手上设置有固定支架，所述螺杆可以在固定支架内活动穿过。

8. 如权利要求5~7任一项所述的起钉锤，其特征在于：所述调节螺杆的长度小于把手的长度。

9. 如权利要求2所述的起钉锤，其特征在于：所述锤头组件上具有一个贯穿的孔，所述把手通过该孔固定在锤头组件上，所述调节螺杆与把手螺纹连接。

10. 如利要求9所述的起钉锤，其特征在于：所述把手是中空的，其内表面设置有螺纹，所述调节螺杆设置在中空把手内，并与中空把手螺纹连接。

11. 如权利要求10所述的起钉锤，其特征在于：所述调节螺杆远离锤头组件的一端固定有调节控制钮。

12. 如权利要求9~11任一项所述的起钉锤，其特征在于：所述调节螺杆的长度大于把手的长度。

13. 如权利要求1所述的起钉锤，其特征在于：所述支撑部为板状，两端具有弧形支撑面。

权利要求1具有创造性的论述

对比文件1与本申请的技术领域相同，所要解决的技术问题最为接近，是最接近的现有技术。

权利要求与对比文件1的公开相比，区别技术特征在于起钉锤设置有用于调节支撑部高度的调节装置，其一端固定有支撑部。

根据上述区别技术特征可以确定，本发明实际解决的技术问题是如何实现起钉锤的支撑部高度可调节，从而使起钉锤适合起出不同长度的钉子。

对比文件2未公开上述区别技术特征，也没有给出将上述区别技术特征应用到对比文件1以解决其存在的技术问题的技术启示，因此权利要求1的技术方案是非显而易见的，具有突出的实质性特点。

权利要求1的技术方案通过调节装置，能够调整支撑部与起钉翼之间的距离，从而调整支点高度，适应不同长度的钉子，适用范围广，具有有益的技术效果。

因此，权利要求1相对于现有技术具备突出的实质性特点和显著的进步，具有《专利法》第22条第3款规定的创造性。

第五节 概括写法练习案例3

试题说明

客户向你所在的专利代理机构提供了他们发明的两种便携式牙刷的技术交底材料（附件1）

以及他们所了解的现有技术（附件2），委托你所在的代理机构就这两种牙刷提出发明专利申请。在撰写专利申请文件前，你对现有技术进行了检索，找到了一篇相关的对比文件（附件3）。

第一题：请你根据客户提供的技术交底材料（附件1）和现有技术（附件2），以及你检索到的对比文件（附件3）为客户撰写一份权利要求书。

第二题：请按照《专利法》《专利法实施细则》和《审查指南》的有关规定，对下述问题作出回答，回答内容应与你先前所撰写的权利要求书相适应：

1. 你认为这两项现有技术（附件2和附件3）中哪一项是与本发明最接近的现有技术？
2. 相对于客户提供的和你检索到的现有技术（附件2和附件3）确定本发明要解决哪些技术问题，并简述理由。

附件1（技术交底书）：

如图1所示，便携式牙刷包括牙刷本体1、兼作刷柄的盒体2和牙膏软袋4。牙刷本体1和盒体2通过铰链3折叠连接，从而牙刷本体1可绕铰链3折叠，折叠之后的牙刷体积小，携带方便。

牙膏软袋4置于盒体2中。盒体2形状是细长方体，盒体2顶壁有一个形状、大小与刷毛7相对应的刷毛空腔8。当牙刷折叠起来放置的时候，刷毛7正好落在此刷毛空腔8内，这样外出旅游时携带牙刷可保持卫生。

盒体2底壁上开有孔5，置于盒底的牙膏软袋压板6的下方有一凸块13，凸块13从此孔5中伸出。牙膏软袋4采用软袋包装，放在压板6上。牙膏出膏口12开在牙膏软袋4上侧与刷毛空腔8位置相对应处。出膏口12上有螺纹，与牙膏旋盖11相匹配。使用时，打开牙膏旋盖11，推动凸块13即可将牙膏挤出，不需要将牙膏袋取出即可使用。

盒体2一端有端盖9，端盖9内壁上有2～4个凸起14，它与盒体2侧端外壁上的凹孔10相卡紧，从而紧固盒体2上更换牙膏软袋4的开口，并方便更换牙膏软袋4。

图2显示了另外一种便携式牙刷的剖面图，其中采用了另外一种挤压牙膏软袋的装置。在盒体2远离刷毛空腔8的一端设置了一块可移动板15来代替图1中的压板6，该可移动板15侧面有一个凸出的拨块16，盒体2壁上与此拨块16相对应的位置处开一条沿盒体2长边走向的长条形槽17。当拨动拨块16时，可以使可移动板15沿着盒体2长边方向移动。使用时，打开牙膏旋盖11，推动拨块16即可将牙膏挤出，不需要将牙膏软袋4取出即可使用。

盒体2一端设置的端盖9为凸销形状，插入在盒体2开口侧，以方便更换牙膏软袋4。

当然，此挤压牙膏软袋的装置还可采用其他结构，如目前市场上可买到的固体胶棒中的螺旋送进机构。同样，牙刷本体1与盒体2之间的连接不局限于铰链连接，还可采用其他连接方式，如卡入式连接，插拨方式配合，只要能形成刷头和盒体之间的折叠关系即可。

兼作刷柄盒体2的截面形式也可为半圆形、半椭圆形或其他适用形状。这样的变换均落在本发明的保护范围之内。

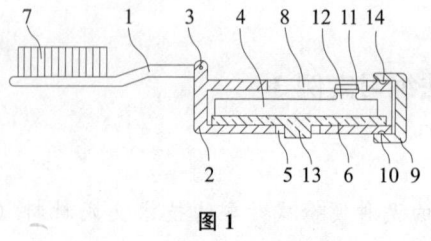

图1

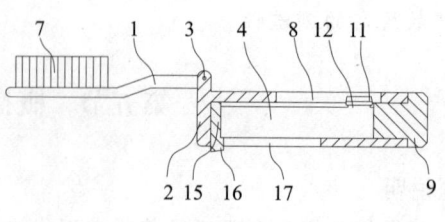

图2

附件 2（说明书节选）：

一种牙刷，如附件 2 图 1 所示，便携式牙刷包括牙刷本体 32、兼作刷柄的盒体 31、盒体侧边设置的端盖 35、盒体上的牙刷本体的插孔 33，以及小袋牙膏 34。使用时，可打开盒体的端盖 35，取出牙刷本体和牙膏，将牙刷的一端插入盒体的插孔中，拧开牙膏袋出口的螺旋盖，挤出牙膏。用毕可将牙刷本体取下，连同牙膏一起放入盒体内，盖上端盖即可携带。可在端盖与盒体配合的位置处分别设置凸起和凹点，利用凹凸配合使得端盖与盒体固定牢固。

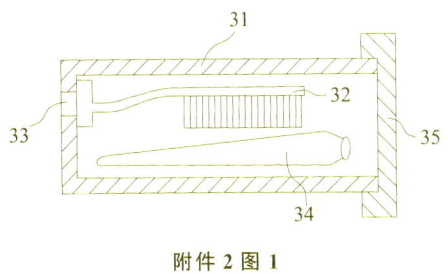

附件 2 图 1

附件 3（说明书节选）：

如附件 3 图 1 所示，一种折叠式牙刷，盒体 1 通过铰链轴 3 与牙刷本体 2 相连接，在盒体 1 下端设有与牙刷本体 2 上刷毛 5 相应的空腔 4，折叠后刷毛 5 正好位于该空腔 4 内。盒体 1 上还设有可收放牙膏的小盒 6。

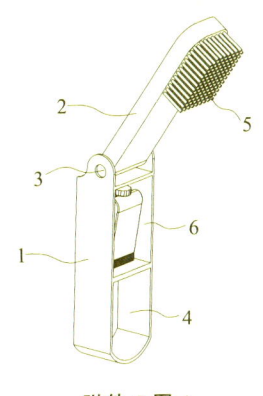

附件 3 图 1

解题思路及参考答案

一、删除式六步法撰写思路

第一步：技术特征分析

下面在技术交底书原文基础上，以删除线形式显示删除的非技术特征：

如图 1 所示，便携式牙刷包括牙刷本体 1、兼作刷柄的盒体 2 和牙膏软袋 4。牙刷本体 1 和盒体 2 通过铰链 3 折叠连接，从而牙刷本体 1 可绕铰链 3 折叠，折叠之后的牙刷体积小，携带方便。

（挤压牙膏软袋第一实施例）

牙膏软袋 4 置于盒体 2 中。盒体 2 形状是细长方体，盒体 2 顶壁有一个形状、大小与刷毛 7 相对应的刷毛空腔 8。当牙刷折叠起来放置的时候，刷毛 7 正好落在此刷毛空腔 8 内，这样外出旅游时携带牙刷可保持卫生。

盒体 2 底壁上开有孔 5，置于盒底的牙膏软袋压板 6 的下方有一凸块 13，凸块 13 从此孔 5 中伸出。牙膏软袋 4 采用软袋包装，放在压板 6 上。牙膏出膏口 12 开在牙膏软袋 4 上侧与刷毛空腔8位置相对应处。出膏口12上有螺纹，与牙膏旋盖11相匹配。使用时，打开牙膏旋盖11，推动凸块13即可将牙膏挤出，不需要将牙膏袋取出即可使用。

（端盖第一实施例）

盒体2一端有端盖9，端盖9内壁上有2~4个凸起14，它与盒体2侧端外壁上的凹孔10相卡紧，从而紧固盒体2上更换牙膏软袋4的开口，并方便更换牙膏软袋4。

（挤压牙膏软袋第二实施例）

图2显示了另外一种便携式牙刷的剖面图，其中采用了另外一种挤压牙膏软袋的装置。在盒体2远离刷毛空腔8的一端设置了一块可移动板15来代替图1中的压板6，该可移动板15侧面有一个凸出的拨块16，盒体2壁上与此拨块16相对应的位置处开一条沿盒体2长边走向的长条形槽17。当拨动拨块16时，可以使可移动板15沿着盒体2长边方向移动。使用时，打开牙膏旋盖11，推动拨块16即可将牙膏挤出，不需要将牙膏软袋4取出即可使用。

（端盖第二实施例）

盒体2一端设置的端盖9为凸销形状，插入在盒体2开口侧，以方便更换牙膏软袋4。

当然，此挤压牙膏软袋的装置还可采用其他结构，如目前市场上可买到的固体胶棒中的螺旋送进机构。同样，牙刷本体1与盒体2之间的连接不局限于铰链连接，还可采用其他连接方式，如卡入式连接，插拔方式配合，只要能形成牙刷头和盒体之间的折叠关系即可。

兼作刷柄盒体2的截面形式也可为半圆形、半椭圆形或其他适用形状。这样的变换均落在本发明的保护范围之内。

第二步：找发明点

1. 找出区别技术特征

下表中对比技术交底书的技术特征与现有技术的区别，以下划线形式标示出区别技术特征。

技术交底	附件2	附件3
便携式牙刷包括牙刷本体1、兼作刷柄的盒体2和牙膏软袋4，牙刷本体1和盒体2通过铰链3折叠连接	一种牙刷，便携式牙刷包括牙刷本体32、兼作刷柄的盒体31、盒体侧边设置的端盖35、盒体上的牙刷本体的插孔33，以及小袋牙膏34。可在端盖与盒体配合的位置处分别设置凸起和凹点	一种折叠式牙刷，盒体1通过铰链轴3与牙刷本体2相连接，在盒体1下端设有与牙刷本体1上刷毛5相应的空腔4，折叠后刷毛5正好位于该空腔4内。盒体1上还设有可收放牙膏的小盒6
牙膏软袋4置于盒体2中		
盒体2形状是细长方体		
盒体2顶壁有一个形状、大小与刷毛7相对应的刷毛空腔8，当牙刷折叠起来放置的时候，牙刷刷毛7正好落在此刷毛空腔8内		
盒体2底壁上开有孔5，置于盒底的牙膏软袋压板6的下方有一凸块13，凸块13从此孔5中伸出		
出膏口12开在牙膏软袋4上侧与刷毛空腔8位置相对应处		
出膏口12上有螺纹，与牙膏旋盖11相匹配		
盒体2一端有端盖9，端盖9内壁上有2~4个凸起14，它与盒体2侧端外壁上的凹孔10相卡紧		
在盒体2远离刷毛空腔8那一端设置了一块可移动板15，可移动板15侧面有一个凸出的拨块16，盒体2壁上与此拨块16相对应的位置处开一条沿盒体2长边走向的长条形槽17。当拨动拨块16时，可以使可移动板15沿着盒体2长边方向移动		
盒体2一端设置的端盖9为凸销形状，插入在盒体2开口侧		
挤压牙膏软袋的装置采用螺旋送进机构		
牙刷本体1与盒体2之间卡入式连接，插拔方式配合		
盒体2的截面为半圆形、半椭圆形		

2. 技术逻辑分析

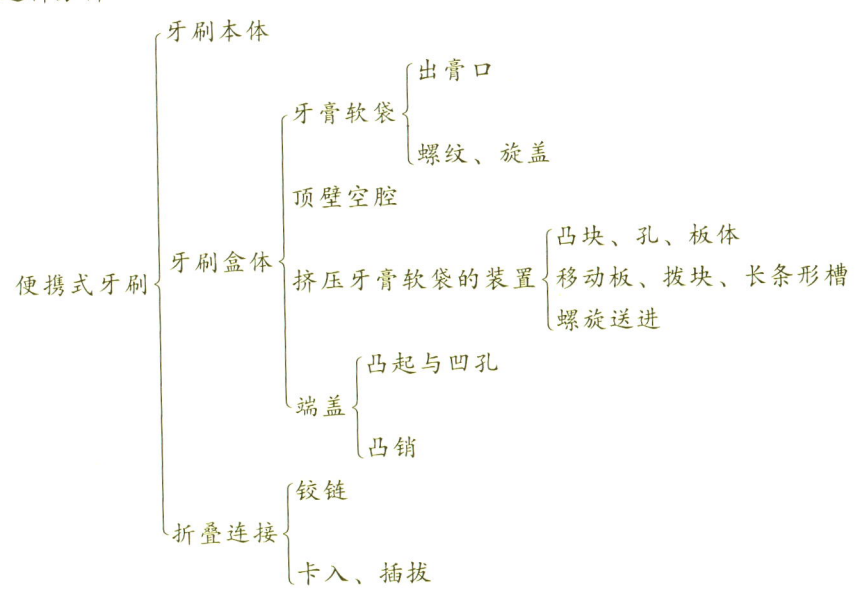

3. 确定发明点

在以上区别技术特征中,"盒体2底壁上开有孔5,置于盒底的牙膏软袋压板6的下方有一凸块13,凸块13从此孔5中伸出"和"在盒体2远离刷毛空腔8的一端设置了一块可移动板15,可移动板15侧面有一个凸出的拨块16,盒体2壁上与此拨块16相对应的位置处开一条沿盒体2长边走向的长条形槽17。当拨动拨块16时,可以使可移动板15沿着盒体2长边方向移动"是最基础改进的两个实施例,和最后一段提到的"螺旋送进机构"一起概括为"盒体中设有挤压牙膏软袋的装置"作为发明点。

第三步:确定所要解决的技术问题

从上述发明点所起到的作用以及效果可知,本申请所要解决的技术问题是提供一种使用更方便的便携式旅行牙刷,使用时不必从盒体中取出牙膏袋。

第四步:确定必要技术特征

要解决上述技术问题,需要包括以下技术特征:

1. 为使技术方案完整所必需的部件及连接关系

便携式牙刷包括牙刷本体1、兼作刷柄的盒体2和牙膏软袋4,牙刷本体1和盒体2折叠连接;牙膏软袋4置于盒体2中;盒体2顶壁有一个形状、大小与刷毛7相对应的刷毛空腔8,当牙刷折叠起来放置的时候,刷毛7正好落在此刷毛空腔8内;出膏口12开在牙膏软袋4上侧与刷毛空腔8位置相对应处。

2. 体现发明点的技术特征

体现发明点的特征"盒体中设有挤压牙膏软袋的装置"是必要技术特征。

3. 其他特征分析

其他技术特征都不是必要技术特征:

"出膏口12上有螺纹,与牙膏旋盖11相匹配"所要解决的问题是牙膏保持清洁,与所要解决的技术问题无关;

"盒体2一端有端盖9"所要解决的问题是更换牙膏软袋,与所要解决的技术问题无关;

"牙刷本体1与盒体2之间铰链连接、卡入式连接、插拔方式配合"是"折叠连接"的三种实施方式，不是必要技术特征。

第五步：撰写独立权利要求

1. 确定主题名称

根据说明书第一段记载的内容，确定主题名称为"便携式牙刷"。

2. 组合全部必要技术特征

附件3与本发明属于同一技术领域，公开相同或相似的技术特征最多，是最接近的现有技术。

将上述确定的必要技术特征中，与最接近的现有技术共有的技术特征写入独立权利要求的前序部分，与最接近的现有技术的区别技术特征写入独立权利要求的特征部分，然后对必要技术特征进行语言上的调整，得到独立权利要求如下：

1. 一种便携式牙刷，包括牙刷本体（1）、兼作刷柄的盒体（2）和置于盒体（2）内的牙膏软袋（4），牙刷本体（1）与盒体（2）之间为折叠连接，盒体（2）顶壁设有一个形状、大小与刷毛（7）相应的空腔（8），牙刷本体（1）折叠后，刷毛（7）正好位于空腔（8）内，其特征在于：牙膏软袋（4）的上侧开设出膏口（12），出膏口（12）位置与刷毛空腔（8）相对应，盒体（2）中设有挤压牙膏软袋（4）的装置。

第六步：撰写从属权利要求

将三个实施例具体结构及其余特征依次写入从属权利要求。特别需要注意的是，端盖有两种实施方式，需要在从属权利要求中进行概括（参照参考答案权利要求5，此处略）。

二、参考答案

权利要求的撰写

1. 一种便携式牙刷，包括牙刷本体（1）、兼作刷柄的盒体（2）和置于盒体（2）内的牙膏软袋（4），牙刷本体（1）与盒体（2）之间为折叠连接，盒体（2）顶壁设有一个形状、大小与刷毛（7）相应的空腔（8），牙刷本体（1）折叠后，刷毛（7）正好位于空腔（8）内，其特征在于：牙膏软袋（4）的上侧开设出膏口（12），出膏口（12）位置与刷毛空腔（8）相对应，盒体（2）中设有挤压牙膏软袋（4）的装置。

2. 根据权利要求1所述的便携式牙刷，其特征在于：挤压牙膏软袋（4）的装置是一块位于牙膏软袋（4）下方的、带凸块（13）的压板（6），盒体（2）底壁与该凸块（13）相应位置处开有一个孔（5），该压板凸块（13）从此孔（5）中伸出。

3. 根据权利要求1所述的便携式牙刷，其特征在于：挤压牙膏软袋（4）的装置是一块位于盒体（2）远离刷毛空腔（8）的一端的可移动板（15），该可移动板（15）侧面上有一拨块（16）；盒体（2）壁上与此拨块（16）相应位置处开有一条长条形槽（17）；该可移动板（15）上的拨块（16）从此长条形槽（17）中伸出，并可沿此长条形槽（17）移动。

4. 根据权利要求1所述的便携式牙刷，其特征在于：挤压牙膏软袋（4）的装置是螺旋送进机构。

5. 根据权利要求1～4任一项所述的便携式牙刷，其特征在于：盒体（2）的一端设有端盖（9）。

6. 根据权利要求5所述的便携式牙刷，其特征在于：端盖（9）内壁上有2～4个凸起（14），它与盒体（2）侧端外壁上的凹孔（10）相卡紧。

7. 根据权利要求5所述的便携式牙刷，其特征在于：端盖（9）为凸销形状，插入在盒体开口侧。

8. 根据权利要求1所述的便携式牙刷，其特征在于：盒体（2）是细长方形或半圆形或半椭圆形。

9. 根据权利要求1所述的便携式牙刷，其特征在于：牙刷本体（1）与盒体（2）之间通过铰链（3）或卡入或插拔方式折叠连接。

10. 根据权利要求1所述的便携式牙刷，其特征在于：出膏口（12）处通过螺纹连接有旋盖（11）。

最接近的现有技术

附件3是本发明最接近的现有技术。附件2和附件3的技术领域均与本发明的技术领域相同，但是附件3公开了刷头可以折叠并容纳在刷柄上的凹腔中，而附件2的刷头不能折叠，由此可知附件3解决的技术问题比附件2更接近于本发明，因此，应以附件3作为本发明最接近的现有技术。

所要解决的技术问题

应根据附件3来确定本发明所要解决的技术问题。相对于附件3，本发明所要解决的主要技术问题是提供一种使用方便的便携式旅行牙刷，使用时不必从盒体中取出牙膏袋。

专题八　两件申请的撰写

第一节　概　　述

专题六、七的案例都是根据技术交底书撰写一件申请。本专题讲述出题频率更高的撰写题型，即根据交底材料撰写两件以上的专利申请。

一、从试题说明判断考试要求撰写两件以上申请

1. 两件以上申请的典型试题说明

当考题的试题说明出现类似如下要求时，基本上是考查两件以上专利申请的撰写：

请你根据技术交底书，综合考虑客户提供的涉案专利和三份对比文件所反映的现有技术，为客户撰写一份发明专利申请的权利要求书。

如果认为应当提出一份专利申请，则应撰写独立权利要求和适当数量的从属权利要求；如果在一份专利申请中包含两项或两项以上的独立权利要求，则应说明这些独立权利要求能够合案申请的理由；如果认为应当提出多份专利申请，则应说明不能合案申请的理由，并针对其中的一份专利申请撰写独立权利要求和适当数量的从属权利要求，对于其他专利申请，仅需撰写独立权利要求。

2. 撰写两件以上专利申请的原因

有三种原因可能导致需要撰写两件以上的申请：

①技术交底书中有并列发明点（2012 年、2013 年、2014 年、2015 年、2018 年、2019 年、2020 年考查过）；

②多个实施例无法概括（2011 年考查过）；

③技术交底书中既有多个并列发明点，又有无法概括的多个实施例（2014 年、2015 年考查过）。

二、并列发明点的判断及撰写方式

并列发明点是指技术交底书或者说明书中有两个或者两个以上的发明点。

1. 并列发明点的判断

出现以下情形时，需要考虑并列发明点独立权利要求的布局问题：

①技术交底书的开头明确给出了发明所要解决的多个（试题中一般是两个）最根本的技术问题，而多个根本的技术问题是并列的，无依存或者主从关系，解决这些技术问题的手段在技术上也无关联。

②技术交底书明显分为前后两个部分，前半部分解决一个技术问题，后半部分解决另外一个技术问题，且两者互不相关。

2. 并列发明点的撰写方式

对于技术交底书有多个发明点需要撰写，在第一件专利申请中，须将技术交底书给出的技术

内容都要写入权利要求中。这时，第二个发明点应写为从属权利要求。但是，为了充分地保护发明创造，还需要针对第二个发明点撰写为另一项独立权利要求，并建议委托人在同日另行提出一件专利申请（具体写法参见本专题第二节案例）。

3. 撰写步骤

并列发明点的撰写与专题六中介绍的"六步法"基本相同，只是多了第七步。在第二步"找发明点"发现有两个或者两个以上并列发明点时，在第五步"撰写独立权利要求"先以第一个发明点为核心撰写独立权利要求，在第六步"撰写从属权利要求"时注意要将第二个发明点作为从属权利要求。在第七步中，以第二个发明点为核心再撰写一个独立权利要求。

4. 论述另案申请的理由

凡是有另案申请的试题，都需要论述另案申请的理由。在回答问题时，要从独立权利要求之间不具有单一性的角度论述另案申请的理由。常见论述方式为：

第一份专利申请的独立权利要求1相对于现有技术作出贡献的技术特征为"……"，从而解决……的问题。

第二份专利申请的独立权利要求1相对于现有技术作出贡献的技术特征为"……"，从而解决……的技术问题。

由此可见，两个独立权利要求对现有技术作出贡献的技术特征既不相同也不相应，彼此之间在技术上也无相互关联，从而两个独立权利要求之间并不包含相同或相应的特定技术特征，不属于一个总的发明构思，彼此之间不具备单一性，因此应当分别作为两份专利申请提出。

三、多个实施例无法概括的判断及撰写方式

按照常规出题方式，当技术交底书出现多个实施例时，应当如专题七所讲，对多个实施例进行概括。但是，个别年份（2011年、2014年、2015年）的考题也出现过为了解决同一技术问题的多个实施例之间没有相同构思的情况，因此多个实施例无法概括到一起，只能分为两件以上专利申请单独撰写。

具体写法参见第3节案例。

四、同时考查并列发明点和多个实施例无法概括

个别年份的考题还会同时考查并列发明点与多个实施例无法概括，难度更大。2014年、2015年的试题均为混合考。混合考的具体写法参见本专题第四节案例。

五、并列发明点和多个实施例无法概括之间的区别

并列的发明点是存在多个根本要解决的技术问题、多个并列的根本发明点，发明点之间无逻辑上的主从关系，但是可以通过改变主题写为主从关系。因此，在并列发明点布局方式中，第一件申请以第一个发明点为核心撰写独立权利要求，第二个发明点写入从属权利要求作为进一步限定，第二件申请以第二个发明点为核心撰写独立权利要求。

在多个实施例无法概括的情形下，实施例之间无论怎么改变主题，也无法写出主从关系。因此，在无法概括而申请两件专利的情形下，第二个实施例的技术内容不能作为第一件专利申请的从属权利要求。

第二节　并列发明点示范案例❶

试题说明

第一题：请你根据技术交底书，综合考虑客户提供的对比文件所反映的现有技术，为客户撰写一份发明专利申请的权利要求书。

如果认为应当提出一份专利申请，则应撰写独立权利要求和适当数量的从属权利要求；如果在一份专利申请中包含两项或两项以上的独立权利要求，则应说明这些独立权利要求能够合案申请的理由；如果认为应当提出多份专利申请，则应说明不能合案申请的理由，并针对其中的一份专利申请撰写独立权利要求和适当数量的从属权利要求，对于其他专利申请，仅需写独立权利要求。

第二题：简述你撰写的独立权利要求相对于现有技术所解决的技术问题和取得的技术效果以及所采用的技术手段。

客户提供的交底材料：

一种多功能灯

现有灯的亮度、冷暖色调等通常是单一的。但是，不同用途往往需要有不同的光，例如小夜灯需要亮度较暗、色调较暖的黄光，工作时需要亮度较高、色调较冷的白光，用餐时需要亮度中等、色调较暖的黄光。因此，需要一种灯同时兼具多种模式以满足不同需求。

为此，提供了一种能兼顾上述需求的灯。

图1为灯的整体分解图；

图2为灯的分解剖视图；

图3为拆除遮光片46后、朝光源承载座421观看的滤光部44的剖视图。

如图1～3所示，灯包括灯座41、支撑杆42、光源43。光源43为全角度发光的线性白光灯管，反射罩45部分包围光源43。灯还包括滤光部44、遮光片46和光源承载座421，光源43安装在光源承载座421上，滤光部套设在光源43之外，并可旋转地连接在支撑杆42顶端上，如旋转套接在光源承载座421外部。遮光片46盖在滤光部44远离光源承载座421的顶端，并随滤光部44一起共同旋转。

滤光部44具有三个滤光区44a、44b、44c，其分界线位于一个虚拟圆柱体面上，并与滤光部44的旋转轴平行。滤光区44a仅透过少部分黄光从而实现小夜灯的功能，其形成在该虚拟圆柱体的120度圆心角的扇形圆柱面上；滤光区44b是透明的，便于工作照明，滤光区44c可透过中等量黄光从而营造就餐氛围，滤光区44b、44c形成在该虚拟圆柱体的内接等边三棱柱的两个侧平面上。反射罩45使光线发射角度集中到光源43下方一个滤光区的范围中，通过滤光部44的旋转可以实现满足上述三种光照的需求。

由于小夜灯模式透光量较少，相对于其他两种光照模式，滤光部44a会吸收更多的光，升温更多，而将滤光区44a设置在虚拟圆柱体的圆柱面上，并将滤光区44b、44c设置在该虚拟圆柱体的内接等边三棱柱上，且滤光部44的旋转轴、光源43的轴线均与该虚拟圆柱体的中心轴重

---

❶ 本案例改编自2018年全国专利代理人资格考试专利实务撰写试题第4题、第5题。

合，使得滤光区44a与光源43的间距大于其他滤光区44b、44c与光源43的间距，将会抑制滤光部升温；并通过滤光区44b、44c的平面设置，保证了各滤光区44a、44b、44c的相应光照模式切换到位。

为便于在黑暗环境下，定位小夜灯模式，在滤光区44a与其他两个滤光区44b、44c交界区域各设置一列间隔的荧光凸点，而在其他两个滤光区44b、44c的交界区域设置条形荧光凸起；同时在滤光部44靠近光源承载座421和靠近遮光片46的边界区域，以及遮光片46靠近各滤光区的区域上，分别设置表示滤光区编号的数字型荧光凸起。当然，这些荧光凸点和荧光凸起等亮度极弱并不能用于照明，但可在触感和视觉上被识别。同时，由于圆柱面和平面的整体触感不同，也可以定位小夜灯模式。

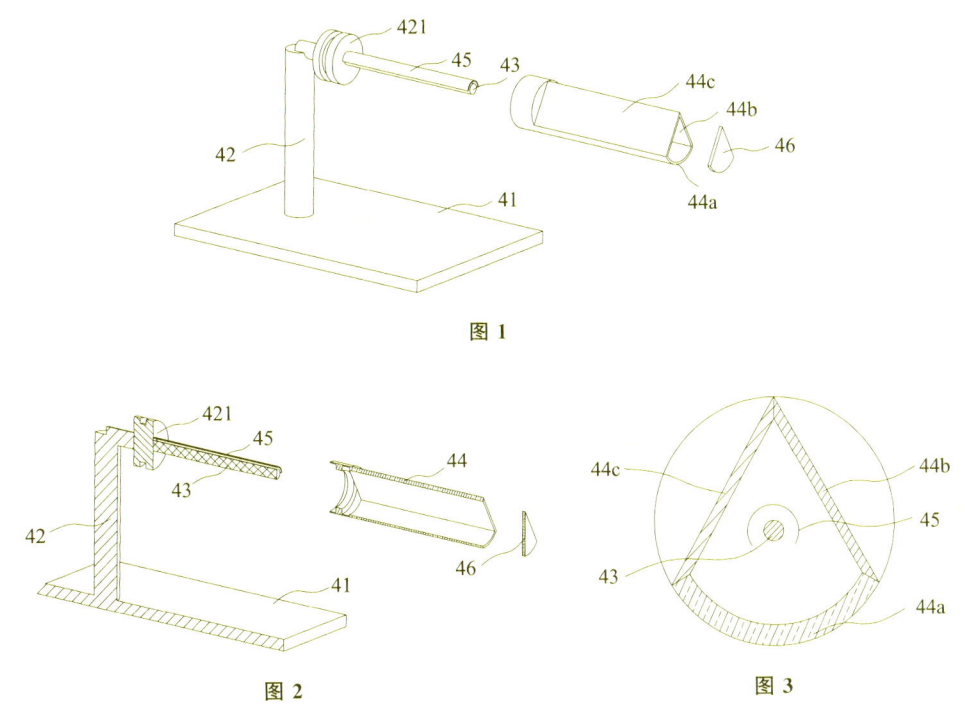

图1

图2

图3

对比文件：

说　明　书

多用途灯

本实用新型涉及灯的改良。

如图1所示，是一种现有灯的示意图。现有灯通常由灯座1、支撑杆2，光源3和部分包围光源3的反射罩4组成。灯座可以平稳地放置在桌面上，并通过支撑杆2连接到光源3，这种灯通常仅能提供单一形态、单一色调等的光。

本实用新型的主要目的是提供一种多用途灯，可以提供不同的光照模式。

图1为现有灯的示意图。

图2为本实用新型的灯的示意图。

如图2所示，本实用新型的灯包括灯座11、支撑杆12、发白光的光源13。灯还包括滤光部14、遮光片16和光源承载座121，光源13安装在光源承载座121上。滤光部14套设在光源13外，并可旋转地连接在支撑杆12顶端上，如旋转套接在光源承载座121外部，滤光部14的旋转轴和光源承载座121的轴线重合，遮光片16盖在滤光部14远离光源承载座121的顶端。灯座11材料为塑料。

滤光部14由依次排列的多个滤光区组成，其通过透过不同颜色和/或亮度比例而提供不同的滤光功能，隔开多个滤光区的分界线则平行于滤光部14的旋转轴，因此，通过旋转滤光部14可以为不同的方位提供不同的光照模式。可知，图2示出的滤光部14是圆柱状的，有四个滤光区14a、14b、14c、14d。其中，滤光区14a是透明的，便于工作照明；滤光区14b透过中量黄光，用于营造就餐氛围；滤光区14c和滤光区14d分别透过中等亮度的粉红色和蓝色光，用于营造浪漫和海洋的氛围。

光源13可以是具有一定发光角度的发光二极管灯条，也可以采用荧光管这种360度全角度发光的光源。为了集中光能量，可以在滤光部14所包围空间内的光源承载座121上固定设置一个部分包围光源13的反射罩15。

说 明 书 附 图

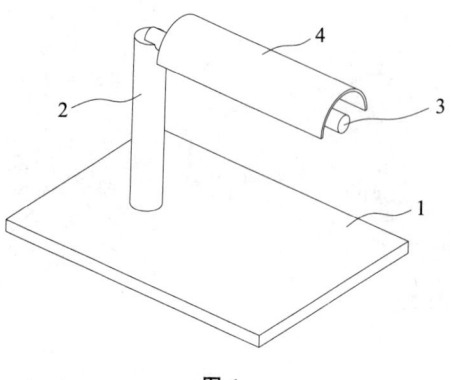

图1

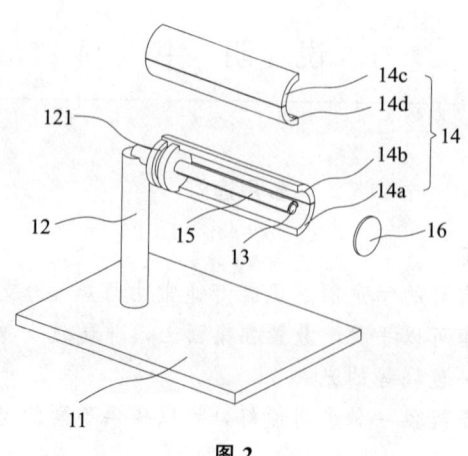

图2

解题思路及参考答案

一、删除式六步法撰写思路

第一步：技术特征分析

在技术交底书基础上，以删除线表示删除非技术特征：

现有灯的亮度、冷暖色调等通常是单一的。但是，不同用途往往需要有不同的光，例如小夜灯需要亮度较暗、色调较暖的黄光，工作时需要亮度较高、色调较冷的白光，用餐时需要亮度中等、色调较暖的黄光。因此，需要一种灯同时兼具多种模式以满足不同需求。

为此，提供了一种能兼顾上述需求的灯。

图1为灯的整体分解图；

图2为灯的分解剖视图。

图3为拆除遮光片46后、朝光源承载座421观看的滤光部44的剖视图。

如图1~3所示，灯包括灯座41、支撑杆42、光源43。光源43为全角度发光的线性白光灯管，反射罩45部分包围光源43。灯还包括滤光部44、遮光片46和光源承载座421，光源43安装在光源承载座421上，滤光部套设在光源43之外，并可旋转地连接在支撑杆42顶端上，如旋转套接在光源承载座421外部。遮光片46盖在滤光部44远离光源承载座421的顶端，并随滤光部44一起共同旋转。

滤光部44具有三个滤光区44a、44b、44c，其分界线位于一个虚拟圆柱体面上，并与滤光部44的旋转轴平行。滤光区44a仅透过少部分黄光从而实现小夜灯的功能，其形成在该虚拟圆柱体的120度圆心角的扇形圆柱面上；滤光区44b是透明的，便于工作照明，滤光区44c可透过中等量黄光从而营造就餐氛围，滤光区44b、44c形成在该虚拟圆柱体的内接等边三棱柱的两个侧平面上。反射罩45使光线发射角度集中到光源43下方一个滤光区的范围中，通过滤光部44的旋转可以实现满足上述三种光照的需求。

由于小夜灯模式透光量较少，相对于其他两种光照模式，滤光部44a会吸收更多的光，升温更多，而将滤光区44a设置在虚拟圆柱体的圆柱面上，并将滤光区44b、44c设置在该虚拟圆柱体的内接等边三棱柱上，且滤光部44的旋转轴、光源43的轴线均与该虚拟圆柱体的中心轴重合，使得滤光区44a与光源43的间距大于其他滤光区44b、44c与光源43的间距，将会抑制滤光部升温；并通过滤光区44b、44c的平面设置，保证了各滤光区44a、44b、44c的相应光照模式切换到位。

为便于在黑暗环境下，定位小夜灯模式，在滤光区44a与其他两个滤光区44b、44c交界区域各设置一列间隔的荧光凸点，而在其他两个滤光区44b、44c的交界区域设置条形荧光凸起；同时在滤光部44靠近光源承载座421和靠近遮光片46的边界区域，以及遮光片46靠近各滤光区的区域上，分别设置表示滤光区编号的数字型荧光凸起。当然，这些荧光凸点和荧光凸起等亮度极弱并不能用于照明，但可在触感和视觉上被识别。同时，由于圆柱面和平面的整体触感不同，也可以定位小夜灯模式。

第二步：找发明点

1. 找出区别技术特征

下表中对比技术交底书的技术特征与现有技术的区别，以下划线形式标示出区别技术特征：

技术交底	对比文件
灯包括灯座41、支撑杆42、光源43 光源43为全角度发光的线性白光灯管，反射罩45部分包围光源43 灯还包括滤光部44、遮光片46和光源承载座421，光源43安装在光源承载座421上，滤光部套设在光源43之外，并可旋转地连接在支撑杆42顶端上，如旋转套接在光源承载座421外部 遮光片46盖在滤光部44远离光源承载座421的顶端，并随滤光部44一起共同旋转 滤光部44具有三个滤光区44a、44b、44c，其分界线位于一个虚拟圆柱体面上，并与滤光部44的旋转轴平行 滤光区44a形成在该虚拟圆柱体的120度圆心角的扇形圆柱面上；滤光区44b、44c形成在该虚拟圆柱体的内接等边三棱柱的两个侧平面上 滤光部44的旋转轴、光源43的轴线均与该虚拟圆柱体的中心轴重合，滤光区44a与光源43的间距大于其他滤光区44b、44c与光源43的间距 在滤光区44a与其他两个滤光区44b、44c交界区域各设置一列间隔的荧光凸点，而在其他两个滤光区44b、44c的交界区域设置条形荧光凸起；同时在滤光部44靠近光源承载座421和靠近遮光片46的边界区域，以及遮光片46靠近各滤光区的区域上，分别设置表示滤光区编号的数字型荧光凸起	本实用新型的灯包括灯座11、支撑杆12、发白光的光源13。灯还包括滤光部14、遮光片16和光源承载座121，光源13安装在光源承载座121上。滤光部14套设在光源13外，并可旋转地连接在支撑杆12顶端上，如旋转套接在光源承载座121外部，滤光部14的旋转轴和光源承载座121的轴线重合，遮光片16盖在滤光部14远离光源承载座121的顶端（可随滤光部一起共同旋转）。灯座11材料为塑料。滤光部14由依次排列的多个滤光区组成，其通过透过不同颜色和/或亮度比例而提供不同的滤光功能，隔开多个滤光区的分界线则平行于滤光部14的旋转轴，因此，通过旋转滤光部14可以为不同的方位提供不同的光照模式。可知，图示出的滤光部14是圆柱状的，有四个滤光区14a、14b、14c、14d。其中，滤光区14a是透明的，便于工作照明；滤光区14b透过中量黄光，用于营造就餐氛围；滤光区14c和滤光区14d分别透过中等亮度的粉红色和蓝色光，用于营造浪漫和海洋的氛围

2. 确定发明点

与对比文件相比，最根本的改进有两个：

①滤光部的具体构成（直板形滤光区以及扇形圆柱面的组合），即"滤光部44具有三个滤光区44a、44b、44c，其分界线位于一个虚拟圆柱体面上，并与滤光部44的旋转轴平行；滤光区44a形成在该虚拟圆柱体的扇形圆柱面上，滤光区44b、44c形成在该虚拟圆柱体的内接等边三棱柱的两个侧平面上；滤光部44的旋转轴、光源43的轴线均与该虚拟圆柱体的中心轴重合，滤光区44a与光源43的间距大于其他滤光区44b、44c与光源43的间距"。

②"在滤光区44a与其他两个滤光区44b、44c交界区域各设置一列间隔的荧光凸点，而在其他两个滤光区44b、44c的交界区域设置条形荧光凸起；同时在滤光部44的靠近光源承载座421和靠近遮光片46的边界区域，以及遮光片46的靠近各滤光区的区域上，分别设置表示滤光区编号的数字型荧光凸起"。

上述两个最根本的改进为并列发明点。

第三步：确定所要解决的技术问题

第一个发明点对应解决的技术问题为：抑制滤光部温度升高同时还能方便定位。

第二个发明点对应解决的技术问题为：在小夜灯模式下视觉和触觉识别。

第四步：确定第一件申请的必要技术特征

要解决上述第一个技术问题，需要包括以下技术特征：

1. 为使技术方案完整所必需的部件及连接关系

灯包括灯座 41、支撑杆 42、光源 43；反射罩 45 部分包围光源 43；灯还包括滤光部 44、遮光片 46 和光源承载座 421，滤光部套设在光源 43 之外，并可旋转地连接在支撑杆 42 顶端上。

2. 体现发明点的技术特征

① "滤光部 44 具有三个滤光区 44a、44b、44c，其分界线位于一个虚拟圆柱体面上，并与滤光部 44 的旋转轴平行"中的"三个滤光区"可概括为"多个滤光区"；（考试中不概括照原文写影响不大）

② "滤光区 44a 形成在该虚拟圆柱体的扇形圆柱面上，滤光区 44b、44c 形成在该虚拟圆柱体的内接等边三棱柱的两个侧平面上"中的"滤光区 44a"可表述为"第一滤光区"，"滤光区 44b"可表述为"第二滤光区"，"滤光区 44c"可表述为"第三滤光区"，"等边三棱柱体"可表述为"等边多棱柱体"；

③ "滤光部 44 的旋转轴、光源 43 的轴线均与该虚拟圆柱体的中心轴重合，滤光区 44a 与光源 43 的间距大于其他滤光区 44b、44c 与光源 43 的间距"。

3. 其他特征分析

其他技术特征都不是必要技术特征：

"光源 43 为全角度发光的线性白光灯管""光源 43 安装在光源承载座 421 上，滤光部旋转套接在光源承载座 421 外部""遮光片 46 盖在滤光部 44 远离光源承载座 421 的顶端，并随滤光部 44 一起共同旋转"均为现有技术，且与所要解决的技术问题无关，与发明点的实现也无技术上的联系，不是必要技术特征。如果考试中将这三个技术特征写入独立权利要求，由于当年试题考试难度较大，也不会过于影响分数。

"120 度圆心角"是优选的实施方式，不是必要技术特征。

"在滤光区 44a 与其他两个滤光区 44b、44c 交界区域各设置一列间隔的荧光凸点，而在其他两个滤光区 44b、44c 的交界区域设置条形荧光凸起；同时在滤光部 44 的靠近光源承载座 421 和靠近遮光片 46 的边界区域，以及遮光片 46 的靠近各滤光区的区域上，分别设置表示滤光区编号的数字型荧光凸起"是第二个发明点，与第一个发明点所要解决的技术问题无关，不是必要技术特征。

第五步：撰写第一件申请的独立权利要求

1. 确定主题名称

根据技术交底书第二段的描述，将主题名称确定为"灯"。

2. 组合全部必要技术特征

将上述必要技术特征组合，调整语言语序，完成独立权利要求 1 的撰写：

1. 一种灯，包括灯座（41）、支撑杆（42）、光源（43）、滤光部（44）、遮光片（46）、反射罩（45）和光源承载座（421），光源（43）安装在光源承载座（421）上，反射罩（45）部分包围光源（43），滤光部套设在光源（43）之外，并可旋转地连接在支撑杆（42）顶端上；通过滤光部（44）的旋转可以实现满足不同模式光照的需求；其特征在于：滤光部（44）具有多个滤光区（44a、44b、44c），其分界线位于一个虚拟圆柱体面上，并与滤光部（44）的旋转轴平行，其中第一滤光区（44a）形成在所述虚拟圆柱体的扇形圆柱面上；其他滤光区（44b、44c）形成在虚拟圆柱体的内接等边多棱柱的平面上，且滤光部（44）的旋转轴、光源（43）的轴线均与该虚拟圆柱体的中心轴重合，使得第一滤光区（44a）与光源（43）的间距大于其他滤光区（44b、44c）与光源（43）的间距。

第六步：撰写第一件申请的从属权利要求

将其余技术特征以及第二个发明点写入从属权利要求，（参照参考答案，此处略）。

第七步：撰写第二件申请独立权利要求

在第一件申请权利要求1前序部分基础上，加上第二件申请的发明点，将"荧光凸点和荧光凸起"概括为"荧光指示标记"，即可完成第二件申请的独立权利要求：

1. 一种灯，包括灯座（41）、支撑杆（42）、光源（43）、滤光部（44）、遮光片（46）、反射罩（45）和光源承载座（421），光源（43）安装在光源承载座（421）上，反射罩（45）部分包围光源（43），滤光部套设在光源（43）之外，并可旋转地连接在支撑杆（42）顶端上；通过滤光部（44）的旋转可以实现满足不同模式光照的需求；其特征在于：在滤光部的（44）各滤光区的交界区域、滤光部（44）靠近光源承载座（421）和靠近遮光片的边界区域，以及遮光片（46）靠近各滤光区的区域上均设置荧光指示标记。

二、参考答案

第一件申请权利要求的撰写

1. 一种灯，包括灯座（41）、支撑杆（42）、光源（43）、滤光部（44）、遮光片（46）、反射罩（45）和光源承载座（421），光源（43）安装在光源承载座（421）上，反射罩（45）部分包围光源（43），滤光部套设在光源（43）之外，并可旋转地连接在支撑杆（42）顶端上；通过滤光部（44）的旋转可以实现满足不同模式光照的需求；其特征在于：滤光部（44）具有多个滤光区（44a，44b，44c），其分界线位于一个虚拟圆柱体面上，并与滤光部44的旋转轴平行，其中第一滤光区（44a）形成在所述虚拟圆柱体的扇形圆柱面上；其他滤光区（44b，44c）形成在虚拟圆柱体的内接等边多棱柱的平面上，且滤光部（44）的旋转轴、光源（43）的轴线均与该虚拟圆柱体的中心轴重合，使得第一滤光区（44a）与光源（43）的间距大于其他滤光区（44b，44c）与光源（43）的间距。

2. 根据权利要求1所述的灯，其特征在于：在滤光部的各滤光区的交界区域、滤光部的靠近光源承载座和靠近遮光片的边界区域，以及遮光片的靠近各滤光区的区域上均设置荧光指示标记。

3. 根据权利要求2所述的灯，其特征在于：虚拟圆柱体的内接等边多棱柱的两个侧平面上各滤光区与扇形圆柱面上的滤光区之间的交界区域设置荧光凸点。

4. 根据权利要求2所述的灯，其特征在于：虚拟圆柱体的内接等边多棱柱的两个侧平面上各滤光区之间的交界区域设置条形荧光凸起。

5. 根据权利要求2所述的灯，其特征在于：在滤光部（44）靠近光源承载座（421）和靠近遮光片（46）的边界区域，以及遮光片（46）靠近各滤光区的区域上，分别设置表示滤光区的区域上，分别设置表示滤光区编号的数字型荧光凸起。

6. 根据权利要求1所述的灯，其特征在于：扇形圆柱面上的滤光区圆心角为120度。

第二件申请独立权利要求的撰写

1. 一种灯，包括灯座（41）、支撑杆（42）、光源（43）、滤光部（44）、遮光片（46）、反射罩（45）和光源承载座（421），光源（43）安装在光源承载座（421）上，反射罩（45）部分包围光源（43），滤光部套设在光源（43）之外，并可旋转地连接在支撑杆（42）顶端上；通过滤光部（44）的旋转可以实现满足不同模式光照的需求；其特征在于：在滤光部（44）的各滤光区的交界区域、滤光部（44）靠近光源承载座（421）和靠近遮光片的边界区域，以及遮光片（46）靠近各滤光区的区域上均设置荧光指示标记。

分案申请的理由

第一件申请的独立权利要求相对于现有技术作出贡献的技术特征是：滤光部具有多个滤光区，其分界线位于一个虚拟圆柱体面上，并与滤光部的旋转轴平行，其中第一滤光区形成在所述虚拟圆柱体的扇形圆柱面上；其他滤光区形成在虚拟圆柱体的内接等边多棱柱的平面上，且滤光部的旋转轴、光源的轴线均与该虚拟圆柱体的中心轴重合，使得第一滤光区与光源的间距大于其他滤光区与光源的间距。所要解决的技术问题是抑制滤光部升温。

第二件申请的独立权利要求相对于现有技术作出贡献的技术特征是：在滤光部的各滤光区的交界区域、滤光部的靠近光源承载座和靠近遮光片的边界区域，以及遮光片的靠近各滤光区的区域上均设置荧光指示标记。所要解决的技术问题是在小夜灯模式下视觉和触觉识别。

由此可见，两件申请的独立权利要求对现有技术作出贡献的特定技术特征不相同也不相应，不属于一个总的发明构思，技术上无相互关联，不包含相同和相应的特定技术特征，不具有单一性，不符合《专利法》第31条第1款的规定，应当作为两件申请提出。

独立权利要求所采取的技术方案、解决的技术问题及获得的有益效果

对于第一件申请，所要解决的技术问题是小夜灯模式透光量较少，相对于其他两种光照模式，滤光部会吸收更多的光，升温更多。独立权利要求采取的技术方案是多个滤光区的分界线位于一个虚拟圆柱体的圆柱面，其中一个滤光区形成在虚拟圆柱体的扇形圆柱面上，其他滤光区形成在虚拟圆柱体的内接多棱柱的其他侧平面上，滤光部的旋转轴、光源的轴线均与虚拟圆柱体的中心轴重合。通过上述手段，取得了在抑制滤光部升温的同时保证各滤光区相应光照模式切换到位的有益效果。

对于第二件申请，所要解决的问题是黑暗环境下不容易识别滤光区定位，采取的手段是在滤光部的各滤光区的交界区域、滤光部靠近光源承载座和靠近遮光片的边界区域，以及遮光片靠近各滤光区的区域上均设置荧光指示标记，取得了黑暗环境下可在触感及视觉上识别小夜灯模式的有益效果。

第三节　多个实施例无法概括示范案例❶

试题说明

A公司研发了一种管道卡箍，向你所在的代理机构提供了技术交底材料（附件1）以及现有技术（附件2）。现委托你所在的专利代理机构办理相关事务。请你根据技术交底材料，为客户撰写一份发明专利申请的权利要求书。

如果认为应当提出一份专利申请，则应撰写独立权利要求和适当数量的从属权利要求；如果在一份专利申请中包含两项或两项以上的独立权利要求，则应说明这些独立权利要求能够合案申请的理由；如果认为应当提出多份专利申请，则应说明不能合案申请的理由，并针对其中的一份专利申请撰写独立权利要求和适当数量的从属权利要求，对于其他专利申请，仅需撰写独立权利要求。

附件1（客户提供的交底材料）：

传统结构的卡箍使用螺栓将卡箍相连，通过拧紧螺栓完成管道的安装固定。此结构在装配和

---

❶ 本案例改编自2015全国专利代理人资格考试专利实务撰写考题。

分解过程中都需要将螺栓完全拧入或拧出螺母以分解卡箍完成管道的装拆。这样需要足够的操作空间和时间，拆装费时费力，不能满足对卡箍进行快速装配、及时维护管道等的要求。

在现有技术的基础上，我公司提出改进的卡箍结构。

图 1 至图 2 示出了第一实施例，包括卡箍本体和紧固装置 3，卡箍本体包括通过轴 20 铰接在一起的左卡箍 1 和右卡箍 2。左右卡箍均为板状，可采用金属材料，例如不锈钢板材，冲压一次成型，然后弯折形成 180 度的圆弧。左卡箍 1 的端部具有第一连接端 11，右卡箍 2 的端部具有与第一连接端 11 对应的第二连接端 21。紧固装置 3 包括可旋转闩锁 31 和连杆 32，连杆 32 的两端分别通过销钉与第二连接端 21 和闩锁 31 枢轴连接，连杆 32 上有杆孔 33。第一连接端 11 的相应位置上设有销孔 12，销孔 12 内插有一可活动的方形卡块 13（图 1 未示出）。

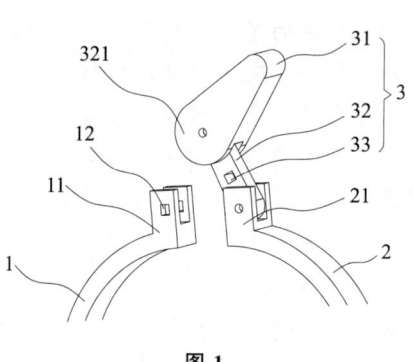

图 1

如图 1 所示，在打开位置，第一连接端 11 和第二连接端 21 分开一定距离。当需要紧固时，首先将卡块 13 取出，然后旋转闩锁 31，其带动连杆 32 活动。当连杆 32 旋转到杆孔 33 与销孔 12 对准时，将方形卡块 13 卡入杆孔和销孔内，从而将第一连接端 11 和第二连接端 21 连接。继续旋转闩锁 31，当旋转到图 2 所示的锁紧位置时，可旋转闩锁 31 的端部 321 紧压第一连接端 11 的外侧表面，从而使闩锁 31 在锁紧位置保持稳定。

图 3 示出了第二实施例，包括上卡箍 100 和下卡箍 200，紧固装置包括螺杆 5 和螺母 7。螺杆 5 的一端铰接在上卡箍 100 的连接端，另一端旋有螺母 7，形成螺杆螺母组件。下卡箍 200 的连接端上开设 U 形开口 6。所述 U 形开口 6 的宽度大于螺杆 5 的直径且小于螺母 7 的外周宽度。

安装时，转动螺杆螺母组件，使其嵌入 U 形开口 6，之后进一步旋紧螺母，即完成上卡箍 100 和下卡箍 200 的锁紧，从而将管道固定在卡箍内。拆卸时，只要松动螺母，无需螺杆与螺母的完全分离，即可以将螺杆螺母组件从 U 形开口 6 取出，打开卡箍。

为了防止装配好后，螺杆螺母组件与卡箍之间相互脱落，U 形开口 6 的两边向外弯折，形成卡紧部 8。卡紧部 8 可垂直于下卡箍 200 的连接端，用于限制螺母沿 U 形开口方向的自由度，进一步达到防脱落的目的。

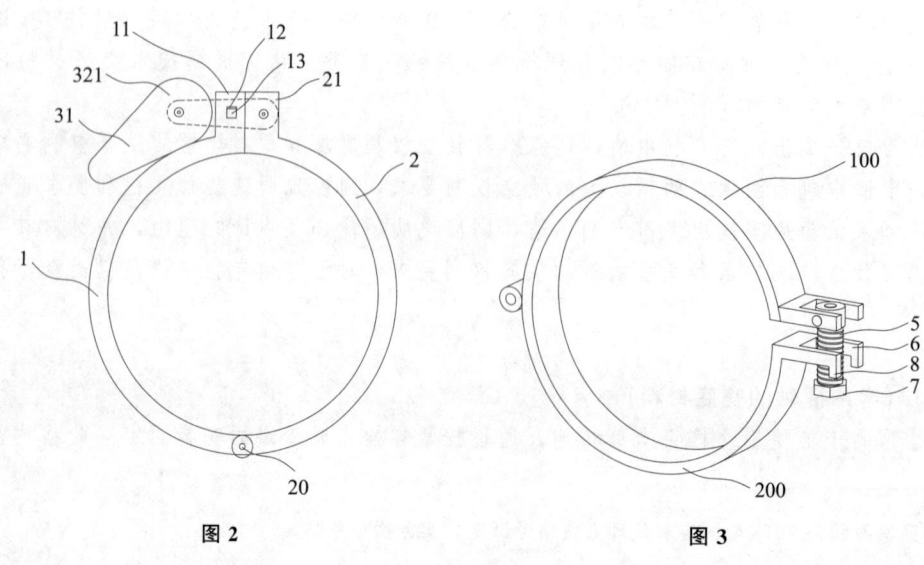

图 2　　　　　　　　图 3

附件 2（现有技术说明书节选）：

如图 1 所示，本实用新型提供一种新型卡箍，包括第一本体 1 和第二本体 2，第一本体 1 的一端与第二本体 2 的一端通过两个销轴和一个连接板铰接，另一端与紧固装置 3 铰接。第二本体 2 的另一端具有固定部 4，其上开有螺纹孔 41；紧固装置 3 包括与第一本体 1 铰接的连接板 31，连接板 31 的端面开设有螺纹孔，另一端开设有贯通的插槽 321，用于插入固定部 4。螺栓 32 通过连接板 31 上的螺纹孔与第二本体 2 螺纹连接，螺栓 32 的自由端套装有调节手柄 33。

在工作过程中，当需要闭合卡箍的时候，将第二本体 2 向第一本体 1 靠拢，使第二本体 2 上的固定部 4 插入连接板 31 的插槽 321，再施力于调节手柄 33 使其旋转，调节手柄 33 带动螺栓 32 穿过连接板 31 上的螺纹孔以及固定部 4 上的螺纹孔 41，并拧紧，完成卡箍的闭合过程。

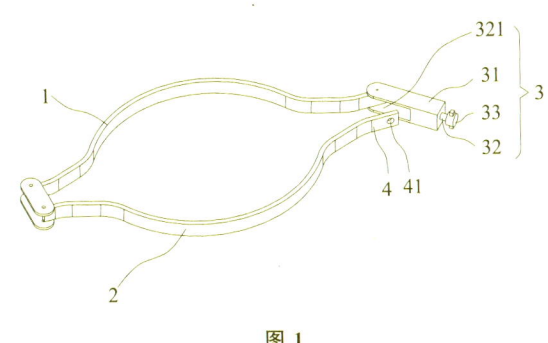

图 1

解题思路及参考答案

一、删除式六步法撰写思路

第一步：技术特征分析

下面在技术交底书的基础上，以删除线表示删除非技术特征：

~~传统结构的卡箍使用螺栓将卡箍相连，通过拧紧螺栓完成管道的安装固定。此结构在装配和分解过程中都需要将螺栓完全拧入或拧出螺母以分解卡箍完成管道的装拆。这样需要足够的操作空间和时间，拆装费时费力，不能满足对卡箍进行快速装配、及时维护管道等的要求。~~

~~在现有技术的基础上，我公司提出改进的卡箍结构。~~

（第一实施例）

~~图 1 至~~图 2 示出了第一实施例，包括卡箍本体和紧固装置 3，卡箍本体包括通过轴 20 铰接在一起的左卡箍 1 和右卡箍 2。左右卡箍均为板状，~~可采用金属材料，例如不锈钢板材，冲压一次成型，然后弯折形成 180 度的圆弧~~。左卡箍 1 的端部具有第一连接端 11，右卡箍 2 的端部具有与第一连接端 11 对应的第二连接端 21。紧固装置 3 包括可旋转闩锁 31 和连杆 32，连杆 32 的两端分别通过销钉与第二连接端 21 和闩锁 31 枢轴连接，连杆 32 上有杆孔 33。第一连接端 11 的相应位置上设有销孔 12，销孔 12 内插有一可活动的方形卡块 13 ~~（图 1 未示出）~~。

~~如图 1 所示，~~在打开位置，第一连接端 11 和第二连接端 21 分开一定距离。当需要紧固时，首先将卡块 13 取出，然后旋转闩锁 31，其带动连杆 32 活动。当连杆 32 旋转到杆孔 33 与销孔 12 对准时，将方形卡块 13 卡入杆孔和销孔内，从而将第一连接端 11 和第二连接端 21 连接。继续旋转闩锁 31，当旋转到图 2 所示的锁紧位置时，可旋转闩锁 31 的端部 321 紧压第一连接端 11 的外侧表面，从而使闩锁 31 在锁紧位置保持稳定。

(第二实施例)

图3示出了第二实施例,包括上卡箍100和下卡箍200,紧固装置包括螺杆5和螺母7。螺杆5的一端铰接在上卡箍100的连接端,另一端旋有螺母7,形成螺杆螺母组件。下卡箍200的连接端上开设U形开口6。所述U形开口6的宽度大于螺杆5的直径且小于螺母7的外周宽度。

安装时,转动螺杆螺母组件,使其嵌入U形开口6,之后进一步旋紧螺母,即完成上卡箍100和下卡箍200的锁紧,从而将管道固定在卡箍内。拆卸时,只要松动螺母,无需螺杆与螺母的完全分离,即可以将螺杆螺母组件从U形开口6取出,打开卡箍。

为了防止装配好后,螺杆螺母组件与卡箍之间相互脱落,U形开口6的两边向外弯折,形成卡紧部8。卡紧部8可垂直于下卡箍200的连接端,用于限制螺母沿U形开口方向的自由度,进一步达到防脱落的目的。

第二步:找发明点

1. 找出区别技术特征

下表中对比技术交底书的技术特征与现有技术的区别,以下划线形式标示出区别技术特征。

技术交底	附件2
卡箍结构包括卡箍本体和紧固装置3,卡箍本体包括通过轴20铰接在一起的左卡箍1和右卡箍2 左右卡箍均为板状金属材料,不锈钢板材 左卡箍1的端部具有第一连接端11,右卡箍2的端部具有与第一连接端11对应的第二连接端21 紧固装置3包括可旋转闩锁31和连杆32,连杆32的两端分别通过销钉与第二连接端21和闩锁31枢轴连接,连杆32上有杆孔33。第一连接端11的相应位置上设有销孔12,销孔12内插有一可活动的方形卡块13 卡箍本体包括上卡箍100和下卡箍200 紧固装置包括螺杆5和螺母7。螺杆5的一端铰接在上卡箍100的连接端,另一端旋有螺母7,形成螺杆螺母组件。下卡箍200的连接端上开设U形开口6,所述U形开口6的宽度大于螺杆5的直径且小于螺母7的外周宽度 U形开口6的两边向外弯折,形成卡紧部8,卡紧部8垂直于下卡箍200的连接端	一种新型卡箍,包括第一本体1和第二本体2,第一本体1的一端与第二本体2的一端通过两个销轴和一个连接板铰接,另一端与紧固装置3铰接。第二本体2的另一端具有固定部4,其上开有螺纹孔41;紧固装置3包括与第一本体1铰接的连接板31,连接板31的端面开设有螺纹孔,另一端开设有贯通的插槽321,用于插入固定部4。螺栓32通过连接板31上的螺纹孔与第二本体2螺纹连接,螺栓32的自由端套装有调节手柄33

2. 技术逻辑分析

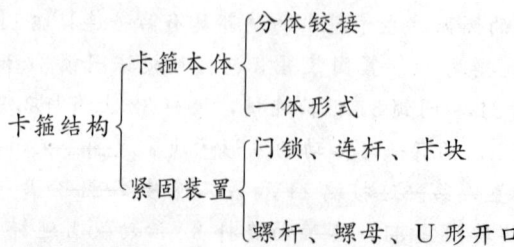

3. 确定发明点

上述区别技术特征中,"紧固装置3包括可旋转闩锁31和连杆32,连杆32的两端分别通过销钉与第二连接端21和闩锁31枢轴连接,连杆32上有杆孔33。第一连接端11的相应位置上设有销孔12,销孔12内插有一可活动的方形卡块13"和"紧固装置包括螺杆5和螺母7。螺杆5的一端铰接在上卡箍100的连接端,另一端旋有螺母7,形成螺杆螺母组件。下卡箍200的连接端上开设U形开口6,所述U形开口6的宽度大于螺杆5的直径且小于螺母7的外周宽度"是对紧固装置结构最基本的改进点,是一个发明点的两个实施例,两个实施例要解决的问题相同,但是技术上没有共性,需要写为两件申请。

第三步:确定所要解决的技术问题

上述两个实施例均解决了对卡箍进行快速装配的技术问题。

第四步:确定第一件申请的必要技术特征

要解决上述技术问题,需要包括以下技术特征:

1. 为使技术方案完整所必需的部件及连接关系

卡箍包括卡箍本体和紧固装置3;第一连接端11和第二连接端21。

2. 体现发明点的技术特征

紧固装置3包括可旋转闩锁31和连杆32,连杆32的两端分别通过销钉与第二连接端21和闩锁31枢轴连接,连杆32上有杆孔33。第一连接端11的相应位置上设有销孔12,销孔12内插有一可活动的方形卡块13。

3. 其他特征分析

"卡箍本体包括通过轴20铰接在一起的左卡箍1和右卡箍2"与所要解决的技术问题无关,不是必要技术特征。

第五步:撰写第一件申请的独立权利要求

1. 确定主题名称

根据技术交底书第二段的描述,将主题名称确定为"卡箍"。

2. 组合全部必要技术特征

将与附件2共有的必要技术特征写入前序部分,区别技术特征写入特征部分,调整语言语序,写成权利要求1如下:

1. 一种卡箍,包括卡箍本体和紧固装置,其特征在于:卡箍本体两个端部分别具有相互对应的两个连接端,紧固装置包括可旋转闩锁和连杆,连杆的两端分别通过销钉与卡箍本体的一个连接端和闩锁枢轴连接,连杆上有杆孔,卡箍本体另一个连接端的相应位置上设有销孔,销孔内插有一可活动的方形卡块,通过卡块将两个连接端连接。

第六步:撰写第一件申请的从属权利要求

将其余技术特征写入从属权利要求(参照参考答案,此处略)。注意,不能将第二实施例的技术内容写入第一件申请的从属权利要求中。

第七步:撰写第二件申请的独立权利要求

对于第二个实施例来说,紧固装置的结构均为必要技术特征,卡紧部与所要解决的技术问题无关,不是必要技术特征,第二件申请的独立权利要求如下:

1. 一种卡箍,包括卡箍本体和紧固装置,其特征在于:紧固装置包括螺杆螺母组件,螺杆螺母组件与卡箍本体的一个连接端铰接,卡箍本体的另一个连接端上设有U形开口,U形开口的宽度大于螺杆的直径且小于螺母的最小外周宽度。

二、参考答案

第一件申请权利要求的撰写

1. 一种卡箍,包括卡箍本体和紧固装置,其特征在于:卡箍本体两个端部分别具有相互对应的两个连接端，紧固装置包括可旋转闩锁和连杆，连杆的两端分别通过销钉与卡箍本体的一个连接端和闩锁枢轴连接，连杆上有杆孔，卡箍本体另一个连接端的相应位置上设有销孔，销孔内插有一可活动的方形卡块。

2. 如权利要求 1 所述的卡箍，其特征在于：卡箍本体包括通过轴铰接在一起的左卡箍和右卡箍。

3. 如权利要求 1 所述的卡箍，其特征在于：卡箍本体为板状金属材料。

第二件申请独立权利要求的撰写

1. 一种卡箍，包括卡箍本体和紧固装置，其特征在于：紧固装置包括螺杆螺母组件，螺杆螺母组件与卡箍本体的一个连接端铰接，卡箍本体的另一个连接端上设有U形开口，U形开口的宽度大于螺杆的直径且小于螺母的最小外周宽度。

分案申请的理由

第一份专利申请的独立权利要求对现有技术作出贡献的技术特征为"卡箍本体两个端部分别具有相互对应的两个连接端，紧固装置包括可旋转闩锁和连杆，连杆的两端分别通过销钉与卡箍本体的一个连接端和闩锁枢轴连接，连杆上有杆孔，卡箍本体另一个连接端的相应位置上设有销孔，销孔内插有一可活动的方形卡块"，解决了对卡箍进行快速装配的技术问题。

第二份专利申请的独立权利要求对现有技术作出贡献的技术特征为"紧固装置包括螺杆螺母组件，螺杆螺母组件与卡箍本体的一个连接端铰接，卡箍本体的另一个连接端上设有U形开口，U形开口的宽度大于螺杆的直径且小于螺母的最小外周宽度"，解决了对卡箍进行快速装配的技术问题。

由此可见，两件申请的独立权利要求对现有技术作出贡献的特定技术特征不相同也不相应，不属于一个总的发明构思，技术上无相互关联，不包含相同和相应的特定技术特征，不具有单一性，不符合《专利法》第 31 条第 1 款的规定，应当作为两件申请提出。

第四节 同时存在无法概括和并列发明点示范案例❶

试题说明

发明人郑某提供了一份技术内容说明，委托代理公司代理申请发明专利，应试者接受指派具体办理。要求应试者：

根据郑某所提供的技术内容说明，考虑附件 1、附件 2 所构成的现有技术，为郑某撰写发明专利申请的权利要求书。所撰写的发明专利申请的权利要求书应当既符合《专利法》《专利法实施细则》及《审查指南》的相关规定，又具有尽可能宽的保护范围以最大限度地维护申请人利益。

如果所撰写发明专利申请权利要求书中包含两项或者两项以上独立权利要求，请简述这些独立权利要求能够合案申请的理由。如果应试者认为该申请的一部分内容应当通过一份或多份另案申请提出，则应当进行相应说明，并撰写出另案申请的权利要求书。

技术交底材料：

现有技术披露了能够产生振动从而防止使用者打鼾的枕头，但是存在两方面的不足：一是音频检测器在检测到环境噪声而非鼾声时也会使振动器产生振动；二是振动器产生的振动会使使用

---

❶ 本题改编自 2009 年全国专利代理人资格考试专利实务试题第 2 题。

者惊醒。两者都会干扰使用者的正常睡眠。

本人对上述技术进行了改进，发明了一种更好、能够防止打鼾的枕头。

首先，为了克服上述第一方面的不足，在能够防止打鼾的枕头内增设比较器，将使用者打鼾时常见的声音频率段预先设定为标准值，当音频检测器检测到声音信号时，通过比较器与预设的标准值进行比较。经判断，属于预设频率段的声音，表明是使用者在打鼾，则启动止鼾装置。

其次，为了克服上述第二方面的不足，提出了两种比振动器更为柔和的止鼾装置。

第一种止鼾装置如图1所示，在枕芯下设与气泵相连的多个气囊1。当音频检测器检测到的声音信号经比较器被确认为鼾声时，向气囊控制器输出信号，由气囊控制器控制气泵向其中某一气囊1进行充气。通过设定充气、放气的时间和速度，多个气囊1依次充气、放气，在整体上缓慢、轻柔地晃动枕头，改变使用者的睡姿，从而起到止鼾作用。

第二种止鼾装置如图2所示，在枕头2下依次设有支撑板3、与支撑板连接的摇动板4，以及与摇动板4嵌合的底板5，底板内设置有与比较器相连的驱动器。当音频检测器6检测到的声音信号经比较器被确认为鼾声时，向驱动器输出信号，使摇动板沿枕头的长度方向来回运动，从而使枕头缓慢、轻柔地产生晃动，改变使用者的睡姿，从而起到止鼾作用。

技术内容说明的附图

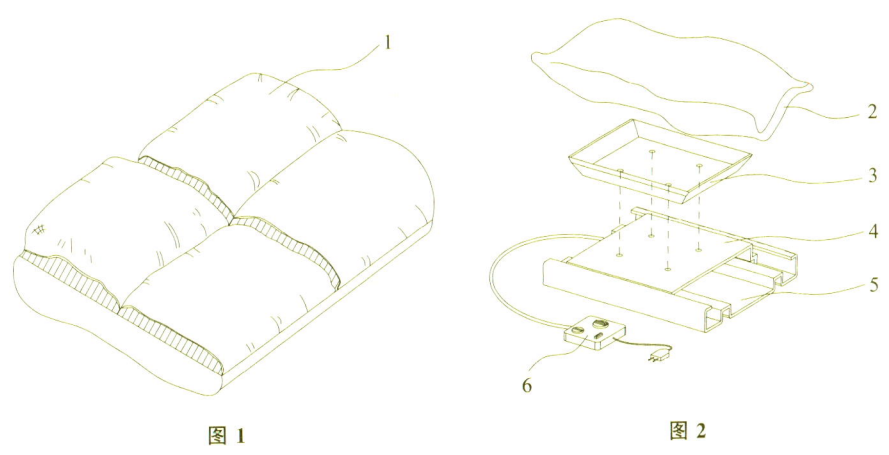

图1　　　　　　　　　图2

附件1：

头颈矫治器

如图1、2所示，该头颈矫治器由枕套1、枕芯2组成，头颈矫治器的中间部位设有凹陷槽3，凹陷槽下方是头枕4，凹陷槽沿头颈矫治器宽度方向的两侧为颈枕5，头枕4与颈枕5的形状配合可使睡眠者的颈椎处于自然放松状态。此外，该头颈矫治器还可包括气囊6和/或振动器7。中空气囊6位于枕芯2的底部，可通过充、放气调节矫治器高度。振动器7位于颈枕5内，振动可起活血化瘀作用。头颈矫治器还可包括缝缀在头枕4和/或颈枕5上的药垫9，其中充填有预防和治疗颈椎病的药物，药物为重量配比为3:2的茶叶和荞麦皮的混合物。

说 明 书 附 图

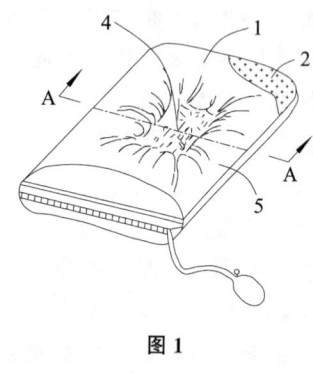

图 1

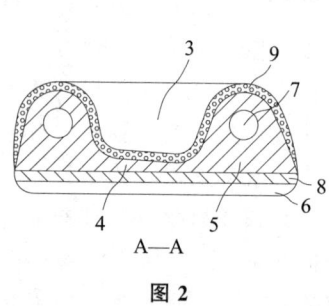

图 2

附件 2：

说明书相关内容

本发明的枕芯 1 内部安装有振动电机 2、振动器 3，二者共同构成振动产生部件。振动器 3 上设有突出部件 4，并从枕芯表面上形成的孔中突出一定高度。

该安装有振动器的枕芯可以位于任何形状的枕头主体内。此外，本发明的振动器还可以用于防止使用者打鼾。具体的实施方案是在枕芯内部或外部设置一个音频检测器，用来检测环境中的声音信号，并根据检测到的信号激活枕芯内的振动电机，从而利用突起部件 4 振动刺激使用者，使其中止打鼾。

对比文件 2 附图

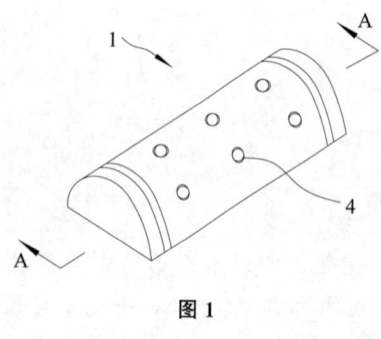

图 1

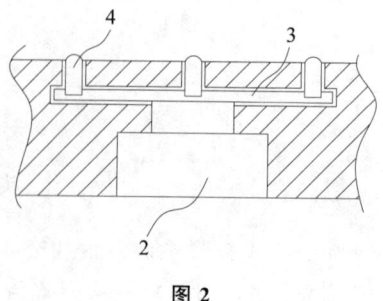

图 2

解题思路及参考答案

一、删除或六步法撰写思路

第一步：技术特征分析

下面在技术交底书原文基础上，以删除线形式显示删除的非技术特征：

现有技术披露了能够产生振动从而防止使用者打鼾的枕头，但是存在两方面的不足：一是音频检测器在检测到环境噪音而非鼾声时也会使振动器产生振动；二是振动器产生的振动会使使用者惊醒。~~两者都会干扰使用者的正常睡眠。~~

~~本人对上述技术进行了改进，~~发明了一种~~更好、~~能够防止打鼾的枕头。

~~首先，~~为了克服上述第一方面的不足，在能够防止打鼾的枕头内增设比较器，将使用者打鼾时常见的声音频率段预先设定为标准值，当音频检测器检测到声音信号时，通过比较器与预设的标准值进行比较。经判断，属于预设频率段的声音，表明是使用者在打鼾，则启动止鼾装置。

~~其次，~~为了克服上述第二方面的不足，提出了两种~~比振动器更为柔和的~~止鼾装置。

第一种止鼾装置如图1所示，在枕芯下设与气泵相连的多个气囊。当音频检测器检测到的声音信号经比较器被确认为鼾声时，向气囊控制器输出信号，由气囊控制器控制气泵向其中某一气囊进行充气。通过设定充气、放气的时间和速度，多个气囊依次充气、放气，~~在整体上缓慢、轻柔地~~晃动枕头，~~改变使用者的睡姿，从而起到止鼾作用。~~

第二种止鼾装置如图2所示，在枕头下依次设有支撑板、与支撑板连接的摇动板，以及与摇动板嵌合的底板，底板内设置有与比较器相连的驱动器。当音频检测器检测到的声音信号经比较器被确认为鼾声时，向驱动器输出信号，使摇动板沿枕头的长度方向来回运动，从而使枕头~~缓慢、轻柔地~~产生晃动，~~改变使用者的睡姿，从而起到止鼾作用。~~

第二步：找发明点

1. 找出区别技术特征

下表中对比技术交底书的技术特征与现有技术的区别，以下划线形式标示出区别技术特征。

技术交底	附件1	附件2
<u>枕头内增设比较器</u> <u>止鼾装置</u> <u>比较器将使用者打鼾时常见的声音频率段预先设定为标准值，当音频检测器检测到声音信号时，通过比较器与预设的标准值进行比较。经判断，属于预设频率段的声音，表明是使用者在打鼾，则启动止鼾装置</u> <u>止鼾装置是在枕芯下设与气泵相连的多个气囊</u> <u>气囊控制器控制气泵向其中某一气囊进行充气。</u> <u>通过设定充气、放气的时间和速度，多个气囊依次充气、放气，晃动枕头</u> <u>止鼾装置是在枕头下依次设有支撑板、与支撑板连接的摇动板，以及与摇动板嵌合的底板，底板内设置有与比较器相连的驱动器</u>	头颈矫治器由枕套1、枕芯2组成，头颈矫治器的中间部位设有凹陷槽3，凹陷槽下方是头枕4，凹陷槽沿头颈矫治器宽度方向的两侧为颈枕5。头颈矫治器还可包括气囊6和/或振动器7。中空气囊6位于枕芯2的底部。振动器7位于颈枕5内。头颈矫治器还可包括缝缀在头枕4和/或颈枕5上的药垫9，其中充填有预防和治疗颈椎病的药物，药物为重量配比为3：2的茶叶和荞麦皮的混合物	枕芯1内部安装有振动电机2、振动器3（止鼾装置的下位概念），二者共同构成振动产生部件。振动器3上设有突出部件4，并从枕芯表面上形成的孔中突出一定高度。该安装有振动器的枕芯可以位于任何形状的枕头主体内。在枕芯内部或外部设置一个音频检测器，用来检测环境中的声音信号，并根据检测到的信号激活枕芯内的振动电机

2. 技术逻辑分析

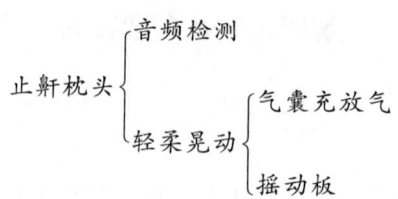

3. 确定发明点

"枕头内增设比较器；将使用者打鼾时常见的声音频率段预先设定为标准值，当音频检测器检测到声音信号时，通过比较器与预设的标准值进行比较。经判断，属于预设频率段的声音，表明是使用者在打鼾，则启动止鼾装置"是第一个发明点。

两种止鼾装置的具体结构是第二个发明点。"止鼾装置是在枕芯下设与气泵相连的多个气囊；气囊控制器控制气泵向其中某一气囊进行充气，通过设定充气、放气的时间和速度，多个气囊依次充气、放气，晃动枕头"和"止鼾装置是在枕头下依次设有支撑板、与支撑板连接的摇动板，以及与摇动板嵌合的底板，底板内设置有与比较器相连的驱动器"是对止鼾装置的结构改进的两种实施例。两个实施例的技术特征之间没有共性，无法概括到一起。

第三步：确定所要解决的技术问题

第一个发明点所带来的效果为区分声音是否属于鼾声，仅仅在确认为鼾声时才启动止鼾装置，解决了将环境噪声误认为鼾声而启动振动器的技术问题；第二个发明点所带来的效果为止鼾装置比振动器更为柔和，解决了振动器振动过大而惊醒睡眠者的技术问题。

第四步：确定第一件申请的必要技术特征

要解决上述第一个技术问题，需要包括以下技术特征：

1. 为使技术方案完整所必需的部件及连接关系

止鼾装置；音频检测器。

2. 体现发明点的技术特征

枕头内增设比较器；将使用者打鼾时常见的声音频率段预先设定为标准值，当音频检测器检测到声音信号时，通过比较器与预设的标准值进行比较。经判断，属于预设频率段的声音，表明是使用者在打鼾，则启动止鼾装置。

3. 其他特征分析

其他技术特征都不是必要技术特征。

第五步：撰写第一件申请的独立权利要求

1. 确定主题名称

根据两个方面的技术改进，将主题名称确定为"止鼾枕头"。

2. 组合全部必要技术特征

将与现有技术共有的必要技术特征"音频检测器"和"止鼾装置"写入前序部分，将区别技术特征写入特征部分，调整语言语序，完成独立权利要求1如下：

1. 一种止鼾枕头，包括音频检测器和止鼾装置，其特征在于：所述枕头还包括比较器，所述比较器将使用者打鼾时常见声音频率段预设为标准值，比较器将音频检测器检测到的声音信号与预设的标准值进行比较，在所述音频检测器检测到的声音信号与所述标准值相同时，所述比较器向所述止鼾装置输出信号启动所述止鼾装置。

第六步：撰写第一件申请的从属权利要求

将第二个发明点的两个实施例写入从属权利要求（参照参考答案，此处略）。

第七步：根据第二个发明点撰写独立权利要求

第二个发明点的两个实施例无法概括，分别写为两件申请的独立权利要求（参照参考答案，此处略）。

二、参考答案

第一件申请权利要求的撰写

1. 一种止鼾枕头，包括音频检测器和止鼾装置，其特征在于：所述枕头还包括比较器，所述比较器将使用者打鼾时常见声音频率段预设为标准值，比较器将音频检测器检测到的声音信号与预设的标准值进行比较，在所述音频检测器检测到的声音信号与所述标准值相同时，所述比较器向所述止鼾装置输出信号启动所述止鼾装置。

2. 根据权利要求1所述的止鼾枕头，其特征在于：所述止鼾装置包括设置在枕芯下的多个与气泵相连接的气囊，以及气囊控制器，气囊控制器控制气泵向其中某一气囊充、放气，且各气囊的充气、放气的时间和速度可调节从而使枕头产生晃动。

3. 根据权利要求1所述的止鼾枕头，其特征在于：所述止鼾装置包括在枕头下依次设置的支撑板、与支撑板连接的摇动板以及与摇动板嵌合的底板，底板内设有与比较器相连的驱动器。

第二件申请权利要求的撰写

1. 一种止鼾枕头，包括止鼾装置，其特征在于：所述止鼾装置包括多个设置在枕芯下的且与气泵相连接的气囊，以及气囊控制器，气囊控制器控制气泵向其中某一气囊充、放气，且各气囊的充气、放气的时间和速度可调节从而使枕头产生晃动。

第三件申请权利要求的撰写

1. 一种止鼾枕头，包括止鼾装置，其特征在于：所述止鼾装置包括依次设置在枕头下方的支撑板、与支撑板连接的摇动板以及与摇动板嵌合的底板，底板内设有与比较器相连的驱动器。

需要另案申请的理由

第一件申请的独立权利要求1相对于现有技术作出贡献的技术特征为"枕头还包括比较器，比较器将使用者打鼾时常见声音频率段预设为标准值，比较器将音频检测器检测到的声音信号与预设的标准值进行比较，在所述音频检测器检测到的声音信号与标准值相同时，所述比较器向所述止鼾装置输出信号启动所述止鼾装置"，所解决的技术问题是提供一种防止将环境噪声误认为鼾声而启动振动器的止鼾枕头。

第二件申请的独立权利要求1相对于现有技术作出贡献的技术特征为"止鼾装置包括多个设置在枕芯下的且与气泵相连接的气囊，以及气囊控制器，气囊控制器控制气泵向其中某一气囊充、放气，且各气囊的充气、放气的时间和速度可调节从而使枕头产生晃动"，所解决的技术问题是提供一种防止振动器振动过大而惊醒睡眠者的止鼾枕头。

第三件申请的独立权利要求1相对于现有技术作出贡献的技术特征为"止鼾装置包括依次设置在枕头下方的支撑板、与支撑板连接的摇动板以及与摇动板嵌合的底板，底板内设有与比较器相连的驱动器"，所解决的技术问题也是提供一种防止振动器振动过大而惊醒睡眠者的止鼾枕头。

由此可见，三件申请的独立权利要求对现有技术作出贡献的特定技术特征不相同也不相应，不属于一个总的发明构思，技术上无相互关联，不包含相同和相应的特定技术特征，不具有单一性，不符合《专利法》第31条第1款的规定，应当作为三件申请提出。

专题九　多个并列技术主题的撰写（选修）

第一节　概　　述

本书专题六、七、八的案例都只涉及一个技术主题，技术内容都是一项产品，撰写出的权利要求均为产品权利要求。2007年、2008年、2010年在考题中还考查了多主题的写法。这种撰写方式在实践中非常普遍，但是对初学者来说难度很大，2011年之后再也没有出现这种出题方式，因此本专题作为学有余力的考生选修课程。

在撰写多主题权利要求时，首先要确定技术主题，在每一技术主题下，分别按照专题六介绍的六步法进行撰写。

一、判断技术主题的类型及数量

技术主题的类型，是指技术内容是产品还是方法；产品是机械产品、电子模块，还是化学产品；方法是制造方法还是用途。

如果技术交底书中涉及多个技术主题，在技术特征分析后，通过特定技术特征的比较，确定多个主题之间是否具有单一性。对于具有单一性的并列技术主题，撰写并列独立权利要求；对于不具有单一性的技术主题，需要撰写另案申请的权利要求。

二、并列独立权利要求的撰写方式

并列独立权利要求有两种撰写方式：
①引用式并列独立权利要求，例如，多个独立权利要求写为：
1. 一种XX设备，其特征在于：包括ABCD。
2. 一种使用如权利要求1所述XX设备的方法，其特征在于：A'B'C'D'。
3. 一种YY设备，其特征在于：将权利要求1所述的XX设备与M设备连接起来。
引用式撰写方式一般用于相互有专属配合关系的独立权利要求。
②相互不引用的独立权利要求，例如，多个独立权利要求写为：
1. 一种XX设备，其特征在于：包括ABCD。
2. 一种XX方法，其特征在于：包括A'B'C'D'。
考试中两种写法均得分。

三、回答合案申请的理由

考查多个并列技术主题的题型中，都会要求回答多个独立权利要求能够合案申请的理由。

无论采取引用式写法，还是不引用式写法，在分析单一性时，都要论述独立权利要求之间存在相同或相应的特定技术特征。

第二节 示范案例

试题说明

假设客户委托应试者所在代理机构代理一件发明专利申请，同时提供了其发明的包装体的技术交底材料（见附件1），并提供了一份对比文件（见附件2）。代理机构接受该委托后指定应试者具体办理该项专利申请事务。

请应试者根据客户所提供的技术说明，考虑对比文件所反映的现有技术，为客户撰写一份发明专利申请的权利要求书。所撰写的发明专利申请权利要求书应当既符合《专利法》《专利法实施细则》及《审查指南》的相关规定，又具有尽可能宽的保护范围以最大限度地维护申请人利益。

如果所撰写的发明专利申请权利要求书中包含两项或者两项以上独立权利要求，请简述这些独立权利要求能够合案申请的理由。如果应试者认为该申请的一部分内容应当通过一份或多份分案申请提出，则应当进行相应说明，并撰写出另案申请的独立权利要求。

附件1（技术交底材料）：

人们所熟知的用于封装可吸收或产生气体的物质（活性炭、樟脑等）的包装体通常由透气性材料制成，但这种用透气材料制成的包装体存在着易使其所封装的物质在非使用状态下就开始效力减退的缺点。为此，本发明开发出一种封装有可吸收或产生气体物质的包装体，这种包装体能够有效地防止其所封装的物质在非使用状态下效力减退，且在需要使用时又可以十分方便地使其处于正常使用状态。

本发明封装有可吸收或产生气体的物质的包装体的第一种结构如图1和图2所示。包装体1包括由不透气性材料构成的不透气性外包装层2和由透气性材料构成的透气性内包装层3。内包装层3和外包装层2黏接在一起，可吸收或产生气体的物质4封装在透气性内包装层3内，通过密封口5将包装体1封住。一个或多个带状部件6黏接在不透气性外包装层2的外表面上，带状部件6与不透气性外包装层2之间的黏接力大于不透气性外包装层2与透气性内包装层3之间的黏接力。该带状部件至少有一端未与不透气性外包装层2相黏接，成为空余端头61，从而在握住该带状部件6的空余端头61并沿着与不透气性外包装层2外表面成一定角度的方向牵拉带状部件6时，通过施加在其上的拉力就可以使外包装层2和内包装层3脱离黏接在一起的状态，并使外包装层2撕开从而使内包装层3至少有一部分暴露于环境之中。此时，透气性内包装层3内封装的物质4便能发挥效力，通过吸收或释放气体而产生脱氧、干燥、除臭或者防蛀、杀菌的效果。作为这种结构的一种变型，也可以将带状部件6设置在不透气性外包装层2和透气性内包装层3之间，黏接在外包装层的内表面上，此时，带状部件6的两端中至少有一端需要从外包装层2的边缘处穿出，穿出的部分即空余端头61。

图3示出了本发明封装有可吸收或产生气体的物质的包装体的第二种结构。如图3所示，不透气性外包装层2和透气性内包装层3仅在其周缘部分相黏接，形成密封口5，而在其中间彼此分离形成空腔7。带状部件6设于空腔7内并黏接在不透气性外包装层2的内表面上，该带状部件6的两端中至少有一端在外包装层2的边缘处穿出，穿出的部分即空余端头61。作为这种结

---

❶ 本案例改编自2007年全国专利代理人资格考试专利实务试题第2题，进行了简化处理。

构的一种变换方式，也可以将带状部件6黏接在不透气性外包装层2的外表面上。

具有上述结构的本发明，在非使用状态时，封装在透气性内包装层中的可吸收或者产生气体的物质由于受到不透气性外包装层的保护，不会随着保存时间的加长而发生效力减退，此外，由于只需要沿着与不透气性包装层外表面成一定角度的方向牵拉带状部件便可撕开不透气性外包装层，使透气性内包装层暴露在外部环境中，从而封装在透气性内包装层中的物质发挥效力，因此使用十分方便。

本发明封装有可吸收或产生气体的物质的包装体还特别适用于生产流水线等应用场所，实现封装有可吸收或产生气体的物质的透气性包装袋的连续供给。为实现封装有可吸收或产生气体的物质的透气性包装袋的连续供给，就需要将本发明封装有可吸收或产生气体的物质的包装体加工成包装体长带。如图4所示，该包装体长带12由多个封装有可吸收或产生气体的物质的包装体1连接而成，包装体1可以为前面各种结构的包装体之一，在各相邻包装体1之间形成连接部13。包装体长带12上所有包装体1的带状部件6彼此相连，形成一条连续的带状部件6。该连续的带状部件6至少延伸至包装体长带12的一端之外，形成具有一定长度的空余端头14。该连续的带状部件6应当具有在连续牵拉过程中不会被拉断的抗拉强度。

本发明为实现封装有可吸收或产生气体的物质的透气性包装袋的连续供给，可以采用下述具体供给过程：将连续带状部件6的空余端头14缠绕在用于牵拉的装置上；沿着与不透气性外包装层外表面成一定角度的方向牵拉连续带状部件6，从而渐进地将带状部件6连同不透气性外包装层撕去，而将封装有可吸收或产生气体的物质的透气性内包装层暴露出来；沿着两相邻包装体1之间的连接部13将包装体长带12依次切断成各个封装有可吸收或产生气体的物质的透气性包装袋；将各个封装有可吸收或产生气体的物质的透气性包装袋逐个向规定场所供给的工序。

图5是一种自动供给封装有可吸收或产生气体的物质的透气性包装袋的系统的示意图。如图5所示，该自动供给系统包括旋转辊组15、牵拉剪切机16和滑槽17。旋转辊组15设置在牵拉剪切机16的斜上方，其包括两个从动旋转辊18、19和一个与驱动装置直接相连的主动旋转辊20。在自动供给系统开始工作之前，需要将连续带状部件6的空余端头14预先缠绕在旋转辊组15上。旋转辊组15将连续的带状部件6连同不透气性外包装层从包装体上剥离下来，从而使封装有可吸收或产生气体的物质的透气性内包装层暴露在外部环境中。被剥离下来的连续带状部件6连同不透气性外包装层被卷绕在主动旋转辊20上。牵拉剪切机16用于将包装体长带12拉入其内并沿着各连接部13将包装体长带12切断成单个封装有可吸收或产生气体的物质的透气性包装袋。各个封装有可吸收或产生气体的物质的透气性包装袋通过滑槽17被依次投放到相应场所。

上面结合附图对本发明的实施例作了详细说明，但是本发明并不限于上述实施例，在本领域普通技术人员所具备的知识范围内，还可以在不脱离本发明宗旨的前提下作出各种变化。例如，本发明中的带状部件也可以采用绳状等其他可以实现其功能的任何形状。

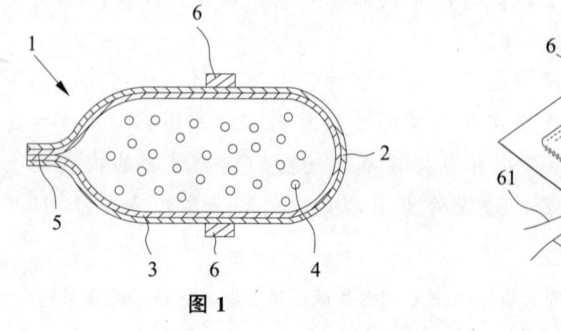

图1

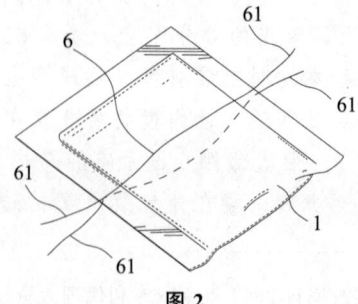

图2

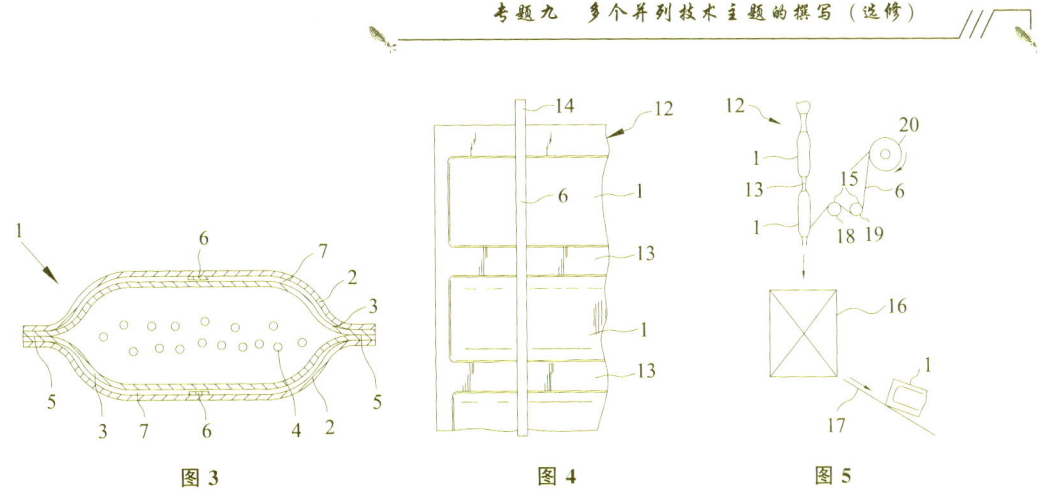

图3　　　　　　　　图4　　　　　　　　图5

附件 2（对比文件说明书相关内容）：

本发明涉及一种干燥剂包装体及其供给方法。

图 1 是由透气性材料构成的小袋包装体的剖视图。

图 2 是装有多个图 1 所示小袋包装体的不透气性外包装袋的透视图。

如图 1 所示，用透气性材料制成的小袋包装体 1 内封装有干燥剂 2。将多个如图 1 所示的小袋包装体装入如图 2 所示的不透气性外包装袋 3 中。再将不透气性外包装袋 3 运送到需要供给干燥剂小袋包装体的场所之后，再将封装有干燥剂 2 的小袋包装体 1 从不透气性外包装袋 3 中取出，分别填充到例如食品袋等相应容器中去。

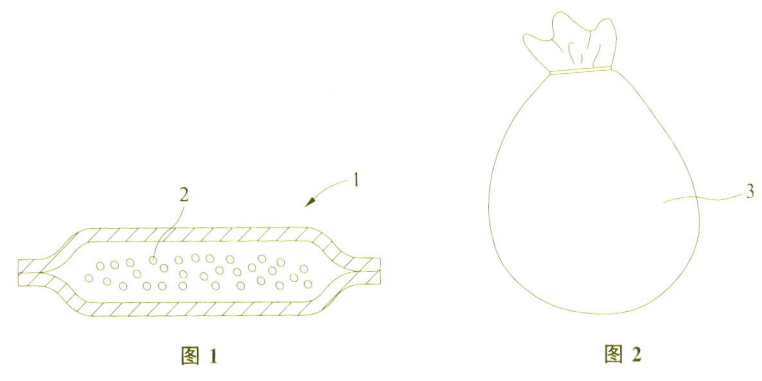

图1　　　　　　　　图2

解题思路及参考答案

技术交底材料中涉及四个技术主题，即包装体、包装体长带、包装体供给方法、包装体供给系统，其中重点描述了包装体这一技术主题，且给出了多个实施方式。因此应当将包装体这一技术主题作为第一项发明来撰写独立权利要求和从属权利要求。

一、包装体主题的撰写思路

第一步：包装体主题技术特征分析

下面在技术交底书原文基础上，以删除线形式显示删除的非技术特征：

人们所熟知的用于封装可吸收或产生气体的物质（活性炭、樟脑等）的包装体通常由透气性材料制成，但这种用透气材料制成的包装体存在着易使其所封装的物质在非使用状态下就开始效力减退的缺点。为此，本发明开发出一种封装有可吸收或产生气体物质的包装体，这种包装体能够有效地防止其所封装的物质在非使用状态下效力减退，且在需要使用时又可以十分方便地使其处于正常使用状态。

本发明封装有可吸收或产生气体的物质的包装体的第一种结构如图1和图2所示。包装体1包括由不透气性材料构成的不透气性外包装层2和由透气性材料构成的透气性内包装层3。内包装层3和外包装层2黏接在一起，可吸收或产生气体的物质4封装在透气性内包装层3内，通过密封口5将包装体1封住。一个或多个带状部件6黏接在不透气性外包装层2的外表面上，带状部件6与不透气性外包装层2之间的黏接力大于不透气性外包装层2与透气性内包装层3之间的黏接力。该带状部件至少有一端未与不透气性外包装层2相黏接，成为空余端头61，从而在握住该带状部件6的空余端头61并沿着与不透气性外包装层2外表面成一定角度的方向牵拉带状部件6时，通过施加在其上的拉力就可以使外包装层2和内包装层3脱离黏接在一起的状态，并使外包装层2撕开从而使内包装层3至少有一部分暴露于环境之中。此时，透气性内包装层3内封装的物质4便能发挥效力，通过吸收或释放气体而产生脱氧、干燥、除臭或者防蛀、杀菌的效果。作为这种结构的一种变型，也可以将带状部件6设置在不透气性外包装层2和透气性内包装层3之间，黏接在外包装层的内表面上，此时，带状部件6的两端中至少有一端需要从外包装层2的边缘处穿出，穿出的部分即空余端头61。

图3示出了本发明封装有可吸收或产生气体的物质的包装体的第二种结构。如图3所示，不透气性外包装层2和透气性内包装层3仅在其周缘部分相黏接，形成密封口5，而在其中间彼此分离形成空腔7。带状部件6设于空腔7内并黏接在不透气性外包装层2的内表面上，该带状部件6的两端中至少有一端在外包装层2的边缘处穿出，穿出的部分即空余端头61。作为这种结构的一种变换方式，也可以将带状部件6黏接在不透气性外包装层2的外表面上。

具有上述结构的本发明，在非使用状态时，封装在透气性内包装层中的可吸收或者产生气体的物质由于受到不透气性外包装层的保护，不会随着保存时间的加长而发生效力减退，此外，由于只需要沿着与不透气性包装层外表面成一定角度的方向牵拉带状部件便可撕开不透气性外包装层，使透气性内包装层暴露在外部环境中，从而封装在透气性内包装层中的物质发挥效力，因此使用十分方便。

············

上面结合附图对本发明的实施例作了详细说明，但是本发明并不限于上述实施例，在本领域普通技术人员所具备的知识范围内，还可以在不脱离本发明宗旨的前提下作出各种变化。例如，本发明中的带状部件也可以采用绳状等其他可以实现其功能的任何形状。

第二步：找发明点

1. 找出区别技术特征

下表中对比技术交底书的技术特征与现有技术的区别，以下划线形式标示出区别技术特征。

技术交底	附件2
封装有可吸收或产生气体的物质的包装体1包括由不透气性材料构成的不透气性外包装层2和由透气性材料构成的透气性内包装层3	一种干燥剂包装体及其供给方法，用透气性材料制成的小袋包装体1内封装有干燥剂2。将多个如图1所示的小袋包装体装入如图2所示的不透气性外包装袋3中。再将不透气性外包装袋3运送到需要供给干燥剂小袋包装体的场所之后，再将封装有干燥剂2的小袋包装体1从不透气性外包装袋3中取出，分别填充到例如食品袋等相应容器中去
内包装层3和外包装层2黏接在一起，可吸收或产生气体的物质4封装在透气性内包装层3内，通过密封口5将包装体1封住	
<u>一个或多个带状部件或者绳状部件6黏接在不透气性外包装层2的外表面上，带状部件6与不透气性外包装层2之间的黏接力大于不透气性外包装层2与透气性内包装层3之间的黏接力</u>	
<u>带状部件或绳状部件6设置在不透气性外包装层2和透气性内包装层3之间，带状部件或绳状部件6至少一端从外包装层2的边缘处穿出，形成空余端头61</u>	
不透气性外包装层2和透气性内包装层3在其周缘部分相黏接，形成密封口5，而在其中间彼此分离形成空腔7	
<u>带状部件或绳状部件6设于空腔7内并黏接在不透气性外包装层2的内表面上，其至少一端在外包装层2的边缘处穿出，形成空余端头61</u>	
<u>将带状或绳状部件6黏接在不透气性外包装层2的外表面上</u>	

2. 技术逻辑分析

包装体
- 外包装层
- 内包装层
- 内外包装层的连接关系
  - 内外包装层黏在一起
  - 内外包装层黏在一起
- 牵拉部件（撕开部件）
  - 带状部件
  - 绳状部件

3. 确定发明点

上述区别技术特征都与带状或绳状部件有关，因此该申请发明点在于设置了带状或绳状部件，用于打开或撕开外包装袋。

第三步：确定所要解决的技术问题

包装体主题所要解决的技术问题：提供一种具有撕开部件、使内包装袋暴露于空气而让其内的物质发挥作用的包装体。

第四步：确定必要技术特征

要解决上述技术问题，需要包括以下技术特征：

1. 为使技术方案完整所必需的部件及连接关系

① 包装体1包括不透气性外包装层2和透气性内包装层3；

② 将"内包装层3和外包装层2黏接在一起，可吸收或产生气体的物质4封装在透气性内

包装层 3 内，通过密封口 5 将包装体 1 封住"和"不透气性外包装层 2 和透气性内包装层 3 在其周缘部分相黏接，形成密封口 5，而在其中间彼此分离形成空腔 7"概括为"外包装层至少与内包装层部分黏接，并封住内包装体"。

2. 体现发明点的技术特征

① 将"一个或多个带状部件或者绳状部件 6 黏接在不透气性外包装层 2 的外表面上"和"带状部件或绳状部件 6 设于空腔 7 内并黏接在不透气性外包装层 2 的内表面上"概括为"用于撕开不透气性外包装层的撕开部件与不透气性外包装层相黏接"；

② 将"带状部件或绳状部件 6 至少一端从外包装层 2 的边缘处穿出，形成空余端头 61"概括为"用于撕开不透气性外包装层的撕开部件至少一端从外包装层 2 的边缘处穿出，形成空余端头 61"。

3. 其他特征分析

其他技术特征与所要解决的技术问题无关，均不是必要技术特征。

第五步：撰写包装体主题的独立权利要求

1. 确定主题名称

根据技术交底书第二段第一句的描述，主题名称可确定为"包装体"。

2. 组合全部必要技术特征

将第四步确定的必要技术特征进行语言语序上的调整，写出独立权利要求如下：

1. 一种包装体，包括封装有可产生或吸收气体的物质的透气性内包装层，以及不透气性外包装层，外包装层至少部分与内包装层相黏接，并封住内包装体，其特征在于：该包装体还包括与所述不透气性外包装层相黏接的撕开部件，该撕开部件至少有一端未与所述不透气性外包装层相黏接而形成空余端头，该撕开部件用于将所述不透气性外包装层撕开以使其内包装层暴露在外。

第六步：撰写包装体主题的从属权利要求

撰写独立权利要求之后，可以从以下几个方面来撰写从属权利要求：对撕开部件是带状部件或绳状部件进行说明；针对不透气外包装层包封住整个内包装层的结构以及它们之间的连接关系作进一步限定；针对撕开部件与外包装层的位置关系作进一步限定。撰写的从属权利要求此处略，请参见参考答案。

二、撰写包装体长带主题的权利要求

重复应用六步法，撰写包装体长带主题，具体步骤此处略，请参见参考答案。

三、撰写包装体供给方法主题的权利要求

重复应用六步法，撰写包装体供给方法主题，具体步骤此处略，请参见参考答案。

四、撰写包装体供给系统主题的权利要求

重复应用六步法，撰写包装体供给系统主题，具体步骤此处略，请参见参考答案。

五、参考答案

权利要求的撰写

1. 一种包装体，包括封装有可产生或吸收气体的物质的透气性内包装层，以及不透气性外包装层，外包装层至少部分与内包装层相黏接，并封住内包装体，其特征在于：该包装体还包括与所述不透气性外包装层相黏接的撕开部件，该撕开部件至少有一端未与所述不透气性外包装层相黏接而形成空余端头，该撕开部件用于将所述不透气性外包装层撕开以使其内包装层暴露在外。

2. 根据权利要求 1 所述的包装体,其特征在于:所述撕开部件由带状或绳状部件构成。

3. 根据权利要求 1 所述的包装体,其特征在于:所述透气性内包装层与不透气性外包装层黏接在一起。

4. 根据权利要求 1 所述的包装体,其特征在于:不透气性外包装层和透气性内包装层仅在其周缘部分相黏接,而在其中间彼此分离形成空腔。

5. 根据权利要求 3 或 4 所述的包装体,其特征在于:所述撕开部件黏接在所述不透气性外包装层的外表面上或内表面上。

6. 根据权利要求 3 所述的包装体,其特征在于:所述撕开部件黏接在所述不透气性外包装层的外表面上,所述撕开部件与所述不透气性外包装层之间的黏接力大于不透气性外包装层与所述透气性内包装层之间的黏接力。

7. 根据权利要求 4 所述的包装体,其特征在于:所述撕开部件设置在所述不透气性外包装层的内表面上,其至少一端在所述不透气性外包装层的边缘处穿出。

8. 一种包装体长带,其特征在于:由多个权利要求 1~7 中任一项所述的包装体通过包装体之间的连接部连接而成,各个包装体上的撕开部件形成一条连续的撕开部件,该撕开部件至少一端延伸到包装体长袋之外而成为空余端头。

9. 一种供给封装有可产生或吸收气体的物质的透气性包装体的供给方法,其特征在于:包括下述工序:

将权利要求 8 所述包装体长带上的撕开部件的空余端头缠绕在牵拉装置上;

沿与所述不透气性外包装层的表面成一定角度的方向牵拉所述撕开部件,将包装体长带中各包装体的不透气性外包装层逐个顺次撕去,使各包装体内的透气性内包装层逐个顺次暴露出来;

沿该包装体长带的连接部依次切断成各个已被撕去不透气性外包装层的透气性包装体;

将上述各个透气性包装体逐个供给到规定场所。

10. 一种封装有可产生或吸收气体的物质的透气性包装体的供给系统,其特征在于:包括用于将权利要求 8 所述包装体长带中的连续撕开部件连同与其相黏接的不透气性外包装层从包装体长带上剥离下来的旋转辊组;用于将已撕去不透气性外包装层的包装体长带拉入其内并沿其各连接部将其切断成各个封装有可产生或吸收气体的物质的透气性包装体的牵拉剪切机;用于将切断后的各包装体依次投放到相应场所的滑槽,其中,所述旋转辊组设置在牵拉剪切机的斜上方。

11. 根据权利要求 10 所述的供给系统,其特征在于:所述旋转辊组具有两个从动旋转辊和一个与驱动装置直接相连的主动旋转辊。

回答问题

独立权利要求 1、8、9、10 中均包含有"用于撕开不透气性外包装层的撕开部件"这一技术特征,而现有技术中并没有公开该特征,该特征是体现发明对现有技术作出贡献的特定技术特征。因此,这四项独立权利要求在技术上相互关联,属于一个总的发明构思,具备单一性,符合《专利法》第 31 条第 1 款的规定,可以将其合案申请。

专题十　答复审查意见通知书

第一节　概　　述

一、实质审查程序简介

1. 实质审查程序

实质审查是发明专利申请在授权之前的必经程序。发明专利申请实质审查的重点是审查该专利申请是否存在实质性缺陷,例如说明书是否公开充分,权利要求是否具有新颖性、创造性等。除了进行实质缺陷方面的审查外,还审查发明专利申请是否存在形式缺陷,如专利申请文件撰写的格式是否符合有关规定。

对发明专利申请进行实质审查后,国家知识产权局认为该申请不符合《专利法》《专利法实施细则》以及《审查指南》有关规定的,将会以通知书的方式通知申请人,要求其在指定的期限内陈述意见或者对其申请进行修改;审查员发出通知书和申请人的答复可能反复多次,直到申请被授予专利权、被驳回、被撤回或者被视为撤回。

2. 审查意见通知书的类别

实质审查意见通知书分为第一次审查意见通知书和再次审查意见通知书。

第一次审查意见通知书是审查员经过实质审查后首次发出的通知书,再次审查意见通知书是针对专利代理师或申请人的意见陈述书及新修改的专利申请文件继续进行实质审查后发出的。

实务试题中给出的审查意见通知书均为第一次审查意见通知书。

3. 审查意见通知书的组成

审查意见通知书由审查意见通知书表格和审查意见通知书正文两部分组成。

审查意见通知书表格中写明实质审查所依据的文本、所引用的对比文件、对权利要求书和说明书的结论性意见、实质审查的倾向性结论意见、答复期限等。

审查意见通知书正文部分主要指出权利要求书、说明书的实质性缺陷和形式缺陷。

在实务试题中,只给出审查意见通知书正文。通知书正文一般只给出实质性缺陷,要求考生自行发现形式缺陷。

4. 审查意见通知书的常见内容

实务考试中的审查意见通知书常见的审查内容有:

① 权利要求不具备新颖性或创造性,不符合《专利法》第22条第2款、第3款的规定;

② 独立权利要求缺少必要技术特征,不符合《专利法实施细则》第20条第2款的规定;

③ 权利要求不清楚,不符合《专利法》第26条第4款的规定;

④ 权利要求未以说明书为依据,不符合《专利法》第26条第4款的规定;

⑤ 其他非重点内容。

二、出题方式

答复审查意见的考题必考修改权利要求(10~15分),还可能出题的方式有审查意见转文

（40～50分）或答复审查意见（30～40分）。

1. 权利要求修改

考试中，一般情况下是需要对权利要求进行修改，才能克服审查员指出的缺陷。修改时应当注意以下问题：

① 修改的一般方式是在从属权利要求或说明书中找到能给专利申请带来新颖性、创造性的内容，并补入独立权利要求中。

② 如果有多种修改方案，应当选择和原申请独立权利要求发明点一脉相承的技术方案。

③ 对于不能在本申请中保护的内容，可另外提出分案申请。

④ 修改要在原权利要求或者说明书文字部分找到依据，修改不能超出原始申请公开的范围，应当满足《专利法》第33条的规定。

⑤ 在答复审查意见通知书时应当针对通知书指出的缺陷进行修改，不能增加新的独立权利要求和从属权利要求，修改应符合《专利法实施细则》第51条第3款的规定。

⑥ 对于通知书中所指出的形式缺陷，在修改申请文件时应当予以克服；对于审查员未指出的形式缺陷，确实存在的，也应当进行修改。

2. 审查意见转文

审查意见转文是题目给出审查员的结论，但是没有具体分析内容，要求考生补充具体的审查意见。此种考题的答题方式与挑错型分析答题方式完全相同。

3. 意见陈述书的撰写

有的题目要求修改权利要求后，撰写意见陈述书。意见陈述书的主要内容是陈述如何对权利要求进行修改，以及修改后的权利要求符合授权条件的理由。意见陈述书的格式请见下文。

4. 对于决定分案申请的，撰写分案申请的权利要求

由于答复审查意见通知书时，不能进行主动修改，如果说明书中还有其他具有新颖性、创造性的发明点或者主题，不能在修改权利要求时撰写为新的从属权利要求或者独立权利要求。这时，需要考虑以分案申请的形式提出新申请，保护原说明书中未写入权利要求书的技术内容，将其写为分案申请的权利要求，以最大程度保护委托人的利益。

三、意见陈述书的撰写格式

意见陈述书通常包括标准表格、正文部分以及修改文件替换页等附件。考试中，只需要撰写意见陈述书正文。

意见陈述书正文部分通常包括如下四个部分：起始段、修改说明、针对审查意见通知书中指出的实质性缺陷具体陈述意见和结尾段。下面分别给出各段落常用语段。

1. 起始段

起始段应写明该意见陈述书是针对哪一份审查意见通知书作出的，是否随意见陈述书提交了申请文件的修改页。

起始段可以不写抬头，但是如果写抬头的话，应写明为国家知识产权局，而不要写成某位审查员。

> **起始段样例1**

本意见陈述书是针对国家知识产权局于××××年××月××日的第×次审查意见通知书作出的，随此意见陈述书附上修改的申请文件（权利要求书、说明书、摘要……）替换页，以及表明修改处的参考页。

起始段样例 2

国家知识产权局：

对于××××年××月××日的第×次审查意见通知书的意见，申请人进行了认真的研读，并陈述意见如下。

2. 修改说明

起始段之后应当对申请文件的修改情况作简要说明。修改说明中应当包括如下内容：

① 说明是针对哪个缺陷进行的修改；
② 怎样进行的修改；
③ 修改的出处；
④ 引入法条，说明所作修改符合《专利法》第33条的规定以及符合《专利法实施细则》第51条第3款的规定。

修改说明样例

（1）针对审查意见通知书中指出的权利要求1不具备新颖性的审查意见，对独立权利要求1进行了修改，将原权利要求1的全部技术特征写入修改后的权利要求1的前序部分，并在其特征部分加入了以下技术特征：……，以使该独立权利要求1符合《专利法》第22条第2款和第3款有关新颖性和创造性的规定。该修改的依据来自于原说明书第二种实施方式和第三种实施方式、说明书最后一段以及图3。

（2）针对原申请文件本身所存在的从属权利要求引用部分的主题名称不符合《专利法实施细则》第22条第1款的规定，对从属权利要求4的主题名称进行了修改，使其与所引用权利要求1的主题名称相一致。

上述修改没有超出原说明书和权利要求书记载的范围，且是针对审查意见通知书指出的缺陷或者是针对申请文件本身存在的缺陷进行的修改，因而符合《专利法》第33条的规定和《专利法实施细则》第51条第3款的规定。

3. 针对审查意见通知书中指出的实质性缺陷具体陈述意见

这部分是意见陈述书的重点内容。如果不同意或者只是部分接受审查意见通知书中的意见，应当逐条充分论述理由；如果同意或者基本同意审查意见通知书中的意见并对申请文件进行了修改，则应当重点分析和论述修改后的专利申请文件如何克服了审查意见通知书中指出的缺陷。

4. 结尾段

结尾段是意见陈述书正文部分的最后内容，可以简单地说明希望和要求。

结尾段样例

专利代理师或申请人认为，修改后的权利要求书已经完全克服了第×次审查意见通知书中指出的缺乏新颖性和创造性的缺陷，并克服了其他一些形式缺陷，符合《专利法》《专利法实施细则》和《审查指南》的有关规定。如果在继续审查过程中认为本申请还存在其他缺陷，敬请联系本代理师，本代理师和申请人将尽力配合。

专利代理机构：×××× 专利代理师：×××

第二节 示范案例[1]

试题说明

1. 假设应试者受申请人委托代理了一件专利申请,现已收到审查员针对该申请发出的第一次审查意见通知书及随附的两份对比文件。

2. 要求应试者针对第一次审查意见通知书,结合考虑两份对比文件的内容,撰写一份意见陈述书。如果应试者认为有必要,可以对专利申请的权利要求书进行修改。鉴于考试时间有限,不要求应试者对专利申请的说明书进行修改。

3. 作为考试,应试者在撰写意见陈述书和修改权利要求书时应当接受并仅限于本试卷所提供的事实。

权 利 要 求 书

1. 一种用于挂在横杆(10)上的挂钩,其特征在于:具有挂钩本体(11)和突起物(15),所述挂钩本体(11)具有两个夹持部(17、18)以及连接所述夹持部(17、18)上部的弯曲部(20),其中一个夹持部具有自由端(19),另一个夹持部具有与衣架本体(12)相连接的连接端(13),在所述夹持部(17、18)的相向内侧设有突起物(15),该挂钩挂在横杆(10)上时,所述突起物(15)与横杆(10)的外圆周表面相接触。

2. 根据权利要求1所述的用于挂在横杆(10)上的挂钩,其特征在于:在所述夹持部(17、18)的相向内侧各设有两个突起物(15)。

3. 根据权利要求1所述的用于挂在横杆(10)上的挂钩,其特征在于:在与横杆轴线平行的方向上,所述突起物(15)与横杆外圆周表面形成线接触。

4. 根据权利要求3所述的突起物,其特征在于:该突起物呈山脊形状。

说 明 书

用于挂在横杆上的挂钩

技术领域

本发明涉及一种可稳固地吊挂在横杆上的挂钩。

背景技术

日常生活中,人们常常利用衣架来晾晒物品。具体地说,将需要晾晒的物品吊挂在衣架的衣架本体上,再将与衣架本体连接的挂钩挂在横杆上进行晾晒。但是,传统的挂钩挂在横杆上时,由于挂钩和横杆之间的接触为点接触,缺乏固定力或固定力较小,挂钩在横杆上容易产生滑动和扭动,风大时甚至有可能从横杆上脱落下来。

---

[1] 本题为2006年考试原题,参考答案按照现在的考试要求进行了简化。

发明内容

为了解决上述问题，本发明提供了一种用于挂在横杆上的挂钩，具有挂钩本体和突起物，该挂钩本体具有两个夹持部以及连接所述夹持部的弯曲部，其中一个夹持部具有自由端，另一个夹持部具有与衣架本体相连接的连接端，在两个夹持部的相向内侧设有突起物。当挂钩挂在横杆上时，突起物与横杆的外圆周表面相接触，起到夹持横杆的作用。

最好在与横杆轴线平行的方向上，突起物与横杆外圆周表面形成线接触。突起物可以采用半圆柱形状，也可以采用山脊形状，以便在夹持横杆时与横杆外圆周表面形成线接触。

挂钩本体可以采用问号形状，也可以采用其他形状。在夹持部的相向内侧可以对称地各设置两个突起物。每个夹持部上的两个突起物之间的连接部分最好呈V形凹陷。弯曲部上还可以设置一个迂回部，该迂回部的曲率半径小于弯曲部其他部位的曲率半径，从而增大挂钩本体对横杆的弹性夹持力。本发明的挂钩整体上可以是弯曲的板状结构，以适应吊挂较重物品的需要。

本发明的挂钩通过突起物夹持横杆，并与横杆外圆周表面形成线接触，增大了挂钩与横杆之间的固定力，使挂钩不容易在横杆上产生滑动和扭动，有效地克服了现有挂钩的前述缺点。

附图说明

图1（a）是本发明挂钩第一种实施例的透视图；

图1（b）是图1（a）所示挂钩上突起物的放大透视图；

图2（a）是图1（a）所示挂钩与横杆相配合的示意图；

图2（b）是图2（a）所示挂钩的局部正视图；

图3（a）是本发明挂钩第二种实施例的示意图；

图3（b）是图3（a）所示挂钩的局部正视图；

图4是本发明挂钩第三种实施例的透视图；

图5是图4所示挂钩与横杆相配合的示意图；

图6是从图4所示挂钩后方看的放大透视图。

具体实施方式

下面结合附图，详细介绍本发明各实施例。

图1和图2示出了本发明挂钩的第一种实施例。如图1（a）所示，整个衣架由挂钩本体11和衣架本体12组成，其中挂钩本体11采用弯曲的棒状弹性材料制成。挂钩本体11具有相对平行的两个夹持部17、18以及连接两个夹持部上部的弯曲部20。夹持部17具有自由端19；夹持部18具有连接端13，以可转动方式装配在衣架本体12上。夹持部17、18之间形成有横杆插入口14，从而能够将衣架悬挂在横杆上。夹持部17、18的相向内侧设有四个突起物15。如图1（b）所示，突起物15呈半圆柱状。如图2（a）所示，每个夹持部上的一对突起物15之间的间隔小于横杆10的外径。使用时，使横杆10进入横杆插入口14，对衣架施加向下的拉力，通过横杆10对夹持部17、18的挤压，使挂钩本体11产生弹性变形，从而将横杆10夹持在四个突起物15之间。挂钩本体11产生的弹性夹持力使突起物15与横杆10的外圆周表面相接触，形成了如图1（b）所示的与横杆10轴线相平行的支撑线16。这种线接触结构增强了挂钩本体11在横杆10上的固定性能，使之不容易在横杆上产生滑动和扭动。

图3示出了本发明挂钩的第二种实施例。如图3（b）所示，该实施例与第一种实施例在结构上的区别仅在于，突起物15沿横杆10轴向的宽度大于挂钩本体11沿横杆10轴向的宽度。加宽的突起物可以带来更好的夹持效果，这样挂钩本体11不需要采用较粗的材料就能获得更好的

固定性能。

图4至图6示出了本发明挂钩的第三种实施例。如图4所示，整个衣架由挂钩本体21和衣架本体22组成。挂钩本体21采用弯曲的板状弹性材料制成，具有彼此相对的夹持部30、31以及连接两个夹持部上部的弯曲部27，夹持部30具有自由端28。夹持部30、31的相向内侧形成有山脊形状的突起物23、24、25、26，突起物23～26沿横杆10轴向的宽度大于弯曲部27沿横杆10轴向的宽度。如图5所示，夹持部30上的两个突起物23、24之间的连接部分以及夹持部31上的两个突起物25、26之间的连接部分均呈V形凹陷。当横杆10被夹持在突起物23～26之间时，V形凹陷部分不与横杆10的外圆周表面接触，因此突起物23～26均与横杆10的外圆周表面形成线接触。弯曲部27上设有远离横杆10的迂回部29，该迂回部29的曲率半径小于弯曲部其他部位的曲率半径。采用这种结构，当横杆10被夹持在夹持部30、31之间时，迂回部29会产生较大的变形，形成较大的弹性夹持力，从而进一步增强了挂钩本体21在横杆10上的固定性能。

上面结合附图对本发明的实施例作了详细说明，但是本发明并不限于上述实施例，在本领域普通技术人员所具备的知识范围内，还可以对其作出种种变化。例如，在上述实施例中，挂钩本体与衣架本体是相互独立的部件，通过组装形成完整的衣架。显然，本发明所述的挂钩本体也可与衣架本体一体形成完整的衣架。另外，第三种实施例中所述的迂回部也适用于其他实施方式；第二种实施例中所采用的突起物在横杆轴向方向上比挂钩本体宽的方式同样适用于其他方案。

说 明 书 附 图

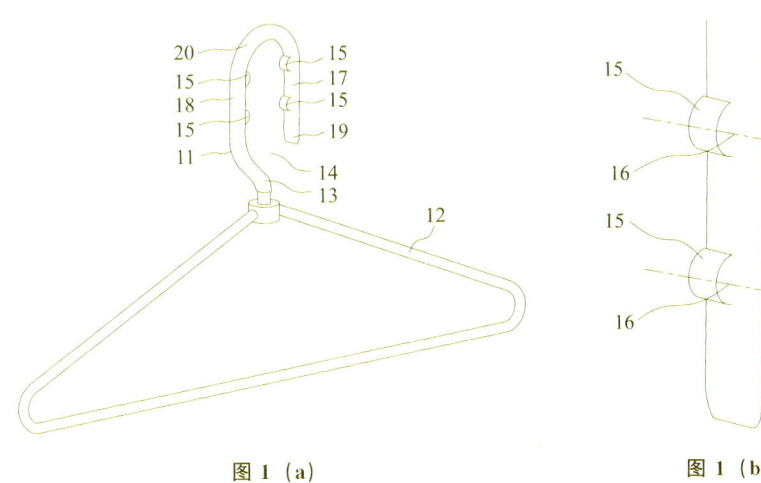

图1（a）　　　　　图1（b）

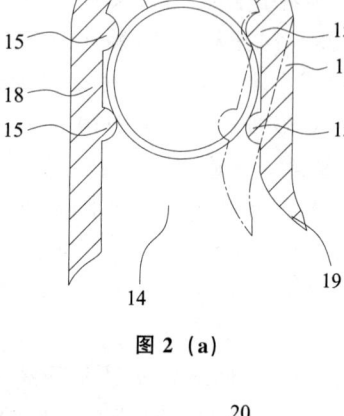
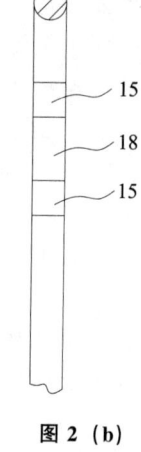

图 2（a）　　　　　图 2（b）

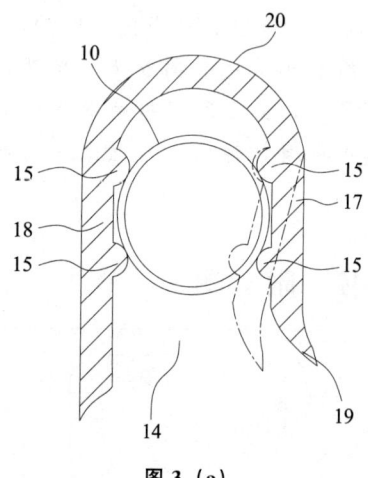
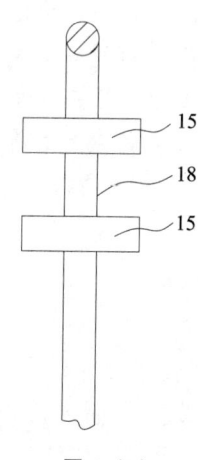

图 3（a）　　　　　图 3（b）

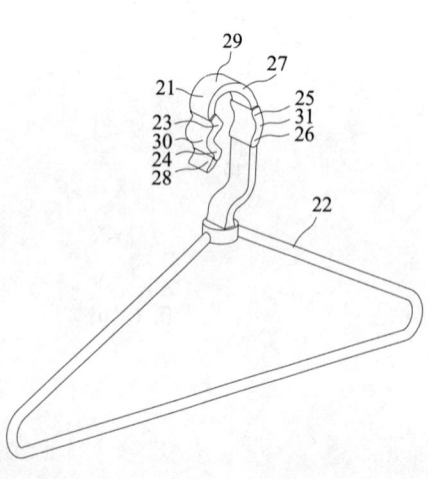
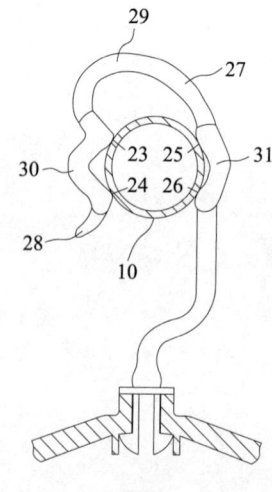

图 4　　　　　　　图 5

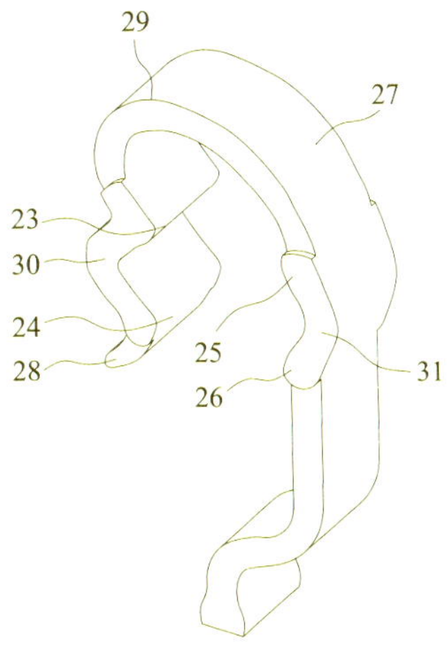

图 6

第一次审查意见通知书正文

CN×××××××××.×号发明专利申请涉及用于挂在横杆上的挂钩,对该申请的审查意见如下:

一、权利要求 1 不符合《专利法》第 22 条第 2 款关于新颖性的规定

权利要求 1 要求保护一种用于挂在横杆上的挂钩。对比文件 1 公开了一种用于挂在展示架横杆上的挂钩,参见对比文件 1 文字部分的最后一段和图 2,在其挂钩本体 1 左右相对的两部分的内侧上分别设有凸部 2 和突片 3,在挂钩挂在横杆上时,这些突起与横杆的外圆周表面接触,从而与横杆牢固定位,防止挂钩脱落。由此可见,对比文件 1 完全公开了权利要求 1 的技术方案,并且对比文件 1 所公开的挂钩与权利要求 1 所要求保护的挂钩属于相同的技术领域,所解决的技术问题和效果相同,因此,权利要求 1 不具有新颖性。

二、权利要求 2 至 3 不符合《专利法》第 22 条第 2 款关于新颖性的规定

1. 权利要求 2 的附加技术特征在对比文件 1 中已经公开,由对比文件 1 的图 2 可清楚地看到其挂钩内侧有左右两个凸部 2 与左右两个突片 3,分别设置在两边相对位置。因此,在其引用的权利要求 1 相对于对比文件 1 不具备新颖性的情况下,权利要求 2 也不具备新颖性。

2. 权利要求 3 的附加技术特征在对比文件 1 中也已经公开,由对比文件 1 的图 1 可知其挂钩上设置的凸部沿着横杆轴向方向有一定宽度,由图 2 可知该凸部具有弧形外表面,在挂钩挂在横杆上时,该凸部弧形外表面与横杆的外圆周表面形成线接触且平行于横杆轴线。因此,在其引用的权利要求 1 相对于对比文件 1 不具有新颖性的情况下,该权利要求也不具有新颖性。

三、权利要求 4 不符合《专利法》第 22 条第 3 款关于创造性的规定

权利要求 4 引用了权利要求 3,其整体上要求保护一种用于挂在横杆上的具有山脊状突起物的挂钩,该挂钩上的突起物与对比文件 1 所公开的挂钩上的突起物在形状上有所区别。然而,对比文件 2 公开了这种区别技术特征,参见对比文件 2 文字部分的最后一段和图 1 所示的衣架,该衣架具有相当于本申请挂钩的夹紧部 21,夹紧部 21 具有两个夹臂和位于夹臂圆弧形部分边缘的四个突棱,这些突棱的形状即为本申请所述的山脊形状,当挂钩挂在更大直径的横杆上时,除了

夹臂圆弧形部分的四个突棱之外，夹臂的其余部分不会与横杆相接触，此时，横杆被四个具有山脊形状的突棱夹持。因此，对比文件2给出了将山脊形状突起物应用到对比文件1的挂钩上以夹持横杆的技术启示，权利要求4的挂钩相对于现有技术是显而易见的，不具有创造性。

综上所述，本申请的权利要求1~3不具有新颖性，权利要求4不具有创造性。

申请人应当对本通知书提出的意见予以答复。如果申请人提交修改文本，则申请文件的修改应当符合《专利法》第33条的规定，不得超出原说明书和权利要求书所记载的范围。

对比文件1的说明书相关内容

本发明涉及衣架等的挂钩，特别涉及用于展示衣物的衣架挂钩。

在服装店中，为了便于向顾客展示衣物，通常将挂有衣物的衣架通过其挂钩挂在展示架杆上。现有用于展示衣物的衣架，具有挂钩本体以及支承衣物的衣架本体。但是，这些衣架要么在展示架杆上不稳定，容易被来往顾客碰掉；要么挂钩与展示架杆配合过紧，不容易从架杆上取下。

因此，渴望提供一种用于展示衣物的衣架，它既便于顾客将其从展示架杆上取下，也便于顾客在观看后重新将衣架挂到展示架杆上，同时保证衣架挂在展示架杆上稳定而不易被碰掉。

本发明提供了一种用于展示衣物的衣架，包括挂到展示架杆上的挂钩本体。该挂钩本体的内侧设有凸部和突片，用于将挂钩较为牢靠地固定在展示架杆上。该凸部可以是中空的，也可以是实体的。挂钩本体的顶部具有小突起弧，用于增大挂钩本体的弹性夹持力。本发明的挂钩可以由金属材料或塑料制成。

图1是本发明衣架挂钩的侧视图；

图2是本发明衣架挂钩的正视图。

如图1和图2所示，展示衣架具有挂钩本体1和支撑衣物的支架（图中未示），在挂钩本体1的内侧设有凸部2和突片3，用于夹持展示架杆5，挂钩本体的顶部有一小突起弧4。

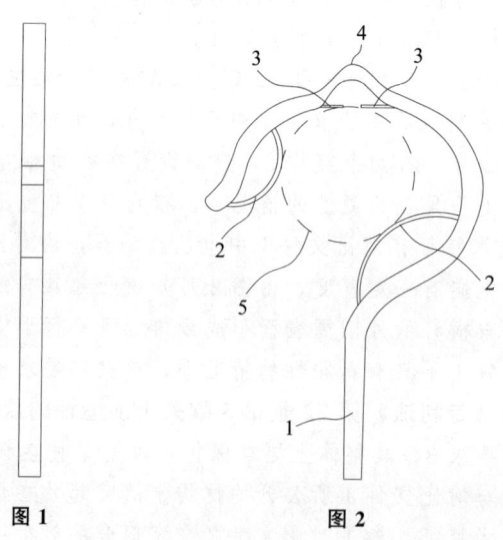

图1　　　　图2

对比文件 2 的说明书相关内容

本发明涉及用于悬挂服装以进行晾晒、展示和存放的衣架。

图 1 为本发明衣架的透视图；

图 2 为本发明衣架与晾衣杆相配合的示意图。

如图 1 所示，本发明的衣架包括衣架主体 1 和悬挂部件 2。衣架主体 1 与一般衣架的衣架主体相似，悬挂部件 2 与衣架主体 1 相连接。将衣物挂在衣架主体 1 上，用悬挂部件 2 顶部设置的夹紧部夹住晾衣杆或类似物，便可将衣服悬挂起来。

悬挂部件 2 包括柱体 22，柱体 22 底部设有连接衣架主体 1 的嵌合部 23，柱体 22 顶部设有夹紧部 21。夹紧部 21 采用弹性材料制成，用于夹住晾衣杆或类似物。夹紧部 21 包括两个夹臂，其开口向右下方或者左下方，处于下方的夹臂底部与柱体 22 的顶端固定连接。夹紧部 21 每个夹臂的中间部位设有一个圆弧形部分，在该圆弧形部分的内表面上形成有多个与晾衣杆轴向相平行的凹槽，以防止夹紧部在晾衣杆上转动。两个夹臂的一端通过弯曲部 24 相互连接。在弯曲部 24 的外表面上以可以拆卸的方式装有钢制 U 形板簧 25，以增强夹紧部 21 的弹性夹持力。

如图 2 所示，由于夹紧部 21 的两个夹臂可以张开，因此适合于不同直径的晾衣杆 3。当晾衣杆的直径比图示晾衣杆的直径更大时，虽然夹臂的圆弧部分不能与杆紧密配合，但也能通过在圆弧形部分边缘所形成的突棱夹持晾衣杆，因而同样能够将悬挂部件 2 固定在晾衣杆上。

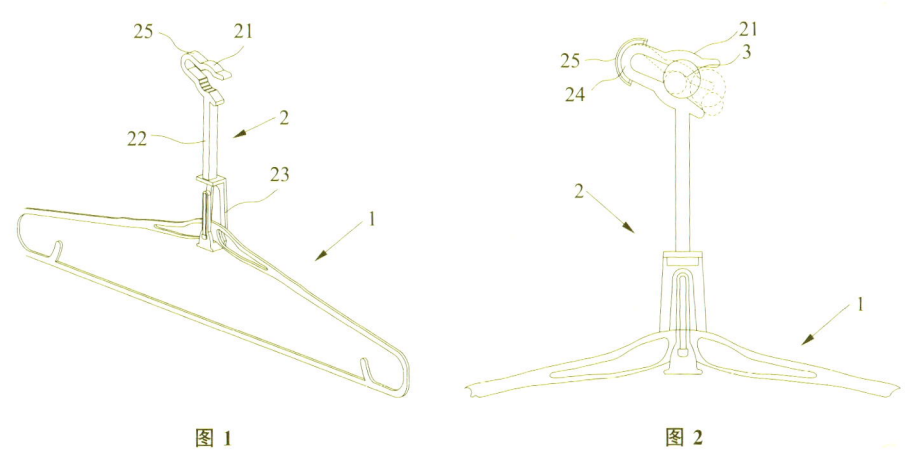

图 1　　　　　　　　　图 2

解题思路及参考答案

一、解题思路

本案例的试题说明要求考生做以下两方面的工作：①撰写意见陈述书；②必要时对权利要求书进行修改。

在答题之前，首先要分析审查员的观点是否成立。审查员认为权利要求 1～3 不具有新颖性，权利要求 4 不具有创造性，均为实质性缺陷，未指出形式缺陷。

1. 对权利要求 1 新颖性的判断

（1）技术特征对比

权利要求 1 与对比文件特征对比如下，括号内为增加的技术内容。

权利要求 1	对比文件 1
一种用于挂在横杆（10）上的挂钩	一种用于展示衣物的衣架，具有挂钩本体 1（图中所示具有两个夹持部）和支撑衣物的支架，在挂钩本体 1 的内侧设有凸部 2 和突片 3（突起物的下位概念），用于夹持展示架杆 5，挂钩本体的顶部有一小突起弧 4。挂钩可以由金属材料或塑料制成。（图中可以看出，挂钩本体上设有弯曲部、连接端，突起物与展示架杆外圆周表面相接触。）
具有挂钩本体（11）和突起物（15）	
所述挂钩本体（11）具有两个夹持部（17、18）	
连接所述夹持部（17、18）上部的弯曲部（20）	
一个夹持部具有自由端（19）	
另一个夹持部具有与衣架本体（12）相连接的连接端	
夹持部（17、18）的相向内侧设有突起物（15）	
突起物（15）与横杆（10）的外圆周表面相接触	

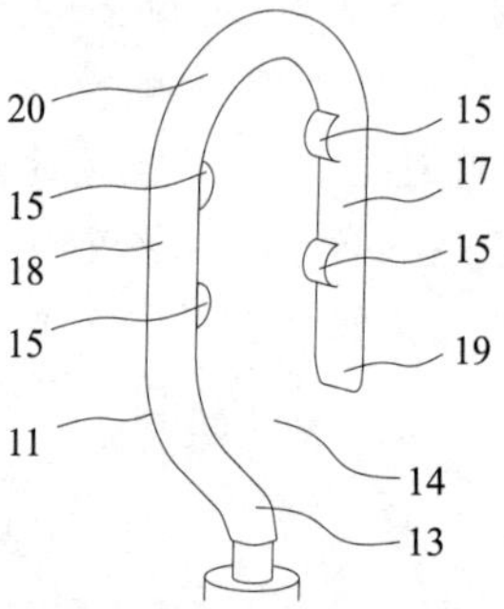

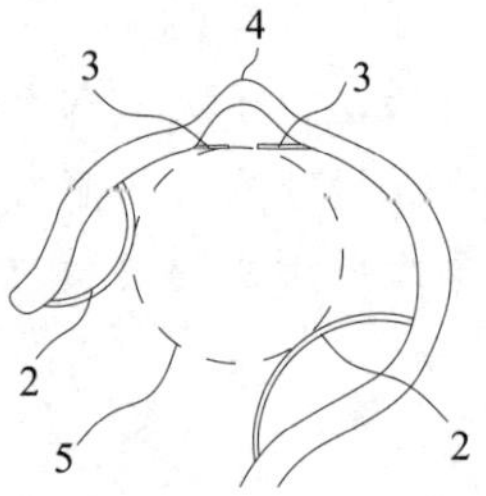

（2）新颖性判断

权利要求 1 和对比文件 1 的技术领域都涉及衣架挂钩，技术方案实质相同，所要解决的技术问题、预期效果实质上相同，都增强了挂钩与横杆固定的牢固性，因此权利要求 1 相对于对比文件 1 不具有新颖性。

（3）审查意见分析

审查意见虽然没有按照权利要求 1 的技术特征逐一地与对比文件 1 进行对比，但是，权利要求 1 不具有新颖性的结论正确。

2. 对权利要求 2 新颖性的判断

（1）技术特征对比

权利要求 2 的附加技术特征与对比文件 1 特征对比如下，括号内为增加的技术内容。

权利要求 2 的附加技术特征	对比文件 1
夹持部（17、18）的相向内侧各设有两个突起物（15）	夹持臂的相向内侧各设一个凸部和一个突片（突起物的下位概念）
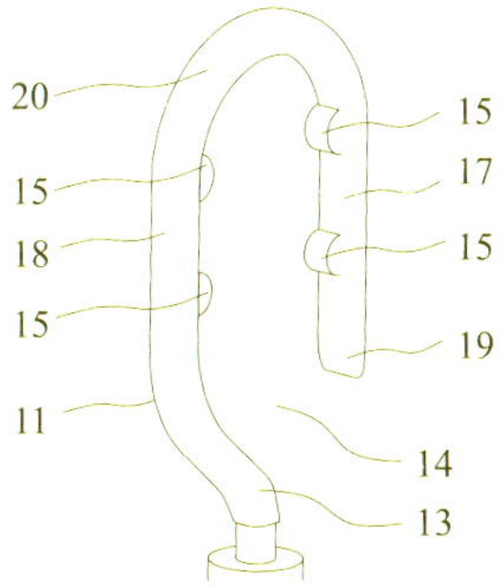	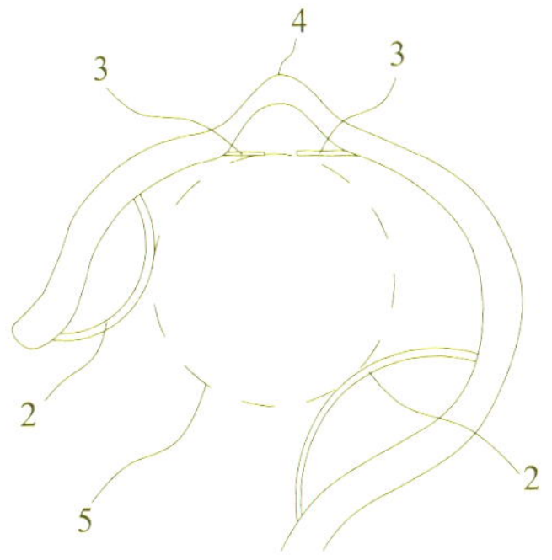

(2) 新颖性判断

对比文件 1 公开了上述附加技术特征，因此在权利要求 1 不具有新颖性的情况下，权利要求 2 也不具有新颖性。

(3) 审查意见分析

审查意见中，审查员认为权利要求 2 不具有新颖性的结论正确。

3. 对权利要求 3 新颖性的判断

(1) 技术特征对比

权利要求 3 引用权利要求 1，与对比文件 1 的技术特征对比如下。

权利要求 3 的附加技术特征	对比文件 1
在与横杆轴线平行的方向上，所述突起物（15）与横杆外圆周表面形成线接触	图中可看出突片和凸部与展示架杆线接触
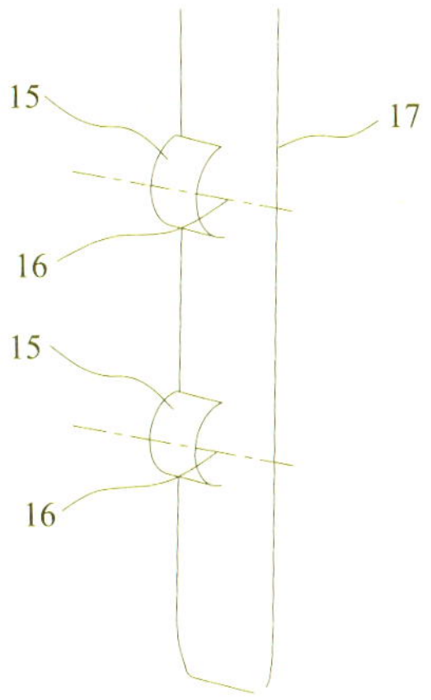	

(2) 新颖性判断

上述附加技术特征被对比文件 1 公开，在所引用的权利要求 1 不具有新颖性的情况下，权利要求 3 也不具有新颖性。

(3) 审查意见分析

审查员引用附图内容,认为权利要求3的附加技术特征被公开,权利要求3不具有新颖性,审查意见正确。

4. 对权利要求4创造性的判断

(1) 技术特征对比

权利要求4附加技术特征与对比文件特征对比如下。

权利要求4的附加技术特征	对比文件1	对比文件2
突起物呈山脊形状	半球形,突片	凸棱

(2) 创造性判断

山脊形状是突起物的一种实施方式,其作用是对横杆进行夹持。对比文件2也公开了山脊形状的突棱,其作用也是对横杆进行夹持。因此,对比文件2给出了启示,使得本领域普通技术人员在对比文件1衣架挂钩的基础上,结合对比文件2公开的山脊形状突起,设计出权利要求4所要保护的山脊形状突起物。

(3) 审查意见分析

审查意见中分析了区别技术特征的作用,以及两份文件结合的启示,因此针对权利要求4的审查意见正确。

5. 形式问题分析

审查意见中仅对实质缺陷进行了评述,考生还应当分析权利要求存在的形式缺陷。

权利要求1、2、3均无形式缺陷,权利要求4引用权利要求3,但是其主题名称与权利要求3主题名称不一致,权利要求修改时应当一并修改。

二、对专利申请文件进行修改

由于权利要求1～4均不具有新颖性或创造性,因此需寻找说明书记载的其他技术特征中是否有可以为发明带来新颖性和创造性的内容。

1. 判断能为发明带来新颖性、创造性的特征分析

从属权利要求中已经没有可使独立权利要求具有新颖性、创造性的技术特征。

说明书记载了以下四类技术特征,分析如下。

(1) 材料方面的特征

说明书中记载的特征	对比文件1	对比文件2	比较结果
弯曲的棒状弹性材料	金属或塑料	弹性材料	现有技术
弯曲的板状弹性材料	金属或塑料	弹性材料	现有技术

考试中需要注意，除非技术交底材料中给出的材料具体、明确，同时又阐述了材料选择的效果，否则一般不会将材料特征作为区别技术特征。

（2）第一实施例的其他特征

说明书中记载的特征	对比文件1	对比文件2	比较结果
连接端可转动地装配在衣架本体上	未公开	可拆卸	区别技术特征

连接端可转动这个技术特征属于出题失误，说明书没有描述连接端可转动地装配在衣架本体上的作用及效果。即使考生可以补充可转动的作用、效果，但是该特征与原申请的发明点不属于一脉相承的发明点，不应当作为修改方案。

（3）第二实施例的其他特征

说明书中记载的特征	对比文件1	对比文件2	比较结果
突起物沿横杆轴向宽度大	未公开	未公开	区别技术特征

第二实施例中记载的"突起物沿横杆轴向宽度大"这一特征并未被对比文件公开，而且说明书中也描述了其作用：加宽的突起物可以带来更好的夹持效果，这样挂钩本体不需要采用较粗的材料就能获得更好的固定性能。该创新内容与原申请的发明点一脉相承，因此应当以该特征作为区别技术特征，修改权利要求。

（4）第三实施例的其他特征

说明书中记载的特征	对比文件1	对比文件2
V形凹陷	未公开	V形圆弧
迂回部 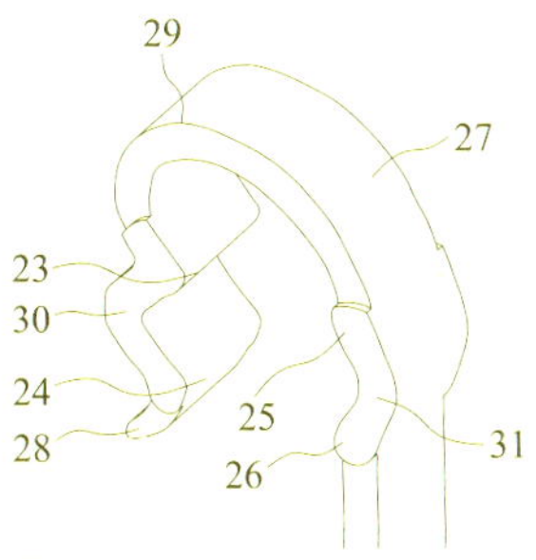	小突弧 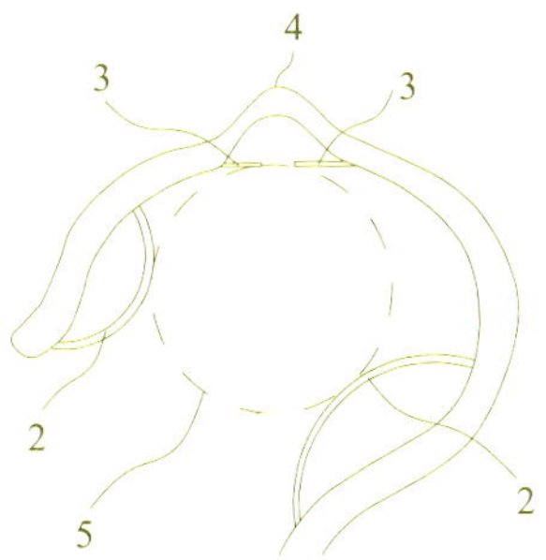	未公开 

对比文件1中描述，挂钩本体的顶部具有小突起弧，用于增大挂钩本体的弹性夹持力。其在对比文件1起到的作用和在本发明中迂回部起到的作用相同，因此不能为发明带来创造性。V形凹陷与对比文件2中公开V形圆弧实质相同，也不能为发明带来创造性。

综上，只有"所述突起物具有在所述横杆轴向方向上比所述挂钩本体宽的宽度"能为发明带来新颖性和创造性。

2. 修改方案

（1）对独立权利要求的修改

将说明书中记载的区别技术特征写入独立权利要求1中，并相对对比文件1划界如下：

1. 一种用于挂在横杆（10）上的挂钩，具有挂钩本体（11；21）和突起物（15；23，24，

25，26），所述挂钩本体（11；21）具有两个夹持部（17，18；30，31）以及连接所述夹持部上部的弯曲部（20；27），其中一个夹持部具有自由端，另一个夹持部具有与衣架本体（12；22）相连接的连接端，在所述夹持部（17，18）的相向内侧设有突起物（15；23，24，25，26），该挂钩挂在横杆上时，所述突起物与横杆的外圆周表面相接触，其特征在于：所述突起物（15；23，24，25，26）沿横杆（10）轴向宽度大于挂钩本体（11；21）沿横杆轴向的宽度。

（2）对从属权利要求的修改

权利要求2、3没有形式上的缺陷，不必进行修改。

权利要求4主题名称需要修改为：

4. 根据权利要求3所述的用于挂在横杆（10）上的挂钩，其特征在于：所述突起物呈山脊形状。

三、参考答案

修改后的权利要求书

1. 一种用于挂在横杆（10）上的挂钩，具有挂钩本体（11；21）和突起物（15；23，24，25，26），所述挂钩本体（11；21）具有两个夹持部（17，18；30，31）以及连接所述夹持部上部的弯曲部（20；27），其中一个夹持部具有自由端，另一个夹持部具有与衣架本体（12；22）相连接的连接端，在所述夹持部（17，18；30，31）的相向内侧设有突起物（15；23，24，25，26），该挂钩挂在横杆上时，所述突起物与横杆的外圆周表面相接触，其特征在于：所述突起物（15；23，24，25，26）沿横杆（10）轴向宽度大于挂钩本体（11；21）沿横杆轴向的宽度。

2. 根据权利要求1所述的用于挂在横杆（10）上的挂钩，其特征在于：在所述夹持部（17，18；30，31）的相向内侧各设有两个突起物（15；23，24，25，26）。

3. 根据权利要求1所述的用于挂在横杆（10）上的挂钩，其特征在于：在与横杆轴线平行的方向上，所述突起物（15；23，24，25，26）与横杆外圆周表面形成线接触。

4. 根据权利要求3所述的用于挂在横杆（10）上的挂钩，其特征在于：所述突起物（15；23，24，25，26）呈山脊形状。

意见陈述书正文

国家知识产权局：

现针对审查意见，对申请文件作出了修改并陈述意见如下：

一、修改说明

1. 修改了独立权利要求1，在其特征部分加入了："所述突起物（15；23，24，25，26）沿横杆（10）轴向宽度大于挂钩本体（11；21）沿横杆轴向的宽度"，以使该独立权利要求1符合《专利法》第22条有关新颖性和创造性的规定。该修改依据来自说明书第二个实施例和第三个实施例、说明书最后一段以及图3（b）和图4。

2. 修改了从属权利要求4的主题名称，使其与所引用权利要求的主题名称相一致。

以上修改均未超出原始说明书和权利要求书所记载的范围，符合《专利法》第33条以及《专利法实施细则》第51条第3款的修改规定。

二、关于新颖性

1. 修改后的权利要求1具有新颖性

对比文件1公开了一种展示衣物的衣架挂钩，其衣架挂钩凸部和突片的宽度与挂钩本体的宽度一致，并没有公开"所述突起物（15；23，24，25，26）沿横杆（10）轴向宽度大于挂钩本体

(11；21) 沿横杆轴向的宽度"这一技术特征。因此修改后的权利要求 1 相对于对比文件 1 具有新颖性。

对比文件 2 公开了一种衣架，从其附图中可以看出，突棱宽度与悬挂部件宽度一致。因此对比文件 2 也没有公开"所述突起物 (15；23，24，25，26) 沿横杆 (10) 轴向宽度大于挂钩本体 (11；21) 沿横杆轴向的宽度"这一技术特征。因此修改后的权利要求 1 相对于对比文件 2 具有新颖性。

综上，修改后的独立权利要求 1 具备了《专利法》第 22 条第 2 款所规定的新颖性。

2. 修改后的权利要求 2~4 具有新颖性

权利要求 2~4 对独立权利要求 1 进行进一步限定，由于修改后的独立权利要求 1 具备新颖性，因而其从属权利要求 2~4 也具备新颖性。

三、关于创造性

1. 修改后的权利要求 1 具有创造性

对比文件 1 与本申请的技术领域相同，所解决的技术问题相近，且公开本申请的技术特征较多，是最接近的现有技术。

本申请修改后的权利要求 1 与对比文件 1 公开的挂钩相比，区别在于所述突起物沿横杆轴向宽度大于挂钩本体沿横杆轴向的宽度。

基于上述区别技术特征，本发明实际解决的技术问题是，提供一种稳固性较强、不易在横杆上产生扭动从而滑落的衣架挂钩，在保证挂钩必要固定力的情况下减少挂钩所占空间、重量和耗材。

对比文件 2 也未公开上述区别技术特征，也不存在应用"较挂钩本体宽的突起物"这一区别技术特征与对比文件 1 结合以解决上述技术问题的任何启示。因此，修改后的权利要求 1 不是显而易见的，具有突出的实质性特点。

本发明的有益技术效果是增强了挂钩在横杆各方向上定位的稳固性，不易在横杆上产生扭动而脱落，同时减少挂钩所占空间、重量和耗材，具有显著的进步。

综上所述，修改后的独立权利要求 1 相对于现有技术具有突出的实质性特点和显著的进步，具有《专利法》第 22 条第 3 款规定的创造性。

2. 修改后的权利要求 2~4 具有创造性

在独立权利要求 1 具有创造性的情况下，其从属权利要求 2~4 也必然具有创造性。

申请人相信，修改后的权利要求书已经完全克服了第一次审查意见通知书中指出的新颖性和创造性问题，并克服了其他一些形式缺陷，符合《专利法》及其实施细则、《审查指南》的有关规定。如果审查员在继续审查过程中认为本申请还存在其他缺陷，敬请联络代理师，申请人及本人将尽力配合审查员的工作。

专利代理机构：××××　　专利代理师：×××
××××年××月××日

专题十一　无效宣告请求

第一节　概　　述

一、无效宣告请求的提出

无效宣告请求是发明创造授予专利权之后，依当事人请求而启动的程序。根据《专利法》第45条的规定，自国务院专利行政部门公告授予专利权之日起，任何单位或者个人认为该专利权的授予不符合《专利法》有关规定的，可以请求国务院专利行政部门宣告该专利权无效。

1. 无效宣告的理由

根据《专利法实施细则》第65条第2款的规定，无效宣告请求的理由限于：

① 专利的主题不符合发明、实用新型或外观设计的定义（《专利法》第2条）；

② 专利的主题违反法律、社会公德或者妨害公共利益；依赖遗传资源完成的发明创造，遗传资源的获取或利用违反法律、行政法规（《专利法》第5条）；

③ 专利的主题属于不授予专利权的范围（《专利法》第25条）；

④ 违反保密审查规定，将在中国完成的发明或实用新型向外国申请专利（《专利法》第19条第1款）；

⑤ 发明、实用新型专利不具备新颖性、创造性和实用性（《专利法》第22条）；

⑥ 专利说明书没有充分公开发明或者实用新型（《专利法》第26条第3款）；

⑦ 专利权利要求书没有以说明书为依据，未清楚地限定要求保护的范围（《专利法》第26条第4款）；

⑧ 专利的独立权利要求缺少必要技术特征（《专利法实施细则》第20条第2款）；

⑨ 修改超出原说明书和权利要求书记载的范围，或者原图片或照片表示的范围（《专利法》第33条）；

⑩ 分案申请超出原申请记载的范围（《专利法实施细则》第43条第1款）；

⑪ 专利属于重复授权（《专利法》第9条）。

考试中常用的无效宣告理由是权利要求不具有新颖性、创造性，权利要求不清楚，权利要求未以说明书为依据，偶尔出现独立权利要求缺少必要技术特征。

其他理由均不能作为无效宣告理由，比如权利要求之间不具有单一性、不能享有优先权（因不能享有优先权而丧失新颖性、创造性除外）、未按期缴纳年费等。

2. 无效宣告请求的提出

根据《专利法实施细则》第65条第1款的规定，提出无效宣告请求时，应提交无效宣告请求书、必要的证据。在无效宣告请求书中，应具体陈述无效宣告请求的范围和理由，其中应将《专利法》及其实施细则中有关的项、款、条作为独立的理由提出，并结合证据予以具体论述。

实务考试中要求考生列出提出无效宣告请求的法律条款，并结合对比文件论述权利要求不具有新颖性、创造性的理由。

3. 无效宣告理由的增加和举证期限

请求人可以在提出无效宣告请求之日起 1 个月内增加无效宣告理由、证据。

二、无效宣告请求书的撰写

1. 基本要求

无效宣告请求书应当针对专利文件进行准确、具体的分析，具体指明其存在何种不符合《专利法》及其实施细则有关规定的缺陷，并详细论述不符合有关规定的理由。

无效宣告请求书应当避免仅仅提出请求无效宣告的主张而没有针对性，或者罗列有关证据而没有具体分析说理。无效宣告请求书应当词语规范、有理有据、条理清晰。

2. 无效宣告请求书撰写格式

国家知识产权局：

请求人根据《专利法》第 45 条和《专利法实施细则》第 65 条的规定，针对专利权人×××的专利号为×××、名称为×××的实用新型专利提出无效宣告请求。该专利的申请日为××××年××月××日。

请求人提供如下的证据：

对比文件 1：×××；

对比文件 2：×××。

请求人认为，涉案专利存在如下无效理由：

1. 权利要求 1 不具有新颖性

……

2. 权利要求 2 不具有创造性

……

综上所述，本专利不符合《专利法》第×条第×款和《专利法实施细则》第×条第×款的规定，因此请求宣告该专利权全部（或者权利要求×）无效。

请求人：×××

第二节 示范案例❶

试题说明

客户 A 公司委托你所在代理机构就 B 公司的一项实用新型专利（附件 1）提出无效宣告请求，同时提供了三份专利文献（附件 2~4）。请你根据上述材料为客户撰写一份无效宣告请求书，具体要求如下：

1. 明确无效宣告请求的范围，以《专利法》及其实施细则中的有关条、款、项作为独立的无效宣告理由提出，并结合给出的材料具体说明。

2. 避免仅提出无效的主张而缺乏有针对性的事实和证据，或者仅罗列有关证据而没有具体分析说理。阐述无效宣告理由时应当有理有据，避免强词夺理。

附件 1（欲宣告无效的专利）：

涉案专利：

---

❶ 本题改编自 2015 年全国专利代理人资格考试专利代理实务试题第 1 题。

(19) 中华人民共和国国家知识产权局

（12）实用新型专利说明书

专利号 ZL 201425634028.X

(45) 授权公告日 2015 年 2 月 11 日

(22) 申请日 2014 年 3 月 23 日
(21) 申请号 201425634028.X
(73) 专利权人 B 公司

（其余著录项目略）

权 利 要 求 书

1. 一种卡箍，包括第一本体（1）、第二本体（2）和紧固装置（3），所述紧固装置（3）包括螺栓（32），其特征在于：所述第一本体（1）的一端与第二本体（2）的一端铰接，第一本体（1）的另一端与第二本体（2）的另一端通过螺栓（32）连接。

2. 根据权利要求 1 所述的卡箍，其特征在于：所述紧固装置（3）包括与所述第一本体（1）铰接的连接板（31），所述连接板（31）的一端开设有插槽（321），另一端面上有螺纹孔，所述第二本体（2）上具有可插入插槽（321）的固定部（4），所述固定部（4）上开有螺纹孔（41），所述螺栓（32）穿过螺纹孔将第一本体（1）和第二本体（2）连接。

3. 根据权利要求 2 所述的卡箍，其特征在于：所述第一本体（1）和第二本体（2）上设置有预定位装置（5），其包括位于第一本体（1）上的卡钩（51）和位于第二本体（2）上的环形钩件（522），所述环形钩件用于与所述卡钩（51）连接。

4. 根据权利要求 1~3 任一项所述的卡箍，其特征在于：所述环形钩件（522）是弹性钩件。

说 明 书

新型卡箍

本实用新型涉及一种卡紧装置，更具体地说，涉及一种新型卡箍。

目前，卡箍连接技术已广泛应用于液体、气体管道的连接。卡箍连接在管道的接口处，起到连接、紧固的作用。

现有技术中的卡箍，如图 1 所示，包括两个半圆形夹环、螺栓和螺母，两夹环的槽口相对拼接形成一个圆形通道；夹环本体的两端分别形成凸耳，凸耳处预留穿孔，用于穿过螺栓后旋紧螺母固定连接。这种卡箍属于分体式结构，零件繁多，容易丢失，并且安装时两个夹环不易对准，增加了安装的难度。

为了克服传统卡箍的技术缺陷，本实用新型的目的在于提供一种新型卡箍，其包括第一本体、第二本体和紧固装置，紧固装置包括螺栓，第一本体的一端与第二本体的一端铰接，另一端通过螺栓与第二本体的另一端连接，从而实现对管道的夹紧，降低安装工作量和安装成本。

进一步地，所述紧固装置的一端与第一本体铰接，从而进一步减少零件的数量。

更进一步地，在所述卡箍的第一本体和第二本体上设置预定位装置，以便预先定位，方便安装。

图1为现有分体式卡箍的结构示意图；

图2为本实用新型第一实施例的卡箍结构示意图；

图3为本实用新型第二实施例的卡箍结构示意图；

图4为本实用新型第二实施例的卡箍的局部放大示意图。

如图2所示，本实用新型第一实施例的新型卡箍包括第一本体1和第二本体2，第一本体1的一端与第二本体2的一端通过两个销轴和一个连接板铰接，另一端与紧固装置3铰接。第二本体2的另一端具有固定部4，其上开有螺纹孔41；紧固装置3包括与第一本体1铰接的连接板31，连接板31的端面开设有螺纹孔，另一端开设有贯通的插槽321，用于插入固定部4。螺栓32通过连接板31上的螺纹孔与第二本体2螺纹连接，螺栓32的自由端套装有调节手柄33。

在工作过程中，当需要闭合卡箍的时候，将第二本体2向第一本体1靠拢，使第二本体2上的固定部4插入连接板31的插槽321，再施力于调节手柄33使其旋转，调节手柄33带动螺栓32穿过连接板31上的螺纹孔以及固定部4上的螺纹孔41，并拧紧，完成卡箍的闭合过程。

图3和图4示出了本实用新型的第二实施例，在第一实施例的基础上，在第一本体1和第二本体2上设有能够使二者在靠拢时预先配合的预定位装置5。预定位装置5包括位于第一本体1上的卡钩51、位于第二本体2上的固定板521，以及连接在固定板521上的环形弹性钩件522，例如环形橡胶圈。工作中，当第一本体1和第二本体2靠拢闭合时，先将环形橡胶圈钩在卡钩51上，利用环形橡胶圈的弹力将第二本体2的固定部4与第一本体1的相应端部拉近，完成预定位，然后通过调节手柄33旋转螺栓32夹紧第一本体1和第二本体2。为了避免预定位的操作影响螺栓32对准螺纹孔41，第一本体1和第二本体2的预定位连接不能是刚性的，而是弹性的，这样，环形橡胶圈的弹性能在螺栓32对准螺纹孔41的过程中，协助调整二者之间的相对位置，方便二者的对准。实践中，也可以使用其他的弹性钩件，例如环形弹簧挂钩，来代替环形橡胶圈实现与卡钩51的接合。

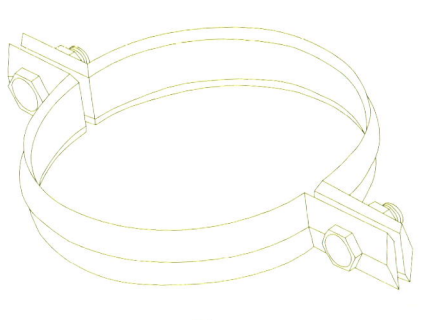

图1

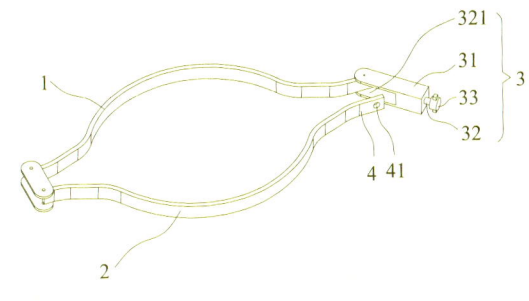

图2

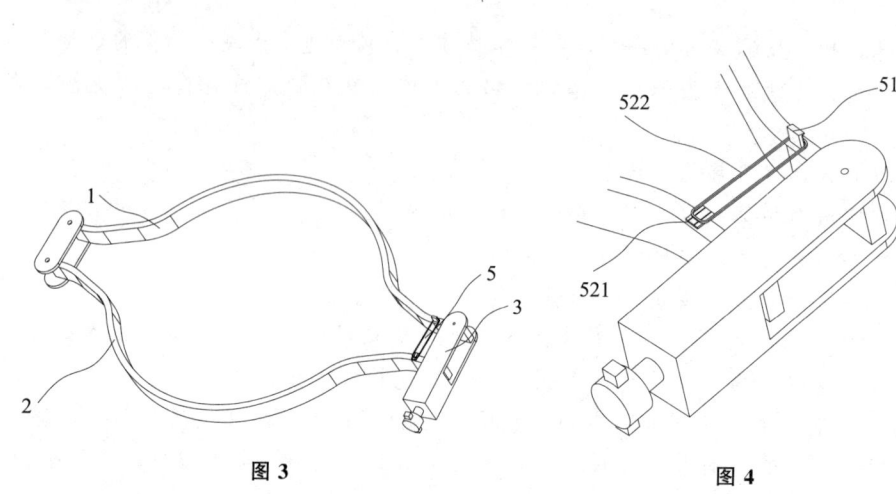

图3　　　　　　　图4

附件2（对比文件1）：

(19) 中华人民共和国国家知识产权局

(12) 实用新型专利说明书

专利号　ZL 201020156782.1

(45) 授权公告日　2011年8月6日

(22) 申请日　2010年12月25日
(21) 申请号　201020156782.1
(73) 专利权人　李××

（其余著录项目略）

说　明　书

管道连接卡箍

本实用新型涉及一种管道连接卡箍。

排水系统的管道都很长，如果发生破损或者泄漏，维修很麻烦，不可能为一点破损就整体换管。本实用新型提供一种抱式卡箍，能够实现换管对接。

图1为本实用新型的卡箍结构示意图。

如图1所示，一种管道连接卡箍，包括：第一箍套1和第二箍套2，第一箍套1和第二箍套2均呈半圆形，在第一箍套1和第二箍套2的两侧设有连接机构，连接机构分为预连接端和固定连接端。预连接端是在第一箍套上设置挂轴11，在第二箍套的对应端设置与挂轴11对应的轴套21；固定连接端是在第一箍套1和第二箍套2各自的另一端设置连接耳，连接耳上设有供连接螺栓穿过的通孔。

使用时，首先将卡箍预连接端的挂轴11套入轴套21，然后将固定连接端通过螺栓拧紧。

本实用新型改变以往两侧均采用螺栓的方式，而是采用一边挂轴的方式进行枢轴连接。这样减少连接时间，同时在固定连接端紧扣的时候，预连接端不会被打开，保证连接的安全性。

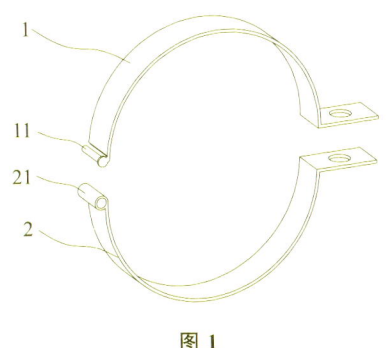

图 1

附件 3（对比文件 2）：

(19) 中华人民共和国国家知识产权局

(12) 实用新型专利说明书

专利号 ZL 201220191962.5

(45) 授权公告日 2013 年 10 月 9 日

(22) 申请日 2012 年 9 月 10 日
(21) 申请号 201220191962.5
(73) 专利权人 王××

（其余著录项目略）

说　明　书

卡箍组件

本实用新型涉及一种卡箍组件。

传统的卡箍结构一般由上半部、下半部、螺栓、螺母等多个松散零件组成。这样的结构在安装过程中比较烦琐，且受安装空间限制，比较容易发生零件掉落的情况，导致工作延误。为此本实用新型提供一种新型卡箍组件。

图 1 为本实用新型的卡箍组件的结构示意图；

图 2 为 U 形连接杆的结构示意图。

如图 1 和图 2 所示，本实用新型的卡箍组件包括：卡箍本体 1、U 形连接杆 2、销轴 3、螺栓 4。卡箍本体 1 由塑料材料注塑一次成型，其具有两个连接端，一端与 U 形连接杆 2 的开口端铰接，另一端开设有贯穿的螺纹孔，用于与旋过 U 形连接杆 2 的封闭端的螺栓 4 螺纹连接。

本实用新型的卡箍组件，结构简单紧凑，无过多松散零件，安装时能够有效地降低零件掉落的概率。

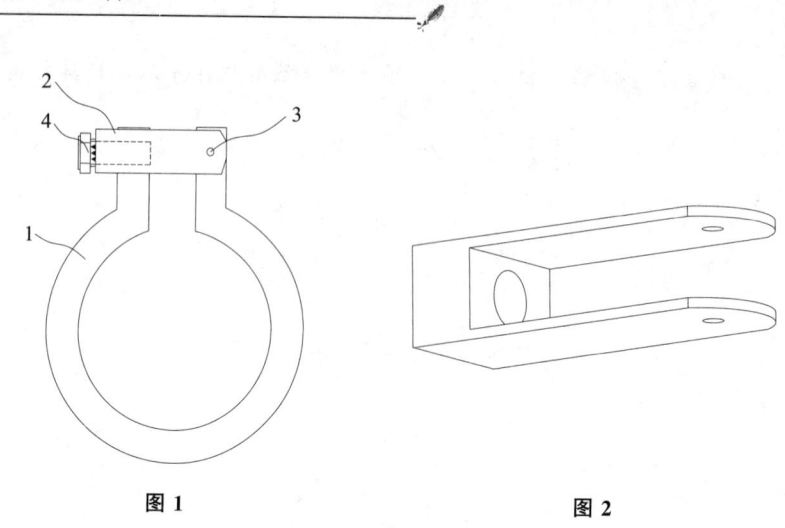

图 1 **图 2**

附件 4（对比文件 3）：

(19) 中华人民共和国国家知识产权局

(12) 实用新型专利说明书

专利号 ZL 201320123456.7

(45) 授权公告日 2014 年 3 月 23 日

---

(22) 申请日 2013 年 9 月 4 日
(21) 申请号 201320123456.7
(73) 专利权人 B 公司

（其余著录项目略）

说 明 书

塑料卡箍

本实用新型涉及一种适用于将软管紧固连接在硬管上的塑料卡箍。

软管与硬管的连接通常被用作输送液体或气体。为了防止连接后的软管在工作中脱落，往往在其连接处使用卡箍加以固定。本实用新型提供了一种结构简单合理、拆装过程方便快捷的塑料卡箍。

图 1 为本实用新型的塑料卡箍结构示意图；

图 2 为本实用新型中箍体的结构示意图。

如图 1 和图 2 所示，本实用新型的塑料卡箍，包括箍体 1 和紧迫螺栓 2，所述箍体 1 包括抱紧段 11、一体成型于所述抱紧段两端的迫近段 12 和拉紧段 13，所述抱紧段 11 呈弧形薄带状，所述迫近段 12 上开有圆孔 14，所述拉紧段 13 上设置有安装孔 15，内设内螺纹。安装前，紧迫螺栓 2 可以旋在安装孔 15 上，避免用户容易遗失零件的情况。需要安装时，首先从安装孔 15 上旋下紧迫螺栓 2，弯曲抱紧段 11 使其形成圆环形，然后将紧迫螺栓 2 穿过迫近段 12 上的圆孔

14，再旋转拧入拉紧段 13 上的安装孔 15，即可实现软管和硬管的快速紧固，操作简便高效。

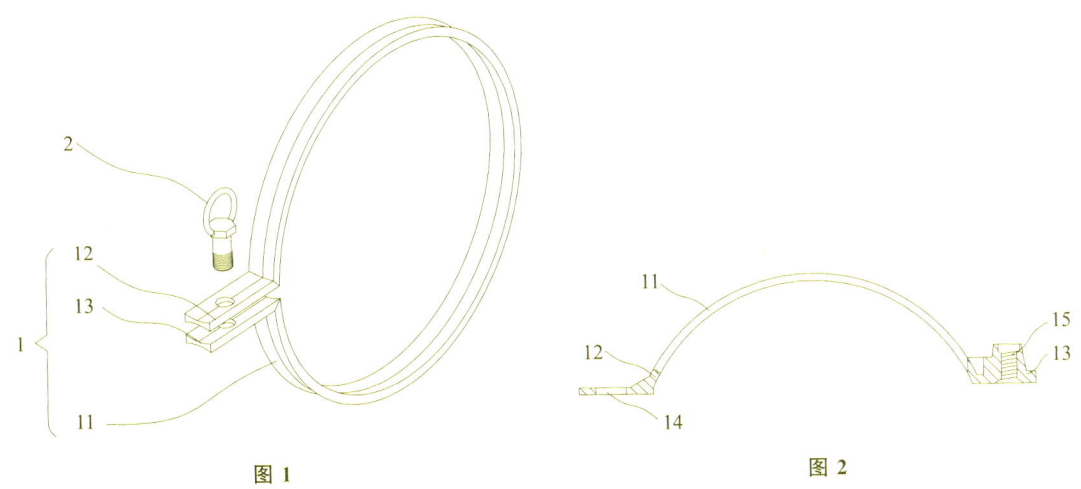

图 1　　　　　　　　　　　图 2

解题思路及参考答案

一、对无效宣告理由的选择

常用的无效宣告理由有权利要求不具有新颖性、创造性；独立权利要求缺少必要技术特征；权利要求不清楚、未以说明书为依据等。在确定无效宣告请求的理由时，应当首先分析权利要求是否具有新颖性、创造性。

二、对证据的分析

1. 三份对比文件的时间判断

题目给出了三份对比文件，首先分析对比文件是否属于现有技术或者申请在先公开在后的文件。

涉案专利的申请日是 2014 年 3 月 23 日，对比文件 1 的公开日是 2011 年 8 月 6 日，早于涉案专利的申请日，可以作为现有技术使用。

对比文件 2 的公开日是 2013 年 10 月 9 日，早于涉案专利的申请日，可以作为现有技术使用。

对比文件 3 的公开日是 2014 年 3 月 23 日，与涉案专利的申请日是同一天，不是涉案专利的现有技术，是申请在先公开在后的专利。对比文件 3 是否构成抵触申请，需要判断技术方案、技术领域、技术问题和技术效果是否相同。

2. 对比文件 3 是否构成抵触申请的分析

经对比明显可见，对比文件 3 没有公开权利要求 1 中卡箍的第一本体和第二本体铰接，因此对比文件 3 公开的技术方案与权利要求 1 的技术方案不相同，不能构成涉案专利的抵触申请，不能作为无效宣告请求的证据。

三、无效请求理由分析

1. 权利要求 1 的无效宣告理由分析

对比文件 1 是涉案专利的现有技术，将对比文件 1 公开的内容与权利要求 1 的技术方案对比如下表所示，画线部分为对比文件 1 公开的涉案专利权利要求 1 的内容：

权利要求 1	对比文件 1
一种卡箍，包括第一本体（1）、第二本体（2）和紧固装置（3）	一种管道连接卡箍，包括：第一箍套1和第二箍套2，第一箍套1和第二箍套2均呈半圆形，在第一箍套1和第二箍套2的两侧设有连接机构，连接机构分为预连接端和固定连接端。预连接端是在第一箍套上设置挂轴11，在第二箍套的对应端设置与挂轴11对应的轴套21；固定连接端是在第一箍套1和第二箍套2各自的另一端设置连接耳，连接耳上设有供连接螺栓穿过的通孔。固定连接端通过螺栓拧紧
紧固装置（3）包括螺栓（32）	
第一本体（1）的一端与第二本体（2）的一端铰接	
第一本体（1）的另一端与第二本体（2）的另一端通过螺栓（32）连接	

二者技术方案相同，技术领域都是管道卡箍，所要解决的技术问题和技术效果也都是方便对管道的夹紧，降低安装工作量和安装成本。因此，权利要求1相对于对比文件1不具有新颖性，不符合《专利法》第22条第2款的规定。

2. 权利要求2的无效宣告理由分析

权利要求2的附加技术特征是紧固装置的具体结构，对比文件1公开的紧固结构仅是螺栓，并未公开连接板、插槽等技术内容，因此对比文件1不能影响权利要求2的新颖性和创造性。

因此权利要求2的无效宣告理由应当考虑引入对比文件2从而判断权利要求2是否具有创造性，如下表所示。

权利要求2的附加技术特征	对比文件2
紧固装置（3）包括与所述第一本体（1）铰接的连接板（31）	一种卡箍组件，包括：卡箍本体1、U形连接杆2、销轴3、螺栓4。卡箍本体1由塑料材料注塑一次成型，其具有两个连接端，一端与U形连接杆2的开口端铰接，另一端开设有贯穿的螺纹孔，用于与旋过U形连接杆2的封闭端的螺栓4螺纹连接
连接板（31）的一端开设有插槽（321），另一端面上有螺纹孔	
第二本体（2）上具有可插入插槽（321）的固定部（4），所述固定部（4）上开有螺纹孔（41），螺栓（32）穿过螺纹孔将第一本体（1）和第二本体（2）连接	

经对比发现，对比文件2公开了权利要求2的附加技术特征，其所要解决的技术问题也是减少零部件的数量，提高卡箍的对准时间，减小操作空间。因此，对比文件2给出了在对比文件1基础上结合权利要求2附加技术特征的启示，权利要求2不具有创造性。

3. 权利要求3无效理由分析

权利要求3对权利要求2进一步限定是设置有预定位装置。对比文件1、2均未公开预定位装置，因此权利要求3具有新颖性和创造性。这样，需要考虑权利要求3是否存在不清楚、未以说明书为依据的情形。

权利要求 3 中对预定位装置的描述是"所述第一本体（1）和第二本体（2）上设置有预定位装置（5），其包括位于第一本体（1）上的卡钩（51）和位于第二本体（2）上的环形钩件（522），所述环形钩件用于与所述卡钩（51）连接"，相应地，说明书对预定位装置的描述是"预定位装置 5 包括位于第一本体 1 上的卡钩 51、位于第二本体 2 上的固定板 521，以及连接在固定板 521 上的环形弹性钩件 522，例如环形橡胶圈"。二者相比，说明书中限定环形钩件是弹性的，而权利要求 3 中没有限定环形钩件是弹性的，也就是说，根据权利要求 3 的保护范围，环形钩件可以是弹性的，也可以是非弹性的。下一步要考虑非弹性环形钩件是否能够解决相应的技术问题。说明书对环形钩件是否可以为非弹性部件是这样描述的："预定位连接不能是刚性的，而是弹性的，这样，环形橡胶圈的弹性能在螺栓 32 对准螺纹孔 41 的过程中，协助调整二者之间的相对位置，方便二者的对准。"因此，根据说明书的这段描述，环形钩件只能是弹性的，不能是刚性的。也就是说，权利要求 3 概括了一个比较宽的保护范围，涵盖了不能解决相应技术问题的实施方式。因此，权利要求 3 未以说明书为依据，不符合《专利法》第 26 条第 4 款的规定。

4. 权利要求 4 无效理由分析

权利要求 4 对权利要求 1~3 作了进一步限定，具体限定了"环形钩件（522）是弹性钩件"。由于权利要求 4 是对环形钩件作的限定，因此权利要求 4 具有新颖性、创造性。针对权利要求 4 的无效宣告理由也需要从权利要求不清楚、未以说明书为依据方面入手。

由于权利要求 4 进一步限定了环形钩件是弹性的，因此权利要求 4 不存在未以说明书为依据的缺陷。

权利要求 4 对权利要求 1~3 作了进一步限定，但是权利要求 1、2 中均未出现环形钩件，因此权利要求 4 引用权利要求 1、2 时缺少引用基础，造成权利要求不清楚。

四、参考答案

无效宣告请求书

根据《专利法》第 45 条及《专利法实施细则》第 65 条的规定，本请求人现请求宣告专利号为"201425634028.X"、名称为"新型卡箍"的实用新型专利（以下简称"涉案专利"）部分无效，具体理由如下。

一、关于证据的使用

请求人提交的证据为：

附件 1：无效宣告请求针对的实用新型专利说明书，授权公告日为 2015 年 2 月 11 日，申请日为 2014 年 3 月 23 日；

附件 2（对比文件 1）：实用新型专利说明书，授权公告日为 2011 年 8 月 6 日，申请日为 2010 年 12 月 25 日；

附件 3（对比文件 2）：实用新型专利说明书，授权公告日为 2013 年 10 月 9 日，申请日为 2012 年 9 月 10 日。

附件 2 和附件 3 的公开日均早于涉案专利的申请日，构成了涉案专利的现有技术，可用于评价涉案专利权利要求的新颖性和创造性。

二、无效宣告理由

1. 权利要求1不具备新颖性

权利要求1涉及一种卡箍,对比文件1公开了一种管道连接卡箍,并具体公开了包括第一箍套1和第二箍套2(相当于第一本体和第二本体),第一箍套上设置挂轴11,在第二箍套的对应端设置与挂轴11对应的轴套21;在第一箍套1和第二箍套2各自的另一端设置连接耳,连接耳上设有供连接螺栓穿过的通孔。其一边采用挂轴的方式进行枢轴连接,另一边通过螺栓连接(枢轴连接为铰接的下位概念,相当于第一本体的一端与第二本体的一端铰接,第一本体的另一端与第二本体的另一端通过螺栓连接)。

由此可见,对比文件1公开了权利要求1的全部技术特征,二者相比,技术方案实质上相同,都属于相同的卡箍领域,解决的技术问题和取得的技术效果相同,均是提供一种零件少、结构简单的卡箍,从而使得零件不易丢失,降低安装工作量和安装成本,因此权利要求1不具备新颖性,不符合《专利法》第22条第2款的规定。

2. 权利要求2不具备创造性

对比文件1技术领域与涉案专利相同,所要解决的技术问题与涉案专利最为接近,因此对比文件1是最接近的现有技术。

对比文件1公开了权利要求1的全部技术内容,权利要求2与对比文件1相比,区别技术特征在于:"所述紧固装置(3)包括与所述第一本体(1)铰接的连接板(31),所述连接板(31)的一端开设有插槽(321),另一端面上有螺纹孔,所述第二本体(2)上具有可插入插槽(321)的固定部(4),所述固定部(4)上开有螺纹孔(41),所述螺栓(32)穿过螺纹孔将第一本体(1)和第二本体(2)连接。"

基于上述区别技术特征可以确定,权利要求2实际解决的技术问题是如何设计紧固装置的具体结构,从而进一步减少零件的数量且便于安装。

对比文件2公开了卡箍组件包括:卡箍本体1、U形连接杆2、销轴3、螺栓4。卡箍本体1由塑料材料注塑一次成型,其具有两个连接端,一端与U形连接杆2的开口端铰接,另一端开设有贯穿的螺纹孔,用于与穿过U形连接杆2的封闭端的螺栓4螺纹连接,通过铰接的U形连接杆来实现紧固。

上述区别技术特征已被对比文件2公开,并且其在对比文件2中所起的作用与在涉案专利中为解决其技术问题所起的作用相同,均是为了减少零件的数量且便于安装,故对比文件2给出了将上述区别技术特征应用于对比文件1以解决其技术问题的启示。因此,该技术方案相对于对比文件1和对比文件2的结合是显而易见的,权利要求2不具有实质性特点和进步,不具备创造性,不符合《专利法》第22条第3款的规定。

3. 权利要求3没有以说明书为依据

权利要求3进一步限定第一本体和第二本体上设置有预定位装置,其包括位于第一本体上的卡钩和位于第二本体上的环形钩件,环形钩件用于与卡钩连接,其中"环形钩件"是概括。

根据涉案专利说明书最后一段记载,"预定位装置5包括位于第一本体1上的卡钩51、位于第二本体2上的固定板521,以及连接在固定板521上的环形弹性钩件522,例如环形橡胶圈""为了避免预定位的操作影响螺栓32对准螺纹孔41,第一本体1和第二本体2的预定位连接不能是刚性的,而是弹性的,这样,环形橡胶圈的弹性能在螺栓32对准螺纹孔41的过程中,协助调整二者之间的相对位置,方便二者的对准"。

权利要求3的技术方案包括环形钩件不是弹性的情况。如果环形钩件是刚性的,就不能解决权利要求3所要解决的技术问题,因此权利要求3没有以说明书为依据,不符合《专利法》第26条第4款的规定。

4. 权利要求4引用权利要求1、2的技术方案不清楚

权利要求4的附加技术特征进一步限定了"环形钩件(522)是弹性钩件",但是在其引用的权利要求1、2中均没有记载"环形钩件",因此权利要求4引用权利要求1、2的技术方案缺乏引用基础,造成保护范围不清楚,不符合《专利法》第26条第4款的规定。

综上所述,涉案专利不符合《专利法》《专利法实施细则》及《审查指南》的有关规定。因此请求宣告权利要求1~3以及权利要求4引用权利要求1、2的技术方案无效。

专题十二 无效宣告请求观点分析

第一节 概　　述

专题十一讲述了无效宣告请求书的撰写。在考试中，还有更难的一种题型：客户自行撰写了无效宣告请求书，但是无效宣告请求书中充满了各种法律错误和事实错误，要求考生向客户指出错误的观点并加以论述。

这种题型得分要点不是论述正确观点，而是指出客户错在哪里，很难适用模板，因此得分率极低。这种考试方式从 2016 年开始出现，在 2018 年、2019 年、2020 年（全国卷和新疆卷）中重复考查。

无效宣告观点挑错一般围绕新颖性判断错误、新颖性论述缺少内容、创造性判断错误、创造性判断缺少内容、单一性不是无效请求理由等核心问题出题。

此部分题型考生需要先做练习题，体会考题中出现的错误及答题规律，完成专题十二、专题十七、专题十八之后，至冲刺阶段再总结、背诵模板。

第二节 示范案例[1]

试题说明

第一题：客户 A 公司拟对 B 公司的发明专利（下称"涉案专利"）提出无效宣告请求，为此，A 公司向你所在的代理机构提供了涉案专利（附件 1）和对比文件 1~3，以及 A 公司技术人员撰写的无效宣告请求书（附件 2），请你具体分析客户所撰写的无效宣告请求书中的各项无效宣告理由是否成立，并将结论和具体理由以信函的形式提交给客户。

第二题：请你根据客户提供的材料为客户撰写一份无效宣告请求书，在无效宣告请求书中要明确无效宣告请求的范围、理由和证据，要求以《专利法》及其实施细则中的有关条、款、项作为独立的无效宣告理由提出，并结合给出的材料具体说明。

---

[1] 本题改编自 2016 年全国专利代理人资格考试专利代理实务试题第 1 题、第 2 题。

附件1（涉案专利）：

(19) 中华人民共和国国家知识产权局

(12) 发明专利说明书

(45) 授权公告日 2016年2月11日

(21) 申请号 201311234567.X
(22) 申请日 2013年9月4日
(73) 专利权人 B公司

（其余著录项目略）

权 利 要 求 书

1. 一种茶壶，包括壶身、壶嘴、壶盖及壶把，其特征在于：壶盖底面中央可拆卸地固定有一个向下延伸的搅拌棒，搅拌棒的端部可拆卸地固定有搅拌部。

2. 根据权利要求1所述的茶壶，其特征在于：所述搅拌部为一叶轮，所述叶轮的底部沿径向设有齿板。

3. 根据权利要求1或2所述的茶壶，其特征在于：所述齿板上设有多个三角形凸齿。

4. 一种茶壶，包括壶身、壶嘴、壶盖及壶把，其特征在于：壶身上设有弦月形护盖板。

说 明 书

茶 壶

本发明涉及品茗茶壶的改良。

一般茶叶在冲泡过程中，茶叶经常聚集在茶壶底部，需要长时间浸泡才能伸展出味。当需要迅速冲泡茶叶的时候，有人会使用搅拌棒或者筷子对茶壶里面的茶叶进行搅拌，这样既不方便，也不卫生。

再者，茶壶在倾倒过程中，壶盖往往向前滑动，容易使茶水溢出，甚至烫伤他人。

本发明的主要目的是提供一种具有搅拌工具的茶壶，所述搅拌工具可拆卸地固定在壶盖底面中央，并向壶身内部延伸。

本发明的另一个目的是提供一种具有护盖板的茶壶，所述护盖板呈弦月形，位于壶身靠近壶嘴的前沿开口部分，并覆盖部分壶盖。

图1为本发明的茶壶的立体分解图；
图2为本发明的茶壶的立体外观图。

如图1、图2所示，本发明的茶壶包括有壶身1、壶嘴2、带有抓手的壶盖3、壶把4及搅拌工具5。搅拌工具5包括搅拌棒11和作为搅拌部的叶轮12。壶身1内可放入茶叶，并供茶叶在冲泡后具有伸展空间。壶盖3的底面中央安装有一个六角螺母。搅拌棒11的两端具有螺纹，其一端旋进六角螺母，从而实现与壶盖3的可拆卸安装，另一端与叶轮12螺纹连接。由于搅拌工具为可拆卸结构，因此易于安装和更换。

壶身1上设置有一弦月形护盖板13，该护盖板13从壶身1近壶嘴2的前缘开口部位沿壶盖3的周向延伸，并覆盖部分壶盖3，护盖板13可以防止壶盖在茶水倾倒过程中向前滑动，从而防止茶水溢出。

使用时，先在壶身1内置入茶叶等冲泡物，倾斜壶盖3，使搅拌工具5置于壶身1内，然后向下将壶盖3置于护盖板13的下方。旋转壶盖3，搅拌工具5随着壶盖3的转动而转动，实现对壶身1内的茶叶及茶水搅拌。

为了更好地对茶叶进行搅拌，可在叶轮12的底部设置齿板。如图1、图2所示，在叶轮12的底部，沿径向向外延伸设有若干个齿板14，每个齿板14上至少设有两个三角形凸齿，配合搅拌工具在茶壶内的旋转，三角形的尖锐凸齿可以进一步搅拌壶身内的茶叶。

说 明 书 附 图

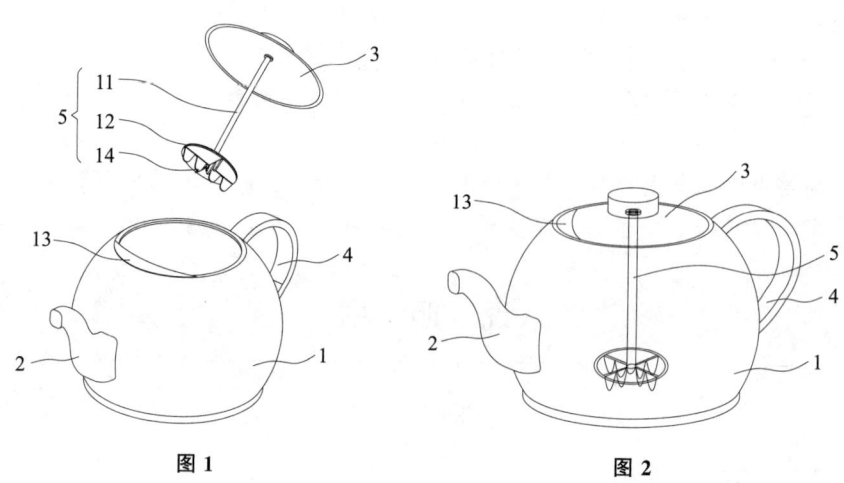

图1　　　　　　　　　图2

对比文件1：

(19) 中华人民共和国国家知识产权局

(12) 实用新型专利说明书

(45) 授权公告日　2014年5月9日

(21) 申请号　201320123456.5

(22) 申请日　2013年8月22日

(73) 专利权人　赵××

(其余著录项目略)

说　明　书

一种多功能杯子

本实用新型涉及一种盛装饮用液体的容器，具体地说是一种多功能杯子。

人们在冲泡奶粉、咖啡等饮品时，由于水温及其他各种因素的影响，固体饮品不能迅速溶解，容易形成结块，影响口感。

本实用新型的目的在于提供一种多功能杯子，该杯子具有使固体物迅速溶解、打散结块的功能。

图1为本实用新型的多功能杯子的第一实施例的结构示意图；

图2为本实用新型的多功能杯子的第二实施例的结构示意图。

如图1所示，本实用新型的多功能杯子包括：杯盖21A、搅拌棒22A和杯体23A，搅拌棒22A位于杯盖21A的内侧，并与杯盖一体成型。搅拌棒22A的端部可插接一浆形搅拌部24A。

图2示出了本实用新型的多功能杯子的另一个实施例，包括杯盖21B、搅拌棒22B和杯体23B。所述搅拌棒22B的头部呈圆柱形。杯盖21B的内侧设有内径与搅拌棒22B的头部外径相同的插槽，搅拌棒22B的头部插入杯盖21B的插槽内。搅拌棒22B采用可弯折的材料制成，其端部弯折出一个搅拌匙以形成搅拌部，从而方便搅拌。

使用时，取下杯盖，向杯内放入奶粉、咖啡等固态饮料并注入适宜温度的水，盖上杯盖，握住杯体，转动杯盖，此时搅拌棒也随杯盖的旋转而在杯体内转动，从而使固态饮料迅速溶解，防止结块产生，搅拌均匀后取下杯盖，直接饮用饮品即可。

说　明　书　附　图

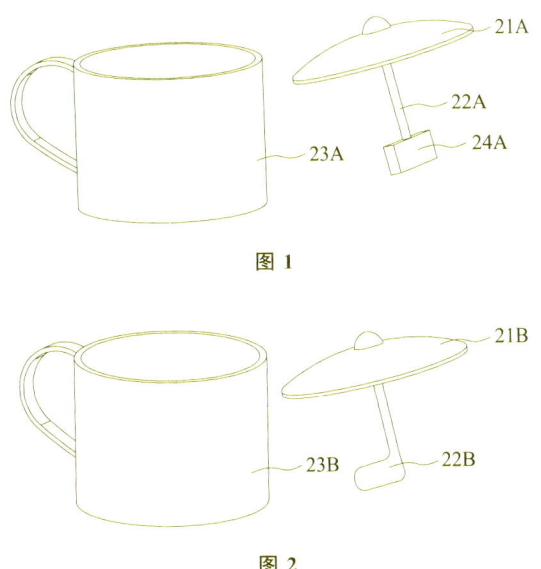

图1

图2

对比文件2：

（19）中华人民共和国国家知识产权局

（12）实用新型专利说明书

（45）授权公告日　2011年3月23日

（21）申请号　201020789117.7
（22）申请日　2010年4月4日
（73）专利权人　孙××

（其余著录项目略）

说　明　书

本实用新型涉及一种新型泡茶用茶壶。

泡茶时，经常发生部分茶叶上下空间展开不均匀不能充分浸泡出味的情况，影响茶水的口感。本实用新型的目的是提供一种具有搅拌匙的茶壶。

图1为本实用新型的茶壶的立体外观图；

图2为本实用新型的茶壶的剖视图。

如图1所示，本实用新型的茶壶包括有壶身30、壶嘴31、壶盖32及壶把33。壶盖32的底面中央一体成型有一向下延伸的搅拌匙34，此搅拌匙34呈偏心弯曲状，在壶盖32盖合在壶身30时，可伸置在壶身30内部。

如图2所示，在壶身30内置茶叶等冲泡物时，搅棒匙34随壶盖32转动，由于搅拌匙34呈偏心弯曲状，弯曲部分可以加速茶壶内的茶叶在上下方向上运动，从而对壶身30内的茶叶及茶水搅拌，使冲泡过程不致有茶叶长时间聚集在茶壶的底部，从而提高冲泡茶水的口感。

说　明　书　附　图

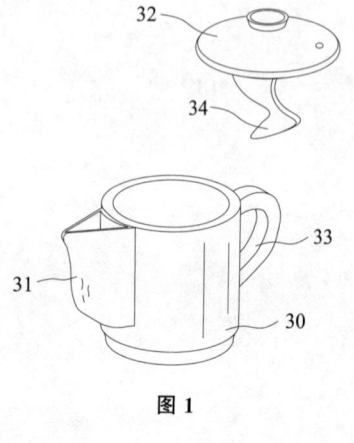

图1

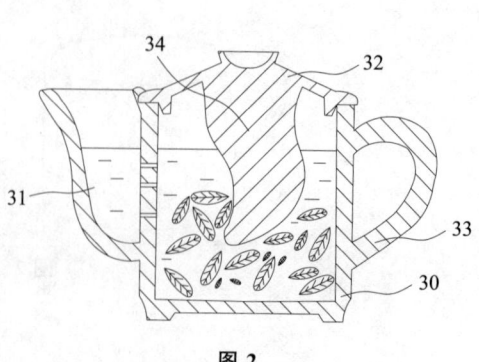

图2

对比文件3：

(19) 中华人民共和国国家知识产权局

(12) 实用新型专利说明书

(45) 授权公告日 2000年10月19日

(21) 申请号 99265446.9
(22) 申请日 1999年11月10日
(73) 专利权人 钱××

(其余著录项目略)

说　明　书

茶　杯

本实用新型有关一种具有改良结构的新型茶杯。

传统茶杯在冲泡茶叶时需要耗费较多的冲泡时间才能将茶叶冲开饮用。

本实用新型的目的是提供一种新型茶杯，其能够通过对冲泡中的茶叶进行搅拌来加速茶叶的冲泡。

图1是本实用新型的茶杯的剖视图。

如图1所示，本实用新型改良结构的茶杯，具有一杯体40、杯盖41、塞杆42，以及塞部43。塞杆42可拆卸地固定安装在杯盖41的下表面上。塞杆42的下端部插接有一个塞部43，塞部43表面包覆有滤网，底部沿径向上设有两片微弧状的压片2B。塞部43可与圆柱形杯体40配合，借以供作茶叶的搅拌及过滤的结构装置。

该茶杯在实际应用时，配合杯盖41的旋转操作，塞部43底部设有的压片2B搅拌、搅松置放于杯体40底部的茶叶，方便地完成茶叶的冲泡工作。

由于塞杆42、塞部43与杯盖41之间均采用可拆卸连接，一方面，当茶杯没有浸泡茶叶时，可以将用于搅拌的塞杆42、塞部43取下；另一方面，如果出现了零件损坏的情况，可以进行更换。

说 明 书 附 图

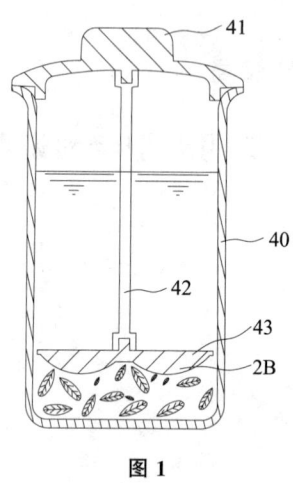

图 1

附件 2（客户撰写的无效宣告请求书）：

一、关于新颖性和创造性

1. 对比文件 1 与涉案专利涉及相近的技术领域，其说明书的附图 1 所示的实施例公开了一种多功能杯子包括：杯盖 21A、搅拌棒 22A 和杯体 23A，搅拌棒 22A 位于杯盖 21A 的内侧，并与杯盖一体成型。搅拌棒 22A 的端部可插接一浆形搅拌部 24A。附图 2 示出了另一个实施例，包括杯盖 21B、搅拌棒 22B 和杯体 23B，所述搅拌棒 22B 的头部呈圆柱形。杯盖 21B 的内侧设有内径与搅拌棒 22B 的头部外径相同的插槽，搅拌棒 22B 的头部插入杯盖 21B 的插槽内。搅拌棒 22B 采用可弯折的材料制成，其端部弯折出一个搅拌匙以形成搅拌部。因此，实施例一公开了可拆卸的搅拌部，实施例二公开了可拆卸的搅拌棒，对比文件 1 公开了权利要求 1 的全部特征，权利要求 1 相对于对比文件 1 不具备新颖性。

2. 对比文件 2 公开了一种茶壶，并具体公开了，本实用新型的茶壶包括有壶身 30、壶嘴 31、壶盖 32 及壶把 33。壶盖 32 的底面中央一体成型有一向下延伸的搅拌匙 34，此搅拌匙 34 呈偏心弯曲状，在壶盖 32 盖合在壶身 30 时，可伸置在壶身 30 内部。因此其公开了权利要求 1 的全部技术特征，二者属于相同的技术领域，解决了同样的技术问题，并且达到了同样的技术效果，因此权利要求 1 相对于对比文件 2 不具备新颖性。

3. 对比文件 2 公开了一种带有搅拌匙的茶壶，对比文件 3 公开了一种改良结构的茶杯，二者结合公开了权利要求 2 的全部技术特征，因此权利要求 2 相对于对比文件 2 和对比文件 3 不具备创造性。

二、其他无效宣告理由

4. 权利要求 1 没有记载搅拌部的具体结构，因此缺少必要技术特征。

5. 权利要求 3 保护范围不清楚。

6. 权利要求 1 的特定技术特征是壶盖底面中央可拆卸地固定有一个向下延伸的搅拌棒，搅拌棒的端部可拆卸地固定有搅拌部，从而实现对茶叶的搅拌；权利要求 4 的特定技术特征是壶身上设有弦月形护盖板，以防止壶盖向前滑动，权利要求4与权利要求1不属于一个总的发明构思，没有单一性。

因此请求宣告涉案专利全部无效。

解题思路及参考答案

一、对比文件的时间判断

题目给出了三份对比文件，首先分析对比文件是否属于现有技术或者申请在先公开在后的文件。

涉案专利的申请日是2013年9月4日，对比文件1的申请日是2013年8月22日，公开日是2014年5月9日。对比文件1是一份申请在先、公开在后的中国专利，可以用于评价涉案专利的新颖性，不能与其他文件或者公知常识结合用于评价创造性。

对比文件2、3的公开日均早于涉案专利的申请日，是涉案专利的现有技术，可用于评价涉案专利的新颖性或创造性。

二、对客户提出的无效理由分析

1. 权利要求1相对于对比文件1不具有新颖性的无效宣告理由分析

权利要求1的技术方案与对比文件1公开内容的对比如下表所示，下划线表示对比文件公开的涉案专利的技术特征。

权利要求1	对比文件1第一实施例	对比文件1第二实施例
一种茶壶，包括壶身、壶嘴、壶盖及壶把	一种多功能杯子，包括杯盖21A、搅拌棒22A和杯体23A，搅拌棒22A位于杯盖21A的内侧，并与杯盖一体成型。搅拌棒22A的端部可插接一桨形搅拌部24A	一种多功能杯子，包括杯盖21B、搅拌棒22B和杯体23B。搅拌棒22B的头部呈圆柱形。杯盖21B的内侧设有内径与搅拌棒22B的头部外径相同的插槽，搅拌棒22B的头部插入杯盖21B的插槽内。搅拌棒22B采用可弯折的材料制成，其端部弯折出一个搅拌匙以形成搅拌部
壶盖底面中央可拆卸地固定有一个向下延伸的搅拌棒		
搅拌棒的端部可拆卸地固定有搅拌部		

比较结论：

① 涉案专利权利要求1要求保护一种茶壶，包括壶身、壶嘴，而对比文件1公开的是一种杯子，并未公开壶嘴，技术方案不同。

② 涉案专利权利要求1中，搅拌棒是与壶盖底面中央可拆卸地固定，搅拌棒的端部可拆卸地固定有搅拌部。与对比文件1第一实施例相比，涉案专利权利要求1的区别技术特征在于对比文

件 1 未公开搅拌棒与壶盖可拆卸地连接；与第二实施例相比，涉案专利权利要求 1 的区别技术特征在于对比文件 1 未公开搅拌部与搅拌棒可拆卸地固定连接。

③请求书中认为，对比文件 1 第一实施例公开了可拆卸的搅拌部，第二实施例公开了可拆卸的搅拌棒，因此对比文件 1 公开了权利要求 1 的全部技术特征的结论是错误的。根据新颖性的单独对比原则，只能用对比文件 1 的一个技术方案（一个实施例）与涉案专利的权利要求进行对比，请求书中实际是将对比文件 1 的两个技术方案（两个实施例）组合起来对比权利要求 1 的技术方案，违反了新颖性判断的单独对比原则。因此请求书有关权利要求 1 相对于对比文件 1 不具有新颖性的结论是错误的。

2. 权利要求 1 相对于对比文件 2 不具有新颖性的无效宣告理由分析

权利要求 1 的技术方案与对比文件 2 公开内容的对比如下表所示，下划线表示对比文件公开的涉案专利的技术特征。

权利要求 1	对比文件 2
一种茶壶，包括壶身、壶嘴、壶盖及壶把	一种新型泡茶用茶壶，包括有壶身 30、壶嘴 31、壶盖 32 及壶把 33。壶盖 32 的底面中央一体成型有一向下延伸的搅拌匙 34，此搅拌匙 34 呈偏心弯曲状，在壶盖 32 盖合在壶身 30 时，可伸置在壶身 30 内部
壶盖底面中央可拆卸地固定有一个向下延伸的搅拌棒	
搅拌棒的端部可拆卸地固定有搅拌部	

对比文件 2 中，搅拌匙（相当于涉案专利的搅拌棒）与壶盖一体成型，搅拌匙的弯曲部分（相当于涉案专利的搅拌部）与搅拌棒也是一体成型，并未公开搅拌棒是与壶盖底面中央可拆卸地固定的，搅拌棒的端部可拆卸地固定有搅拌部。权利要求 1 相对于对比文件 2 具有新颖性，请求书有关权利要求 1 相对于对比文件 2 不具有新颖性的结论是错误的。

在答题时，需要重点分析无效宣告理由不能成立的原因以及客户观点错在哪里。

3. 有关权利要求 2 相对于对比文件 2、3 结合不具备创造性的无效理由

权利要求 2 是权利要求 1 的从属权利要求，客户分析权利要求 1 不具有新颖性的无效宣告理由不成立，因此分析权利要求 2 是否有创造性时，要将权利要求 1 的技术方案和权利要求 2 的附加技术特征合并分析。

下表为权利要求 2 是否相对于对比文件 2、3 的结合不具有创造性的技术内容对比分析，下划线表示对比文件公开的涉案专利的技术特征。

权利要求 2	对比文件 2	对比文件 3
一种茶壶，包括壶身、壶嘴、壶盖及壶把	一种新型泡茶用茶壶，包括有壶身 30、壶嘴 31、壶盖 32 及壶把 33。壶盖 32 的底面中央一体成型有一向下延伸的搅拌匙 34，此搅拌匙 34 呈偏心弯曲状，在壶盖 32 盖合在壶身 30 时，可伸置在壶身 30 内部	一种茶杯，具有一杯体 40、杯盖 41、塞杆 42，以及塞部 43。塞杆 42 可拆卸地固定安装在杯盖 41 的下表面上。塞杆 42 的下端部插接有一个塞部 43，塞部 43 表面包覆有滤网，底部沿径向上设有两片微弧状的压片 2B。塞部 43 可与圆柱形杯体 40 配合，借以供作茶叶的搅拌及过滤的结构装置
壶盖底面中央可拆卸地固定有一个向下延伸的搅拌棒		
搅拌棒的端部可拆卸地固定有搅拌部		
所述搅拌部为一叶轮，所述叶轮的底部沿径向设有齿板		

对比文件 2 与涉案专利技术领域最为接近，是最接近的现有技术。对比文件 3 公开了塞杆 42、塞部 43 与杯盖 41 之间均采用可拆卸连接，塞部的底部沿径向上设有两片微弧状的压片 2B，从而对茶叶进行搅拌，二者结构特征实质相同，作用相同。因此，权利要求 2 相对于对比文件 2 和对比文件 3 的结合不具备创造性的理由是成立的。

但是无效宣告请求中的该理由仅给出了结论，没有分析具体的理由。答第一题时，不需要详细分析权利要求 2 不具有创造性的理由，只需要分析客户的论述没有结合证据说明无效宣告理由。

4. 有关权利要求 1 缺少必要技术特征的无效宣告理由

根据涉案专利说明书的记载，现有技术中存在的问题是使用搅拌棒或者筷子对茶壶里边的茶叶进行搅拌不方便、不卫生。权利要求 1 通过在壶盖底面中央可拆卸地固定有一个向下延伸的搅拌棒，搅拌棒的端部可拆卸地固定有搅拌部，解决了上述技术问题。因此权利要求 1 的技术方案能够解决背景技术存在的技术问题，是一个完整的技术方案，不缺少必要技术特征。

而搅拌部的具体结构能够进一步提高搅拌效率，是在权利要求 1 技术方案的基础上的进一步限定，不是必要技术特征。

5. 有关权利要求 3 保护范围不清楚的无效宣告理由

权利要求 3 对权利要求 1 或 2 进一步限定"所述齿板上设有多个三角形凸齿"。但是，权利要求1中并未出现"齿板"这一技术特征。

因此权利要求3引用权利要求1的技术方案缺乏引用基础，导致该技术方案不清楚。

6. 有关权利要求4与权利要求1之间缺乏单一性的无效宣告理由

在无效宣告程序中，单一性不是无效宣告请求的理由，因此不能以权利要求之间不具备单一性为由提出无效宣告请求。

三、可宣告无效的理由分析

常用的无效宣告理由有权利要求不具有新颖性、创造性，独立权利要求缺少必要技术特征，权利要求不清楚、未以说明书为依据等。在确定无效宣告请求的理由时，应当首先分析权利要求是否具有新颖性、创造性。

1. 权利要求1的无效宣告理由分析

对比文件1是申请在先、公开在后的中国专利文件，但是又不能破坏权利要求1的新颖性，因此对比文件1无法作为证据使用。

如上文分析，权利要求1相对于对比文件2、3的结合不具有创造性，可以作为无效宣告理由。

除不具有创造性外，权利要求1不存在缺少必要技术特征、不清楚、不支持的缺陷。

2. 权利要求2的无效宣告理由分析

如上文分析，权利要求2相对于对比文件2、3的结合不具有创造性。

3. 权利要求3的无效宣告理由分析

权利要求3的附加技术特征"齿板上设有多个三角形凸齿"并未被对比文件2、3公开，因此权利要求3具有创造性。

如上文分析，权利要求3引用权利要求1时缺少引用基础，导致权利要求3引用权利要求1的技术方案不清楚，可作为无效宣告理由。

4. 权利要求4的无效宣告理由分析

权利要求4的技术方案为"一种茶壶，包括壶身、壶嘴、壶盖及壶把，其特征在于：壶身上设有弦月形护盖板"。其中弦月形护盖板没有被任何一份对比文件公开，因此权利要求4具有新颖性和创造性。

对于弦月形护盖板，说明书记载：壶身1上设置有一弦月形护盖板13，该护盖板13从壶身1近壶嘴2的前缘开口部位沿壶盖3的周向延伸，并覆盖部分壶盖3，护盖板13可以防止壶盖在茶水倾倒过程中向前滑动，从而防止茶水溢出。

涉案专利说明书中公开了一种具体的结构，弦月形护盖板只有设置在说明书记载的位置和延伸方向上，才能缩小护盖板与壶盖之间的缝隙，防止茶水溢出。而权利要求4的技术方案显然是在说明书公开内容的基础上概括了一个较宽的保护范围，涵盖了不能解决技术问题的技术方案，因此权利要求4没有以说明书为依据，不符合《专利法》第26条第4款的规定。

四、参考答案

第一题参考答案

尊敬的A公司：

很高兴贵方委托我代理机构代为办理有关专利号为ZL201311234567.X、名称为"茶壶"的发明专利无效宣告请求的有关事宜，经仔细阅读贵方提供的附件1～2以及对比文件1～3，我方认为附件中各项无效宣告理由是否成立的结论和理由如下。

1. 权利要求 1 相对于对比文件 1 不具备新颖性的无效宣告理由不成立

对比文件 1 是申请在先、公开在后的中国专利文件,可以用来评价权利要求的新颖性,不能评价创造性。但是,对比文件 1 公开的技术方案不能破坏权利要求 1 的新颖性。原因如下:

对比文件 1 公开了一种多功能杯子,并公开了两个实施例:第一实施例的多功能杯子包括杯盖、搅拌棒和杯体,搅拌棒位于杯盖的内侧,并与杯盖一体成型,搅拌棒的端部可插接一桨形搅拌部。第二实施例的杯子包括杯盖、搅拌棒和杯体,搅拌棒的头部呈圆柱形,杯盖的内侧设有内径与搅拌棒的头部外径相同的插槽,搅拌棒的头部插入杯盖的插槽内,搅拌棒采用可弯折的材料制成,其端部弯折出一个搅拌匙以形成搅拌部,从而方便搅拌。

由此可见,对比文件 1 没有公开权利要求 1 中的壶嘴,也没有在一个实施例中公开在壶盖底面中央可拆卸地固定有一个向下延伸的搅拌棒,搅拌棒的端部可拆卸地固定有搅拌部。即对比文件 1 并没有公开权利要求 1 的技术方案,因此对比文件 1 不构成权利要求 1 的抵触申请,不能破坏权利要求 1 的新颖性。

附件 2 指出对比文件 1 的两个实施例分别公开了权利要求 1 的全部技术特征,实际上是使用了对比文件 1 的两个实施例的结合来评述权利要求 1 的新颖性,违反了新颖性判断的单独对比原则。由于对比文件 1 不能破坏权利要求 1 的新颖性,因此建议放弃使用对比文件 1 作为证据。

2. 权利要求 1 相对于对比文件 2 不具备新颖性的无效宣告理由不成立

对比文件 2 的公开日早于涉案专利的申请日,构成了现有技术。对比文件 2 公开了一种带有搅拌匙的茶壶,但是其中的搅拌匙与壶盖是一体成型的,故对比文件 2 没有公开权利要求 1 的全部技术特征,二者的技术方案实质不同,因此对比文件 2 不能破坏权利要求 1 的新颖性。

3. 权利要求 2 相对于对比文件 2 和对比文件 3 的结合不具备创造性的无效结论成立,但缺少相应理由分析

对比文件 2 和对比文件 3 的公开日均早于涉案专利的申请日,构成了现有技术,可以评价权利要求 2 的创造性。但是,根据《专利法实施细则》第 65 条第 1 款的规定,无效宣告请求人应当具体说明无效宣告请求的理由,提交证据的,应当结合所提交的证据具体说明。因此,针对以不符合《专利法》第 22 条第 3 款有关创造性的规定为由提出的无效宣告请求,应当结合对比文件具体说明理由。

4. 权利要求 1 缺少必要技术特征的无效宣告理由不成立

根据涉案专利说明书背景技术的记载,现有技术中存在的问题是使用搅拌棒或者筷子对茶壶里边的茶叶进行搅拌,不方便,不卫生。权利要求 1 在壶盖底面中央可拆卸地固定有一个向下延伸的搅拌棒,搅拌棒的端部可拆卸地固定有搅拌部。因此权利要求 1 的技术方案能够解决背景技术存在的技术问题,是一个完整的技术方案,不缺少必要技术特征。而搅拌部的具体结构能够进一步提高搅拌效率,是在权利要求 1 技术方案的基础上的进一步限定,不是必要技术特征。

5. 权利要求 3 保护范围不清楚的无效结论成立,但缺少相应理由分析

权利要求 3 对权利要求 1 或 2 进一步限定"所述齿板上设有多个三角形凸齿",但是权利要求 3 引用的权利要求 1 中没有记载"齿板"这一技术特征,因此权利要求 3 引用权利要求 1 的技术方案缺乏引用基础,导致权利要求保护范围不清楚,而权利要求 3 引用权利要求 2 的技术方案是清楚的。

6. 权利要求 4 与权利要求 1 之间缺乏单一性不是无效宣告理由

根据《专利法实施细则》第 65 条第 2 款的规定，在无效宣告程序中，单一性不是无效宣告请求的理由，因此不能以权利要求之间不具备单一性为由提出无效宣告请求。

以上咨询意见供参考。

专利代理机构：××××　　专利代理师：×××

××××年××月××日

第二题参考答案

国家知识产权局：

根据《专利法》第 45 条和《专利法实施细则》第 65 条的规定，请求人请求宣告专利号为 ZL201311234567.X、名称为"茶壶"的发明专利（以下简称"涉案专利"）部分无效，具体理由如下。

1. 关于证据

请求人提交如下对比文件作为证据使用：

对比文件 2：专利号为 ZL201020789117.7 的实用新型专利说明书，授权公告日为 2011 年 3 月 23 日；

对比文件 3：专利号为 ZL99265446.9 的实用新型专利说明书，授权公告日为 2000 年 10 月 19 日。

对比文件 2、3 公开日均早于涉案专利申请日，可以作为现有技术评价权利要求的新颖性和创造性。

2. 权利要求 1 不具有创造性

对比文件 2 技术领域与涉案专利相同，解决的技术问题最为接近，是最接近的现有技术。

对比文件 2 公开了以下技术特征：茶壶包括有壶身 30、壶嘴 31、壶盖 32 及壶把 33。壶盖 32 的底面中央一体成型有一向下延伸的搅拌匙 34，此搅拌匙 34 呈偏心弯曲状，在壶盖 32 盖合在壶身 30 时，可伸置在壶身 30 内部。

权利要求 1 与对比文件 2 相比，区别技术特征在于：权利要求 1 的壶盖底面中央可拆卸地固定有一个向下延伸的搅拌棒，搅拌棒的端部可拆卸地固定有搅拌部。

由上述区别技术特征可以确定，权利要求 1 相对于对比文件 2 实际解决的技术问题是如何实现搅拌工具的安装和更换。

对比文件 3 公开了以下技术特征：改良结构的茶杯，具有一杯体 40、杯盖 41、塞杆 42，以及塞部 43。塞杆 42 可拆卸地固定安装在杯盖 41 的下表面上。塞杆 42 的下端部插接有一个塞部 43，塞部 43 表面包覆有滤网，底部沿径向上设有两片微弧状的压片 2B。塞部 43 可与圆柱形杯体 40 配合，借以供作茶叶的搅拌及过滤的结构装置。由于塞杆 42、塞部 43 与杯盖 41 之间均采用可拆卸连接，一方面，当茶杯没有浸泡茶叶时，可以将用于搅拌的塞杆 42、塞部 43 取下；另一方面，如果出现了零件损坏的情况，可以进行更换。

上述区别技术特征已被对比文件 3 公开，而且该特征在对比文件 3 中的作用与其在涉案专利中为解决其技术问题所起的作用是相同的，都是实现搅拌工具的安装和更换。因此，对比文件 3 给出了将该技术特征应用到对比文件 2 以解决上述技术问题的启示，权利要求 1 的技术方案相对于对比文件 2 和对比文件 3 的结合是显而易见的，权利要求 1 没有突出的实质性特点和显著的进步,不具备创造性,不符合《专利法》第22条第3款的规定。

3. 权利要求2不具有创造性

从属权利要求2的附加技术特征进一步限定了"所述搅拌部为一叶轮,所述叶轮的底部沿径向设有齿板"。

对比文件3公开了塞部43可与圆柱形杯体40配合,借以供作茶叶的搅拌及过滤的结构装置。塞部的底部沿径向上设有两片微弧状的压片2B。

上述附加技术特征已被对比文件3公开,且该特征在对比文件3中所起的作用与其在涉案专利中为解决其技术问题所起的作用相同,都是为了对茶叶进行搅拌,因此在其所引用的权利要求1不具备创造性的情况下,权利要求2相对于对比文件2和对比文件3的结合也不具备创造性,不符合《专利法》第22条第3款的规定。

4. 权利要求3不清楚

权利要求3是对齿板的进一步限定,其中的"齿板"在其引用的独立权利要求1中没有记载,因此权利要求3引用权利要求1的技术方案缺乏引用基础,导致其保护范围不清楚,不符合《专利法》第26条第4款的规定。

5. 权利要求4没有以说明书为依据

权利要求4以概括的方式限定了弦月形护盖板在壶身上的设置位置。

根据说明书的记载,壶身1上设置有一弦月形护盖板13,该护盖板13从壶身1近壶嘴2的前缘开口部位沿壶盖3的周向延伸,并覆盖部分壶盖3,护盖板13可以防止壶盖在茶水倾倒过程中向前滑动,从而防止茶水溢出。由此可见,弦月形护盖板只有设置在说明书记载的位置和延伸方向上,才能缩小护盖板与壶盖之间的缝隙,防止茶水溢出。如果弦月形护盖板设置在其他位置,就不能解决权利要求4所要解决的防止茶水溢出的问题。因此权利要求4没有以说明书为依据,不符合《专利法》第26条第4款的规定。

综上所述,请求宣告专利号为ZL201311234567.X、名称为"茶壶"的发明专利的权利要求1、2,权利要求3引用权利要求1的技术方案,权利要求4无效。

专利代理机构:××××　　专利代理师:×××

××××年××月××日

第三节　练习案例❶

试题说明

客户A公司正在研发一项产品。在研发过程中,A公司发现该产品存在侵犯B公司的实用新型专利的风险。为此,A公司进行了检索并得到对比文件1、2,拟对B公司的实用新型专利(下称"涉案专利")提出无效宣告请求,在此基础上,A公司向你所在代理机构提供了涉案专利(附件1)、对比文件1~2、A公司技术人员撰写的无效宣告请求书(附件2)。

第一题:请你具体分析客户所撰写的无效宣告请求书中的各项无效宣告理由是否成立,并将结论和具体理由以信函的形式提交给客户。

---

❶ 本题改编自2018年全国专利代理人资格考试专利代理实务试题第1题、第2题。

第二题：请你根据客户提供的材料为客户撰写一份无效宣告请求书，在无效宣告请求书中要明确无效宣告请求的范围、理由和证据，要求以《专利法》及其实施细则中的有关条、款、项作为独立的无效宣告理由提出，并结合给出的材料具体说明。

附件1（涉案专利）：

（19）中华人民共和国国家知识产权局

（12）实用新型专利说明书

（45）授权公告日 2018年9月12日

（21）申请号 201721234567.X

（22）申请日 2017年12月4日

（73）专利权人 B公司　　　　　　　　　　　　　　　　　（其余著录项目略）

权 利 要 求 书

1. 一种灯，包括灯座（11）、支撑杆（12）、发白光的光源（13），其特征在于：还包括滤光部（14），所述滤光部（14）套设在所述光源（13）外，所述滤光部（14）由多个滤光区（14a，14b，14c，14d）组成，所述滤光区（14a，14b，14c，14d）与所述光源（13）的相对位置是可以改变的，从而提供不同的光照模式。

2. 根据权利要求1所述的灯，其特征在于：所述滤光部（14）可旋转地连接在所述支撑杆（12）上，通过旋转所述滤光部（14）提供不同的光照模式。

3. 根据权利要求2所述的灯，其特征在于：所述滤光部（14）是圆柱状，所述滤光区（14a，14b，14c，14d）的分界线与所述滤光部（14）的旋转轴平行。

4. 根据权利要求2所述的灯，其特征在于：所述滤光部（14）是多棱柱状，所述多棱柱的每个侧面为一个滤光区，所述多棱柱的棱边与所述滤光部（14）的旋转轴平行。

5. 根据权利要求3或4所述的灯，其特征在于：还包括反射罩（15），所述反射罩（15）固定设置在所述滤光部（14）所包围空间内的光源承载座（121）上，并部分包围所述光源（13），所述反射罩（15）的边缘延伸到所述滤光部（14）以使所述光源（13）发出的光完全限制在单一的滤光区内，所述反射罩（15）优选为铝。

6. 根据权利要求2所述的灯，其特征在于：所述灯座（11）的材料为塑料。

说 明 书

多用途灯

本实用新型涉及灯的改良。

图1所示，是一种现有灯的示意图。现有灯通常由灯座1、支撑杆2、光源3和部分包围光源3的反射罩4组成，灯座可以平稳地放置在桌面上，并通过支撑杆2连接到光源3。这种灯通常仅能提供单一形态、单一色调等的光。

本实用新型的主要目的是提供一种多用途灯，可以提供不同的光照模式。

图1为现有灯的示意图。

图2为本实用新型的灯的示意图。

图3a、图3b分别是本实用新型的光源为发光二极管、荧光管且无反射罩的发光角度示意图；图3c是带反射罩的发光角度示意图。

如图2和图3所示，本实用新型的灯包括灯座11、支撑杆12、发白光的光源13。灯还包括滤光部14、遮光片16和光源承载座121，光源13安装在光源承载座121上。滤光部14套设在光源13外，并可旋转地连接在支撑杆12顶端上，如旋转套接在光源承载座121外部，滤光部14的旋转轴和光源承载座121的轴线重合，遮光片16盖在滤光部14远离光源承载座121的顶端。灯座11材料为塑料。

滤光部14由依次排列的多个滤光区组成，其通过透过不同颜色和/或亮度比例而提供不同的滤光功能，隔开多个滤光区的分界线则平行于滤光部14的旋转轴，因此，通过旋转滤光部14可以为不同的方位提供不同的光照模式。例如，图2和图3示出的滤光部14是圆柱状的，有四个滤光区14a、14b、14c、14d，其中，滤光区14a是透明的，便于工作照明；滤光区14b透过中量黄光，用于营造就餐氛围；滤光区14c和滤光区14d分别透过中等亮度的粉红色和蓝色光，用于营造浪漫和海洋的氛围。

光源13可以是具有一定发光角度的发光二极管灯条，即光源13发射的光主要集中在如图3a所示的发光区131下方、由发光区131延伸的两箭头涵盖的发光角度范围之内，而在发光角度之外仅有少量光，因而通过将相应的滤光区14a、14b、14c、14d旋转而覆盖相应的发光角度，可以使得发光区131下方、发光角度范围之内的光照模式发生变化。光源13也可以采用荧光管这种360度全角度发光的光源，如图3b所示，除了可以调整光源13下方区域的光照模式外，还可以调整光源13侧面和上方等区域的光照模式。

为了集中光能量，可以在滤光部14所包围空间内的光源承载座121上固定设置一个部分包围光源13的反射罩15，如图2、图3c所示。反射罩15的材料为金属，优选为铝。反射罩15的边缘还可以进一步延伸到滤光部14，这样，灯的出光将完全限制在所选择的滤光区的单一区域内，避免灯的其他滤光区出现不需要的光。

滤光部14也可以是其他形状，例如，是多棱柱状的。当滤光部14为多棱柱状时，多棱柱的每个侧面为一个滤光区，多棱柱的棱边也是各滤光区的分界线，其与滤光部14的旋转轴平行，此时，可以通过多棱柱的侧面朝向来判断旋转是否已经到位。但在滤光部14为多棱柱的情况下，反射罩15的边缘如果延伸到滤光部14，将使得滤光部14无法旋转。

说 明 书 附 图

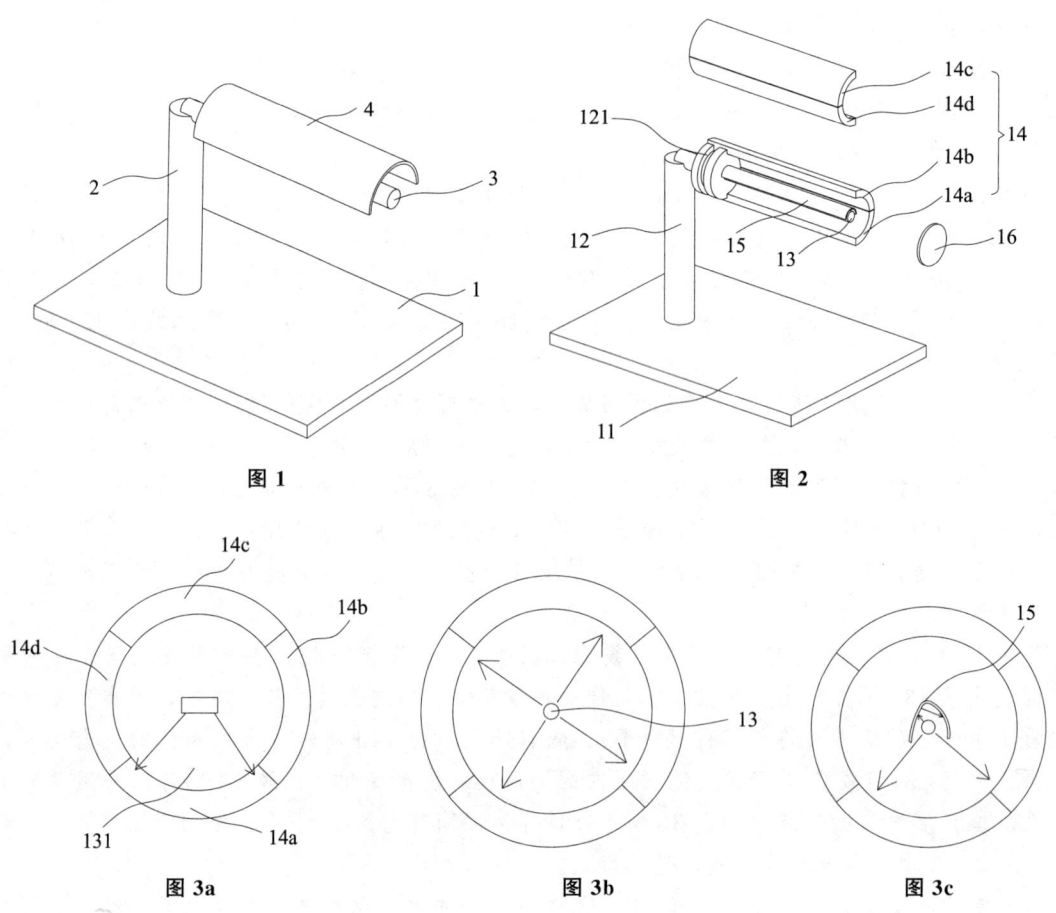

图 1　　　　　　图 2

图 3a　　　　　图 3b　　　　　图 3c

对比文件 1：

(19) 中华人民共和国国家知识产权局

(12) 实用新型专利说明书

(45) 授权公告日　2007 年 10 月 9 日

(21) 申请号　200620123456.5

(22) 申请日　2006 年 1 月 22 日

(其余著录项目略)

说 明 书

变光灯

本实用新型涉及一种变光灯。

现有放置在桌子上的台灯,包括灯座、管状光源和部分包围管状光源的反射罩,不具备变光功能。

本实用新型目的在于提供一种变光灯,可以使得用户根据需要进行变光。

图1为本实用新型的变光灯分解图;

图2为本实用新型的变光灯的一种工作状态的剖视图,此时光源23对准滤光层242并用销柱25定位。

如图1和图2所示,本实用新型的变光灯包括灯座21、支撑柱22、光源23和变光套24,支撑柱22设置在灯座21上,光源23为在支撑柱22顶端的四个侧面上设置的白光发光二极管,变光套24为中空的四棱柱体,其从上到下由滤光层241、242、243和一个基座244排列而成,滤光层241、242、243的透明度依次降低。

通过上下移动变光套24相对于支撑柱22的位置,并用销柱25定位,使得变光套24上下运动,从而适应用户的不同亮度需求。

说 明 书 附 图

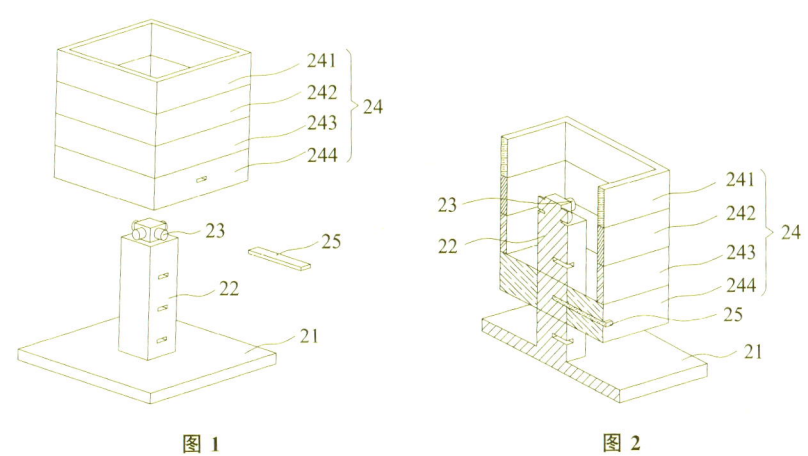

图1　　　　　　　　图2

对比文件 2：

(19) 中华人民共和国国家知识产权局

(12) 实用新型专利说明书

(45) 授权公告日 2008 年 10 月 23 日

(21) 申请号 200820789117.7
(22) 申请日 2008 年 1 月 4 日

(其余著录项目略)

说 明 书

调光灯

本实用新型涉及一种调光灯。

现有技术的调光灯，其调光是通过阻抗调节结构和灯泡串联而实现的，但是这种方式使流过灯泡的电流会发生变化，导致使用寿命缩短。

本实用新型所要解决的技术问题是提供一种使用寿命长的调光灯。

图 1 是本实用新型的调光灯的分解图；

图 2 是从调光灯发出的光亮度较暗时的工作状态图，此时，灯罩被旋转到其侧壁部分地或全部地遮挡灯泡；

图 3 是从调光灯发出的光亮度较亮时的工作状态图，此时，灯罩被旋转到其侧壁完全露出灯泡。

如图 1～图 3 所示，调光灯包括塑料的灯座 31、竖直柱 32、灯泡 33、灯罩 34，竖直柱 32 的外壁设置外螺纹；灯泡 33 设置于竖直柱 32 顶端；灯罩 34 整体由半透明材料制成，灯罩 34 下侧与竖直柱 32 通过内外螺纹配合，从而可旋转地套设于竖直柱 32 外侧，旋转灯罩 34 可使其上下移动，从而实现亮度调整。

说 明 书 附 图

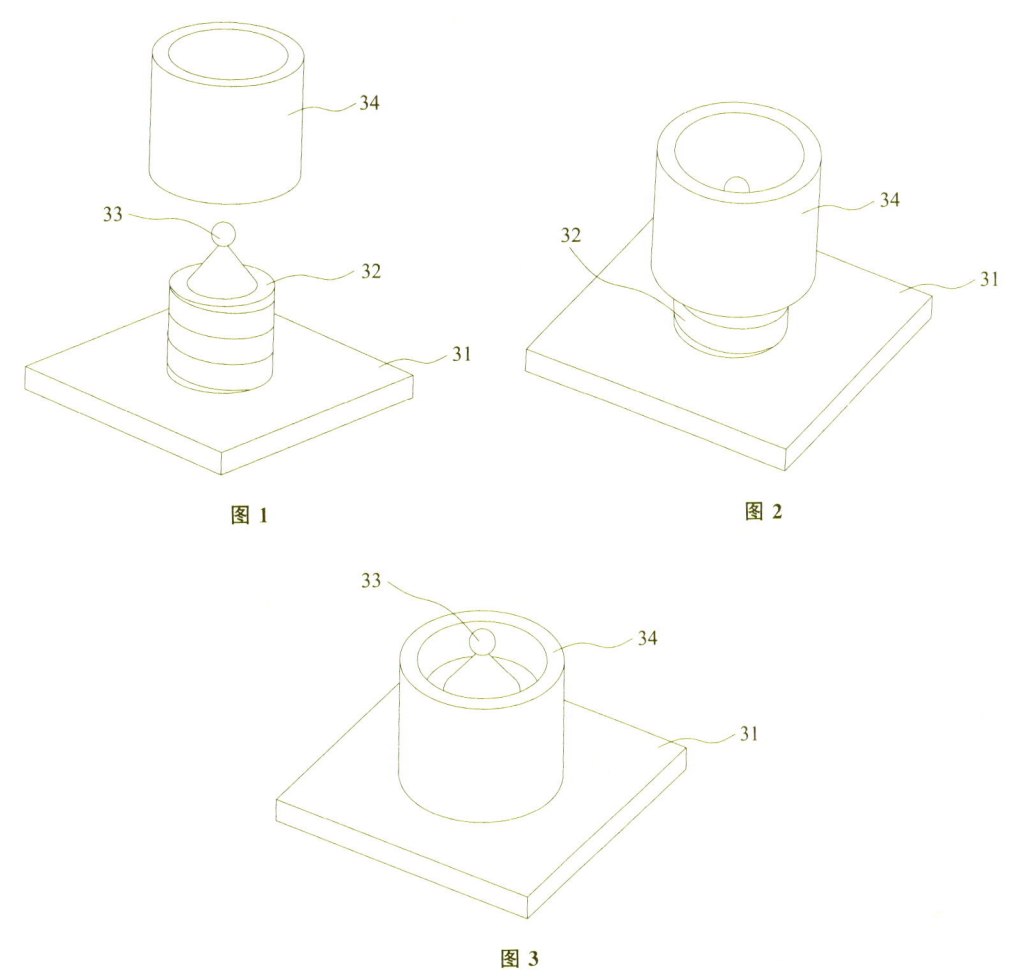

图1　　　　　　　　图2

图3

附件2（A公司技术人员撰写的无效宣告请求书）：

一、关于新颖性和创造性

1. 对比文件1公开变光套24包括三个从上到下透明度依次降低的滤光层，变光套24可上下活动，实现了灯的不同亮度调整。因此，对比文件1公开了权利要求1的特征部分的全部内容，权利要求1相对于对比文件1不具备新颖性。

2. 对比文件2公开了灯罩34与竖直柱32通过内外螺纹配合，从而可旋转地套设于竖直柱32外侧，旋转灯罩34可使其上下移动，实现亮度调整。因此，对比文件2公开了权利要求2的全部附加技术特征。因此，在其所引用的权利要求1不具备新颖性的前提下，权利要求2也不具备新颖性。

3. 由于权利要求6的附加技术特征是材料，不属于形状、构造，而涉案专利为实用新型，实用新型保护的对象为产品的形状、构造或者其结合,因此该特征不应当纳入新颖性的考虑之内,因此,在其引用的权利要求不具备新颖性的前提下,该权利要求也不具备新颖性。

二、其他无效宣告理由

4. 在权利要求1、2、6无效的前提下,权利要求3、4将成为独立权利要求。由于权利要求3、4所引用的权利要求2不具备新颖性,而权利要求3、4的附加技术特征既不相同,也不相应,因此权利要求3、4将不具备单一性。

5. 权利要求5、6限定了材料,由于实用新型保护的对象为产品的形状、构造或者其结合,因此,权利要求5、6不是实用新型的保护对象,不符合《专利法》第2条第3款的规定。

因此请求宣告涉案专利全部无效。

解题思路及参考答案

一、对比文件的时间判断

对比文件1和对比文件2的公开日均早于涉案专利申请日,都属于现有技术,可以用来评价权利要求的新颖性和创造性。

二、对客户提出的无效宣告理由分析

1. 权利要求1不具有新颖性的分析

权利要求1的技术方案与对比文件1公开的技术内容对比如下表所示。

权利要求1	对比文件1
一种灯,包括灯座(11)、支撑杆(12)、发白光的光源(13)	一种变光灯,包括灯座21、支撑柱22、光源23和变光套24,支撑柱22设置在灯座21上,光源23为在支撑柱22顶端的四个侧面上设置的白光发光二极管,变光套24为中空的四棱柱体,其从上到下地由<u>滤光层241、242、243和一个基座244排列而成,滤光层241、242、243的透明度依次降低</u>。通过上下移动变光套24相对于支撑柱22的位置,并用销柱25定位,使得变光套24上下运动,从而适应用户的不同亮度需求
还包括滤光部(14),所述滤光部(14)套设在所述光源(13)外	
滤光部(14)由多个滤光区(14a、14b、14c、14d)组成	
滤光区(14a、14b、14c、14d)与所述光源(13)的相对位置是可以改变的,从而提供不同的光照模式	

对比文件1与权利要求1相比都属于新型灯这一相同的技术领域,都解决了提供不同光照模式的技术问题,并能达到相同的预期技术效果。因此,权利要求1相对于对比文件1不具备新颖性,不符合《专利法》第22条第2款的规定。客户自行撰写的权利要求1不具有新颖性的理由是成立的。

但是,考生也应当注意,客户自行撰写的理由中仅分析了权利要求1特征部分被公开,而未论述权利要求前序部分的技术特征也被公开,其在结论部分指出"因此,对比文件1公开了权利要求1的特征部分的全部内容,权利要求1相对于对比文件1不具备新颖性"。这个分析过程存在错误,应当在答题时指出客户分析的错误。

2. 权利要求2不具有新颖性的分析

诸多刚刚接触专利的考生在判断从属权利要求的新颖性或者创造性时,经常会犯的错误是:只看从属权利要求的附加技术特征,而忘记从属权利要求是在其引用的权利要求基础上增加了技术内容。因此,在判断从属权利要求的新颖性、创造性时,要把其引用的权利要求内容和增加的技术内容放到一起综合考虑。

权利要求2的技术方案是权利要求1的技术方案基础上,再加上权利要求2的附加技术特征。权利要求2的技术方案与对比文件1、2公开内容对比如下表所示。

权利要求2	对比文件1	对比文件2
一种灯,包括灯座(11)、支撑杆(12)、发白光的光源(13)	一种变光灯,包括灯座21、支撑柱22、光源23和变光套24,支撑柱22设置在灯座21上,光源23为在支撑柱22顶端的四个侧面上设置的白光发光二极管,变光套24为中空的四棱柱体,其从上到下地由滤光层241、242、243和一个基座244排列而成,滤光层241、242、243的透明度依次降低。通过上下移动变光套24相对于支撑柱22的位置,并用销柱25定位,使得变光套24上下运动,从而适应用户的不同亮度需求	一种调光灯,包括塑料的灯座31、竖直柱32、灯泡33、灯罩34,竖直柱32的外壁设置外螺纹;灯泡33设置于竖直柱32顶端;灯罩34整体由半透明材料制成,灯罩34下侧与竖直柱32通过内外螺纹配合,从而可旋转地套设于竖直柱32外侧,旋转灯罩34可使其上下移动,从而实现亮度调整
还包括滤光部(14),所述滤光部(14)套设在所述光源(13)外		
滤光部(14)由多个滤光区(14a、14b、14c、14d)组成		
滤光区(14a、14b、14c、14d)与所述光源(13)的相对位置是可以改变的,从而提供不同的光照模式		
所述滤光部(14)可旋转地连接在所述支撑杆(12)上,通过旋转所述滤光部(14)提供不同的光照模式		

权利要求2进一步限定的技术特征"所述滤光部(14)可旋转地连接在所述支撑杆(12)上,通过旋转所述滤光部(14)提供不同的光照模式"并未被对比文件1公开,因此权利要求2与对比文件1存在区别技术特征,权利要求2相对于对比文件1具有新颖性。

对比文件2公开了权利要求2的附加技术特征,但是对比文件2并未公开权利要求2的"所述滤光部由多个滤光区组成",因此权利要求2相对于对比文件2也具备新颖性。

客户自行撰写的无效宣告请求中,认为"在其所引用的权利要求1不具备新颖性的前提下,权利要求2也不具备新颖性"是错误的。其错误原因是,根据单独对比原则,不能将对比文件1、2中的技术方案进行组合来评述权利要求2的新颖性。

3. 权利要求 6 不具有新颖性的无效宣告理由分析

权利要求 6 是在权利要求 2 的基础上进一步限定了"所述灯座（11）的材料为塑料"。客户在自行撰写的无效宣告理由中，认为权利要求 6 的附加技术特征为材料特征，在新颖性和创造性的判断中不应当予以考虑。

所谓"考虑"，是指使用对比文件进行特征对比分析。根据《审查指南》第四部分第六章第 3 节"实用新型专利新颖性审查"的规定，在无效宣告程序对实用新型专利的新颖性审查中，应当考虑所有技术特征，包括材料特征。也就是说，一旦实用新型专利被授权后，无效宣告程序中判断实用新型专利的新颖性、创造性时，应当考虑记载在权利要求中的所有技术特征。

因此，客户自行撰写的无效宣告理由中指出的"该特征不应当纳入新颖性的考虑之内，因此，在其引用的权利要求不具备新颖性的前提下，该权利要求也不具备新颖性"错误。

4. 权利要求 3、4 不具有单一性的无效理由分析

《专利法实施细则》第 65 条第 1 款列举了可作为无效宣告理由的法律条款，其中不包括单一性。也即，单一性不能作为无效宣告理由。因此，客户以权利要求之间缺乏单一性为由提出无效宣告请求的理由不成立。

5. 权利要求 5、6 不是实用新型保护对象的无效理由分析

实用新型的保护对象的判断规定为《专利法》第 2 条第 3 款。根据《审查指南》第一部分第二章第 6.2.2 节"产品的构造"的规定，权利要求中可以包含已知材料的名称，即可以将现有技术中的已知材料应用于具有形状、构造的产品上，例如复合木地板、塑料杯、记忆合金制成的心脏导管支架等，不属于对材料本身提出的改进。

权利要求 5、6 中出现的铝和塑料显然是已知材料，它们被应用于灯这一产品中，不属于对材料本身提出的改进。因此，权利要求 5、6 不是实用新型的保护对象的无效宣告理由不成立。

三、可宣告无效的理由分析

1. 权利要求 1 的无效宣告理由分析

基于第一题的分析可知，权利要求 1 相对于对比文件 1 不具有新颖性。

2. 权利要求 2 的无效宣告理由分析

基于第一题的分析可知，权利要求 2 的附加技术特征被对比文件 2 公开，且作用相同，权利要求 2 不具有创造性。

3. 权利要求 3、4 的无效宣告理由分析

权利要求 3 对权利要求 2 进一步限定"所述滤光区（14a，14b，14c，14d）的分界线与所述滤光部（14）的旋转轴平行"，权利要求 4 对权利要求 2 进一步限定"所述滤光部是多棱柱状，所述多棱柱的每个侧面为一个滤光区，所述多棱柱的棱边与所述滤光部（14）的旋转轴平行"。对比文件 1 和对比文件 2 中均没有公开上述特征，因此权利要求 3、4 具有新颖性和创造性。

此外，权利要求 3、4 的描述与说明书一致，也不存在权利要求未以说明书为依据、不清楚的缺陷。因此权利要求 3、4 没有合适的无效宣告请求理由。

4. 权利要求 5 的无效宣告理由分析

权利要求 5 对权利要求 3 或 4 进一步限定"还包括反射罩（15），所述反射罩（15）固定设置在所述滤光部（14）所包围空间内的光源承载座（121）上，并部分包围所述光源（13），所述反射罩（15）的边缘延伸到所述滤光部（14）以使所述光源（13）发出的光完全限制在单一的滤光区内，所述反射罩（15）优选为铝"。

权利要求 5 的上述附加技术特征未被对比文件 1、2 公开，因此权利要求 5 具有新颖性、创

造性。接下来重点看权利要求的描述与说明书描述之间的差别。

根据涉案专利说明书最后一段的记载，滤光部14可以是其他形状，例如，是多棱柱状的。在滤光部14为多棱柱的情况下，反射罩15的边缘如果延伸到滤光部14，将使得滤光部14无法旋转。

由此可见，说明书中公开了一种具体的结构，即当滤光部14为多棱柱时，反射罩15的边缘延伸到滤光部14会使得滤光部14无法旋转。而权利要求5引用权利要求4的方案显然要求保护了说明书中记载无法旋转的方案，其不能通过旋转滤光部提供不同的光照模式。因此权利要求5引用权利要求4的方案未以说明书为依据，不符合《专利法》第26条第4款的规定。

5. 权利要求6的无效宣告理由分析

权利要求6在权利要求2的基础上进一步限定的"所述灯座（11）的材料为塑料"被对比文件2公开。因此，权利要求6不具有创造性。

四、参考答案

第一题参考答案

尊敬的A公司：

很高兴贵方委托我代理机构代为办理有关请求宣告专利号为ZL201721234567.X、名称为"多用途灯"的实用新型专利无效宣告请求的有关事宜。经仔细阅读贵方提供的附件1、2以及对比文件1、2，我认为附件2中各项理由是否成立的结论和理由是：

1. 权利要求1相对于对比文件1不具备新颖性的无效宣告理由成立

对比文件1的公开日早于涉案专利的申请日，属于现有技术，可以评价权利要求的新颖性。

对比文件1不仅公开了权利要求1特征部分的特征，还公开了一种变光灯，包括灯座、支撑柱、白光发光二极管的光源、变光套（相当于涉案专利的滤光部），从图中可以看出，变光套套设在光源外。

由此可见，对比文件1公开了权利要求1的全部技术特征，二者相比，技术方案实质上相同，且两者属于相同的灯具领域，要解决的技术问题相同和产生的效果相同，都是改变光照模式，因此该权利要求1相对于对比文件1不具备新颖性，不符合《专利法》第22条第2款的规定。

贵公司提出的权利要求1相对于对比文件1不具备新颖性的无效宣告理由成立，但是，阐述的理由有缺陷。贵公司提出因为"对比文件1公开了权利要求1的特定部分的全部内容"，所以权利要求1不具有新颖性的论述是错误的。判断独立权利要求新颖性时，不仅要考虑特征部分的特征，也要考虑前序部分的特征。贵公司提出的理由不符合新颖性的"同样的发明或实用新型"的判断原则。

2. 关于权利要求2不具有新颖性的无效宣告理由不成立

对比文件2公开日早于涉案专利，属于现有技术，可以评价权利要求的新颖性和创造性。

对比文件2公开了如下特征：灯罩可旋转地套设在竖直柱外侧，旋转灯罩可使其上下移动，从而实现亮度调整。虽然对比文件2公开了权利要求2的附加技术特征，但是并未公开所引用的权利要求1的技术特征。因此二者相比，技术方案不同，权利要求2相对于对比文件2具有新颖性。

贵公司实际上是用对比文件1、2结合评价权利要求2的新颖性。新颖性的判断适用单独对比原则，不能用对比文件1、2结合评价权利要求2的新颖性。因此权利要求2不具有新颖性的无效宣告理由不成立。

3. 有关权利要求6不具有新颖性的无效宣告理由不成立

在无效宣告审理中，判断实用新型权利要求新颖性和创造性时，写入实用新型权利要求的材料特征、方法特征均应当予以考虑。因此，贵公司提出的该项无效宣告理由不成立。

4. 权利要求3、4不具有单一性的无效宣告理由不成立

单一性不是《专利法实施细则》第65条第2款规定的无效理由，因此权利要求3、4不具有单一性的无效宣告理由不成立。

5. 有关权利要求5、6不是实用新型的保护对象的无效宣告理由不成立

权利要求5限定的反光罩材料为铝、权利要求6限定的底座为塑料，均为生活中的常见材料，因此权利要求5、6并非对材料的改进，属于使用已知材料的名称限定产品的构造的情况，属于实用新型的客体，符合《专利法》第2条第3款的规定，该无效宣告理由不成立。

专利代理机构：××××　　专利代理师：×××
××××年××月××日

第二题参考答案

国家知识产权局：

根据《专利法》第45条及《专利法实施细则》第65条的规定，现请求宣告专利号为ZL201721234567.X、名称为"多用途灯"的实用新型专利（以下简称"该专利"）部分无效。

请求人认为该专利的权利要求1不具有新颖性，权利要求2、6不具有创造性，权利要求5不符合《专利法》第26条第4款的规定。请求人使用的证据为：

对比文件1：ZL200620123456.5，授权公告日2007年10月9日；

对比文件2：ZL200820789117.7，授权公告日2008年10月23日。

1. 权利要求1不具有新颖性

对比文件1的公开日早于涉案专利的申请日，属于现有技术，可以评价权利要求的新颖性。

对比文件1公开了一种变光灯，包括灯座、支撑柱、白光发光二极管的光源、变光套（相当于涉案专利的滤光部）。从图中可以看出，变光套套设在光源外，变光套从上到下有多个滤光层（相当于涉案专利的滤光区），变光套上下运动，从而适应用户的不同亮度需求（相当于涉案专利滤光区与所述光源的相对位置是可以改变的，从而提供不同的光照模式）。

由此可见，对比文件1公开了权利要求1的全部技术特征，二者相比，技术方案实质上相同，且两者属于相同的灯具领域，要解决的技术问题相同和产生的效果相同，都是改变光照模式。因此该权利要求1相对于对比文件1不具备新颖性，不符合《专利法》第22条第2款的规定。

2. 权利要求2不具有创造性

对比文件1和对比文件2都属于现有技术，可以用于评价权利要求的创造性。

对比文件1技术领域与涉案专利相同，公开的特征也最多，所要解决的技术问题与涉案专利最为接近，因此对比文件1是最接近的现有技术。

对比文件1公开了权利要求2所引用的权利要求1的全部技术内容。权利要求2与对比文件1相比，区别技术特征是：滤光部可旋转地连接在所述支撑杆上，通过旋转所述滤光部提供不同的光照模式。

基于上述区别技术特征可以确定，权利要求2相对于对比文件1实际要解决的技术问题是通过旋转滤光部实现颜色、亮度调节。

对比文件2公开了灯罩可旋转地套设在竖直柱外侧，旋转灯罩可使其上下移动，从而实现亮

度调整。上述区别特征已被对比文件2公开，而且该特征在对比文件2中所起的作用与其在涉案专利中为解决其技术问题所起的作用相同，都是通过旋转灯罩调节亮度。也就是说，对比文件2给出了将该技术特征用于对比文件1以解决上述技术问题的启示，进而使得本领域技术人员在面对调节光照模式的技术问题时，有动机将对比文件2与对比文件1结合起来构成该权利要求所要求保护的技术方案。因此，该技术方案相对于对比文件1和对比文件2的结合是显而易见的，权利要求2没有实质性特点和进步，不具有创造性，不符合《专利法》第22条第3款的规定。

3. 权利要求5未以说明书为依据

权利要求5对权利要求3或4进一步限定了反射罩的设置位置：反射罩的边缘延伸到所述滤光部以使光源发出的光完全限制在单一的滤光区内。而根据说明书的记载，在滤光部为多棱柱的情况下，反射罩如果延伸到滤光部，将使得滤光部无法旋转。

因此，当权利要求5引用权利要求4时，权利要求所要求保护的方案中包括滤光部无法旋转的情况，所要解决的问题无法实现。因此，权利要求5引用权利要求4的方案未以说明书为依据，不符合《专利法》第26条第4款的规定。

4. 权利要求6不具有创造性

权利要求6对权利要求2进一步限定，灯座的材料为塑料。塑料是生活中常见的材料，且对比文件2公开了调光灯包括塑料的灯座，因此在权利要求2不具有创造性的情况下，权利要求6也是显而易见的，不具有实质性特点和进步，不符合《专利法》第22条第3款规定的创造性。

综上所述，涉案专利权利要求1不符合《专利法》第22条第2款的规定，权利要求2和权利要求6不符合《专利法》第22条第3款的规定，权利要求5引用权利要求4时不符合《专利法》第26条第4款的规定，因此请求宣告该专利权部分无效。

专利代理机构：××××　专利代理师：×××
××××年××月××日

专题十三　无效宣告答辩

第一节　概　述

一、出题方式

无效宣告请求程序启动后，专利复审委员会（机构改革后称为"国家知识产权局专利局专利复审和无效审理部"）将无效请求书转送给专利权人。专利权人可以在收到相关文件的1个月内针对无效请求陈述意见，修改权利要求。如果专利权人对权利要求作了删除以外的修改，无效宣告请求人又可以有补充意见的机会（不能补充证据）。专利代理师实务考试在无效宣告请求意见陈述试题中，往往围绕着无效宣告程序补充证据的时间设计试题。涉及无效宣告请求意见陈述出题方式有：

① 根据无效宣告请求书向客户转文（类似于无效宣告请求分析，论述角度个别情况下有所不同）；
② 修改权利要求的建议；
③ 权利要求修改；
④ 撰写无效意见陈述书；
⑤ 就无效宣告请求人超过1个月补充的无效宣告理由和证据发表意见。

二、对专利文件的修改

针对无效宣告请求的意见陈述书题型中，基本上都需要修改权利要求。

1. 法律依据

根据《专利法实施细则》第69条的规定，在无效宣告请求的审查过程中，发明或者实用新型专利的专利权人可以修改其权利要求书，但是不得扩大原专利的保护范围。

2. 修改原则

① 不得改变原权利要求的主题名称；
② 与授权权利要求相比，不得扩大原专利的保护范围（《专利法实施细则》第69条）；
③ 不得超出原说明书和权利要求书记载的范围（《专利法》第33条）；
④ 不得增加未包含在授权权利要求书中的技术特征；
⑤ 不能修改形式缺陷，如前序部分与特征部分的重新划界。

3. 修改方式

在满足上述修改原则的前提下，修改权利要求书的具体方式一般限于权利要求的删除、技术方案的删除、权利要求的进一步限定、明显错误的修正。

（1）权利要求的删除

权利要求的删除是指从权利要求书中去掉某项或者某些项权利要求，例如独立权利要求或者从属权利要求。

（2）技术方案的删除

技术方案的删除是指从同一权利要求中并列的两种以上技术方案中删除一种或者一种以上技术方案。

（3）权利要求的进一步限定

权利要求的进一步限定是指在权利要求中补入其他权利要求中记载的一个或者多个技术特征，以缩小保护范围。

例 1 删除式修改

1. 一种装置 X，其特征在于：A、B、C。
2. 根据权利要求 1 所述的装置 X，其特征在于：D。
3. 根据权利要求 2 所述的装置 X，其特征在于：E。
4. 根据权利要求 3 所述的装置 X，其特征在于：F。

修改后的权利要求书为：

1. 一种装置 X，其特征在于：A、B、C、D、E。
2. 根据权利要求 1 所述的装置 X，其特征在于：F。

分析：

原权利要求 3 包括技术特征 A、B、C、D、E，因此修改方式为删除权利要求 1、2。

例 2 删除以外的修改方式

1. 一种装置 X，其特征在于：A、B、C。
2. 根据权利要求 1 所述的装置 X，其特征在于：D。
3. 根据权利要求 1 所述的装置 X，其特征在于：E。
4. 根据权利要求 1 所述的装置 X，其特征在于：F。

修改后的权利要求书为：

1. 一种装置 X，其特征在于：A、B、C、D、E。
2. 根据权利要求 1 所述的装置 X，其特征在于：F。

分析：

原权利要求 2 包含技术特征 A、B、C、D，原权利要求 3 包含技术特征 A、B、C、E，修改后的权利要求是原权利要求 2、3 的组合，因此修改方式为删除权利要求 1，使用权利要求 3 的附加技术特征对权利要求 2 作进一步限定。

4. 修改方式的限制

（1）删除修改方式的时间限制

在审查决定作出之前，专利权人可以删除权利要求或者权利要求中包括的技术方案。

（2）删除以外修改方式的时间限制

仅在下列三种情形的答复期限内，专利权人可以以删除以外的方式修改权利要求书：

① 针对无效宣告请求书。

② 针对请求人增加的无效宣告理由或者补充的证据。

③ 针对专利审查部门引入的请求人未提及的无效宣告理由或者证据。

三、撰写意见陈述书正文

正文论述部分包括：

1. 起始段

说明该意见陈述书的答复对象，即首先说明该意见陈述书是针对哪一件无效宣告请求或者哪一次提交的意见陈述书作出的答复。通常可采用如下格式撰写：

专利权人收到无效宣告请求人于××××年××月××日对××××号专利提出的无效宣告请求书及所附证据。现针对请求人所提出的无效宣告理由和证据进行答辩，具体意见如下。

2. 修改说明

简要说明对权利要求书的具体修改情况，在此基础上论述对权利要求的修改符合《专利法》第33条、《专利法实施细则》第69条以及《审查指南》的相关规定，请求在此修改文本的基础上进行审查。

3. 正文论述部分

正文论述包括的内容：修改后的权利要求具有新颖性、创造性，符合其他法律规定的具体理由。

4. 结尾段

通常可采用如下格式撰写：

综上所述，专利权人认为本专利修改后的权利要求×至×符合《专利法》第×条第×款和《专利法实施细则》第×条第×款的规定，请求人的无效宣告理由不成立，请求在修改的权利要求书的基础上维持本专利有效。

第二节 包装体案例

试题说明

专利权人张某拥有一项其自行撰写的实用新型专利，名称为"包装体"，专利号为ZL2011234567.8。

某请求人针对该专利于2019年6月4日提出无效宣告请求，请求宣告该专利全部无效。请求人在提出无效宣告请求的同时提交了对比文件1和2。

随后，请求人于2019年7月12日提交了补充意见和对比文件3。

假设应试者所在代理机构在接受专利权人张某委托后，指派应试者具体承办该无效案件。要求应试者：

1. 针对无效宣告请求撰写一份意见陈述书；
2. 修改权利要求书；

应试者针对无效宣告请求撰写意见陈述书时可结合修改后的权利要求书进行，并应当依据《专利法》及其实施细则和《审查指南》的相关规定及本试卷所提供的事实进行有理有据的答辩。

---

❶ 本题改编自2007年全国专利代理人资格考试专利代理实务试题第1题，对内容进行了删减，以适应现阶段考试要求。

实用新型专利授权公告的专利文件：

(19) 中华人民共和国国家知识产权局

(12) 实用新型专利说明书

(21) 专利号 ZL2011234567.8

(45) 授权公告日 2012 年 10 月 28 日　　　　　　(11) 授权公告号 CN 2521234Y

(21) 申请号 2011234567.8
(22) 申请日 2011 年 10 月 11 日
(73) 专利权人 张××　　　　　　　　　　　　　　　　　(其余著录项目略)

权 利 要 求 书

1. 一种用于封装可产生或吸收气体的物质的包装体，其特征在于：所述包装体包括由不透气性材料构成的不透气性外包装层和由透气性材料构成的透气性内包装层，可吸收或产生气体的物质封装在所述透气性内包装层内。

2. 根据权利要求 1 所述的包装体，其特征在于：还包括一个带状部件。

3. 根据权利要求 1 所述的包装体，其特征在于：所述带状部件黏接在所述不透气性外包装层的外表面上。

说 明 书

包装体

技术领域

本实用新型涉及一种包装体，用于封装可吸收或产生气体的物质。

背景技术

利用透气性材料制成包装体来封装活性炭、樟脑等可吸收或产生气体的物质，这项技术已经为人们所熟知。然而，这种用透气性材料制成的包装体存在易使其内封装物质的效力在非使用状态下逐渐减退的缺点。

发明内容

为克服现有包装体的上述缺点，本实用新型提供一种能够有效防止其内封装物质效力减退且使用方便的包装体。该包装体用于封装可产生或吸收气体的物质。

本实用新型提供一种包装体，包括由不透气性材料构成的不透气性外包装层和由透气性材料构成的透气性内包装层，可吸收或产生气体的物质封装在透气性内包装层内。

本实用新型另外提供一种包装体，包括由不透气性材料构成的不透气性外包装层和由透气性材料构成的透气性内包装层，透气性内包装层和不透气性外包装层黏接在一起，可吸收或产生气体的物质封装在透气性内包装层内。

上述包装体还包括一个带状部件。

上述包装体的透气性内包装层和不透气性外包装层黏接在一起，包装体通过密封口封住，带状部件黏接在不透气性外包装层的外表面上，带状部件与不透气性外包装层之间的黏接力大于不透气性外包装层与透气性内包装层之间的黏接力。

附图说明

图1a是本实用新型包装体的剖视图；

图1b是本实用新型包装体的透视图。

具体实施方式

下面结合附图，详细介绍本实用新型的各实施例。

图1a和图1b示出了本实用新型包装体。如图1a和1b所示，包装体1包括由不透气性材料构成的不透气性外包装层2和由透气性材料构成的透气性内包装层3。内包装层3和外包装层2黏接在一起，可吸收或产生气体的物质4封装在透气性内包装层3内，通过密封口5将包装体1封住。一个或多个带状部件6黏接在不透气性外包装层2的外表面上，带状部件6与不透气性外包装层2之间的黏接力大于不透气性外包装层2与透气性内包装层3之间的黏接力。当沿着与不透气性外包装层2外表面成一定角度的方向牵拉带状部件6露出在包装体外部的空余端头61时，通过施加在其上的拉力使外包装层2和内包装层3脱离黏接在一起的状态，并使外包装层2撕开从而使内包装层3的至少一部分暴露于外。此时，透气性内包装层3内封装的物质4便能发挥效力，通过吸收或释放气体而产生脱氧、干燥、除臭或者防蛀、杀菌的效果。作为该实施例的一种变型，也可以将带状部件6设置在不透气性外包装层2和透气性内包装层3之间，此时，带状部件6的两端需要从外包装层2的边缘处穿出。

说 明 书 附 图

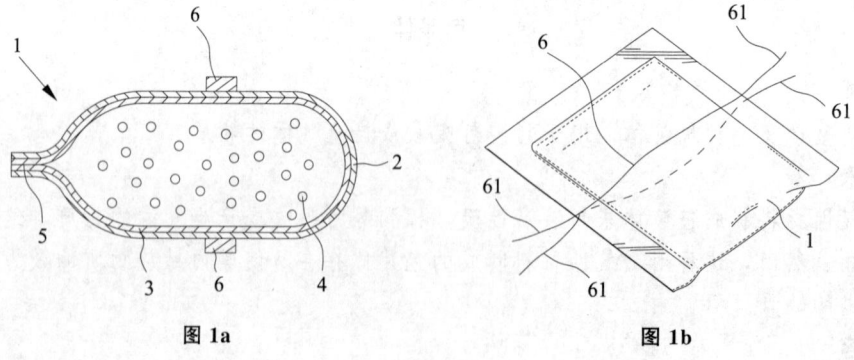

图1a　　　　　　　　图1b

专利权无效宣告请求书所附的具体意见陈述：

本请求人×××有限公司请求宣告专利号为ZL2011234567.8、名称为"包装体"的实用新型专利全部无效。

本请求人根据《专利法》第45条以及《专利法实施细则》第65条的规定提出无效宣告请求，认为上述实用新型专利的权利要求1~3不符合《专利法》第22条第2款和第3款有关新颖性和创造性的规定，权利要求2、3不符合《专利法》第26条第4款的规定，请求宣告该实用新型专利全部无效。本请求人请求宣告该专利权无效的具体理由如下：

1. 请求人认为该专利的权利要求1~3相对于对比文件1不具备新颖性

对比文件1公开了一种盛装防蛀干燥药物的药袋，由内外包装袋构成。其中在外包装塑料袋内装有一个透气性好的无纺布内包装袋，无纺布内包装袋中盛装颗粒状或粉状防蛀干燥药物，外包装塑料袋口用热封线密封。使用时将外包装塑料袋撕开，将盛有药物的无纺布内包装袋放置于箱子或衣柜内，即可发挥防蛀、防潮、防霉变的作用，且不会污染衣物和书籍。该药袋的优点是：其外包装塑料袋密封后可防止袋内药物挥发失效，延长药物保存期；同时无纺布内包装袋具有良好的透气性，可充分发挥药效，且不会污染衣物、书籍等物品。

该专利的权利要求1是：一种用于封装可产生或吸收气体物质的包装体，其特征在于：所述包装体包括由不透气性材料构成的不透气性外包装层和由透气性材料构成的透气性内包装层，可吸收或产生气体的物质封装在透气性内包装层内。

通过对比可以看出，权利要求1的技术内容已经完全被对比文件1公开了。具体地说，对比文件1中的外包装塑料袋即是权利要求1的不透气性外包装层，无纺布内袋即为透气性内包装层，防蛀药物即为可吸收或产生气体的物质。可见，权利要求1的技术方案与对比文件1公开的技术方案完全相同，并且二者实现了完全相同的目的，既能保证在使用时充分发挥药效，又能在不使用时防止药物失效。因此，权利要求1相对于对比文件1而言不具备新颖性，不符合《专利法》第22条第2款的规定，不应当被授予专利权。

同理对比文件1公开的内容也完全破坏了权利要求2、3的新颖性，权利要求2、3也应当被宣告无效。

2. 请求人认为相对于对比文件2，该专利的权利要求1~3都不具备新颖性

对比文件2公开的也是包装挥发性物质的包装体，包括其上制有多个凸罩的不透气性塑料硬片和平面型不透气性塑料硬片，以及多个由透气性纸片制成的封装有挥发性物质的透气性内袋。在每个凸罩内放置一个透气性内袋，在不透气性塑料硬片的平面部分以及各个透气性内袋上涂敷黏接剂，使不透气性塑料硬片和透气性内袋黏接在平面型不透气性塑料硬片上。

对比看出，对比文件2也已公开了权利要求1的技术方案，同样取得了使用方便又能在使用之前确保挥发性物质不降低功效的效果，因此权利要求1不具备新颖性。

同理，权利要求2、3的技术方案也是现有技术中早已存在的了，也不具备新颖性。

3. 请求人认为权利要求1~3与对比文件1公开的技术相比不具备创造性

如上所述，对比文件1已经公开了与权利要求1技术方案完全相同的方案，破坏其新颖性，则对比文件1也当然破坏权利要求1的创造性。

虽然该专利的权利要求2增加了带状部件，权利要求3增加了很多其他具体技术特征，但是，这些特征都是本领域的常规技术，并没有带来什么有益效果，因此权利要求2、3同样不具备创造性，不符合《专利法》第22条第3款的规定。

4. 请求人认为权利要求1~3与对比文件2公开的技术相比不具备创造性

如上所述，对比文件2公开了外面为不透气性硬片，里面是透气性内袋的方案，使得权利要求1无新颖性，则权利要求1也当然不具备创造性。此外该专利的权利要求2、3虽然增加了带状部件、黏结力等限定，但这些都是很容易想到的，没有带来什么有益效果，根本不具备创造性。

5. 该专利权利要求2、3保护范围不清楚，不符合《专利法》第26条第4款的规定

（1）该专利的权利要求2是权利要求1的从属权利要求，其中增加了附加技术特征"带状部件"。

但是该带状部件是什么部件以及它与权利要求1中其他部件之间的连接关系如何，仅从其名称是不得而知的，由此导致该权利要求的保护范围不清楚，不符合《专利法》第26条第4款的规定。

（2）该专利的权利要求3是权利要求1的从属权利要求，其中指出"所述带状部件"如何如何，但权利要求1中根本没有所谓的带状部件，权利要求3中增加的诸多关于带状部件的限定毫无基础，因此权利要求3保护范围也是不清楚的，不符合《专利法》第26条第4款的规定。

综上所述，该专利的权利要求1～3不具备《专利法》第22条第2款、第3款规定的新颖性和创造性，权利要求2、3不符合《专利法》第26条第4款的规定，因此，请求宣告该实用新型专利全部无效。

请求人 ×××有限公司
2019年6月4日

对比文件1：

（19）中华人民共和国国家知识产权局

（12）发明专利申请公开说明书

（43）公开日　2012年4月17日　　　　　　　　　　（11）公开号　CN 1345678A

（21）申请号　2011165432.1

（22）申请日　2011年11月7日

（30）优先权

（32）2010年11月8日

（33）JP　　（31）276543/2000

（71）申请人　XYZ株式会社　　　　　　　　　　　　（其余著录项目略）

说　明　书

本发明提供一种防蛀干燥药袋。

图1是该防蛀干燥药袋的结构示意图。

如图1所示，本发明所述防蛀干燥药袋由内外包装袋构成，其中在外包装塑料袋1内装有一个透气性好的无纺布内包装袋2，在无纺布内包装袋2中盛装有颗粒状或粉状防蛀干燥药物3，外包装塑料袋1的袋口有热封线4，无纺布内包装袋2的袋口有热封线5。

使用时，将外包装塑料袋1撕开，将盛有药物的无纺布内包装袋2取出，之后将盛有药物3的无纺布内包装袋2放置于衣柜或箱子内，便可对衣物或书籍起到良好的防虫蛀、防潮、防霉变作用，且不会污染衣物或书籍。本发明与已有技术相比具有如下优点：其外包装塑料袋1密封后可防止袋内药物挥发失效，延长药物保存期；其无纺布内包装袋2具有良好的透气性，可充分发挥药效，且不会污染存放物品。

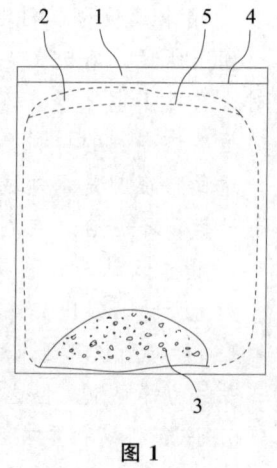

图1

对比文件2：

(19) 中华人民共和国国家知识产权局

(12) 发明专利申请公开说明书

(43) 公开日 2009年1月9日　　　　　　　　　　(11) 公开号 CN 1234567A

(21) 申请号 2007176543.1
(22) 申请日 2007年6月25日
　　　　　　　　　　　　　　　　　　　　　　(其余著录项目略)

说　明　书

本发明涉及一种用于包装挥发性物质的复合包装体。

图1是本发明所述复合包装体的透视图。

图2是图1中A-A截面的剖视图。

如图1和图2所示，本发明所述复合包装体包括其上制有多个凸罩1的不透气性塑料硬片2和平面型不透气性塑料硬片3，以及多个由透气性纸片制成的封装有挥发性物质4的透气性内袋5。在每个凸罩1内放置一个透气性内袋5，在不透气性塑料硬片2的平面部分以及各个透气性内袋5上涂敷黏接剂，使不透气性塑料硬片2和透气性内袋5粘接在平面型不透气性塑料硬片3上。各个凸罩1之间的不透气性塑料硬片2和3上形成有分割线6。

在使用时，沿分割线6取下至少带有一个凸罩1的不透气性塑料硬片，再将平面型不透气性塑料硬片3从不透气性塑料硬片2上撕下，之后便可将带有至少一个透气性内袋5的不透气性塑料硬片2放在应用场所。由此可见，本发明所述复合包装体具有使用方便的优点，而且在使用之前，可以确保包装体内封装的挥发性物质不会降低功效。

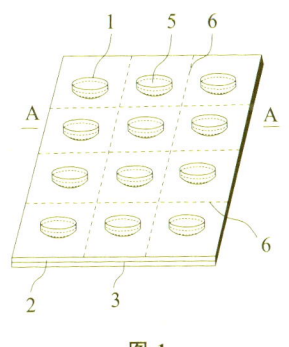

图1

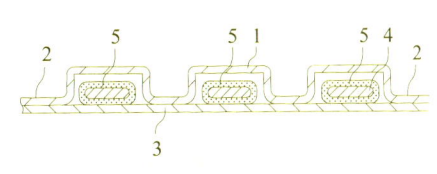

图2

对比文件3：

(19) 中华人民共和国国家知识产权局

(12) 发明专利申请公开说明书

(43) 公开日 2008年8月19日　　　(11) 公开号 CN 1223567A

(21) 申请号 2007165432.1
(22) 申请日 2007年1月29日

(其余著录项目略)

说　明　书

本发明涉及一种干燥剂包装体及其供给方法。

图1是由透气性材料构成的小袋包装体的剖视图。

图2是装有多个图1所示小袋包装体的不透气性外包装袋的透视图。

如图1所示，用透气性材料制成的小袋包装体1内封装有干燥剂2。将多个如图1所示的小袋包装体装入如图2所示的不透气性外包装袋3中。在将不透气性外包装袋3运送到需要供给干燥剂小袋包装体的场所之后，再将封装有干燥剂2的小袋包装体1从不透气性外包装袋3中取出，分别填充到例如食品袋等相应容器中去。

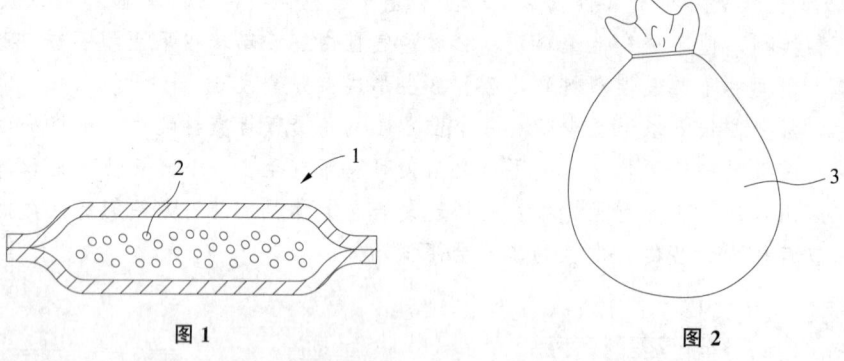

图1　　　　　　　　图2

请求人补交对比文件3时所附的书面说明：

本请求人于2019年6月4日针对该专利提出了无效宣告请求，并结合所提交的对比文件1、2详细说明了请求无效的理由，现补充提交对比文件3证明该专利权利要求1不具备新颖性。具体理由如下：

对比文件3描述的技术是，用透气性材料制成小袋包装体，其内封装干燥剂，再将多个小袋包装体装入不透气性外包装袋中。在将不透气性外包装袋运送到需要供给干燥剂小袋包装体的场所之后，再将小袋包装体从外包装袋中取出，分别填到例如食品袋等相应容器中去。对比可知，该专利的权利要求1已经完全被对比文件3所公开，所以不具备新颖性。

综上所述，本请求人认为该专利不具备《专利法》第22条第2款规定的新颖性，不应当被授予专利权。请求宣告该专利全部无效。

解题思路及参考答案

一、结合对比文件分析无效宣告理由能否成立

无效宣告请求人提出的无效宣告理由是权利要求1~3不具有新颖性和创造性,权利要求2~3不清楚。下面逐一分析这些无效宣告理由是否可以成立。

1. 权利要求1相对于对比文件1不具备新颖性的无效宣告理由分析

对比文件1的公开日是2012年4月17日,晚于本实用新型专利的申请日2011年10月11日,因此对比文件1不是现有技术。对比文件1的申请日是2011年11月7日,其优先权日为2010年11月8日。在判断新颖性时,因此对比文件1是一件由他人向中国国家知识产权局提出的发明专利申请公开文件,其优先权日早于本实用新型专利的申请日,公开日晚于本实用新型专利的申请日,可以作为评价权利要求1是否具有新颖性的对比文件。

(1) 技术特征对比

涉案专利权利要求与对比文件特征对比如下表所示。

权利要求1	对比文件1
一种用于封装可产生或吸收气体的物质的包装体	一种防蛀干燥药袋,由内外包装袋构成,其中在外包装塑料袋1内装有一个透气性好的无纺布内包装袋2,在无纺布内包装袋2中盛装有颗粒状或粉状防蛀干燥药物3
所述包装体包括由不透气性材料构成的不透气性外包装层和由透气性材料构成的透气性内包装层	
可吸收或产生气体的物质封装在所述透气性内包装层内	

(2) 新颖性判断

对比文件1与权利要求1的技术领域都涉及包装体,技术方案实质相同,所要解决的技术问题、预期效果实质上相同,都是提供一种能有效防止其内封装物质效力减退且使用方便的包装体。因此,对比文件1构成本实用新型专利的抵触申请,权利要求1相对于对比文件1不具有新颖性。

(3) 请求人意见分析

无效宣告请求人的无效宣告理由对特征进行了对比,虽然没有说明对比文件1是抵触申请,也没有完全分析新颖性的"四个相同",但是结论正确,权利要求1不具有新颖性。

2. 权利要求2~3相对于对比文件1不具备新颖性的无效宣告理由分析

无效宣告请求人在无效宣告请求书中只是笼统地陈述,"同理对比文件1公开的内容也完全破坏了权利要求2、3的新颖性",并未具体进行特征对比分析。

对比文件1并未披露权利要求2限定部分的关于带状部件的技术特征,也未公开权利要求3限定部分的附加技术特征,因此无效宣告请求人的无效宣告理由不能成立,权利要求2、3相对于对比文件1具有新颖性。

3. 权利要求1相对于对比文件2不具有新颖性的无效理由分析

(1) 技术特征对比

涉案专利权利要求与对比文件特征对比如下表所示。

权利要求1	对比文件2
一种用于封装可产生或吸收气体的物质的包装体	一种用于包装挥发性物质的复合包装体，包括其上制有多个凸罩1的不透气性塑料硬片2和平面型不透气性塑料硬片3，以及多个由透气性纸片制成的封装有挥发性物质4的透气性内袋5。在每个凸罩1内放置一个透气性内袋5，在不透气性塑料硬片2的平面部分以及各个透气性内袋5上涂敷黏接剂，使不透气性塑料硬片2和透气性内袋5粘接在平面型不透气性塑料硬片3上。各个凸罩1之间的不透气性塑料硬片2和3上形成有分割线6
所述包装体包括由不透气性材料构成的不透气性外包装层和由透气性材料构成的透气性内包装层	
可吸收或产生气体的物质封装在所述透气性内包装层内	

（2）新颖性判断

对比文件2披露了权利要求1的全部技术特征，技术领域、所要解决的技术问题和取得的效果实质相同，因此权利要求1相对于对比文件2不具有新颖性。

（3）请求人意见分析

虽然无效宣告请求人没有严格地按照权利要求1的技术特征进行对比分析，也未分析新颖性的"四个相同"，但是对新颖性的分析基本正确，权利要求1相对于对比文件2不具有新颖性。

4. 权利要求2~3相对于对比文件2不具备新颖性的无效宣告理由分析

对比文件2未披露权利要求2限定部分的关于带状部件的技术特征，也未公开权利要求3限定部分的附加技术特征，因此权利要求2、3相对于对比文件2具有新颖性。

5. 权利要求1~3相对于对比文件1不具有创造性的无效宣告理由分析

对比文件1是申请在先公开在后的文件，不是现有技术，只能用于评价该专利是否具备新颖性，而不能作为评价该专利是否具备创造性的对比文件。因此，请求人以对比文件1来否定权利要求1、权利要求2和权利要求3的创造性的无效宣告理由是不能成立的。

6. 权利要求1~3相对于对比文件2不具有创造性的无效宣告理由分析

对比文件2公开的复合包装体只披露了权利要求1的技术特征，并没有披露带状部件，因此请求人以对比文件2来否定权利要求2的创造性的无效宣告理由不能成立。同样，请求人以对比文件2来否定权利要求3的创造性的无效宣告理由也不能成立。

7. 关于权利要求2~3未清楚限定专利要求保护的范围的无效宣告理由分析

请求人认定权利要求2和3未清楚限定专利要求保护范围。由于权利要求2和权利要求3分别仅引用了权利要求1，在权利要求2中新增加的带状部件未写明其与独立权利要求中的技术特征之间的位置或连接关系，而权利要求3进一步限定的技术特征"带状部件"在权利要求1中未出现过，因此以权利要求2和权利要求3未清楚地限定专利要求的保护范围作为无效宣告理由来无效权利要求2和权利要求3是成立的。

二、确定修改权利要求书的方案

请求人的无效宣告理由中，权利要求1不具有新颖性、权利要求2、3不清楚的无效理由成立。如果不修改权利要求书，会使整个专利被宣告无效。为争取保留专利权，需要修改权利要求。

权利要求1不具有新颖性需要删除。对于该专利来说，只有唯一的修改方式，在删除独立权利要求1的基础上，用权利要求3的附加技术特征对权利要求2进一步限定的修改方式，才能克服权利要求不具有新颖性和不清楚的问题。

三、撰写意见陈述书

在撰写意见陈述书时，注意意见陈述书的格式，重点是陈述修改后的权利要求具有新颖性和创造性的理由。与答复审查意见通知书的意见陈述书不同的是，答复无效宣告请求的意见陈述书只针对无效宣告请求提出的理由。无效宣告请求书未提出的无效宣告理由，不需要进行陈述。

四、参考答案

修改后的权利要求书范文

1. 一种用于封装可产生或吸收气体的物质的包装体，其特征在于：所述包装体包括由不透气性材料构成的不透气性外包装层和由透气性材料构成的透气性内包装层，可吸收或产生气体的物质封装在所述透气性内包装层内，还包括一个带状部件，所述带状部件黏接在所述不透气性外包装层的外表面上。

针对无效宣告请求的意见陈述书范文

国家知识产权局：

专利权人收到请求人于2019年6月4日提交的专利权无效宣告请求书及所附对比文件1和2，随后又收到请求人于2019年7月12日提交的补充意见及对比文件3。现针对无效宣告请求人所提出的请求宣告本专利权无效的理由和证据进行答辩。具体答辩意见如下：

专利权人对权利要求书进行了修改，将独立权利要求1删除，并用从属权利要求3的附加技术特征进一步限定权利要求2，形成新的独立权利要求1。修改后的独立权利要求1没有超出原说明书和权利要求书记载的范围，符合《专利法》第33条、《专利法实施细则》第69条第1款以及《审查指南》的规定。

专利权人相信，经过修改的独立权利要求1符合《专利法》第22条第2款和第3款有关新颖性、创造性的规定以及符合《专利法》第26条第4款有关权利要求清楚限定要求专利保护范围的规定。具体理由如下：

1. 关于三份对比文件的说明

请求人提交的对比文件1是由他人向国家知识产权局提出的专利申请，其申请日为2011年11月7日，公开日为2012年4月17日，均晚于本专利的申请日，但其优先权日2010年11月8日早于本专利的申请日，因此，其只可用于评价本专利的新颖性，而不能用于评价本专利的创造性。

对比文件2公开日早于本专利申请日，可以用于评价本专利的新颖性和创造性。

对比文件3的提交日期超出了无效宣告请求之日起1个月，不能作为证据使用。

2. 修改后的权利要求1相对于对比文件1具有新颖性

对比文件1中记载了包括有外包装塑料袋和透气性内包装袋的防蛀干燥袋。独立权利要求1所述包装体与对比文件1所公开的防蛀干燥药袋相比，存在以下区别：所述包装体还包括有带状部件，所述带状部件黏接在所述不透气性外包装层的外表面上。上述内容并没有被对比文件1所披露，由此看出，权利要求1所述包装体不同于对比文件1中公开的防蛀干燥药袋。所以，独立权利要求1相对于对比文件1具备《专利法》第22条第2款所规定的新颖性。

3. 修改后的权利要求1相对于对比文件2具有新颖性

对比文件2记载了包括不透气性塑料硬片和透气性内袋的复合包装体。独立权利要求1所述包装体与对比文件2所公开的复合包装体相比，存在以下区别：权利要求1所述包装体还包括有带状部件，所述带状部件黏接在所述不透气性外包装层的外表面上。由此看出，权利要求1所述包装体也不同于对比文件2中所公开的技术方案。所以，独立权利要求1相对于对比文件2具备

《专利法》第 22 条第 2 款所规定的新颖性。

4. 对比文件 1 不能破坏修改后的权利要求 1 的创造性

对比文件 1 是申请在先、公开在后的专利申请文件，不能用来评价权利要求的创造性。

5. 修改后的权利要求 1 相对于对比文件 2 具有创造性

独立权利要求 1 所述包装体与对比文件 2 中所公开的技术方案相比，存在以下区别技术特征：权利要求 1 所述包装体还包括有带状部件，带状部件黏接在不透气性外包装层的外表面上。

基于该区别技术特征，本实用新型所要解决的技术问题是，通过带状部件可以很方便地将不透气性外包装层撕开。对比文件 2 中并没有公开上述区别特征，也没有给出解决上述技术问题的任何启示，权利要求 1 的技术方案是非显而易见的，具有实质性特点。独立权利要求 1 所述包装体可以方便地将不透气性外包装层撕开，具有有益的技术效果，因此权利要求 1 具有进步。

综上，独立权利要求 1 相对于对比文件 2 具有实质性特点和进步，具备创造性，符合《专利法》第 22 条第 3 款的规定。

6. 修改后的独立权利要求 1 清楚地限定了保护范围

独立权利要求 1 明确了包装体中还包括带状部件，并清楚地记载了带状部件与包装体之间的连接关系，因此该权利要求所请求的保护范围是清楚的，符合《专利法》第 26 条第 4 款的规定。

7. 对比文件 3 不应当作为证据考虑

请求人于 2019 年 6 月 4 日提出无效宣告请求，又于 2019 年 7 月 12 日提交了补充意见及对比文件 3，已经超出了其提出无效请求之日起 1 个月内增加理由和补充证据的期限，应当对其不予考虑。因此，请求人提出权利要求相对于对比文件 3 不具备新颖性的无效宣告理由也就不能成立。

综上所述，专利权人认为修改后的独立权利要求 1 符合《专利法》及其实施细则的有关规定，请求人提出的无效宣告理由均不成立，因此请求国家知识产权局在权利要求修改后的基础上依法维持专利权有效。

专利代理机构：××××　　专利代理师：×××
××××年××月××日

专题十四 挑错型法律题完整案例[1]

试题说明

客户 A 公司向你所在的专利代理机构提供了专利申请文件 1 份、3 份对比文件。现委托你所在的专利代理机构为其提供咨询意见并具体办理专利申请事务。

第一题：请你撰写提交给客户的咨询意见，逐一解释其自行撰写的权利要求书是否符合《专利法》及其实施细则的规定并说明理由。

第二题：请你综合考虑对比文件 1~3 所反映的现有技术，为客户撰写发明专利申请的权利要求书。

第三题：简述你撰写的独立权利要求相对于现有技术具备新颖性和创造性的理由。

第四题：如果所撰写的权利要求书中包含两项或者两项以上的独立权利要求，请简述这些独立权利要求能够合案申请的理由；如果认为客户提供的技术内容涉及多项发明，应当以多份申请的方式提出，则请说明理由，并撰写分案申请的独立权利要求。

第五题：请根据你撰写的权利要求书，重新为客户撰写一份说明书，对客户自行撰写的说明书补充和修改的，对补充和修改作简要说明理由。若以多份申请的方式提出，仅需撰写第一件申请的说明书。

客户自行撰写的申请文件

权 利 要 求 书

1. 一种大型公用垃圾箱，其特征在于：主要包括箱盖（1）、上箱体（2）和下箱体（3），箱盖（1）上设有垃圾投入口（4），上箱体（2）和下箱体（3）均为顶部开口结构，箱盖（1）盖合在上箱体（2）的顶部开口处，上箱体（2）可分离地安装在下箱体（3）上，上箱体（2）的底部为水平设置的滤水板（5）。

2. 根据权利要求 1 所述的箱体，其特征在于：所述下箱体（3）的侧壁上部开设有通风孔（6）。

3. 根据权利要求 2 所述的大型公用垃圾箱，其特征在于：所述上箱体（2）内设有数根空心槽状隔条（7）。

4. 根据权利要求 2 所述的大型公用垃圾箱，其特征在于：所述空心槽状隔条（7）的上端与上箱体（2）的上边缘基本齐平，下端延伸至接近滤水板（5）。

5. 根据权利要求 1 所述的大型公用垃圾箱，其特征在于：所述滤水板（5）是可活动的。

6. 一种利用公用垃圾箱进行广告宣传的方法，所述垃圾箱具有箱体，其特征在于：在箱体的至少一个外侧面上印有商标、图形或文字。

---

[1] 本案例改编自 2013 年全国专利代理人资格考试专利代理实务真题，增加了第 5 题。

说 明 书

大型公用垃圾箱广泛应用于小区、街道、垃圾站等场所。现有技术如201020345678.9号实用新型所示，为常见的垃圾桶/箱，在桶体内设有滤水结构，能够分离垃圾中的固态物和液态物，便于垃圾清理和移动。但是垃圾内部仍然残存湿气，尤其是对于大型垃圾桶/箱，其内部通风不畅容易导致垃圾缺氧而腐化发臭，不利于公共环境卫生。有申请人设计了一种家用垃圾桶，其桶底设有孔，方便空气进出（参见200920234567.8）。

在上述现有技术的基础上，本发明提出改进的大型公用垃圾箱。

如图1和2所示，一种大型公用垃圾箱，主要包括箱盖1、上箱体2和下箱体3。箱盖1上设有垃圾投入口4。上箱体2和下箱体3均为顶部开口结构，箱盖1盖合在上箱体2的顶部开口处，上箱体2可分离地安装在下箱体3上，上箱体2的底部为水平设置的滤水板5。在下箱体3的侧壁上部开设有通风孔6。通风孔6最好为两组，并且分别设置在下箱体3相对的侧壁上。

在使用时，当垃圾倒入垃圾箱后，其中的固态物留在滤水板5上，而液态物则经滤水板5进入下箱体3，从而上箱体2内部构成固体垃圾存放区，下箱体3内部构成液体垃圾存放区。空气从通风孔6进入下箱体3，会同垃圾箱内的湿气向上流动，依次经上箱体2的滤水板5和固体垃圾存放区，最终从垃圾投入口4向外排出。在设置了相对的两组通风孔6的情况下，空气还可以从一侧的通风孔6进入，从另一侧的通风孔6排出。通过设置在下箱体3的侧壁上部的通风孔6以及在箱盖1上的垃圾投入口4，垃圾箱内产生由下而上的对流和内外循环，从而起到防止垃圾腐化、减少臭味、提高环境清洁度的作用。

当上箱体2内堆积的垃圾较多时，空气流动受到阻碍，不利于湿气及时排出。为解决该问题，进一步提高通风效果，如图3和4所示，在上箱体2的侧壁内侧设置多个竖直布置的空心槽状隔条7，其与上箱体2的侧壁之间限定形成多个空气通道。空心槽状隔条7上端与上箱体2的上边缘基本齐平，以避免空气通道的入口被垃圾堵塞；下端延伸至接近滤水板5。

在使用时，空气从通风孔6进入下箱体3，会同垃圾箱内的湿气向上流动，由于受到上箱体2内固体垃圾的阻碍，部分气体从空心槽状隔条7与滤水板5之间的缝隙进入空心槽状隔条7中，并沿着空心槽状隔条7与上箱体2的侧壁之间形成的空气通道向上流动，最终从垃圾投入口4向外排出。

此外，也可以在上箱体2的侧壁上设置其他通风结构（例如通风孔）或者将两种通风结构组合在一起使用。

现有技术中还有一种自卸式垃圾箱，将垃圾箱的底板设成活动的，该活动底板可沿着箱体底部的导轨水平拉出以便从底部卸出垃圾，从而解决了从垃圾箱顶部开口向外倾倒垃圾容易造成扬尘的缺陷。但是这种垃圾箱的导轨容易积尘从而卡住底板。

针对该问题，滤水板5被进一步设置成可活动的。如图5所示，滤水板5一端通过铰接件8与上箱体2的侧壁底边连接，相对的另一端通过锁扣件9固定在水平闭合位置。如图6所示，当打开锁扣件9时，滤水板5在重力作用下以铰接件8为轴相对于上箱体2向下转动从而卸出垃圾。锁扣件9包括设置在上箱体2侧壁上的活动插舌91和对应设置在滤水板5上的插口92，所述活动插舌91与插口92可以互相咬合或脱离。锁扣件9还可以采用其他形式，各种现有的锁扣件均可以使用。

当垃圾箱内垃圾装满需要清理时，吊起上箱体2，使得上箱体2与下箱体3分离；当上箱体2被移至合适位置后，打开锁扣件9，滤水板5在重力作用下以铰接件8为轴向下转动，打开上箱体2的底部，内部的固体垃圾掉落到垃圾车或者传送带上运走。下箱体3内的液体垃圾则另行处理。

与导轨结构的垃圾箱相比，这种垃圾箱的底部不容易损坏，使用寿命更长。需要说明的是，垃圾箱的箱体不限于本说明书所设计的具体形式，其他垃圾箱也可以采用上述底部结构。

本发明的公用垃圾箱在箱体的至少一个外侧面上印上商标、图形或文字，起到广告宣传的作用，同时又美化了城市环境。这种广告宣传方法具有成本低廉、应用范围广的优点。

说 明 书 附 图

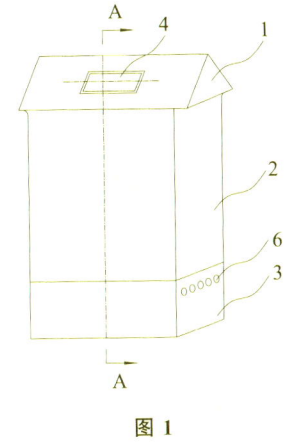

图1

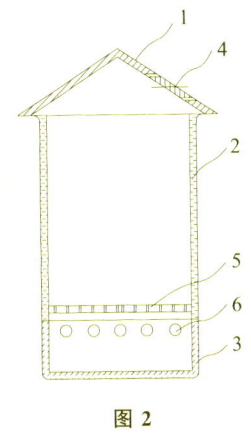

图2

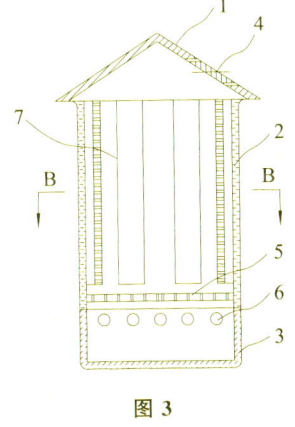

图3

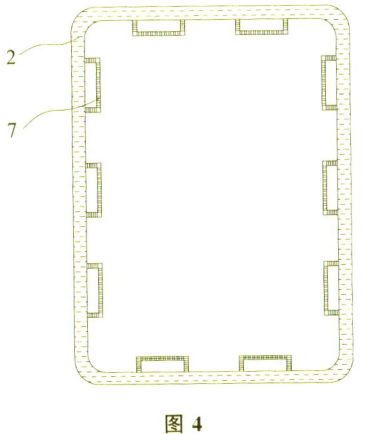

图4

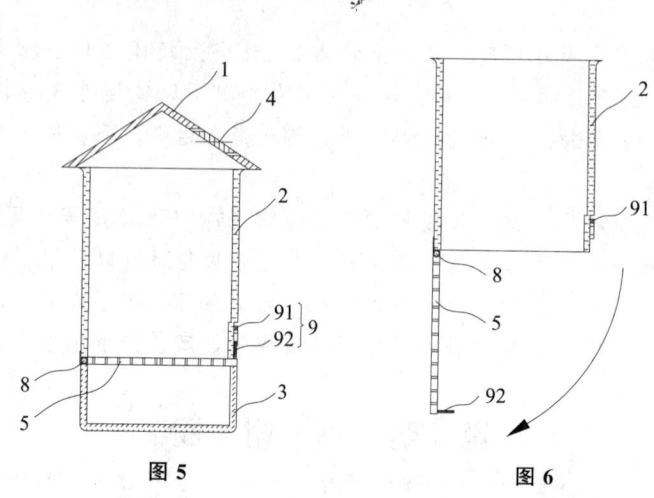

图 5　　　　　图 6

对比文件 1

（19）中华人民共和国国家知识产权局

（12）实用新型专利说明书

（45）授权公告日　2011 年 9 月 9 日

（21）申请号　201020345678.9

（22）申请日　2010 年 12 月 22 日

（其余著录项目略）

说　明　书

防臭垃圾桶/箱

本实用新型涉及一种防臭垃圾桶/箱。

常用的垃圾桶/箱通常固液不分，污水积存在垃圾中容易造成垃圾腐烂，发出酸臭气味，不利于环境卫生；而且垃圾运输和处理中也存在很多问题，增加了处理成本。

为了克服上述现有技术存在的缺点，本实用新型提供了一种垃圾桶/箱，通过对垃圾进行固液分离以获得防臭的效果。

图 1 是本实用新型垃圾桶的正面剖视图。

如图 1 所示，该防臭垃圾桶包括桶盖 1、上桶体 2 和下桶体 3，桶盖 1 上设有垃圾投入口 4。下桶体 3 的上边缘设置成 L 形台阶状，上桶体 2 放置在下桶体 3 的该 L 形台阶上。上桶体 2 的底部设有多个滤水孔 5。在使用时，垃圾中的污水经上桶体 2 底部的滤水孔 5 流至下桶体 3 中，实现固态物和液态物分离。积存在下桶体 3 中的污水，在需要时集中倾倒。

这种防臭垃圾桶/箱可大可小，既可制成小型的家用垃圾桶，也可制成大型的公用垃圾桶/箱。对于大型垃圾箱，可以在底部设置排出阀以便于污水排出。

说明书附图

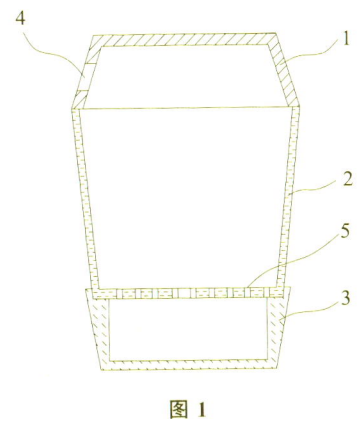

图 1

对比文件 2

(19) 中华人民共和国国家知识产权局

(12) 实用新型专利说明书

(45) 授权公告日　2009 年 12 月 1 日

(21) 申请号　200920234567.8
(22) 申请日　2009 年 1 月 20 日

(其余著录项目略)

说 明 书

一种垃圾桶

本实用新型涉及一种家用垃圾桶。

目前人们收集日常生活垃圾的方式，普遍是使用一次性塑料垃圾袋套在垃圾桶内，但是，在套垃圾袋的过程中垃圾袋与桶壁之间构成封闭空间，空气留在垃圾桶里面不易排出，导致垃圾袋无法完全展开。

本实用新型的目的是提供一种家用的功能性垃圾桶。

图 1 是本实用新型的结构示意图。

如图 1 所示，本实用新型的垃圾桶由桶罩 1、桶壁 2 和桶底 3 组成。桶底 3 上设有多个通气孔 4；桶壁 2 和桶底 3 一次性注塑而成。桶口上设有可分离的桶罩 1，用于固定住垃圾袋。

使用时，将垃圾袋套在垃圾桶上，通气孔 4 的设计方便排出垃圾袋与桶壁 2、桶底 3 之间的空气，使垃圾袋在桶内服帖地充分展开；取垃圾袋的时候，空气经通气孔 4 从底部进入，避免塑料垃圾袋与桶壁 2、桶底 3 之间产生负压，从而可以轻松地取出垃圾袋，不会摩擦弄破垃圾袋。

说 明 书 附 图

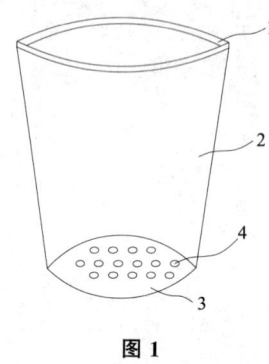

图1

对比文件3

(19) 中华人民共和国国家知识产权局

(12) 实用新型专利说明书

(45) 授权公告日 2012 年 12 月 26 日

(21) 申请号 201220123456.7
(22) 申请日 2012 年 1 月 13 日
(73) 专利权人 A 公司

(其余著录项目略)

说 明 书

自卸式垃圾箱

本实用新型涉及一种垃圾箱,尤其是一种适合与垃圾车配合使用的自卸式垃圾箱。
(背景技术、实用新型内容部分略)
图1是本实用新型垃圾箱装垃圾状态的正视图;
图2是本实用新型垃圾箱卸垃圾状态的正视图;
在图1和2中,箱体2的下部被局部剖开。
本实用新型的自卸式垃圾箱,该垃圾箱的顶盖1可开启,垃圾箱的箱体2下部和底板3均为方形,底板3水平插接在箱体2的底部,底板3的一侧设有把手31,与把手31相对的一侧设有限位块32。箱体2的底部设有供底板3滑动的导轨4。卸垃圾时,将箱体吊起,移至卸垃圾处,拉住底板3的把手31,底板3向一侧水平滑动,垃圾就从箱体2底部自动卸出。所述自卸式垃圾箱不需要把箱体2翻转过来倾倒垃圾,既省力,又避免灰尘飞扬。

说 明 书 附 图

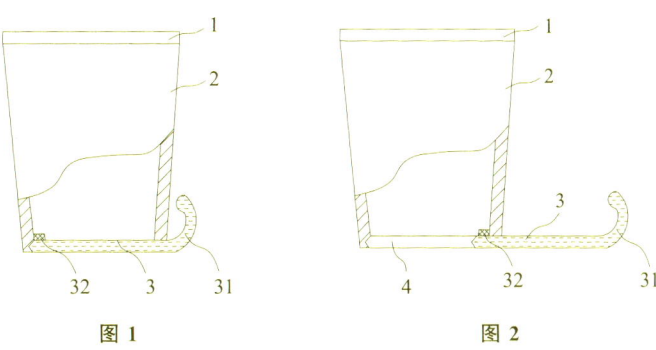

图 1 图 2

解题思路

一、总体思路

权利要求挑错分析的题目应当从以下方面找权利要求撰写存在的问题：

权利要求是否存在不具有新颖性、创造性的缺陷；独立权利要求是否缺少必要技术特征；权利要求是否有不清楚、未以说明书为依据等情况。

1. 对权利要求1的分析

（1）对新颖性的分析

权利要求1与对比文件1特征对比如下表所示。

权利要求1	对比文件1
一种大型公用垃圾箱	如图1所示，该防臭垃圾桶包括桶盖1、上桶体2和下桶体3，桶盖1上设有垃圾投入口4。下桶体3的上边缘设置成L形台阶状，上桶体2放置在下桶体3的该L形台阶上（相当于上箱体可分离地安装在下箱体上）。上桶体2的底部设有多个滤水孔5（相当于上箱体的底部为水平设置的滤水板）。在使用时，垃圾中的污水经上桶体2底部的滤水孔5流至下桶体3中，实现固态物和液态物分离。积存在下桶体3中的污水，在需要时集中倾倒。（从图中可以看出，上桶体2和下桶体3均为顶部开口结构，桶盖1盖合在上桶体2的顶部开口处）
包括箱盖（1）、上箱体（2）和下箱体（3）	
箱盖（1）上设有垃圾投入口（4）	
上箱体（2）和下箱体（3）均为顶部开口结构	
箱盖（1）盖合在上箱体（2）的顶部开口处	
上箱体（2）可分离地安装在下箱体（3）上	
上箱体（2）的底部为水平设置的滤水板（5）	

权利要求 1 的技术方案与对比文件 1 相比，技术领域（都是大型公用垃圾箱）、技术方案、解决的技术问题（垃圾固液分离）、技术效果均实质相同，因此权利要求 1 相对于对比文件 1 不具有新颖性。

对比文件 2、3 均未公开与权利要求 1 技术方案相关的技术内容，不影响权利要求 1 的新颖性或创造性，答题时不必进行分析。

(2) 是否缺少必要特征的分析

根据说明书背景技术中记载，现有技术中的垃圾桶/箱，在桶体内设有滤水结构，能够分离垃圾中的固态物和液态物，便于垃圾清理和移动。但是垃圾内部仍然残存湿气，尤其是对于大型垃圾桶/箱，其内部通风不畅容易导致垃圾缺氧而腐化发臭，不利于公共环境卫生。

根据具体实施方式中的记载，通过设置在下箱体的侧壁上部的通风孔以及在箱盖上的垃圾投入口，垃圾箱产生由下而上的对流和内外循环，从而解决了上述通风防腐的技术问题。因此，设置在下箱体的侧壁上部的通风孔是解决技术问题的必要技术特征，而权利要求 1 缺少这一必要技术特征。

2. 对权利要求 2 的分析

(1) 对新颖性、创造性的分析

权利要求 2 的附加技术特征与对比文件 2 特征对比如下表所示。

权利要求 2 的附加技术特征	对比文件 2
下箱体（3）的侧壁上部开设有通风孔（6）	一种家用的功能性垃圾桶，由桶罩 1、桶壁 2 和桶底 3 组成。桶底 3 上设有多个通气孔 4；桶壁 2 和桶底 3 一次性注塑而成。桶口上设有可分离的桶罩 1，用于固定住垃圾袋

对比文件 1、3 均未公开权利要求 2 的附加技术特征。对比文件 2 虽然在桶底设置多个通气孔，但是通气孔在对比文件 2 中的作用是排出垃圾袋与桶体之间的空气，从而方便取放垃圾袋；本发明中下箱体侧壁开设通风口的作用是在垃圾箱内产生空气对流和内外循环，以防腐清洁；二者作用不同，对比文件 2 没有给出在对比文件 1 的基础上开设通气孔的技术启示。因此权利要求 2 具有新颖性和创造性，答题时不必论述权利要求 2 具有新颖性和创造性的理由，需要找其他缺陷。

(2) 其他缺陷分析

从属权利要求 2 主题名称"箱体"与其引用的权利要求 1 主题名称"大型公用垃圾箱"不一致，答题时只需要分析此缺陷即可。

3. 对权利要求 3 的分析

(1) 对新颖性、创造性的分析

对比文件 1~3 均未公开空心槽状隔条，且权利要求 2 具有新颖性和创造性，因此引用权利要求 2 的权利要求 3 也具有新颖性、创造性。

(2) 其他缺陷分析

权利要求 3 进一步限定：在上箱体内设有数根空心槽状隔条。

根据说明书中记载，在上箱体的侧壁内侧设置多个竖直布置的空心槽状隔条。当上箱体内堆积的垃圾较多时，空气流动受到阻碍，不利于湿气及时排出；设置空心槽状隔条后，空气从通风孔进入下箱体，会同垃圾箱内的湿气向上流动，由于受到上箱体内固体垃圾的阻碍，部分气体从空心槽状隔条与滤水板之间的缝隙进入空心槽状隔条中，并沿着空心槽状隔条与上箱体的侧壁之间形成的空气通道向上流动，最终从垃圾投入口向外排出。

权利要求 3 没有描述具体的空心槽状隔条的设置位置，而是概括限定了空心槽状隔条的布置方式，权利要求 3 涵盖了空心槽状隔条不是布置在侧壁内侧的情形以及空心槽状隔条水平布置的情形，而上述两种情形显然不能解决通风不好的技术问题，因此权利要求 3 的缺陷是没有以说明书为依据。

4. 对权利要求 4 的分析

(1) 对新颖性、创造性的分析

对比文件 1~3 均未公开空心槽状隔条，且权利要求 2 具有新颖性和创造性，因此引用权利要求 2 的权利要求 4 也具有新颖性、创造性。

(2) 其他缺陷分析

权利要求 4 进一步限定空心槽状隔条的设置位置：空心槽状隔条的上端与上箱体的上边缘基本齐平，下端延伸至接近滤水板。

权利要求 4 进一步限定的附加技术特征"所述空心槽状隔条"在其引用的权利要求 2 中没有出现，缺乏引用基础，导致该权利要求的保护范围不清楚。

5. 对权利要求 5 的分析

权利要求 5 附加技术特征与对比文件 3 特征对比如下表所示。

权利要求 5 的附加技术特征	对比文件 3
滤水板（5）是可活动的	一种自卸式垃圾箱，该垃圾箱的顶盖 1 可开启，垃圾箱的箱体 2 下部和底板 3 均为方形，底板 3 水平插接在箱体 2 的底部，底板 3 的一侧设有把手 31，与把手 31 相对的一侧设有限位块 32。箱体 2 的底部设有供底板 3 滑动的导轨 4（相当于滤水板是可活动的）

对比文件 3 公开了一种自卸式垃圾箱，箱体的底部设有供底板滑动的导轨，底板也是可活动的，底板实质上相当于滤水板，对比文件 3 公开了权利要求 5 的附加技术特征，且底板可活动在对比文件 3 中所起的作用与滤水板可活动在本申请中的作用相同，都是用于使垃圾从底部卸出以避免扬尘，因此权利要求 5 不具有创造性。

6. 对权利要求 6 的分析

权利要求 6 为一项独立权利要求，保护一种利用公用垃圾箱进行广告宣传的方法。该方法不涉及垃圾箱本身的构造，而垃圾箱只作为信息表述的载体，仅仅涉及广告创意和广告内容的表达，其特征不是技术特征，解决的问题也不是技术问题，也不能取得技术效果，因而不能构成技术方案，不符合发明保护客体的定义。

二、撰写思路

第一步：技术特征分析

下面在技术交底书原文基础上，以删除线形式显示删除的非技术特征：

大型公用垃圾箱广泛应用于小区、街道、垃圾站等场所。现有技术中常见的垃圾桶/箱，在桶体内设有滤水结构，能够分离垃圾中的固态物和液态物，便于垃圾清理和移动。但是垃圾内部仍然残存湿气，尤其是对于大型垃圾桶/箱，其内部由于通风不畅容易导致垃圾缺氧而腐化发臭，不利于公共环境卫生。

在上述现有技术的基础上，本发明提出改进的大型公用垃圾箱。

如图1和2所示，一种大型公用垃圾箱，主要包括箱盖1、上箱体2和下箱体3。箱盖1上设有垃圾投入口4。上箱体2和下箱体3均为顶部开口结构，箱盖1盖合在上箱体2的顶部开口处，上箱体2可分离地安装在下箱体3上，上箱体2的底部为水平设置的滤水板5。在下箱体3的侧壁上部开设有通风孔6。通风孔6最好为两组，并且分别设置在下箱体3相对的侧壁上。

在使用时，当垃圾倒入垃圾箱后，其中的固态物留在滤水板5上，而液态物则经滤水板5进入下箱体3，从而上箱体2内部构成固体垃圾存放区，下箱体3内部构成液体垃圾存放区。空气从通风孔6进入下箱体3，会同垃圾箱内的湿气向上流动，依次经上箱体2的滤水板5和固体垃圾存放区，最终从垃圾投入口4向外排出。在设置了相对的两组通风孔6的情况下，空气还可以从一侧的通风孔6进入，从另一侧的通风孔6排出。通过设置在下箱体3的侧壁上部的通风孔6以及在箱盖1上的垃圾投入口4，垃圾箱内产生由下而上的对流和内外循环，从而起到防止垃圾腐化、减少臭味、提高环境清洁度的作用。

当上箱体2内堆积的垃圾较多时，空气流动受到阻碍，不利于湿气及时排出。为解决该问题，进一步提高通风效果，如图3和4所示，在上箱体2的侧壁内侧设置多个竖直布置的空心槽状隔条7，其与上箱体2的侧壁之间限定形成多个空气通道。空心槽状隔条7上端与上箱体2的上边缘基本齐平，以避免空气通道的入口被垃圾堵塞；下端延伸至接近滤水板5。

在使用时，空气从通风孔6进入下箱体3，会同垃圾箱内的湿气向上流动，由于受到上箱体2内固体垃圾的阻碍，部分气体从空心槽状隔条7与滤水板5之间的缝隙进入空心槽状隔条7中，并沿着空心槽状隔条7与上箱体2的侧壁之间形成的空气通道向上流动，最终从垃圾投入口4向外排出。

此外，也可以在上箱体2的侧壁上设置其他通风结构（例如通风孔）或者将两种通风结构组合在一起使用。[此处注意拆分上下位技术特征：通风结构为通风孔，通分结构为空心槽状隔条，通风结构为通风孔和空心槽状隔条]

现有技术中还有一种自卸式垃圾箱，将垃圾箱的底板设成活动的，该活动底板可沿着箱体底部的导轨水平拉出以便从底部卸出垃圾，从而解决了从垃圾箱顶部开口向外倾倒垃圾容易造成扬尘的缺陷。但是这种垃圾箱的导轨容易积尘从而卡住底板。

针对该问题，滤水板5被进一步设置成可活动的。如图5所示，滤水板5一端通过铰接件8与上箱体2的侧壁底边连接，相对的另一端通过锁扣件9固定在水平闭合位置。如图6所示，当打开锁扣件9时，滤水板5在重力作用下以铰接件8为轴相对于上箱体2向下转动从而卸出垃圾。锁扣件9包括设置在上箱体2侧壁上的活动插舌91和对应设置在滤水板5上的插口92，所述活动插舌91与插口92可以互相咬合或脱离。锁扣件9还可以采用其他形式，各种现有的锁扣件均可以使用。

当垃圾箱内垃圾装满需要清理时，吊起上箱体2，使得上箱体2与下箱体3分离；当上箱体2被移至合适位置后，打开锁扣件9，滤水板5在重力作用下以铰接件8为轴向下转动，打开上箱体2的底部，内部的固体垃圾掉落到垃圾车或者传送带上运走。下箱体3内的液体垃圾则另行处理。

与导轨结构的垃圾箱相比，这种垃圾箱的底部不容易损坏，使用寿命更长。需要说明的是，垃圾箱的箱体不限于本说明书所设计的具体形式，其他垃圾箱也可以采用上述底部结构。[此处注意描述第二个发明点时，应当将滤水板替换为箱体底板]

本发明的公用垃圾箱在箱体的至少一个外侧面上印上商标、图形或文字，起到广告宣传的作用，同时又美化了城市环境。这种广告宣传方法具有成本低廉、应用范围广的优点。

第二步：找发明点

1. 找出区别技术分支

下表中对比技术交底书的技术特征与现有技术的区别，以下划线形式标示出区别技术特征。

专利申请说明书（技术交底）	对比文件1	对比文件2	对比文件3
一种大型公用垃圾箱，包括箱盖1、上箱体2和下箱体3 箱盖1上设有垃圾投入口4。上箱体2和下箱体3均为顶部开口结构，箱盖1盖合在上箱体2的顶部开口处，上箱体2可分离地安装在下箱体3上，上箱体2的底部为水平设置的滤水板5 在下箱体3的侧壁上部开设有通风孔6 通风孔6为两组，并且分别设置在下箱体3相对的侧壁上 在上箱体2的侧壁内侧设置多个竖直布置的空心槽状隔条7，其与上箱体2的侧壁之间限定形成多个空气通道 空心槽状隔条7上端与上箱体2的上边缘基本齐平，下端延伸至接近滤水板5 上箱体2的侧壁上设置通风结构 通风结构是空心槽状隔条7 通风结构是通风孔 通风结构是空心槽状隔条7和通风孔 滤水板5可活动 滤水板5一端通过铰接件8与上箱体2的侧壁底边连接，相对的另一端通过锁扣件9固定在水平闭合位置。当打开锁扣件9时，滤水板5在重力作用下以铰接件8为轴相对于上箱体2向下转动从而卸出垃圾 锁扣件9包括设置在上箱体2侧壁上的活动插舌91和对应设置在滤水板5上的插口92，所述活动插舌91与插口92可以互相咬合或脱离	一种防臭垃圾桶/箱，包括桶盖1、上桶体2和下桶体3，桶盖1上设有垃圾投入口4。下桶体3的上边缘设置成L形台阶状，上桶体2放置在下桶体3的该L形台阶上。上桶体2的底部设有多个滤水孔5	一种垃圾桶，由桶罩1、桶壁2和桶底3组成。桶底3上设有多个通气孔4；桶壁2和桶底3一次性注塑而成。桶口上设有可分离的桶罩1，用于固定住垃圾袋	一种自卸式垃圾箱，该垃圾箱的顶盖1可开启，垃圾箱的箱体2下部和底板3均为方形，底板3水平插接在箱体2的底部，底板3的一侧设有把手31，与把手31相对的一侧设有限位块32。箱体2的底部设有供底板3滑动的导轨4

2. 技术逻辑分析

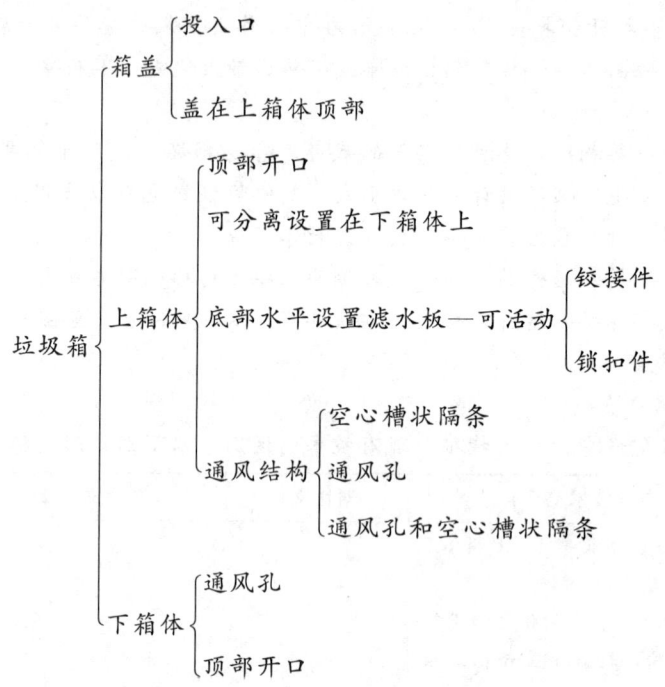

3. 确定发明点

上述区别技术特征中,"在下箱体3的侧壁上部开设有通风孔6"和垃圾箱底板向下转动卸出垃圾均是最为基础的改进,二者之间没有相互依存关系,属于并列发明点。

第三步:确定所要解决的技术问题

第一个发明点对应的本发明所要解决的第一个技术问题是:提供一种防止垃圾腐化、减少臭味、提高环境清洁度的作用的垃圾箱。

第二个发明点对应的本发明所要解决的第二个技术问题是:提供一种防止底部易积尘损坏、使用寿命更长的垃圾箱。

第四步:确定第一件申请的必要技术特征

"一种大型公用垃圾箱,包括箱盖1、上箱体2和下箱体3"涉及本发明的垃圾箱整体结构,属于必要技术特征;

"箱盖1上设有垃圾投入口4,上箱体2和下箱体3均为顶部开口结构,箱盖1盖合在上箱体2的顶部开口处,上箱体2安装在下箱体3上,上箱体2的底部为水平设置的滤水板5"是垃圾箱基本部件之间的连接关系,也是形成空气内部循环的条件,属于必要技术特征;其中"可分离地"是优选方案,要解决的问题是分别倾倒固体垃圾和液体垃圾,因此"可分离地"不是必要技术特征;

"在下箱体3的侧壁上部开设有通风孔6"是发明点,也是必要技术特征;

其余特征均是对发明的进一步限定,不是必要技术特征。

第五步:撰写第一件申请的独立权利要求

1. 确定主题名称

根据专利申请说明书第三段的第一句话,将主题名称确定为"大型公用垃圾箱"。

2. 组合全部必要技术特征

对于发明点"通风孔",说明书中只给出了一个实施例,因此撰写第一件申请独立权利要求时不应对箱体和通风孔进行概括。将上述必要技术特征写入前序部分，发明点写入特征部分，得到权利要求1如下：

1. 一种大型公用垃圾箱，包括箱盖（1）、上箱体（2）和下箱体（3），箱盖（1）上设有垃圾投入口（4），所述上箱体（2）和下箱体（3）均为顶部开口结构，箱盖（1）盖合在上箱体（2）的顶部开口处，上箱体（2）安装在下箱体（3）上，上箱体（2）底部为水平设置的滤水板（5），其特征在于：所述垃圾箱还包括开设在下箱体（3）侧壁上部的通风孔（6）。

第六步：撰写第一件申请的从属权利要求

上下箱体可分离，通风孔的数量，上箱体的通风结构，通风结构是空心槽状隔条、通风孔、二者结合，滤水板向下转动等特征写入从属权利要求中。具体内容请见参考答案，此处略。

第七步：第二件申请的撰写

第二件申请撰写时注意，根据说明书倒数第二段的记载，滤水板向下活动的方案应当不限于滤水板，应当上位概括成"箱体底板"。在第一件独立权利要求前序部分基础上，上、下箱体应当概括为箱体，滤水板改为箱体底板，加入第二发明点作为特征部分。第二件申请的独立权利要求写为：

1. 一种垃圾箱，包括箱体和设置于箱体底部的底板，其特征在于：底板一端通过铰接件（8）与箱体的侧壁底边连接，相对的另一端通过锁扣件（9）固定在水平闭合位置，当打开锁扣件（9）时，底板以铰接件（8）为轴相对于箱体向下转动从而卸出垃圾。

三、对说明书的分析

说明书应当包括发明名称和技术领域、背景技术、发明内容、附图说明和具体实施方式，其中技术领域、背景技术、发明内容、附图说明和具体实施方式应当有标题。在重新撰写说明书时，在客户撰写的说明书基础上，补入说明书所缺部分即可。具体请参见参考答案。

参考答案

第一题参考答案

尊敬的A公司：

很高兴贵方委托我所代为办理有关"大型公用垃圾箱"的专利申请案，经仔细阅读贵方提供的权利要求书、说明书及现有技术，我认为贵方技术人员所撰写的权利要求书存在不符合《专利法》和《专利法实施细则》规定的问题，现一一指出。

1. 权利要求1不具备新颖性

对比文件1属于现有技术。对比文件1公开了一种防臭垃圾桶，该防臭垃圾桶可制成大型的公用垃圾箱，包括桶盖1、上桶体2和下桶体3，桶盖1上设有垃圾投入口4，下桶体3的上边缘设置成L形台阶状，上桶体2放置在下桶体3的该L形台阶上（相当于上箱体可分离地安装在下箱体上），从图1中可以明确看出，上桶体2和下桶体3均为顶部开口结构，桶盖1盖合在上桶体2的顶部开口处，上桶体2的底部是水平的且设有多个滤水孔5（相当于上箱体的底部为水平设置的滤水板）。

由此可见，对比文件1公开了权利要求1的全部技术特征，二者相比，技术方案实质上相同，并且它们都属于大型公用垃圾箱这一相同的技术领域，要解决的技术问题相同并能达到相同的技术效果，都是实现垃圾箱内部固液分离。因此，权利要求1相对于对比文件1不具备新颖性，不符合《专利法》第22条第2款的规定。

2. 权利要求1缺少必要技术特征

根据说明书背景技术的记载，本发明要解决的技术问题是现有技术垃圾箱/桶内部存在湿气，通风不畅导致垃圾缺氧发臭。

根据说明书具体实施方式部分的记载，本发明通过设置在下箱体的侧壁上部的通风孔以及在箱盖上的垃圾投入口，垃圾箱产生由下而上的对流和内外循环，从而解决了上述技术问题。因此，设置在下箱体的侧壁上部的通风孔是解决技术问题的必要技术特征，而权利要求1中未记载上述必要技术特征，因此权利要求1不符合《专利法实施细则》第20条第2款的规定。

3. 权利要求2主题名称不一致

从属权利要求2的主题名称"箱体"与其引用的权利要求1的主题名称"大型公用垃圾箱"不一致，导致权利要求的保护范围不清楚，因此不符合《专利法实施细则》第22条第1款的规定（或回答不符合《专利法》第26条第4款的规定）。

4. 权利要求3未以说明书为依据

从属权利要求3的附加技术特征为"上箱体（2）内设有数根空心槽状隔条（7）"，采取了较宽的上位概括的方式来限定空心槽状隔条的设置位置和设置方向。

根据说明书的记载，在上箱体的侧壁内侧设置多个竖直布置的空心槽状隔条，其与上箱体的侧壁之间限定形成多个空气通道。空心槽状隔条上端与上箱体的上边缘基本齐平，以避免空气通道的入口被垃圾堵塞；下端延伸至接近滤水板。如果空心槽状隔条不是在侧壁内侧或空心槽状隔条水平布置，则不能解决通风不好的技术问题。

因此，权利要求3没有以说明书为依据，不符合《专利法》第26条第4款的规定。

5. 权利要求4缺少引用基础

权利要求4进一步限定的附加技术特征"所述空心槽状隔条"在其引用的权利要求2中没有出现，因此，权利要求4缺乏引用基础，导致该权利要求的保护范围不清楚，不符合《专利法》第26条第4款的规定。

6. 权利要求5不具备创造性

对比文件1和对比文件3都属于现有技术，可以用于评价专利申请权利要求的创造性。

对比文件1技术领域与本发明相同，所要解决的技术问题与本发明最为接近，是最接近的现有技术。

对比文件1公开了权利要求1的全部技术内容。权利要求5与对比文件1相比，区别技术特征为所述滤水板是可活动的。

基于上述区别技术特征可以确定，权利要求5实际要解决的技术问题是提供一种使垃圾从底部卸出以避免扬尘的垃圾桶。

对比文件3公开了一种自卸式垃圾箱，箱体的底部设有供底板滑动的导轨，通过底板向一侧水平滑动，从而垃圾从箱体底部自动卸出。上述区别技术特征已经被对比文件3公开，且该特征在对比文件3中所起的作用与其在本申请中为解决其技术问题所起的作用相同，都是提供一种使垃圾从底部卸出以避免扬尘的垃圾桶。

对比文件3给出了将上述区别技术特征应用于对比文件1以解决其技术问题的启示，权利要求5相对于对比文件1和对比文件3的结合是显而易见的，不具备突出的实质性特点和显著的进步，不具备创造性，不符合《专利法》第22条第3款的规定。

7. 权利要求6不属于技术方案

权利要求6的利用公用垃圾箱进行广告宣传的方法不涉及垃圾箱本身的构造，垃圾箱只作为信息表述的载体,仅仅涉及广告创意和广告内容的表达,其特征不是技术特征,解决的问题也不是技术问题,因而不能构成技术方案,不符合《专利法》第2条第2款的规定。

综上述考虑,目前贵公司撰写的权利要求书存在较多问题,难以获得授权。我方专利代理师将会与发明人进行认真沟通通,在充分理解发明思路和技术方案的基础上,结合对现有技术的检索、分析和对比,为贵公司重新撰写权利要求书和说明书。以上咨询意见供参考,有问题请与我们随时沟通。

专利代理机构:××××　　专利代理师:×××
××××年××月××日

第二题参考答案

第一件申请权利要求的撰写

1. 一种大型公用垃圾箱,包括箱盖(1)、上箱体(2)和下箱体(3),箱盖(1)上设有垃圾投入口(4),所述上箱体(2)和下箱体(3)均为顶部开口结构,箱盖(1)盖合在上箱体(2)的顶部开口处,上箱体(2)安装在下箱体(3)上,上箱体(2)底部为水平设置的滤水板(5),其特征在于:所述垃圾箱还包括开设在下箱体(3)侧壁上部的通风孔(6)。

2. 如权利要求1所述的大型公用垃圾箱,其特征在于:所述上箱体(2)可分离地安装在下箱体(3)上。

3. 如权利要求1或2所述的大型公用垃圾箱,其特征在于:所述通风孔(6)为两组,并且分别设置在下箱体(3)的相对侧壁上。

4. 如权利要求1或2所述的大型公用垃圾箱,其特征在于:所述垃圾箱还包括设置在上箱体(2)侧壁上的通风结构。

5. 如权利要求4所述的大型公用垃圾箱,其特征在于:所述通风结构为开设在上箱体(2)侧壁上的通风孔。

6. 如权利要求4所述的大型公用垃圾箱,其特征在于:所述通风结构为竖直布置在上箱体(2)的侧壁内侧的空心槽状隔条(7),所述空心槽状隔条(7)与上箱体(2)的侧壁之间限定形成空气通道。

7. 如权利要求4所述的大型公用垃圾箱,其特征在于:所述通风结构为开设在上箱体(2)侧壁上的通风孔以及竖直布置在上箱体(2)的侧壁内侧的空心槽状隔条(7),所述空心槽状隔条(7)与上箱体(2)的侧壁之间限定形成空气通道。

8. 如权利要求6所述的大型公用垃圾箱,其特征在于:所述空心槽状隔条(7)的上端与上箱体(2)的上边缘基本齐平,下端延伸至接近滤水板(5)。

9. 如权利要求1或2所述的大型公用垃圾箱,其特征在于:所述滤水板(5)的一端通过铰接件(8)与上箱体(2)的侧壁底边连接,相对的另一端通过锁扣件(9)固定在水平闭合位置;当打开锁扣件(9)时,滤水板(5)在重力作用下以铰接件(8)为轴相对于上箱体(2)向下转动从而卸出垃圾。

10. 如权利要求9所述的大型公用垃圾箱,其特征在于:所述锁扣件(9)包括设置在上箱体(2)侧壁上的活动插舌(91)和对应设置在滤水板(5)上的插口(92),所述活动插舌(91)与插口(92)互相咬合或脱离。

第三题参考答案

1. 权利要求1具有新颖性

对比文件1没有公开权利要求1中的技术特征"所述垃圾箱还包括设置在下箱体(3)侧壁

上部的通风孔（6）"。因此，二者属于不同的技术方案，权利要求1相对于对比文件1具备新颖性。

对比文件2没有公开权利要求1中的技术特征"箱盖（1）、上箱体（2）和下箱体（3）""上箱体（2）底部为水平设置的滤水板（5）""设置在下箱体（3）侧壁上部的通风孔（6）"，因此，二者属于不同的技术方案，权利要求1相对于对比文件2具备新颖性。

对比文件3没有公开权利要求1中的技术特征"上箱体（2）和下箱体（3）""上箱体（2）底部为水平设置的滤水板（5）""设置在下箱体（3）侧壁上部的通风孔（6）"，因此，二者属于不同的技术方案，权利要求1相对于对比文件3具备新颖性。

综上所述，权利要求1具备新颖性，符合《专利法》第22条第2款的规定。

2. 权利要求1具有创造性

对比文件1与本申请的技术领域相同，所解决的技术问题相近，是最接近的现有技术。

权利要求1与对比文件1公开相比，区别技术特征在于"所述垃圾箱还包括设置在下箱体（3）侧壁上部的通风孔（6）"。

基于上述区别技术特征，本发明实际解决的技术问题是提供一种促使垃圾箱内空气对流、防腐防臭的垃圾桶。

对比文件2虽然公开了"通气孔"，但是该通气孔是设置在桶底上，解决的是家用垃圾桶套装和取出垃圾袋不方便的技术问题，即通过在桶底上设置通气孔，使垃圾袋在桶内服帖地充分展开以及轻松取出。对比文件2的"通气孔"与本发明的"通风孔"设置位置、解决的技术问题和所起的作用均不相同。对比文件2没有公开上述区别技术特征，也未给出将上述区别技术特征与对比文件1结合以解决上述技术问题的启示。对比文件3也没有公开上述区别技术特征，也未给出将上述区别技术特征与对比文件1结合以解决上述技术问题的启示。权利要求1所要求保护的技术方案相对于现有技术不是显而易见的，具有突出的实质性特点。

权利要求1的技术方案通过在下箱体的侧壁上部设置通风孔，从而促进了垃圾箱内形成由下而上的空气对流，避免垃圾腐烂，减少臭味的产生，具有有益的技术效果。

综上所述，权利要求1相对于对比文件1、2、3或者其结合，具有突出的实质性特点和显著的进步，具备创造性，符合《专利法》第22条第3款的规定。

第四题参考答案

第二件申请独立权利要求的撰写

1. 一种垃圾箱，包括箱体和设置于箱体底部的底板，其特征在于：底板一端通过铰接件（8）与箱体的侧壁底边连接，相对的另一端通过锁扣件（9）固定在水平闭合位置，当打开锁扣件（9）时，底板以铰接件（8）为轴相对于箱体向下转动从而卸出垃圾。

分案申请的理由

第一份专利申请的独立权利要求1相对于现有技术作出贡献的技术特征为：开设在下箱体的侧壁上部的通风孔，从而解决通风不畅垃圾腐烂发臭的问题。

第二份专利申请的独立权利要求1相对于现有技术作出贡献的技术特征为：底板一端通过铰接件与箱体的侧壁底边连接，相对的另一端通过锁扣件固定在水平闭合位置，当打开锁扣件时，底板以铰接件为轴相对于箱体向下转动从而卸出垃圾，从而解决导轨积尘卡住底板的技术问题。

由此可见，两个独立权利要求对现有技术作出贡献的技术特征既不相同也不相应，彼此之间在技术上也无相互关联，从而两个独立权利要求之间不包含相同或相应的特定技术特征，不属于一个总的发明构思，彼此之间不具备单一性，不符合《专利法》第31条第1款的规定，因此应当分别作为两份专利申请提出。

第五题参考答案

在客户自行撰写的说明书中，存在的错误及修改建议如下：说明书应当包括发明名称和技术领域、背景技术、发明内容、附图说明和具体实施方式，其中技术领域、背景技术、发明内容、附图说明和具体实施方式应当有标题。

1. 缺少发明名称

应补入发明名称：一种大型公用垃圾箱。

2. 缺少技术领域

应补入技术领域：本发明涉及一种垃圾箱，尤其涉及一种能够通风防腐的大型公用垃圾箱。

3. 对背景技术的修改

背景技术部分应当记载对理解、审查、检索有用的技术，并引证这些技术。

根据目前检索到的现有技术情况，本申请的固液分离的技术内容已经被对比文件1所公开，对比文件1已经构成了本申请的背景技术，因此应当在背景技术部分引证对比文件1，并且应当分析背景技术存在的不足。

4. 缺少发明内容

该部分中应当明确发明所要解决的技术问题、解决其技术问题所采用的技术方案，并对照现有技术写明发明的有益效果。

首先，本申请所要解决的技术问题是现有技术中垃圾箱内通风不畅、垃圾易腐化发臭。

其次，应当记载该申请的技术方案，该方案应当是独立权利要求的技术方案，也可以记载从属权利要求的技术方案。

最后，应当阐明本申请与现有技术相比，优点（有益效果）在于：由于设置了下箱体的通风孔，促进了垃圾箱内形成由下而上的空气对流，避免垃圾腐烂，减少臭味的产生。

5. 缺少附图说明

目前的说明书中缺少附图说明，应当写明各幅图的图名并作简要说明。

6. 具体实施方式

说明书最后一段在垃圾箱上印刷广告进行广告宣传，未采取技术手段，未解决技术问题，也未产生技术效果，不属于技术方案，不符合《专利法》第2条第2款的规定，因此应当从申请文件中删除。

重新撰写说明书如下：

一种大型公用垃圾箱

技术领域

本发明涉及一种垃圾箱，尤其涉及一种能够通风防腐的大型公用垃圾箱。

背景技术

大型公用垃圾箱广泛应用于小区、街道、垃圾站等场所。现有技术中常见的垃圾桶/箱，在桶体内设有滤水结构，能够分离垃圾中的固态物和液态物，便于垃圾清理和移动。申请号为201020345678.9的中国实用新型专利公开一种可制成固液分离的大型垃圾箱公用垃圾箱，但这种垃圾箱内部仍然残存湿气，尤其是对于大型垃圾箱，其内部通风不畅容易导致垃圾缺氧而腐化发臭，不利于公共环境卫生。

发明内容

为解决上述现有技术中垃圾箱内通风不畅、垃圾易腐化发臭的技术问题，本发明提供一种内部通风、防腐防臭的大型公用垃圾箱。

本发明的大型公用垃圾箱包括箱盖、上箱体和下箱体，箱盖上设有垃圾投入口，上箱体和下箱体均为顶部开口结构，箱盖盖合在上箱体的顶部开口处，上箱体安装在下箱体上，上箱体底部为水平设置的滤水板，垃圾箱还包括开设在下箱体侧壁上部的通风孔。

上述结构的大型公用垃圾箱由于设置了下箱体的通风孔，促进了垃圾箱内形成由下而上的空气对流，避免垃圾腐烂，减少臭味的产生。

附图说明

图1为本发明大型公用垃圾箱结构的立体图；
图2为图1中A-A截面的剖视图；
图3为本发明大型公用垃圾箱的内部结构剖视图；
图4为图3中B-B截面的剖视图；
图5为本发明大型公用垃圾箱的装垃圾状态示意图；
图6为本发明大型公用垃圾箱的卸垃圾状态示意图。

具体实施方式

如图1和2所示，一种大型公用垃圾箱，主要包括箱盖1、上箱体2和下箱体3。箱盖1上设有垃圾投入口4。上箱体2和下箱体3均为顶部开口结构，箱盖1盖合在上箱体2的顶部开口处，上箱体2可分离地安装在下箱体3上，上箱体2的底部为水平设置的滤水板5。在下箱体3的侧壁上部开设有通风孔6。通风孔6最好为两组，并且分别设置在下箱体3相对的侧壁上。

在使用时，当垃圾倒入垃圾箱后，其中的固态物留在滤水板5上，而液态物则经滤水板5进入下箱体3，从而上箱体2内部构成固体垃圾存放区，下箱体3内部构成液体垃圾存放区。空气从通风孔6进入下箱体3，会同垃圾箱内的湿气向上流动，依次经上箱体2的滤水板5和固体垃圾存放区，最终从垃圾投入口4向外排出。在设置了相对的两组通风孔6的情况下，空气还可以从一侧的通风孔6进入，从另一侧的通风孔6排出。通过设置在下箱体3的侧壁上部的通风孔6以及在箱盖1上的垃圾投入口4，垃圾箱内产生由下而上的对流和内外循环，从而起到防止垃圾腐化、减少臭味、提高环境清洁度的作用。

当上箱体2内堆积的垃圾较多时，空气流动受到阻碍，不利于湿气及时排出。为解决该问题，进一步提高通风效果，如图3和4所示，在上箱体2的侧壁内侧设置多个竖直布置的空心槽状隔条7，其与上箱体2的侧壁之间限定形成多个空气通道。空心槽状隔条7上端与上箱体2的上边缘基本齐平，以避免空气通道的入口被垃圾堵塞；下端延伸至接近滤水板5。

在使用时，空气从通风孔6进入下箱体3，会同垃圾箱内的湿气向上流动，由于受到上箱体2内固体垃圾的阻碍，部分气体从空心槽状隔条7与滤水板5之间的缝隙进入空心槽状隔条7中，并沿着空心槽状隔条7与上箱体2的侧壁之间形成的空气通道向上流动，最终从垃圾投入口4向外排出。

此外，也可以在上箱体2的侧壁上设置其他通风结构（例如通风孔）或者将两种通风结构组合在一起使用。

现有技术中还有一种自卸式垃圾箱，将垃圾箱的底板设成活动的，该活动底板可沿着箱体底部的导轨水平拉出以便从底部卸出垃圾，从而解决了从垃圾箱顶部开口向外倾倒垃圾容易造成扬尘的缺陷（参见对比文件3）。但是这种垃圾箱的导轨容易积尘从而卡住底板。

针对该问题，滤水板5被进一步设置成可活动的。如图5所示，滤水板5一端通过铰接件8与上箱体2的侧壁底边连接，相对的另一端通过锁扣件9固定在水平闭合位置。如图6所示，当打开锁扣件9时,滤水板5在重力作用下以铰接件8为轴相对于上箱体2向下转动从而卸出垃圾。锁扣件9包括设置在上箱体2侧壁上的活动插舌91和对应设置在滤水板5上的插口92,所述活动插舌91与插口92可以互相咬合或脱离。锁扣件9还可以采用其他形式,各种现有的锁扣件均可以使用。

当垃圾箱内垃圾装满需要清理时,吊起上箱体2,使得上箱体2与下箱体3分离;当上箱体2被移至合适位置后,打开锁扣件9,滤水板5在重力作用下以铰接件8为轴向下转动,打开上箱体2的底部,内部的固体垃圾掉落到垃圾车或者传送带上运走。下箱体3内的液体垃圾则另行处理。

与导轨结构的垃圾箱相比,这种垃圾箱的底部不容易损坏,使用寿命更长。需要说明的是,垃圾箱的箱体不限于本说明书所设计的具体形式,其他垃圾箱也可以采用上述底部结构。

专题十五 答复审查意见完整案例[1]

试题说明

客户 A 公司向你所在的专利代理机构提供了以下材料：其自行向国家知识产权局递交的发明专利申请文件（附件1）；审查员针对该发明专利申请发出的第一次审查意见通知书（附件2），以及所引用的三份对比文件（对比文件1～3）；公司进行最新技术改进和开发的技术交底材料（附件3）。现委托你所在的专利代理机构办理相关事务。

第一题：撰写咨询意见。请参考第一次审查意见通知书（附件2）的内容（为了用于考试，对通知书进行了简化和改造，隐去了详细阐述的内容），向客户逐一解释该发明专利申请（附件1）的权利要求书是否符合《专利法》及其实施细则的相关规定并说明理由。

第二题：撰写答复第一次审查意见通知书时提交的修改后的权利要求书以及意见陈述书。请在综合考虑对比文件1至3所反映的现有技术以及你的咨询意见的基础上进行撰写。

第三题：综合你修改后的权利要求以及对比文件1至3，为客户撰写答复审查意见通知书修改后的说明书。

第四题：撰写一份新的发明专利申请的权利要求书。请根据技术交底材料（附件3）记载的内容，综合考虑附件1、对比文件1至3所反映的现有技术，撰写能够有效且合理地保护发明创造的权利要求书。

如果认为应当提出一份专利申请，则应撰写独立权利要求和适当数量的从属权利要求；如果认为应当提出多份专利申请，则应说明不能合案申请的理由，并针对其中的一份专利申请撰写独立权利要求和适当数量的从属权利要求，对于其他专利申请，仅需撰写独立权利要求；如果在一份专利申请中包含两项或两项以上的独立权利要求，则应说明这些独立权利要求能够合案申请的理由。

附件1（发明专利申请文件）：

（19）中华人民共和国国家知识产权局

（12）发明专利申请公开说明书

（43）申请公布日　2013 年 7 月 25 日

（21）申请号　201210345678.9
（22）申请日　2012 年 2 月 25 日
（71）申请人　A 公司

（其余著录项目略）

---

[1] 本案例改编自 2014 年全国专利代理人资格考试专利代理实务真题，增加第2题中意见陈述书及第3题。

权 利 要 求 书

1. 一种光催化空气净化器，它包括壳体（1）、位于壳体下部两侧的进风口（2）、位于壳体顶部的出风口（3）以及设置在壳体底部的风机（4），所述壳体（1）内设置有第一过滤网（5）和第二过滤网（6），其特征在于：该光催化空气净化器内还设有光催化剂板（7）。

2. 根据权利要求1所述的光催化空气净化器，其特征在于：所述第一过滤网（5）是具有向下凸起曲面（9）的活性炭过滤网，所述第二过滤网（6）是PM2.5颗粒过滤网。

3. 根据权利要求1所述的光催化剂板，其特征在于：所述光催化剂板（7）由两层表面负载有纳米二氧化钛涂层的金属丝网（10）和填充在两层金属丝网（10）之间的负载有纳米二氧化钛的多孔颗粒（11）组成。

4. 一种空气净化方法，其特征在于：该方法包括使空气经过光催化剂板（7）进行过滤净化的步骤。

5. 一种治疗呼吸道类疾病的方法，其特征在于：该方法使用权利要求1所述的光催化空气净化器。

说 明 书

一种光催化空气净化器

本发明涉及一种空气净化器，尤其涉及一种光催化空气净化器。

现有的空气净化器大多采用过滤、吸附等净化技术，没有对有害气体进行催化分解，无法有效除去空气中的甲醛等污染物。

为解决上述问题，本发明提供了一种将过滤、吸附与光催化氧化相结合的空气净化器。光催化氧化是基于光催化剂在紫外光或部分可见光的作用下产生活性态氧，将空气中的有害气体氧化分解为二氧化碳和水等物质。

本发明的技术方案是：一种光催化空气净化器，它包括壳体、位于壳体下部两侧的进风口、位于壳体顶部的出风口以及设置在壳体底部的风机。所述壳体内设置有第一过滤网、第二过滤网、光催化剂板和紫外灯。所述光催化空气净化器能有效催化氧化空气中的有害气体，净化效果好。

图1是本发明光催化空气净化器的正面剖视图。

图2是本发明光催化剂板的横截面图。

如图1所示，该空气净化器包括壳体1、位于壳体下部两侧的进风口2、位于壳体顶部的出风口3以及设置在壳体底部的风机4，所述壳体1内从下往上依次设置有第一过滤网5、光催化剂板7、紫外灯8和第二过滤网6。所述第一过滤网5是活性炭过滤网，其具有向下凸起的曲面9，该曲面9不仅能增大过滤网的过滤面积，而且还能使空气顺畅穿过第一过滤网5，有助于降低噪声。所述第二过滤网6是PM2.5颗粒（直径小于等于2.5微米的颗粒物）过滤网。

如图2所示，所述光催化剂板7由两层表面负载有纳米二氧化钛涂层的金属丝网10和填充在两层金属丝网10之间的负载有纳米二氧化钛的多孔颗粒11组成。

本发明的光催化空气净化器工作时，室内空气在风机4的作用下经进风口2进入，经过第一过滤网 5 后，其中的灰尘等较大颗粒物质被过滤掉；然后经过受到紫外灯 8 照射的光催化剂板 7，其中的有害气体被催化氧化；随后经过第二过滤网 6，PM2.5 颗粒被过滤掉，净化后的空气经出风口 3 送出，净化效率高。

根据需要，可以在该光催化空气净化器的第二过滤网 6 的上部设置中草药过滤网盒，所述中草药过滤网盒内装有薄荷脑、甘草粉等中草药。净化后的空气经中草药过滤网盒排入室内，可预防或治疗呼吸道类疾病。

说 明 书 附 图

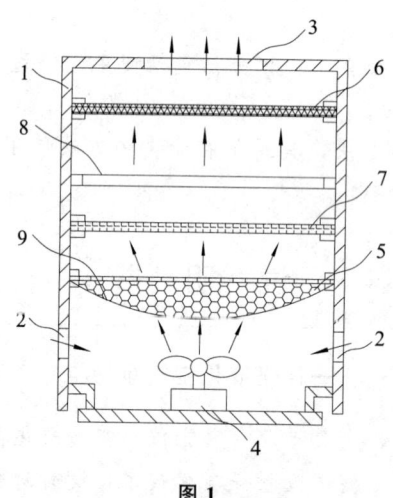

图 1

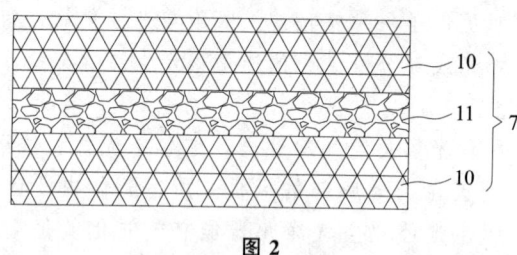

图 2

附件 2（第一次审查意见通知书）：

第一次审查意见通知书正文

本发明涉及一种光催化空气净化器，经审查，提出如下审查意见：

1. 独立权利要求 1 缺少解决其技术问题的必要技术特征，不符合《专利法实施细则》第 20 条第 2 款的规定。

2. 权利要求 1 不具备《专利法》第 22 条第 2 款规定的新颖性。对比文件 1 公开了一种家用空气净化设备，其公开了权利要求 1 的全部技术特征。因此，权利要求 1 所要求保护的技术方案不符合《专利法》第 22 条第 2 款的规定。

3. 权利要求2不具备《专利法》第22条第3款规定的创造性。对比文件1公开了一种家用空气净化设备，对比文件2公开了一种车载空气清新机，对比文件3公开了一种空气过滤器，对比文件1、2和3属于相同的技术领域。因此，权利要求2所要求保护的技术方案相对于对比文件1、2的结合，或者相对于对比文件2、3的结合均不具备创造性，不符合《专利法》第22条第3款的规定。

4. 权利要求3不符合《专利法实施细则》第22条第1款的规定。

5. 权利要求4未以说明书为依据，不符合《专利法》第26条第4款的规定。

6. 权利要求5不符合《专利法》第25条第1款的规定。

综上所述，本申请的权利要求书和说明书存在上述缺陷。申请人应当对本通知书提出的意见予以答复。如果申请人提交修改文本，则申请文件的修改应当符合《专利法》第33条的规定，不得超出原说明书和权利要求书所记载的范围。

对比文件1：

(19) 中华人民共和国国家知识产权局

(12) 实用新型专利说明书

(45) 授权公告日　2012年10月9日

(21) 申请号　201220133456.7
(22) 申请日　2012年1月25日
(73) 专利权人　A公司　　　　　　　　　　　　　　　　　　　　　　（其余著录项目略）

说　明　书

一种家用空气净化设备

本实用新型涉及一种家用空气净化设备。

图1是本实用新型家用空气净化设备的立体图。

图2是本实用新型家用空气净化设备的正面剖视图。

如图1、2所示，该家用空气净化设备包括壳体1、位于壳体下部两侧的进风口2、位于壳体顶部的出风口3以及设置在壳体底部的风机4。所述壳体1内由下向上依次设置有除尘过滤网5、活性炭过滤网6、紫外灯8和光催化剂多孔陶瓷板7。所述除尘过滤网由两层金属丝网和填充在两者之间的无纺布所组成。所述光催化剂多孔陶瓷板7上涂覆有纳米二氧化钛涂层。

该家用空气净化设备在工作时，室内空气在风机4的作用下经进风口2进入，经除尘过滤网5和活性炭过滤网6过滤后，除去其中的灰尘等颗粒物质；然后经过受到紫外灯8照射的光催化剂多孔陶瓷板7，其中的有害气体被催化分解，净化后的空气经出风口3送出。

说 明 书 附 图

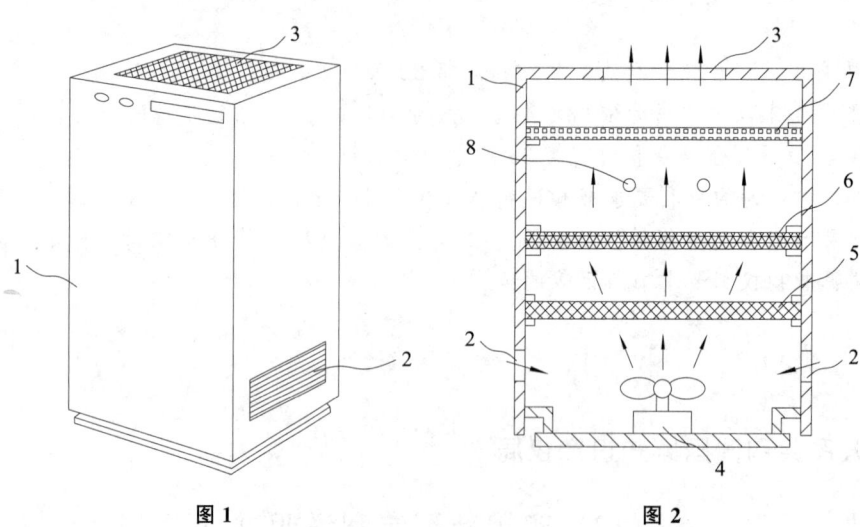

图1   图2

对比文件2：

(19) 中华人民共和国国家知识产权局

(12) 实用新型专利说明书

(45) 授权公告日 2011年9月2日

(21) 申请号 201120123456.7
(22) 申请日 2011年1月20日

（其余著录项目略）

说 明 书

一种车载空气清新机

本实用新型涉及一种车载空气清新机。

目前的车载空气清新机大都通过活性炭过滤网对车内空气进行过滤，但是活性炭过滤网仅能过滤空气中颗粒较大的悬浮物，不能对人体可吸入的细小颗粒进行过滤。

图1为本实用新型车载空气清新机的立体图。

图2为本实用新型车载空气清新机的剖视图。

如图1、2所示，一种车载空气清新机，其包括外壳1、位于壳体一端的进风口2、位于壳体另一端侧面的出风口3。在壳体内从右往左依次设置有活性炭过滤网5、鼓风机4、PM2.5颗粒过滤网 6、紫外灯 8 和格栅状导风板 7。所述鼓风机 4 设置在两层过滤网之间，所述导风板 7 靠近出风口 3，在所述导风板 7 上涂覆有纳米二氧化钛薄膜。该车载空气清新机通过电源接口（图中未示出）与车内点烟器相连。

使用时，将电源接口插入车内点烟器中，车内空气在鼓风机 4 的作用下，经由进风口 2 进入，经过活性炭过滤网 5，滤除其中的大颗粒悬浮物；随后经过 PM2.5 颗粒过滤网 6，过滤掉人体可吸入的细小颗粒；然后经过受到紫外灯 8 照射的涂覆有纳米二氧化钛薄膜的导风板 7，其中的有害气体被催化氧化，净化后的空气经出风口 3 排出。

说 明 书 附 图

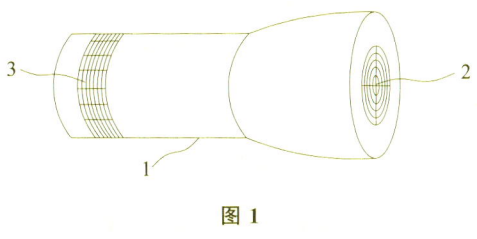

图 1

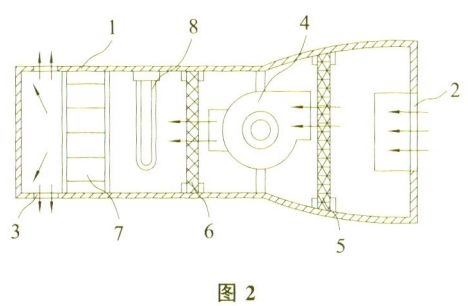

图 2

对比文件 3：

(19) 中华人民共和国国家知识产权局

(12) 实用新型专利说明书

(45) 授权公告日 2011 年 4 月 9 日

(21) 申请号 201020123456.7
(22) 申请日 2010 年 7 月 20 日　　　　　　　　　　　　　　（其余著录项目略）

说 明 书

一种空气过滤器

本实用新型涉及一种应用于工矿厂房粉尘过滤的空气过滤器。通常将该空气过滤器吊装在厂房顶部以解决厂房内灰尘大的问题。

图1为本实用新型空气过滤器的正面剖视图。

如图1所示，一种空气过滤器，其包括筒体1、位于筒体上部的进风口2、位于筒体下部的出风口3、风机4、活性炭过滤网5和除尘过滤网6。所述风机4设置靠近出风口3，所述活性炭过滤网5呈锥状，锥状设置的活性炭过滤网不仅能增大过滤面积，而且能使所吸附的灰尘等大颗粒悬浮物沉淀于过滤网的边缘位置，由此增大过滤效率。

该空气过滤器工作时，空气在风机4的作用下，经进风口2进入，经过除尘过滤网6，除去其中的大部分灰尘，然后经过锥状活性炭过滤网5，进一步滤除掉空气中的灰尘等大颗粒悬浮物，净化后的空气经出风口3送出。

说 明 书 附 图

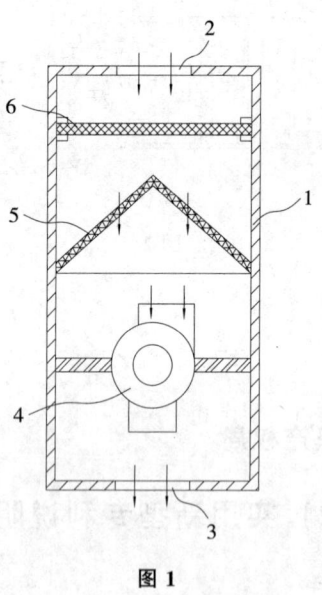

图1

附件3（技术交底材料）：

现有的光催化空气净化器的光催化剂板填充的多孔颗粒阻碍了气流的流动，风阻较大，必须依靠风机的高速运转来提高气流的流动，由此噪声增大，特别是净化器的夜间运行更是影响人的睡眠；另外，金属丝网夹层多孔颗粒的结构使得气流与光催化剂的有效接触面积小，反应不充分，空气净化不彻底。

在现有技术的基础上，我公司提出改进的光催化空气净化器。

一种光催化空气净化器，它包括壳体1、位于壳体下部两侧的进风口2以及位于壳体上部两侧的出风口3。壳体底部设置有风机4，在壳体1内设置有第一过滤网5、第二过滤网6、光催化剂板7和紫外灯8。在该光催化空气净化器内还设置有消声结构9，大大降低了风机和气流流动所产生的噪声。

如图1所示，消声结构9设置在第二过滤网6的上部，其由中央分流板10和一对侧导风板11组成。中央分流板10固定连接在壳体1顶部的内壁上，一对侧导风板11对称地分别连接在壳体1内侧壁上，中央分流板10与一对侧导风板11构成一个截面为V字形的出风通道。室内空气在风机4的作用下经进风口2进入，经过第一过滤网5，穿过受到紫外灯8照射的光催化剂板7，然后经过第二过滤网6，净化后的空气在中央分流板10和一对侧导风板11的作用下，从竖直气流导流成平行气流，由出风口3排出。中央分流板10和侧导风板11由吸音材料制成，例如玻璃纤维棉。

如图2所示，消声结构9是通过支架13安装在第二过滤网6上部的消声器12。在消声器12内设置有竖直布置的一组消声片14，消声片14由吸音材料制成。消声片14接近第二过滤网6的一端均为圆弧形。经过第二过滤网6的气流流经消声片14的圆弧形端面时会被分为两道以上气流，使得气流的声音能被更好地吸收，有效降低净化器的噪声。

如图3所示，空气净化器的光催化剂板7是负载有纳米二氧化钛的三维蜂窝陶瓷网15，与多孔陶瓷板以及其他光催化剂板相比，增大了与气流的接触面积，反应充分，净化效果好。

如图4所示，空气净化器的光催化剂板7由壳体1内设置的螺旋导风片16所代替，由此在空气净化器内形成导流回旋风道。在风道内壁和螺旋导风片16上喷涂纳米二氧化钛涂层，将紫外灯8设置在风道的中央。空气进入净化器后，在螺旋导风片16的作用下在风道内形成回旋风，增加气流与光催化剂的接触面积和接触时间，催化反应充分，空气净化彻底。

可以将各种光催化剂板插入空气净化器中，与其他过滤网例如活性炭过滤网组合使用。

技术交底材料附图

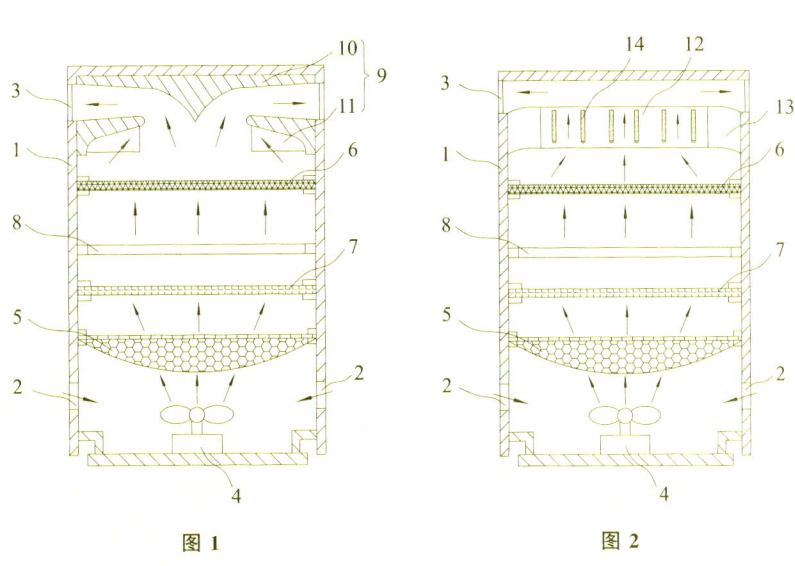

图1　　　　　图2

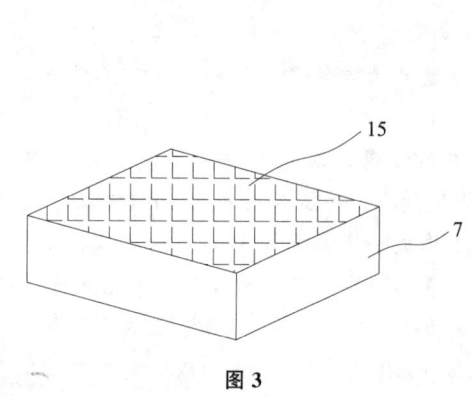

图3

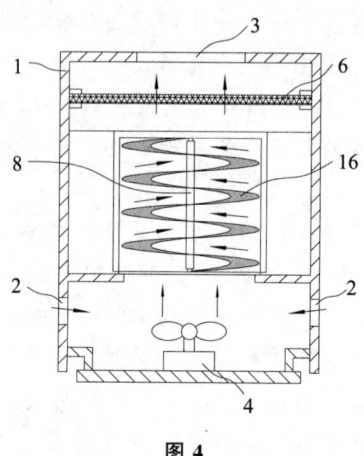

图4

解题思路

一、判断审查理由是否成立

1. 权利要求1缺少必要技术特征的分析

根据说明书中背景技术的记载，要解决的技术问题为现有的空气净化器大多采用过滤、吸附等净化技术，没有对有害气体进行催化分解，无法有效除去空气中的甲醛等污染物。为解决上述问题，本发明的具体实施方式中通过紫外灯照射的光催化剂板对有害气体进行催化氧化。

因此"紫外灯"是必要技术特征，权利要求1中缺少"紫外灯"这一必要技术特征，审查员观点正确。

2. 权利要求1的新颖性分析

（1）核对对比文件的时间

对比文件1的申请日（2012年1月25日）早于附件1的申请日（2012年2月25日），授权公告日（2012年10月9日）晚于附件1的申请日，因此对比文件1相对于附件1是申请在先、公开在后的专利文件，仅能用于单独评价附件1权利要求的新颖性，而不能和公知常识结合或者与其他对比文件结合用于评价权利要求的创造性。

（2）权利要求1是否具有新颖性的判断

涉案专利权利要求1与对比文件特征对比如下表所示，下划线表示对比文件公开的涉案专利的技术特征。

权利要求1	对比文件1
一种光催化空气净化器	一种家用空气净化设备，包括壳体1、位于壳体下部两侧的进风口2、位于壳体顶部的出风口3以及设置在壳体底部的风机4。壳体1内由下向上依次设置有除尘过滤网5（相当于第一过滤网）、活性炭过滤网6（相当于第二过滤网）、紫外灯8和光催化剂多孔陶瓷板7（相当于光催化剂板）。除尘过滤网由两层金属丝网和填充在两者之间的无纺布所组成。光催化剂多孔陶瓷板7上涂覆有纳米二氧化钛涂层
包括壳体（1）	
位于壳体下部两侧的进风口（2）	
位于壳体顶部的出风口（3）	
设置在壳体底部的风机（4）	
壳体（1）内设置有第一过滤网（5）和第二过滤网（6）	
光催化空气净化器内还设有光催化剂板（7）	

续表

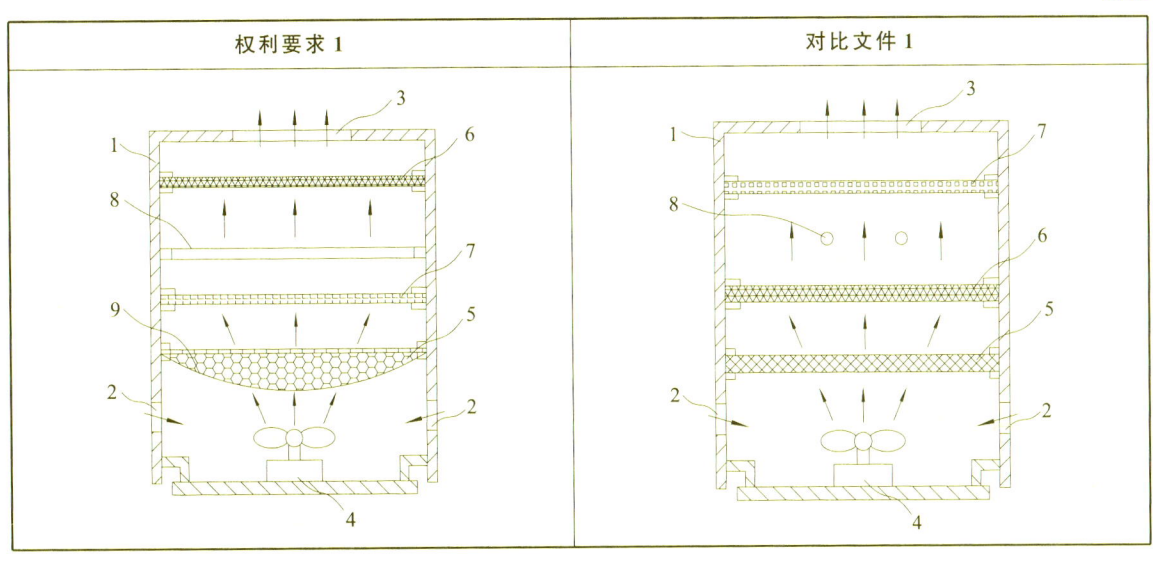

权利要求1的技术方案与对比文件1公开的技术方案相比，技术领域、技术方案、解决的技术问题和取得的技术效果均相同，权利要求1不具有新颖性，审查员观点正确。

3. 权利要求2的创造性分析

（1）对比文件的选用

对比文件1是申请在先、公开在后的专利文件，仅能用于单独评价权利要求的新颖性，而不能和公知常识结合或者与其他对比文件结合用于评价权利要求的创造性。审查员认为对比文件1、2结合破坏权利要求2创造性的观点错误。

对比文件2、3的授权公告日均早于附件1的申请日，因此构成现有技术，能够用于评价权利要求的新颖性和创造性。

（2）权利要求2是否具有创造性的分析

由于权利要求1不具有新颖性未用到对比文件2、3，使用对比文件2、3判断权利要求2的创造性时应注意从权利要求1开始对比。

权利要求2	对比文件2	对比文件3
一种光催化空气净化器	一种车载空气清新机，其包括外壳1、位于壳体一端的进风口2、位于壳体另一端侧面的出风口3。在壳体内从右往左依次设置有活性炭过滤网5、鼓风机4、PM2.5颗粒过滤网6、紫外灯8和格栅状导风板7。鼓风机4设置在两层过滤网之间，导风板7靠近出风口3，在导风板7上涂覆有纳米二氧化钛薄膜。该车载空气清新机通过电源接口与车内点烟器相连	一种空气过滤器，其包括筒体1、位于筒体上部的进风口2、位于筒体下部的出风口3、风机4、活性炭过滤网5和除尘过滤网6。风机4设置在靠近出风口3，活性炭过滤网5呈锥状，锥状设置的活性炭过滤网不仅能增大过滤面积，而且使所吸附的灰尘等大颗粒悬浮物沉淀于过滤网的边缘位置，由此增大过滤效率
包括壳体（1）		
位于壳体下部两侧的进风口（2）		
位于壳体顶部的出风口（3）		
设置在壳体底部的风机（4）		
壳体（1）内设置有第一过滤网（5）和第二过滤网（6）		
光催化空气净化器内还设有光催化剂板（7）		
第一过滤网（5）是具有向下凸起曲面（9）的活性炭过滤网		
第二过滤网（6）是PM2.5颗粒过滤网		

续表

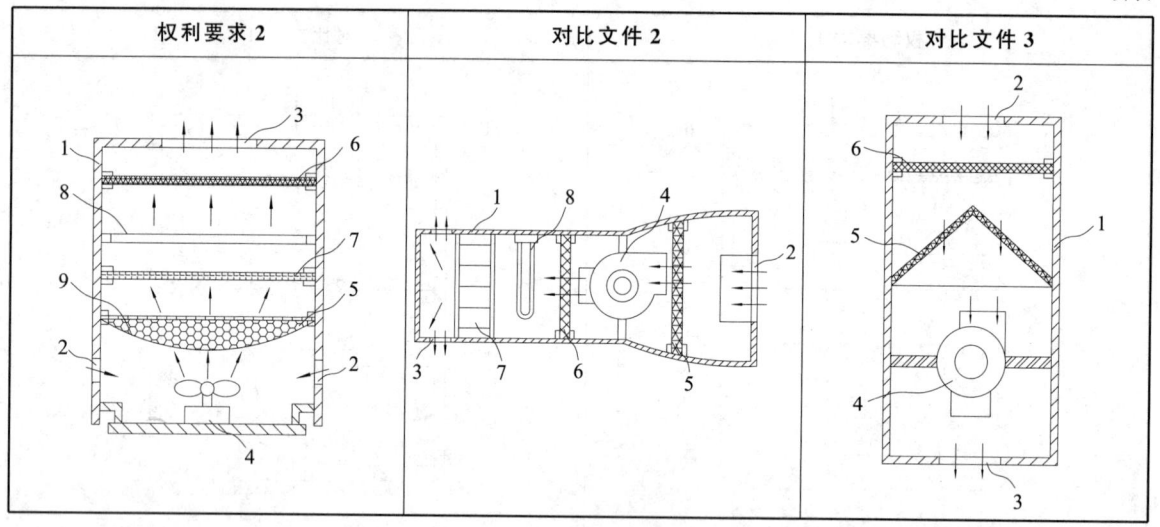

对比文件3的活性炭过滤网为锥形，与凸起曲面形状实质相同。由于锥形尖部朝向进风方向，客观上也能降低噪声，因此对比文件3给出了活性炭过滤网具有曲面的技术启示，权利要求2相对于对比文件2、3的结合不具有创造性，审查员观点正确。

4. 权利要求3的分析

权利要求3的主题名称是"光催化剂板"，与其引用的权利要求1的主题名称"光催化空气净化器"不一致，不符合撰写规定。

5. 权利要求4的分析

权利要求4要求保护一种空气净化方法，其技术方案为：空气净化方法包括使空气经过光催化剂板进行过滤净化的步骤。根据说明书的记载，使空气经过的光催化剂板由两层表面负载有纳米二氧化钛涂层的金属丝网和填充在两层金属丝网之间的负载有纳米二氧化钛的多孔颗粒组成。该技术方案概括了较宽的保护范围，说明书仅记载了一个实施例，本领域技术人员根据说明书记载的实施例，无法得到或者概括出权利要求4的技术方案，因此权利要求4未以说明书为依据，审查员观点正确。

6. 权利要求5的分析

权利要求5的主题名称是"一种治疗呼吸道类疾病的方法"，属于疾病的诊断和治疗方法，不属于专利保护的客体，审查员观点正确。

二、权利要求的修改方案

1. 对权利要求1的修改

由于权利要求1不具有新颖性，权利要求2不具有创造性，权利要求3的附加技术特征并未被任何一份对比文件公开，因此可将权利要求3的附加技术特征对权利要求1进一步限定，修改后的权利要求1具有新颖性和创造性。另外，修改后的权利要求1还应当补入所缺少的必要技术特征。

2. 对权利要求2的修改

在修改后的权利要求1具有新颖性、创造性的基础上，权利要求2引用修改后的权利要求1，也具有新颖性和创造性，因此不必删除权利要求2。

3. 对权利要求4的修改

原权利要求4为方法权利要求，存在未以说明书为依据及不具备新颖性的缺陷，需要补充光催化剂板的具体结构。由于光催化剂板的具体结构记载在修改后的权利要求1中，因此修改后的方法权利要求可改为引用式独立权利要求。

4. 对权利要求5的修改

权利要求5属于疾病诊断和治疗方法，不属于保护客体，应删除权利要求5。

修改后的权利要求书和意见陈述书详见参考答案。

三、说明书的修改方案

说明书应当包括发明名称、技术领域、背景技术、发明内容、附图说明和具体实施方式，其中技术领域、背景技术、发明内容、附图说明和具体实施方式应当有标题。在重新撰写说明书时，在客户撰写的说明书基础上补入说明书所缺部分即可。重新撰写的说明书详见参考答案。

四、删除式六步法撰写思路

第一步：技术特征分析

下面在技术交底书原文基础上，以删除线形式显示删除的非技术特征：

现有的光催化空气净化器的光催化剂板填充的多孔颗粒阻碍了气流的流动，风阻较大，必须依靠风机的高速运转来提高气流的流动，由此噪声增大，特别是净化器的夜间运行更是影响人的睡眠；另外，金属丝网夹层多孔颗粒的结构使得气流与光催化剂的有效接触面积小，反应不充分，空气净化不彻底。

在现有技术的基础上，我公司提出改进的光催化空气净化器。

一种光催化空气净化器，它包括壳体1、位于壳体下部两侧的进风口2以及位于壳体上部两侧的出风口3。壳体底部设置有风机4，在壳体1内设置有第一过滤网5、第二过滤网6、光催化剂板7和紫外灯8。在该光催化空气净化器内还设置有消声结构9，大大降低了风机和气流流动所产生的噪声。

（消声结构第一实施例）

如图1所示，消声结构9设置在第二过滤网6的上部，其由中央分流板10和一对侧导风板11组成。中央分流板10固定连接在壳体1顶部的内壁上，一对侧导风板11对称地分别连接在壳体1内侧壁上，中央分流板10与一对侧导风板11构成一个截面为V字形的出风通道。室内空气在风机4的作用下经进风口2进入，经过第一过滤网5，穿过受到紫外灯8照射的光催化剂板7，然后经过第二过滤网6，净化后的空气在中央分流板10和一对侧导风板11的作用下，从竖直气流导流成平行气流，由出风口3排出。中央分流板10和侧导风板11由吸音材料制成，例如玻璃纤维棉。

（消声结构第二实施例）

如图2所示，消声结构9是通过支架13安装在第二过滤网6上部的消声器12。在消声器12内设置有竖直布置的一组消声片14，消声片14由吸音材料制成。消声片14接近第二过滤网6的一端均为圆弧形。经过第二过滤网6的气流流经消声片14的圆弧形端面时会被分为两道以上气流，使得气流的声音能被更好地吸收，有效降低净化器的噪声。

（光催化剂板第一实施例）

如图3所示，空气净化器的光催化剂板7是负载有纳米二氧化钛的三维蜂窝陶瓷网15，与多孔陶瓷板以及其他光催化剂板相比，增大了与气流的接触面积，反应充分，净化效果好。

（光催化剂第二实施例）

如图4所示，空气净化器的光催化剂板7由壳体1内设置的螺旋导风片16所代替，由此在空气净化器内形成导流回旋风道。在风道内壁和螺旋导风片16上喷涂纳米二氧化钛涂层，将紫外灯8设置在风道的中央。空气进入净化器后,在螺旋导风片16的作用下在风道内形成回旋风,增加气流与光催化剂的接触面积和接触时间,催化反应充分,空气净化彻底。

可以将各种光催化剂板插入空气净化器中,与其他过滤网例如活性炭过滤网组合使用。

第二步:找发明点

1. 找出区别技术特征

由于涉案专利与新发明最为接近,且对比文件1、2、3公开的内容均未超出涉案专利的范围,因此下表中只需要对比技术交底书的技术特征与涉案专利,以下划线形式标示出区别技术特征。

技术交底	涉案专利
一种光催化空气净化器,包括壳体1、位于壳体下部两侧的进风口2以及位于壳体上部两侧的出风口3	空气净化器包括壳体1、位于壳体下部两侧的进风口2、位于壳体顶部的出风口3以及设置在壳体底部的风机4,所述壳体1内从下往上依次设置有第一过滤网5、光催化剂板7、紫外灯8和第二过滤网6。所述第一过滤网5是活性炭过滤网,其具有向下凸起的曲面9。所述第二过滤网6是PM2.5颗粒(直径小于等于2.5微米的颗粒物)过滤网。所述光催化剂板7由两层表面负载有纳米二氧化钛涂层的金属丝网10和填充在两层金属丝网10之间的负载有纳米二氧化钛的多孔颗粒11组成
壳体底部设置有风机4,壳体1内设置有第一过滤网5、第二过滤网6、光催化剂板7和紫外灯8	
光催化空气净化器内设置有消声结构9	
消声结构9设置在第二过滤网6的上部,由中央分流板10和一对侧导风板11组成	
中央分流板10固定连接在壳体1顶部的内壁上,一对侧导风板11对称地分别连接在壳体1内侧壁上,中央分流板10与一对侧导风板11构成一个截面为V字形的出风通道	
中央分流板10和侧导风板11由吸音材料制成,为玻璃纤维棉	
消声结构9是通过支架13安装在第二过滤网6上部的消声器12,在消声器12内设置有竖直布置的一组消声片14	
消声片14由吸音材料制成	
消声片14接近第二过滤网6的一端均为圆弧形	
光催化剂板7是负载有纳米二氧化钛的三维蜂窝陶瓷网15	
光催化剂板7是壳体1内设置的螺旋导风片16,在空气净化器内形成导流回旋风道,风道内壁和螺旋导风片16上喷涂有纳米二氧化钛涂层,紫外灯8设置在风道的中央	

2. 技术逻辑分析

```
                    ┌ 壳体、进风口、出风口、风机、紫外灯
                    │
                    │         ┌ 第一过滤网
                    │ 过滤网 ┤
                    │         └ 第二过滤网
光催化空气净化器 ┤
                    │         ┌ 中央分流板+侧导风板
                    │ 消声结构┤
                    │         └ 竖直布置的一组消声片
                    │
                    │           ┌ 三维蜂窝陶瓷网
                    └ 光催化剂板┤
                                └ 螺旋导风片
```

3. 确定发明点

在以上区别技术特征中，涉及两个并列发明点：

(1) 光催化空气净化器内设置有消声结构；

(2) 接触面积更大的光催化剂板。

针对第二个发明点，有两个实施例：

(1) 光催化剂板是负载有纳米二氧化钛的三维蜂窝陶瓷网；

(2) 光催化剂板是壳体内设置的螺旋导风片，在空气净化器内形成导流回旋风道，风道内壁和螺旋导风片上喷涂有纳米二氧化钛涂层，紫外灯设置在风道的中央。

第三步：确定所要解决的技术问题

第一个发明点所要解决的技术问题是：通过设置在光催化空气净化器上部的消声结构，有效降低风机和气流流动所产生的噪声；第二个发明点所要解决的技术问题是：通过三维蜂窝陶瓷网或螺旋导风片增大气流与光催化剂的有效接触面积和接触时间，催化反应充分，空气净化彻底。

第四步：确定第一件申请的必要技术特征

"一种光催化空气净化器，包括壳体1、位于壳体下部两侧的进风口2以及位于壳体上部两侧的出风口3，壳体底部设置有风机4，在壳体1内设置有第一过滤网5、第二过滤网6、光催化剂板7和紫外灯8"是空气器净化器的整体结构，属于必要技术特征；

"光催化空气净化器内设置有消声结构9"是本发明第一个发明点，属于必要技术特征；

在"消声结构9设置在第二过滤网6的上部，由中央分流板10和一对侧导风板11组成"和"中央分流板10固定连接在壳体1顶部的内壁上，一对侧导风板11对称地分别连接在壳体1内侧壁上，中央分流板10与一对侧导风板11构成一个截面为V字形的出风通道"中，消声结构的设置位置是必要技术特征，其余特征是消声结构的第一种实施方式的具体结构，不是必要技术特征；

其余具体实施例的结构特征均为非必要技术特征。

第五步：撰写第一件申请的独立权利要求

1. 确定主题名称

根据技术交底书第三段的第一句话，将主题名称确定为"光催化空气净化器"。

2. 组合全部必要技术特征

将上述与最接近的现有技术共有的必要技术特征写入前序部分，将作为发明点的必要技术特征写入特征部分。在撰写权利要求时，技术交底书中描述的消声结构的位置"消声结构设置在第二过滤网6的上部"可改写为"在从第二过滤网（6）至出风口（3）的空气流道中设置消声结构（9）"。得到权利要求1如下：

1. 一种光催化空气净化器，包括壳体（1）、位于壳体下部两侧的进风口（2）以及位于壳体上部两侧的出风口（3），壳体（1）底部设置有风机（4），在壳体（1）内设有第一过滤网（5）、第二过滤网（6）、光催化剂板（7）和紫外灯（8），其特征在于：在从第二过滤网（6）至出风口（3）的空气流道中设置消声结构（9）。

第六步：撰写第一件申请的从属权利要求

将两种消声结构的组成、设置方式，两种光催化剂板的结构撰写为从属权利要求（参见参考答案，此处略）。注意第二个发明点的两个实施例均要写入第一件申请的从属权利要求中。

第七步：围绕第二个发明点撰写第二件、第三件申请的独立权利要求

对于第二个发明点来说，"一种光催化空气净化器，包括壳体1、位于壳体下部两侧的进风口2以及位于壳体上部两侧的出风口3"和"壳体底部设置有风机4，在壳体1内设置有第一过滤网5、第二过滤网6、光催化剂板7和紫外灯8"仍然属于必要技术特征，写入前序部分，其中第一过滤网和第二过滤网概括为"过滤网"。"光催化剂板7是负载有纳米二氧化钛的三维蜂窝陶瓷网15""光催化剂板7是壳体1内设置的螺旋导风片16，在空气净化器内形成导流回旋风道，风道内壁和螺旋导风片16上喷涂有纳米二氧化钛涂层，紫外灯8设置在风道的中央"分别作为特征部分。得到第二件、第三件申请的独立权利要求如下：

1. 一种光催化空气净化器，包括壳体（1）、位于壳体下部两侧的进风口（2）以及位于壳体上部两侧的出风口（3），壳体（1）底部设置有风机（4），在所述壳体内设有过滤网、光催化剂板（7）和紫外灯（8），其特征在于：所述光催化剂板（7）是负载有纳米二氧化钛的三维蜂窝陶瓷网（15）。

1. 一种光催化空气净化器，包括壳体（1）、位于壳体下部两侧的进风口（2）以及位于壳体上部两侧的出风口（3），壳体（1）底部设置有风机（4），其特征在于：在壳体（1）内设置有过滤网和螺旋导风片（16），在空气净化器内形成导流回旋风道，在风道内壁和螺旋导风片（16）上喷涂纳米二氧化钛涂层，将紫外灯（8）设置在风道中央。

参考答案

第一题参考答案

尊敬的A公司：

很高兴贵方委托我所代为办理有关空气净化器的专利申请事宜，我所现收到审查员发出的针对此案的第一次审查意见通知书。经仔细研读贵司申请文件、审查意见通知书及三份现有技术，我所认为贵司目前发明专利申请文件的权利要求书存在一些不符合《专利法》和《专利法实施细则》规定的问题，分析意见如下：

1. 关于审查员指出权利要求1缺少必要技术特征的理由成立

根据说明书中的记载，本发明要解决的技术问题是对有害气体进行催化分解，去除有害气体。

根据说明书中的描述，壳体内从下往上依次设置有第一过滤网、光催化剂板、紫外灯和第二过滤网，空气经过第一过滤网后，再经过受到紫外灯照射的光催化剂板，其中的有害气体被催化氧化，最终经过第二过滤网后送出。

因此，在光催化空气净化器内设置紫外灯是解决上述技术问题的必要技术特征，而权利要求1中未记载上述必要技术特征，不符合《专利法实施细则》第20条第2款的规定。

2. 关于审查员指出权利要求1不具备新颖性的理由成立

对比文件1的申请日为2012年1月25日，早于本申请的申请日2012年2月25日；对比文件1的公告日为2012年10月9日，晚于本申请的申请日2012年2月25日。因此，对比文件1是申请在先、公开在后的中国专利文件，可以评价本申请的新颖性。

对比文件1公开了一种家用空气净化设备。该家用空气净化设备包括壳体1、位于壳体下部两侧的进风口2、位于壳体顶部的出风口3以及设置在壳体底部的风机4。所述壳体1内由下向上依次设置有除尘过滤网5（相当于权利要求1中壳体内设置有第一过滤网）、活性炭过滤网6（相当于第二过滤网）、紫外灯8和光催化剂多孔陶瓷板7（相当于光催化剂板）。

由此可见，对比文件1公开了权利要求1的全部技术特征，二者相比，技术方案实质上相同,且两者属于相同的空气净化器领域,要解决的技术问题和取得的技术效果相同,均是利用光催化剂板对空气中的有害气体进行催化氧化分解,提高净化效率。因此对比文件1是本发明的抵触申请,权利要求1相对于对比文件1不具备《专利法》第22条第2款规定的新颖性。

3. 关于审查员指出权利要求2相对于对比文件1、2结合不具备创造性的理由不成立

审查意见中指出对比文件2相对于对比文件1、2的结合不具备创造性。由于对比文件1的申请日早于本申请的申请日,公开日晚于本申请的申请日,是申请在先、公开在后的中国专利文件,仅能用于评价本申请的新颖性,不能和其他文件组合评价创造性,因而审查意见中有关权利要求2相对于对比文件1、2结合不具有创造性的理由存在错误。

4. 关于审查员指出权利要求2相对于对比文件2、3结合不具备创造性的理由成立

对比文件2和对比文件3的公开日均早于本申请的申请日,均属于现有技术,可以用于评价本专利申请权利要求的创造性。

对比文件2技术领域与本发明相同,所要解决的技术问题与本发明最为接近,因此对比文件2是最接近的现有技术。对比文件2公开了一种车载空气清新机,其包括外壳1、位于壳体一端的进风口2、位于壳体另一端侧面的出风口3。在壳体内从右往左依次设置有活性炭过滤网5、鼓风机4、PM2.5颗粒过滤网6、紫外灯8和格栅状导风板7,所述导风板7靠近出风口3,在所述导风板7上涂覆有纳米二氧化钛薄膜。

权利要求2与对比文件2公开的内容相比,区别技术特征为:第一过滤网是具有向下凸起曲面的活性炭过滤网。

基于上述区别技术特征,权利要求2相对于对比文件2实际要解决的技术问题是提供一种增大过滤网的过滤面积、降低空气噪声的空气清新机。

对比文件3公开了一种空气过滤器,并具体公开了呈锥状设置的活性炭过滤网。该锥状设置的过滤网也是朝向进风口凸起,与具有向下凸起曲面的活性炭过滤网相比,属于形状的简单变型,因此上述区别技术特征已被对比文件3公开,且该特征在对比文件3中所起的作用与其在本发明中为解决其技术问题所起的作用相同,同样是增大过滤面积;由于空气通过锥形表面会更加通畅,也可以降低空气噪声。可见,对比文件3给出了将上述区别技术特征应用到对比文件2以解决其技术问题的启示,权利要求2的技术方案相对于对比文件2、3的结合是显而易见的,不具备突出的实质性特点和显著的进步,不具备《专利法》第22条第3款规定的创造性。

5. 关于审查员指出权利要求3不符合《专利法实施细则》第22条第1款的理由成立

从属权利要求3记载的主题名称为"光催化剂板",其所引用的权利要求1的主题名称"光催化空气净化器",二者主题名称不一致,导致权利要求3的保护范围不清楚,因此权利要求3不符合《专利法实施细则》第22条第1款的规定。

6. 关于审查员指出权利要求4未以说明书为依据的理由成立

权利要求4要求保护一种空气净化方法,该方法包括使空气经过光催化剂板进行过滤净化的步骤。其中"光催化剂板"概括了较宽的保护范围。

根据说明书中的记载,该空气净化方法所采用的光催化剂板是利用"由两层表面负载有纳米二氧化钛涂层的金属丝网和填充在两层金属丝网之间的负载有纳米二氧化钛的多孔颗粒组成",并不是任一种光催化剂板的结构均能解决有效催化氧化有害气体技术问题。因此,权利要求4未以说明书为依据,不符合《专利法》第26条第4款的规定。

7. 关于审查员指出权利要求5不符合《专利法》第25条第1款的理由成立

权利要求5要求保护一种利用光催化空气净化器治疗呼吸道类疾病的方法,是以有生命的人

体为直接实施对象,属于疾病的诊断和治疗方法,属于《专利法》第25条第1款规定的不授予专利权的客体。

综合上述分析,目前贵公司的发明专利申请文件存在较多问题,若要获得授权,需要对权利要求书进行修改。以上咨询意见供参考,有问题请与我们随时沟通。

专利代理机构：××××　　专利代理师：×××
××××年××月××日

第二题参考答案

修改后的权利要求书

1. 一种光催化空气净化器,包括壳体(1)、位于壳体下部两侧的进风口(2)、位于壳体顶部的出风口(3)以及设置在壳体底部的风机(4),所述壳体(1)内设置有第一过滤网(5)、光催化剂板(7)、第二过滤网(6)和紫外灯(8),其特征在于：所述光催化剂板(7)由两层表面负载有纳米二氧化钛涂层的金属丝网(10)和填充在两层金属丝网(10)之间的负载有纳米二氧化钛的多孔颗粒(11)组成。

2. 根据权利要求1所述的光催化空气净化器,其特征在于：所述第一过滤网(5)是具有向下凸起曲面(9)的活性炭过滤网,所述第二过滤网(6)是PM2.5颗粒过滤网。

3. 一种利用权利要求1所述的光催化空气净化器进行空气净化的方法,其特征在于：包括使空气经过光催化剂板(7)进行过滤净化的步骤。

意见陈述书正文

国家知识产权局：

申请人仔细地研究了第一次审查意见。针对该审查意见所指出的问题,申请人对申请文件作出了修改并陈述意见如下：

一、修改说明

(1) 修改了独立权利要求1,在其特征部分加入了："所述光催化剂板(7)由两层表面负载有纳米二氧化钛涂层的金属丝网(10)和填充在两层金属丝网(10)之间的负载有纳米二氧化钛的多孔颗粒(11)组成",以使该独立权利要求1符合《专利法》第22条有关新颖性和创造性的规定。该修改依据来自原权利要求3。

(2) 在独立权利要求1的前序部分加入"紫外灯"这一技术特征,以克服缺少必要技术特征的缺陷。

(3) 删除原权利要求5,以克服权利要求不符合《专利法》第25条的缺陷。

(4) 将原权利要求4修改为引用权利要求1的并列独立权利要求,以克服原权利要求4未以说明书为依据的缺陷。

以上修改均未超出原始说明书和权利要求书所记载的范围,符合《专利法》第33条以及《专利法实施细则》第51条第3款的修改规定。

二、关于新颖性

1. 修改后的权利要求1具备新颖性

对比文件1公开了一种家用空气净化设备,为了催化分解有害气体,设置了光催化剂多孔陶瓷板,但是有害气体与多孔陶瓷板有效接触面积比较小,催化分解有害气体并不充分。从说明书的描述以及附图公开的内容看,对比文件1并未公开"所述光催化剂板(7)由两层表面负载有纳米二氧化钛涂层的金属丝网(10)和填充在两层金属丝网(10)之间的负载有纳米二氧化钛的多孔颗粒（11）组成"，因此修改后的权利要求1相对于对比文件1具有新颖性。

对比文件2公开了一种车载空气清新机，公开了在导风板上涂覆二氧化钛薄膜，但是有害气体通过二氧化钛薄膜时，有效接触面积有限。从说明书的描述以及附图公开的内容看，对比文件2并未公开"所述光催化剂板（7）由两层表面负载有纳米二氧化钛涂层的金属丝网（10）和填充在两层金属丝网（10）之间的负载有纳米二氧化钛的多孔颗粒（11）组成"，因此修改后的权利要求1相对于对比文件2具有新颖性。

对比文件3公开了一种空气过滤器，用于工矿厂房中，公开的技术方案与权利要求1的技术方案相比，技术领域、所要解决的技术问题和取得的技术效果均不相同；对比文件3并未公开对有害气体催化分解的技术方案，也未公开"所述光催化剂板（7）由两层表面负载有纳米二氧化钛涂层的金属丝网（10）和填充在两层金属丝网（10）之间的负载有纳米二氧化钛的多孔颗粒（11）组成"，因此修改后的权利要求1相对于对比文件3具有新颖性。

综上，修改后的权利要求1具备新颖性，符合《专利法》第22条第2款的规定。

2. 修改后的权利要求2、3具备新颖性

由于权利要求2引用权利要求1，是对权利要求1进一步限定的从属权利要求，权利要求3是引用权利要求1的独立权利要求，因此当修改后的权利要求1具备新颖性时，修改后的权利要求2、3也具备新颖性，符合《专利法》第22条第2款的规定。

三、关于创造性

1. 修改后的权利要求1具备创造性

对比文件1是申请在先、公开在后的专利文件，只能单独评价专利申请的新颖性，不能和其他文件及公知常识结合评价专利申请的创造性。

对比文件2、3公开日均早于本申请的申请日，构成现有技术，可以用于评价专利申请的创造性。

对比文件2与本申请的技术领域相同，所解决的技术问题最为接近，因此对比文件2是最接近的现有技术。

修改后的独立权利要求1与对比文件2公开的内容相比，区别技术特征在于：光催化剂板由两层表面负载有纳米二氧化钛涂层的金属丝网和填充在两层金属丝网之间的负载有纳米二氧化钛的多孔颗粒组成。

基于上述区别技术特征可以确定，修改后的独立权利要求1相对于对比文件2实际解决的技术问题是增大有害气体与二氧化钛的接触面积，更为充分地去除有害气体。

对比文件3没有公开上述区别技术特征，没有给出将上述区别技术特征用于对比文件2以解决上述技术问题的任何启示，修改后的权利要求1的技术方案不是显而易见的，具有突出的实质性特点。

本发明的有益效果为能够增大有害气体与二氧化钛的接触面积，有效地对有害气体进行催化氧化，更为充分地去除有害气体，具有显著的进步。

综上所述，修改后的独立权利要求1相对于对比文件2或对比文件3或其结合而言具有突出的实质性特点和显著的进步，具备《专利法》第22条第3款所规定的创造性。

2. 修改后的权利要求2、3具备新颖性

由于权利要求2引用权利要求1，是对权利要求1进一步限定的从属权利要求，权利要求3是引用权利要求1的独立权利要求，因此当修改后的权利要求1具备创造性时，修改后的权利要求2、3也具备创造性，符合《专利法》第22条第3款的规定。

四、修改后的权利要求 3 能够得到说明书的支持

由于修改后的权利要求 3 引用权利要求 1，在该空气净化方法中，使用权利要求 1 所述的光催化剂板的结构，因此能够得到说明书的支持，符合《专利法》第 26 条第 4 款的规定。

申请人相信，修改后的权利要求书已经完全克服了第一次审查意见通知书中指出的新颖性和创造性问题，并克服了其他一些形式缺陷，符合《专利法》《专利法实施细则》及《审查指南》的有关规定。如果审查员在继续审查过程中认为本申请还存在其他缺陷，敬请联络代理师，申请人及本人将尽力配合审查员的工作。

专利代理机构：××××　　专利代理师：×××
××××年××月××日

第三题参考答案
修改后的说明书

<h3 align="center">一种光催化空气净化器</h3>

技术领域

本发明涉及一种空气净化器，尤其涉及一种光催化空气净化器。

背景技术

现有的空气净化器大多采用过滤、吸附等净化技术，没有对有害气体进行催化分解，无法有效除去空气中的甲醛等污染物。申请号为 201220133456.7 的实用新型专利公开了一种家用空气净化设备，该空气净化设备虽然设置了紫外灯和涂覆有纳米二氧化钛涂层的多孔陶瓷板，但是有害气体与二氧化钛的接触面积小，反应不充分。

发明内容

为解决上述现有技术中有害气体与二氧化钛的接触面积小、反应不充分的问题，本发明提供了一种将过滤、吸附与光催化氧化相结合的空气净化器。

一种光催化空气净化器，包括壳体、位于壳体下部两侧的进风口、位于壳体顶部的出风口以及设置在壳体底部的风机，壳体内设置有第一过滤网、光催化剂板、第二过滤网和紫外灯，光催化剂板由两层表面负载有纳米二氧化钛涂层的金属丝网和填充在两层金属丝网之间的负载有纳米二氧化钛的多孔颗粒组成。

本发明的光催化空气净化器的有益效果在于可使有害气体穿过本发明催化剂板时，与二氧化钛的接触面积增大，反应充分。

附图说明

图 1 是现有技术中空气净化设备的结构示意图；

图 2 是本发明光催化空气净化器的正面剖视图；

图 3 是本发明光催化剂板的横截面图。

具体实施方式

如图 1 所示，该空气净化器包括壳体 1、位于壳体下部两侧的进风口 2、位于壳体顶部的出风口 3 以及设置在壳体底部的风机 4，所述壳体 1 内从下往上依次设置有第一过滤网 5、光催化剂板 7、紫外灯 8 和第二过滤网 6。所述第一过滤网 5 是活性炭过滤网，其具有向下凸起的曲面 9，该曲面 9 不仅能增大过滤网的过滤面积，而且还能使空气顺畅穿过第一过滤网 5，有助于降低噪声。所述第二过滤网 6 是 PM2.5 颗粒（直径小于等于 2.5 微米的颗粒物）过滤网。

如图 2 所示，所述光催化剂板 7 由两层表面负载有纳米二氧化钛涂层的金属丝网 10 和填充

在两层金属丝网 10 之间的负载有纳米二氧化钛的多孔颗粒 11 组成。

本发明的光催化空气净化器工作时，室内空气在风机 4 的作用下经进风口 2 进入，经过第一过滤网 5 后，其中的灰尘等较大颗粒物质被过滤掉；然后经过受到紫外灯 8 照射的光催化剂板 7，其中的有害气体被催化氧化；随后经过第二过滤网 6，PM2.5 颗粒被过滤掉，净化后的空气经出风口 3 送出，净化效率高。

根据需要，可以在该光催化空气净化器的第二过滤网 6 的上部设置中草药过滤网盒，所述中草药过滤网盒内装有薄荷脑、甘草粉等中草药。净化后的空气经中草药过滤网盒排入室内，可预防或治疗呼吸道类疾病。

第四题参考答案
第一件申请权利要求的撰写

1. 一种光催化空气净化器，包括壳体（1）、位于壳体下部两侧的进风口（2）以及位于壳体上部两侧的出风口（3），壳体（1）底部设置有风机（4），在壳体（1）内设有第一过滤网（5）、第二过滤网（6）、光催化剂板（7）和紫外灯（8），其特征在于：在从第二过滤网（6）至出风口（3）的空气流道中设置消声结构（9）。

2. 根据权利要求 1 所述的光催化空气净化器，其特征在于：所述消声结构（9）设置在第二过滤网（6）的上部，由中央分流板（10）和一对侧导风板（11）组成。

3. 根据权利要求 2 所述的光催化空气净化器，其特征在于：所述中央分流板（10）固定连接在壳体顶部的内壁上，所述侧导风板（11）对称地分别连接在壳体内侧壁上，所述中央分流板（10）与侧导风板（11）构成一个截面为 V 字形的出风通道。

4. 根据权利要求 1 所述的光催化空气净化器，其特征在于：所述消声结构（9）是通过支架（13）安装在第二过滤网（6）上部的消声器（12），所述消声器（12）内设置有竖直布置的一组消声片（14）。

5. 根据权利要求 4 所述的光催化空气净化器，其特征在于：所述消声片（14）接近第二过滤网（6）的一端均为圆弧形。

6. 根据权利要求 1～5 中任一项所述的光催化空气净化器，其特征在于：所述光催化剂板（7）是负载有纳米二氧化钛的三维蜂窝陶瓷网（15）。

7. 根据权利要求 1～5 中任一项所述的光催化空气净化器，其特征在于：所述光催化剂板（7）由壳体（1）内设置的螺旋导风片（16）所代替，由此在空气净化器内形成导流回旋风道，在风道内壁和螺旋导风片（16）上喷涂纳米二氧化钛涂层，将紫外灯（8）设置在风道的中央。

第二件申请独立权利要求的撰写

1. 一种光催化空气净化器，包括壳体（1）、位于壳体下部两侧的进风口（2）以及位于壳体上部两侧的出风口（3），壳体（1）底部设置有风机（4），在所述壳体内设有过滤网、光催化剂板（7）和紫外灯（8），其特征在于：所述光催化剂板（7）是负载有纳米二氧化钛的三维蜂窝陶瓷网（15）。

第三件申请独立权利要求的撰写

1. 一种光催化空气净化器，包括壳体（1）、位于壳体下部两侧的进风口（2）以及位于壳体上部两侧的出风口（3），壳体（1）底部设置有风机（4），其特征在于：在壳体（1）内设置有过滤网和螺旋导风片（16），在空气净化器内形成导流回旋风道，在风道内壁和螺旋导风片（16）上喷涂纳米二氧化钛涂层，将紫外灯（8）设置在风道中央。

分案申请的理由

第一份专利申请的独立权利要求1相对于现有技术作出贡献的技术特征为：在从第二过滤网至出风口的空气流道中设置消声结构，从而解决净化器噪音大的问题。

第二份专利申请的独立权利要求1相对于现有技术作出贡献的技术特征为：光催化剂板是负载有纳米二氧化钛的三维蜂窝陶瓷网，从而解决催化反应不充分、空气净化不彻底的技术问题。

第三份专利申请的独立权利要求1相对于现有技术作出贡献的技术特征为：壳体内设置有过滤网和螺旋导风片，在净化器内形成导流回旋风道，在风道内壁和螺旋导风片上喷涂纳米二氧化钛涂层，将紫外灯设置在风道中央，从而解决催化反应不充分、空气净化不彻底的技术问题。

由此可见，三个独立权利要求对现有技术作出贡献的技术特征既不相同也不相应，彼此之间在技术上也不相互关联，因此三个独立权利要求之间并不包含相同或相应的特定技术特征，不属于一个总的发明构思，彼此之间不具备单一性，不符合《专利法》第31条第1款的规定，因此应当分别作为三件专利申请提出。

专题十六　无效请求题完整案例[1]

试题说明

第一题　撰写无效宣告请求书

客户 A 公司委托你所在代理机构就 B 公司的一项实用新型专利（附件 1）提出无效宣告请求，同时提供了两份专利文献（对比文件 1 和对比文件 2）。请你根据上述材料为客户撰写一份无效宣告请求书，具体要求如下：

1. 明确无效宣告请求的范围，以《专利法》及其实施细则中的有关条、款、项作为独立的无效宣告理由提出，并结合给出的材料具体说明。

2. 避免仅提出无效宣告的主张而缺乏有针对性的事实和证据，或者仅罗列有关证据而没有具体分析说理。阐述无效宣告理由时应当有理有据，避免强词夺理。

第二题　撰写权利要求书并回答问题

该客户 A 公司同时向你所在代理机构提供了技术交底材料（附件 2），希望就该技术申请发明专利。请你综合考虑涉案专利及两份对比文件所反映的现有技术，为客户撰写发明专利申请的权利要求书，并回答其提出的有关该申请的说明书撰写问题，具体要求如下：

1. 独立权利要求的技术方案相对于现有技术应当具备新颖性和创造性。独立权利要求应当从整体上反映发明的技术方案，记载解决技术问题的必要技术特征，并且符合《专利法》及其实施细则对独立权利要求的其他规定。

2. 从属权利要求应当使得本申请面临不得不缩小保护范围的情况时具有充分的修改余地，其数量应当合理、适当，并且符合《专利法》及其实施细则对从属权利要求的所有规定。

3. 如果所撰写的权利要求书中包含两项或者两项以上的独立权利要求，请简述这些独立权利要求能够合案申请的理由；如果认为客户提供的技术内容涉及多项发明，应当以多份申请的方式提出，则请说明理由，并分别撰写权利要求书。

附件 1（欲宣告无效的专利）：

(19) 中华人民共和国国家知识产权局

(12) 实用新型专利说明书

专利号　ZL 201020123456.7

(45) 授权公告日　2011 年 3 月 22 日

---

(22) 申请日　2010 年 9 月 23 日
(21) 申请号　201020123456.7
(73) 专利权人　B 公司

（其余著录项目略）

---

[1] 本案例改编自 2011 年全国专利代理人资格考试专利代理实务真题。

权 利 要 求 书

1. 一种即配式饮料瓶盖,包括顶壁(1)和侧壁(2),侧壁(2)下部具有与瓶口外螺纹配合的内螺纹(3),其特征在于:侧壁(2)内侧在内螺纹(3)上方具有环状凸缘(4),隔挡片(5)固定于环状凸缘(4)上,所述顶壁(1)、侧壁(2)和隔挡片(5)共同形成容纳调味材料的容置腔室(6)。

2. 如权利要求1所述的即配式饮料瓶盖,其特征在于:所述隔挡片(5)为一层热压在环状凸缘(4)上的气密性薄膜。

3. 如权利要求1或2所述的即配式饮料瓶盖,其特征在于:所述瓶盖带有一个用于刺破隔挡片(5)的尖刺部(7),所述尖刺部(7)位于顶壁(1)内侧且向隔挡片(5)的方向延伸。

4. 如权利要求1~3中任一项所述的即配式饮料瓶盖,其特征在于:所述顶壁(1)具有弹性易于变形,常态下,尖刺部(7)与隔挡片(5)不接触,按压顶壁(1)时,尖刺部(7)向隔挡片(5)方向运动并刺破隔挡片(5)。

说 明 书

即配式饮料瓶盖

本实用新型涉及一种内部容纳有调味材料的饮料瓶盖。

市售的各种加味饮料(如茶饮料、果味饮料等)多通过在纯净水中加入调味材料制成。为保证饮料品质,延长保存时间,加味饮料中大都使用各种添加剂,不利于人体健康。

针对加味饮料存在的上述问题,本实用新型提出一种即配式饮料瓶盖。所述饮料瓶盖内部盛装有调味材料(如茶粉、果珍粉等),该瓶盖与盛装矿泉水或纯净水的瓶身配合,构成完整的饮料瓶。饮用时将瓶盖内的调味材料释放到瓶身内与水混合,即可即时配制成加味饮料。由于调味材料与水在饮用前处于隔离状态,因此无须使用添加剂。

图1是本实用新型的立体分解图;

图2是本实用新型在常态下的组合剖视图;

图3是本实用新型在使用状态下的组合剖视图。

如图1至3所示,即配式饮料瓶盖具有顶壁1和侧壁2,侧壁2下部具有与瓶口外螺纹配合的内螺纹3,侧壁2内侧在内螺纹3上方具有环状凸缘4,隔挡片5固定于环状凸缘4上,隔挡片5优选为一层热压在环状凸缘4上的气密性薄膜。顶壁1、侧壁2和隔挡片5围合成密闭的容置腔室6,容置腔室6内放置调味材料。上述结构即构成完整的即配式饮料瓶盖,该瓶盖可以与盛装矿泉水或纯净水的瓶身相配合使用。直接拧开瓶盖,可以饮用瓶中所装矿泉水或纯净水;撕除或破坏隔挡片5,则可即时配制成加味饮料饮用。

为了能够方便、卫生地破坏隔挡片5,本实用新型进一步提出一种改进的方案。顶壁1由易于变形的弹性材料制成,尖刺部7位于顶壁1内侧且向隔挡片5的方向延伸。如图2所示,常态下尖刺部7与隔挡片5不接触,从而使隔挡片5保持完整和密封。如图3所示,饮用加味饮料时,按压顶壁1,顶壁1向隔挡片5方向变形,尖刺部7刺破隔挡片5,调味材料进入瓶中与水混合，形成所需口味的饮料。采用弹性顶壁配合尖刺部的结构，使得本实用新型瓶盖的使用更加方便、卫生。

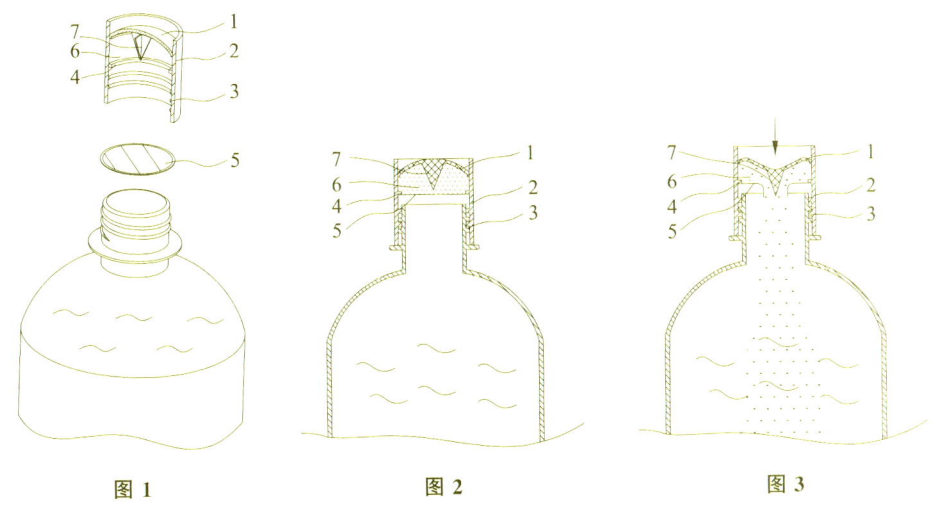

图1　　　　　　　　图2　　　　　　　　图3

对比文件1：

(19) 中华人民共和国国家知识产权局

(12) 实用新型专利说明书

专利号　ZL 200920345678.9

(45) 授权公告日　2010 年 8 月 6 日

(22) 申请日　2009 年 12 月 25 日
(21) 申请号　200920345678.9
(73) 专利权人　张××

（其余著录项目略）

说　明　书

茶叶填充瓶盖

本实用新型涉及一种内部盛装有茶叶的瓶盖。

用冷水泡制而成的茶是一种健康饮品，冷泡的方式不会破坏茶叶里的有益物质。目前制作冷泡茶的方式，通常是将茶袋或茶叶投入水杯或矿泉水瓶内进行浸泡。然而，茶叶携带起来不方便，特别是在外出时，不便于制作冷泡茶。

本实用新型提出一种茶叶填充瓶盖，在现有瓶盖的基础上，在瓶盖内部增加一个容纳茶叶的填充腔。该瓶盖与矿泉水瓶相配合一同出售，解决了茶叶不易携带的问题。

图1是本实用新型的剖面图。

如图1所示，本实用新型的瓶盖整体为圆柱形，其上端封闭形成盖顶部1，圆柱形侧壁2的下部具有与瓶口外螺纹配合的内螺纹3，内螺纹3上方设有与侧壁2一体形成的环状凸缘4，透水性滤网5（滤纸或滤布）固定于环状凸缘4上。盖顶部1、侧壁2和滤网5围合的空间形成茶叶填充腔6。

瓶口处设有封膜7用于密封瓶身内的水。饮用时打开瓶盖并除去瓶口封膜7，然后再盖上瓶盖，将水瓶倒置或横置，瓶中的水透过滤网5进入茶叶填充腔6中充分浸泡茶叶，一段时间后制成冷泡茶。由于滤网5的阻隔作用，茶叶不会进入瓶身，方便饮用。

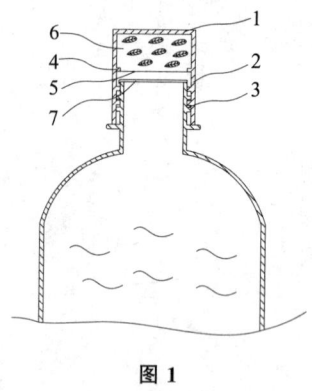

图1

对比文件2：

（19）中华人民共和国国家知识产权局

（12）实用新型专利说明书

专利号　ZL 200720123456.7

（45）授权公告日　2008年1月2日

（22）申请日　2007年7月5日

（21）申请号　200720123456.7

（73）专利权人　李××

（其余著录项目略）

说　明　书

饮料瓶盖

本实用新型公开了一种内部盛装有调味材料的瓶盖结构。该瓶盖与盛装矿泉水或纯净水的瓶身配合，构成完整的饮料瓶。饮用时可将瓶盖内的调味材料释放到瓶身内与水混合，从而即时配制成加味饮料。

图1是本实用新型的剖视图。

如图1所示，本实用新型的瓶盖具有顶壁1和侧壁2，侧壁2具有与瓶口外螺纹配合的内螺纹3，顶壁1内侧固定连接一个管状储存器4。该管状储存器4的下端由气密性封膜5密封，所述气密性封膜5优选为塑料薄膜，通过常规的热压方式固定在管状储存器4的下缘。顶壁1、管状储存器4和封膜5围合的空间形成密闭的容置腔室6，容置腔室6内放置有调味材料。如图1

所示，将瓶盖旋转连接在瓶身上时，瓶口部分进入侧壁2与管状储存器4之间的环状空间内。

想饮用加味饮料时，打开瓶盖撕除或者破坏封膜5，然后再盖上瓶盖，容置腔室6中的调味材料进入瓶中，与水混合形成所需口味的饮料。

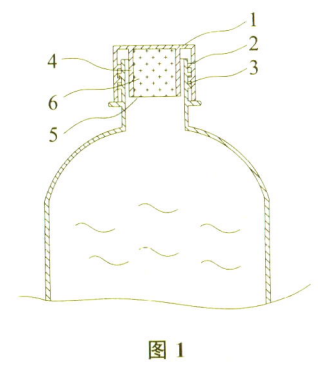

图1

附件2（客户提供的交底材料）：

我公司对附件1以及对比文件1、2公开的瓶盖进行研究后发现它们各有不足。附件1所属瓶盖的顶壁由易变形的弹性材料制成，在搬运和码放过程中容易受压向下变形，使尖刺部刺破隔挡片，容置腔室内的调味材料进入水中，因此导致饮料容易变质，从而达不到预计效果。对比文件1和对比文件2所述瓶盖，饮用时需先打开瓶盖用手除去封膜，使用不方便、不卫生。

在上述现有技术的基础上，我公司提出改进的内置调味材料的瓶盖组件。

图1至图3示出第一种实施方式。如图1和图2所示，改进的瓶盖组件包括瓶盖本体1和盖栓2。所述瓶盖本体1具有顶壁、侧壁和容置腔室3，容置腔室3底部由气密性隔挡片4密封，容置腔室3内放置有调味材料，侧壁设有与瓶口外螺纹配合的内螺纹。

如图2所示，瓶盖本体1的顶壁开设孔5，与顶壁一体成型的中空套管6从该孔5的位置向瓶盖本体开口方向延伸，中空套管6的内壁带有内螺纹。盖栓2由栓帽21和栓体22两部分构成，栓体22设有外螺纹，其端部具有尖刺部23，用于刺破隔挡片4，栓体22穿过孔5进入中空套管6内，栓体22的外螺纹与中空套管6的内螺纹配合。

如图1所示，组装瓶盖组件时，将盖栓2旋转连接于中空套管6中，将尖刺部23限制在隔挡片4上方合适的位置。此时，该瓶盖组件如同普通瓶盖一样使用。如图3所示，想饮用调味饮料时，旋转栓帽21，盖栓2借助螺纹向下运动，尖刺部23刺破隔挡片4；然后反向旋转盖栓2使其向上运动，容置腔室3中的调味材料从隔挡片4的破损处进入瓶身。

图4至图6示出第二种实施方式。与第一种实施方式的主要区别在于，盖栓2与瓶盖本体1之间并非螺纹连接关系，并且省去了中空套管。如图4和图5所示，盖栓2的栓体22具有光滑的外表面，栓体22穿过顶壁的孔5进入容置腔室3。栓体22外套设弹簧7，弹簧7的一端连接栓帽21，另一端连接顶壁。一侧带有开口的卡环8围绕弹簧7卡扣在栓帽21和顶壁之间，需要时，可借助卡环8的开口将其从该位置处卸下。如图4所示，常态下，卡环8卡扣在栓体22外周限制盖栓2向下运动。此时，该瓶盖组件如同普通瓶盖一样使用。如图6所示，想饮用调味饮料时，卸下卡环8并向下按压栓帽21，尖刺部23刺破容置腔室3底部的隔挡片4，松开栓帽21后，在弹簧7的作用下，盖栓2向上回位，容置腔室3中的调味材料从隔挡片4的破损处进入瓶身。

需要说明的是，对于以上两种实施方式，容置腔室的具体结构有多种选择。如图1和图4中所示，容置腔室由顶壁、侧壁和隔挡片围合形成，其中隔挡片固定于侧壁内侧的环状凸缘上。此外，容置腔室还可以如一些现有技术那样，由顶壁、从顶壁内侧向下延伸的管状储存器和固定于管状储存器下缘的隔挡片围合形成。

图7至图9示出第三种实施方式。如图7和图8所示，改进的瓶盖组件包括瓶盖本体31和拉环32。所述瓶盖本体31具有顶壁、侧壁和容置腔室33，侧壁下部设有与瓶口外螺纹配合的内螺纹。侧壁内侧位于内螺纹上方具有环状凸缘34，气密性隔挡片35固定于环状凸缘34上。顶壁、侧壁和隔挡片35共同形成密闭的容置腔室33，容置腔室33内放置有饮用材料。拉环32连接在瓶盖本体31的下缘，且易于从瓶盖本体31上撕除。

如图7所示，常态下，拉环32连接于瓶盖本体31上，瓶口上缘与隔挡片35之间具有适当的间隔。如图9所示，想饮用调味饮料时，撕除拉环32，旋转瓶盖本体31使其相对于瓶身继续向瓶口方向运动，瓶口上缘与隔挡片35接触并逐渐对隔挡片35施加向上的压力，使隔挡片35破裂，容置腔室33内的饮用材料进入瓶身。

可撕除的拉环目前已经广泛应用于各种瓶盖，其结构以及与瓶盖本体的连接方式属于本领域公知的技术。图8中示出了其中一种具体实施方式，拉环32通过多个连接柱36固定在瓶盖本体31的下缘。拉环32具有开口37，开口37的一侧设有拉环扣38，通过牵拉拉环扣38使连接柱36断裂，从而将拉环32从瓶盖本体31上撕除。该拉环与第二种实施方式中的卡环功能相近，均起到限制相关部件进一步运动的作用，可以根据需要选择使用。

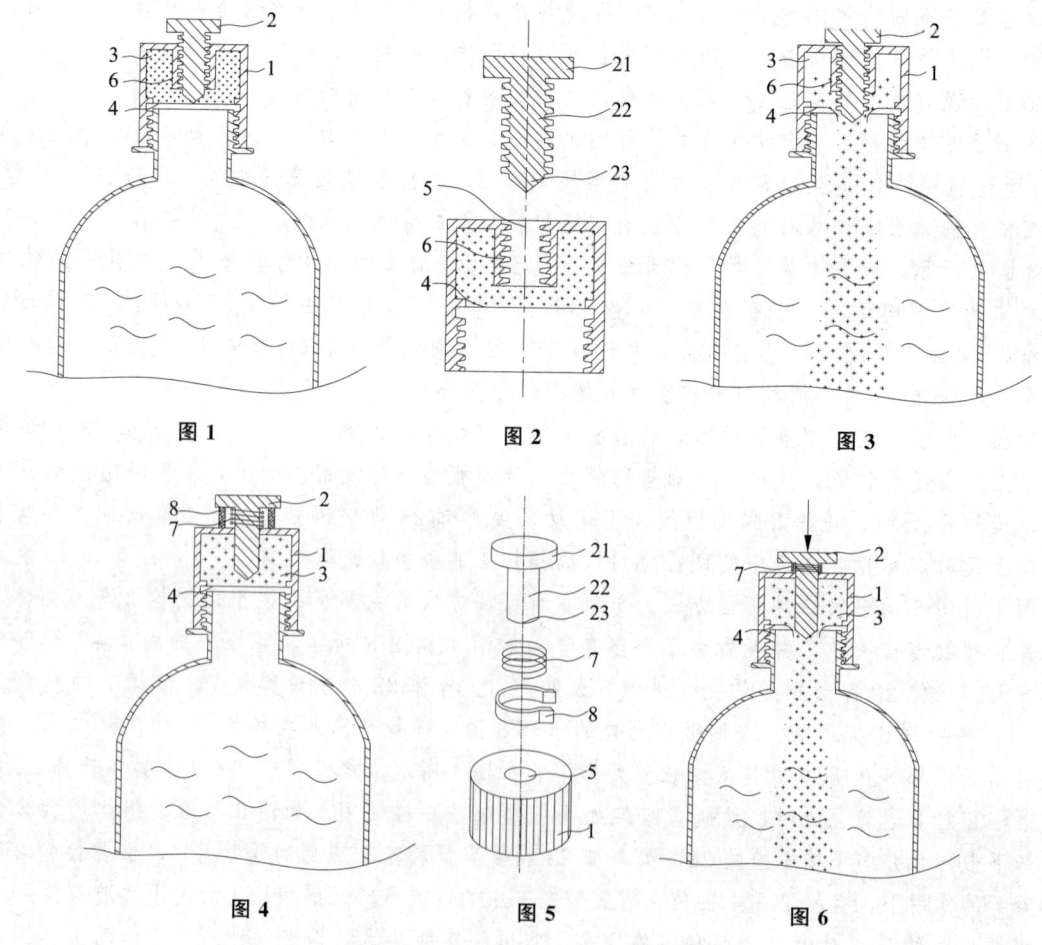

图1　　　　图2　　　　图3

图4　　　　图5　　　　图6

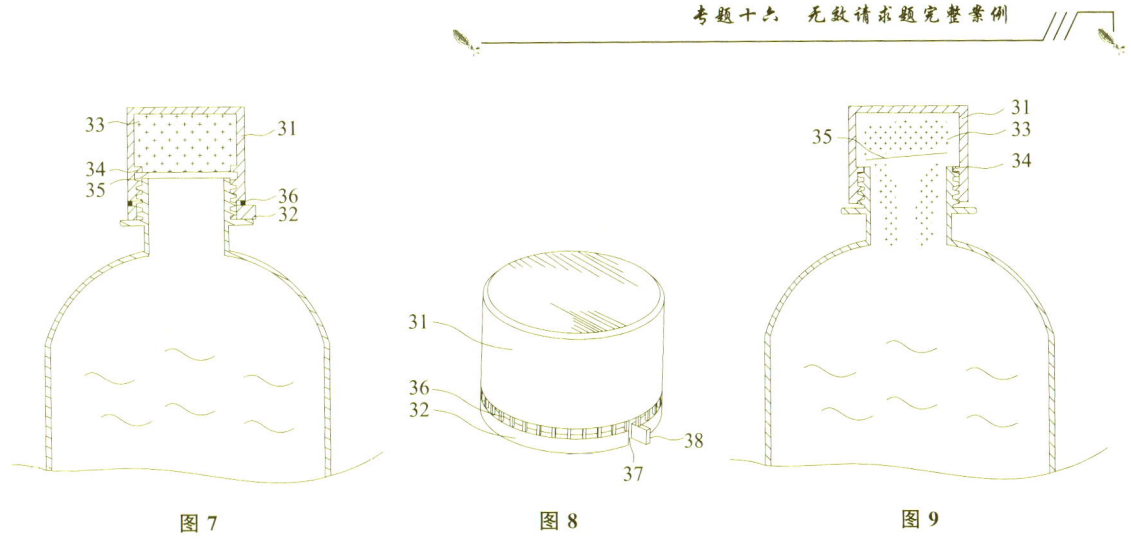

图7　　　　　图8　　　　　图9

解题思路

一、对权利要求的分析

1. 关于对比文件的时间判断

对比文件1的公告日（2010年8月6日）和对比文件2的公告日（2008年1月2日）均早于涉案专利的申请日（2010年9月23日），对比文件1和对比文件2均构成涉案专利的现有技术，可用于评价涉案专利权利要求的新颖性和创造性。

2. 权利要求1的新颖性分析

下表中对比权利要求1与对比文件1公开的技术内容，下划线表示对比文件1公开的技术内容，括号为增加的技术特征对比。

权利要求1	对比文件1
一种即配式饮料瓶盖，包括顶壁（1）和侧壁（2），侧壁（2）下部具有与瓶口外螺纹配合的内螺纹（3）	一种茶叶填充瓶盖，其上端封闭形成盖顶部1，圆柱形侧壁2的下部具有与瓶口外螺纹配合的内螺纹3，内螺纹3上方设有与侧壁2一体形成的环状凸缘4，透水性滤网5（隔挡片的下位概念）固定于环状凸缘4上。盖顶部、侧壁2和滤网5围合的空间形成茶叶填充腔6。瓶口处设有封膜7用于密封瓶身内的水
侧壁（2）内侧在内螺纹（3）上方具有环状凸缘（4），隔挡片（5）固定于环状凸缘（4）上	
顶壁（1）、侧壁（2）和隔挡片（5）共同形成容纳调味材料的容置腔室（6）	

对比文件1中的"透水性滤网"起到将茶叶阻隔在茶叶填充腔内的作用，是权利要求1中"隔挡片"的下位概念。对比文件1与权利要求1的技术方案实质相同，二者属于相同的技术领域，解决相同的技术问题并具有相同的预期效果。权利要求1相对于对比文件1不具有新颖性。

3. 权利要求 2 的新颖性和创造性分析

下表中对比权利要求 2 的附加技术特征与对比文件 1、2 公开的技术内容，下划线表示对比文件公开的技术内容。

权利要求 2 的附加技术特征	对比文件 1	对比文件 2
隔挡片（5）为一层热压在环状凸缘（4）上的气密性薄膜	……内螺纹 3 上方设有与侧壁 2 一体形成的环状凸缘 4，透水性滤网 5（滤纸或滤布）固定于环状凸缘 4 上。……瓶口处设有封膜 7 用于密封瓶身内的水	一种饮料瓶盖……<u>该管状储存器 4 的下端由气密性封膜 5 密封，气密性封膜 5 优选为塑料薄膜，通过常规的热压方式固定在管状储存器 4 的下缘</u>。……
（图示）	（图示）	（图示）

权利要求 2 的附加技术特征被对比文件 2 实质公开，且该附加技术特征在对比文件 2 中所起的作用与其在本专利中所起的作用相同，都是以热压方式形成密闭的容置腔室。权利要求 2 相对于对比文件 1 和对比文件 2 的结合不具备创造性。

4. 权利要求 3、4 的新颖性和创造性分析

权利要求 3、4 分别限定了瓶盖带有尖刺部以及顶壁具有弹性易于变形。对比文件 1、2 均未公开上述特征，权利要求 3、4 均具备新颖性和创造性。

5. 权利要求 3 的其他缺陷分析

根据该说明书中记载，为了方便、卫生地破坏隔挡片，在顶壁内侧设置尖刺部。要使尖刺部在常态下与隔挡片不接触，而在需要饮用时能刺破隔挡片，顶壁必须由易变形的弹性材料制成，从而在按压顶壁时，顶壁能够向下变形带动尖刺部向下运动刺破隔挡片。

权利要求 3 中概括限定了尖刺部的安装位置，但未进一步限定顶壁具有弹性易于变形，权利要求 3 所要求保护的技术方案涵盖了顶壁不能变形这种无法实现发明目的的情形。因此权利要求 3 未以说明书为依据。

6. 权利要求 4 的其他缺陷分析

从属权利要求 4 引用权利要求 1～3 任一项，进一步限定顶部有弹性易于变形，常态下尖刺部不与隔挡片接触，按下时尖刺部刺破隔挡片。但是权利要求 1、2 中并未记载"尖刺部"，当权利要求 4 引用权利要求 1 或 2 时缺乏引用基础，因此权利要求 4 引用权利要求 1 或 2 时的保护范围不清楚。

此外，权利要求 3 和权利要求 4 均是多项从属权利要求，权利要求 4 还存在"多项引多项"的缺陷，但是该缺陷不属于《专利法实施细则》第 65 条第 2 款规定的无效宣告请求理由。

二、删除式六步法撰写思路

第一步：技术特征分析

下面在技术交底书原文基础上，以删除线形式显示删除的非技术特征：

我公司对附件 1 至附件 3 公开的瓶盖进行研究后发现它们各有不足。附件 1 所属瓶盖的顶壁

由易变形的弹性材料制成,在搬运和码放过程中容易受压向下变形,使尖刺部刺破隔挡片,容置腔室内的调味材料进入水中,因此导致饮料容易变质,从而达不到预计效果。附件2和附件3所述瓶盖,饮用时需先打开瓶盖用手除去封膜,使用不方便、不卫生。

在上述现有技术的基础上,我公司提出改进的内置调味材料的瓶盖组件。

(第一实施例)

图1至图3示出第一种实施方式。如图1和图2所示,改进的瓶盖组件包括瓶盖本体1和盖栓2。所述瓶盖本体1具有顶壁、侧壁和容置腔室3,容置腔室3底部由气密性隔挡片4密封,容置腔室3内放置有调味材料,侧壁设有与瓶口外螺纹配合的内螺纹。

如图2所示,瓶盖本体1的顶壁开设孔5,与顶壁一体成型的中空套管6从该孔5的位置向瓶盖本体开口方向延伸,中空套管6的内壁带有内螺纹。盖栓2由栓帽21和栓体22两部分构成,栓体22设有外螺纹,其端部具有尖刺部23,用于刺破隔挡片4,栓体22穿过孔5进入中空套管6内,栓体22的外螺纹与中空套管6的内螺纹配合。

如图1所示,组装瓶盖组件时,将盖栓2旋转连接于中空套管6中,将尖刺部23限制在隔挡片4上方合适的位置。此时,该瓶盖组件如同普通瓶盖一样使用。如图3所示,想饮用调味饮料时,旋转栓帽21,盖栓2借助螺纹向下运动,尖刺部23刺破隔挡片4;然后反向旋转盖栓2使其向上运动,容置腔室3中的调味材料从隔挡片4的破损处进入瓶身。

(第二实施例)

图4至图6示出第二种实施方式。与第一种实施方式的主要区别在于,盖栓2与瓶盖本体1之间并非螺纹连接关系,并且省去了中空套管。如图4和图5所示,盖栓2的栓体22具有光滑的外表面,栓体22穿过顶壁的孔5进入容置腔室3。栓体22外套设弹簧7,弹簧7的一端连接栓帽21,另一端连接顶壁。一侧带有开口的卡环8围绕弹簧7卡扣在栓帽21和顶壁之间,需要时,可借助卡环8的开口将其从该位置处卸下。如图4所示,常态下,卡环8卡扣在栓体22外周限制盖栓2向下运动。此时,该瓶盖组件如同普通瓶盖一样使用。如图6所示,想饮用调味饮料时,卸下卡环8并向下按压栓帽21,尖刺部23刺破容置腔室3底部的隔挡片4,松开栓帽21后,在弹簧7的作用下,盖栓2向上回位,容置腔室3中的调味材料从隔挡片4的破损处进入瓶身。

需要说明的是,对于以上两种实施方式,容置腔室的具体结构有多种选择。如图1和4中所示,容置腔室由顶壁、侧壁和隔挡片围合形成,其中隔挡片固定于侧壁内侧的环状凸缘上。此外,容置腔室还可以如一些现有技术那样,由顶壁、从顶壁内侧向下延伸的管状储存器和固定于管状储存器下缘的隔挡片围合形成。

(第三实施例)

图7至图9示出第三种实施方式。如图7和图8所示,改进的瓶盖组件包括瓶盖本体31和拉环32。所述瓶盖本体31具有顶壁、侧壁和容置腔室33,侧壁下部设有与瓶口外螺纹配合的内螺纹。侧壁内侧位于内螺纹上方具有环状凸缘34,气密性隔挡片35固定于环状凸缘34上。顶壁、侧壁和隔挡片35共同形成密闭的容置腔室33,容置腔室33内放置有饮用材料。拉环32连接在瓶盖本体31的下缘,且易于从瓶盖本体31上撕除。

如图7所示,常态下,拉环32连接于瓶盖本体31上,瓶口上缘与隔挡片35之间具有适当的间隔。如图9所示,想饮用调味饮料时,撕除拉环32,旋转瓶盖本体31使其相对于瓶身继续向瓶口方向运动,瓶口上缘与隔挡片35接触并逐渐对隔挡片35施加向上的压力,使隔挡片35破裂,容置腔室33内的饮用材料进入瓶身。

可撕除的拉环目前已经广泛应用于各种瓶盖，其结构以及与瓶盖本体的连接方式属于本领域公知的技术。图8中示出了其中一种具体实施方式，拉环32通过多个连接柱36固定在瓶盖本体31的下缘。拉环32具有开口37，开口37的一侧设有拉环扣38，通过牵拉拉环扣38使连接柱36断裂，从而将拉环32从瓶盖本体31上撕除。该拉环与第二种实施方式中的卡环功能相近，均起到限制相关部件（指第一、二实施例的盖栓、第三实施例的瓶口）进一步运动（即刺破隔挡片）的作用，可以根据需要选择使用。

第二步：找发明点

1. 找出区别技术特征

下表中对比技术交底书的技术特征与现涉案专利的区别，以下划线形式标示出区别技术特征。

技术交底	涉案专利
（第一实施例） 内置调味材料的瓶盖组件包括瓶盖本体1和盖栓2 瓶盖本体1具有顶壁、侧壁和容置腔室3，容置腔室3底部由气密性隔挡片4密封，侧壁设有与瓶口外螺纹配合的内螺纹 盖栓2由栓帽21和栓体22两部分构成，端部具有尖刺部23，用于刺破隔挡片瓶盖本体1的顶壁开设孔5，与顶壁一体成型的中空套管6从该孔5的位置向瓶盖本体开口方向延伸，中空套管6的内壁带有内螺纹，栓体22设有外螺纹，栓体22穿过孔5进入中空套管6内，栓体22的外螺纹与中空套管6的内螺纹配合 （第二实施例） 瓶盖本体1的顶壁开设孔5，盖栓2的栓体22具有光滑的外表面，栓体22穿过顶壁的孔5进入容置腔室3，栓体22外套设弹簧7，弹簧7的一端连接栓帽21，另一端连接顶壁，一侧带有开口的卡环8围绕弹簧7卡扣在栓帽21和顶壁之间 容置腔室由顶壁、侧壁和隔挡片围合形成，其中隔挡片固定于侧壁内侧的环状凸缘上 容置腔室由顶壁、从顶壁内侧向下延伸的管状储存器和固定于管状储存器下缘的隔挡片围合形成 瓶盖组件包括瓶盖本体31和拉环32 拉环32连接在瓶盖本体31的下缘，撕除拉环32，旋转瓶盖本体31使其相对于瓶身继续向瓶口方向运动，瓶口上缘与隔挡片35接触并逐渐对隔挡片35施加向上的压力，使隔挡片35破裂 拉环32通过多个连接柱固定在瓶盖本体的下缘 拉环32具有开口37，开口37的一侧设有拉环扣38 可使用卡环替代拉环 拉环与卡环均起到限制盖栓或瓶口刺破隔挡片的作用	一种即配式饮料瓶盖，具有顶壁1和侧壁2，侧壁2下部具有与瓶口外螺纹配合的内螺纹3，侧壁2内侧在内螺纹3上方具有环状凸缘4，隔挡片5固定于环状凸缘4上，隔挡片5优选为一层热压在环状凸缘4上的气密性薄膜。顶壁1、侧壁2和隔挡片5合成密闭的容置腔室6，容置腔室6内放置调味材料。顶壁1由易于变形的弹性材料制成，尖刺部7位于顶壁1内侧且向隔挡片5的方向延伸

2. 技术逻辑分析

第一、第二实施例：

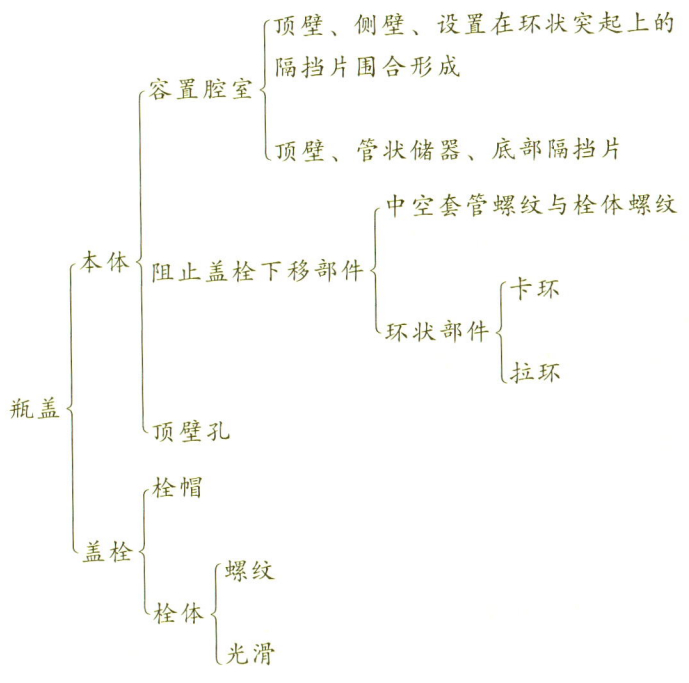

第三实施例：

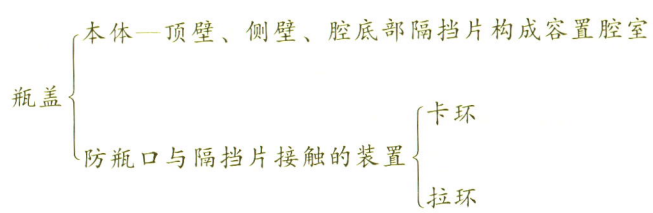

3. 确定发明点

上述区别技术特征中，"瓶盖本体1的顶壁开设孔5，与顶壁一体成型的中空套管6从该孔5的位置向瓶盖本体开口方向延伸，中空套管6的内壁带有内螺纹，栓体22设有外螺纹，栓体22穿过孔5进入中空套管6内，栓体22的外螺纹与中空套管6的内螺纹配合"为第一实施例最基础的改进；

"瓶盖本体1的顶壁开设孔5，盖栓2的栓体22具有光滑的外表面，栓体22穿过顶壁的孔5进入容置腔室3，栓体22外套设弹簧7，弹簧7的一端连接栓帽21，另一端连接顶壁，一侧带有开口的卡环8围绕弹簧7卡扣在栓帽21和顶壁之间"为第二实施例最基础的改进；

"瓶盖组件包括瓶盖本体31和拉环32" "拉环32连接在瓶盖本体31的下缘，撕除拉环32，旋转瓶盖本体31使其相对于瓶身继续向瓶口方向运动，瓶口上缘与隔挡片35接触并逐渐对隔挡片35施加向上的压力，使隔挡片35破裂"为第三实施例最基础的改进。

因此本发明的发明点为设置有阻止容置腔室底部隔挡片被刺破的结构，其中第一实施例和第二实施例有技术上相同的构思，第三个实施例技术构思不同，故将前两个实施例概括后作为一件申请的独立权利要求，第三个实施例单独撰写。

第三步：确定所要解决的技术问题

根据说明书背景技术部分记载，上述发明点解决的问题是瓶盖弹性顶壁容易受压变形，导致饮料变质的问题。

第四步：确定第一件申请的必要技术特征

对于第一、第二实施例，"瓶盖组件包括瓶盖本体1和盖栓2"和"盖栓2由栓帽21和栓体22两部分构成"是瓶盖的整体结构，与发明点的技术特征紧密相关，是必要技术特征；"端部具有尖刺部23用于刺破隔挡片4"不是必要技术特征。

"瓶盖本体具有顶壁、侧壁和容置腔室，容置腔室底部由气密性隔挡片密封"是材料给出的两种容置腔室的概括，是必要技术特征。

将第一实施例和第二实施例体现发明点的技术特征概括为"顶壁上开设孔，栓体穿过孔进入容置腔室内，向下运动时刺破隔挡片，瓶盖组件还包括限制盖栓受压时刺破隔挡片的部件"，以概括后的特征为必要技术特征。

第五步：撰写第一件申请的独立权利要求

1. 确定主题名称

根据技术交底书第二段的描述，可将主题名称确定为"内置调味材料的瓶盖组件"。

2. 组合全部必要技术特征

将与最接近的现有技术共有的必要技术特征写入前序部分，将作为必要技术特征的区别技术特征写入特征部分，得出独立权利要求如下：

1. 一种内置调味材料的瓶盖组件，包括瓶盖本体（1），所述瓶盖本体（1）具有顶壁、侧壁和用于容纳调味材料的容置腔室（3），所述容置腔室（3）底部由气密性隔挡片（4）密封，其特征在于：所述瓶盖组件还包括盖栓（2），所述盖栓（2）由栓帽（21）和栓体（22）两部分组成；顶壁上开设孔（5），栓体（22）穿过孔（5）进入容置腔室（3）内，向下运动时刺破隔挡片（4）；所述瓶盖组件还包括限制盖栓（2）受压时刺破隔挡片（4）的部件。

第六步：撰写第一件申请的从属权利要求

两种限制盖栓受压移动的实施方式的具体结构写为从属权利要求2、3。撰写权利要求3时需要注意，除可以使用卡环外，还可使用拉环，为了使权利要求具有尽可能大的保护范围，以"可移除的环状部件"来对拉环和卡环进行上位概括，而不仅限于"拉环"或者"卡环"。另外，技术交底书中还具有现有技术腔室组成的两个实施例，也需要写入从属权利要求中。从属权利要求写法请参见参考答案。

第七步：撰写第二件申请的权利要求

根据题目要求，另案申请需撰写从属权利要求。第三实施方式发明核心在于设置了卡环或者拉环，以防止瓶口与隔挡片接触。撰写中注意，因第三实施例的容置腔室只能使用特定结构，因此前序部分不能如第一件申请进行概括，特征部分应将卡环和拉环概括为"可移除环状部件"，得到独立权利要求如下：

1. 一种内置调味材料的瓶盖组件，包括瓶盖本体（31），所述瓶盖本体（31）具有顶壁、带有内螺纹的侧壁和位于侧壁内侧内螺纹上方的环状凸缘（34），气密性隔挡片（35）固定于环状凸缘（34）上，顶壁、侧壁和隔挡片（35）共同形成密闭的容置腔室（33），其特征在于：还包括可移除的环状部件，所述可移除的环状部件设置在瓶盖本体（31）的下缘。

由于本案是因为无法概括而撰写第二件申请，因此题目要求第二件申请撰写从属权利要求，具体写法参见参考答案，此处略。

参考答案

第一题参考答案

国家知识产权局：

根据《专利法》第45条及《专利法实施细则》第65条的规定，本请求人现请求宣告专利号为ZL201020123456.7、名称为"即配式饮料瓶盖"的实用新型专利（以下简称"该专利"）部分无效，具体理由如下。

一、关于证据的使用

请求人提交的证据为：

附件1：无效宣告请求针对的实用新型专利文件ZL201020123456.7，授权公告日为2011年3月22日，申请日为2010年9月23日；

对比文件1：实用新型专利说明书ZL200920345678.9，授权公告日为2010年8月6日，申请日为2009年12月25日；

对比文件2：实用新型专利说明书ZL200720123456.7，授权公告日为2008年1月2日，申请日为2007年7月5日。

二、无效宣告请求理由

1. 权利要求1不具备新颖性

对比文件1的公告日早于该专利的申请日，构成现有技术，可用于评价该专利权利要求的新颖性。

权利要求1请求保护一种即配式饮料瓶盖，对比文件1公开了一种茶叶充填瓶盖，包括盖顶部1和侧壁2，侧壁2下部具有与瓶口外螺纹配合的内螺纹3，内螺纹3上方与侧壁2一体地形成环状凸缘4，透水性滤网5（相当于权利要求1中的隔挡片，为隔挡片的下位概念）固定在环状凸缘4上，盖顶部1、侧壁2和滤网5共同形成茶叶填充腔6（相当于权利要求1中的容置腔室）。

由此可见，对比文件1公开了权利要求1的全部技术特征，二者相比，技术方案实质相同，且均属于相同的瓶盖领域，要解决的技术问题相同并且产生的效果相同，都是将调味材料阻隔在容置腔内，无须使用添加剂即可防止变质。因此权利要求1相对于对比文件1不具备《专利法》第22条第2款规定的新颖性。

2. 权利要求2不具备创造性

对比文件1和对比文件2的公告日均早于该专利的申请日，构成现有技术，可用于评价该专利权利要求的创造性。

对比文件1的技术领域与该专利相同，所要解决的技术问题最为接近，因此对比文件1是最接近的现有技术。对比文件1公开了权利要求1的全部技术内容，权利要求2所要求保护的技术方案与对比文件1公开的内容相比，区别技术特征在于：隔挡片为一层热压在环状凸缘上的气密性薄膜。

基于上述区别技术特征可以确定，权利要求2实际要解决的技术问题是如何提高容置腔室的密封性以及如何固定隔挡片。

对比文件2公开了一种饮料瓶盖，包括放置调味材料的容置腔室，该容置腔室的下端由气密性封膜封闭，气密性封膜优选为塑料薄膜，通过常规热压的方式固定在管状储存器4的下缘，气密性封膜相当于权利要求2中的隔挡片。对比文件2公开了上述区别技术特征,且上述区别技术特征在对比文件2中所起的作用与其在该专利中为解决其技术问题所起的作用相同,都是固定隔挡片并形成密闭的容置腔室。

对比文件2给出了将上述区别技术特征用于对比文件1以解决上述技术问题的启示,权利要求2相对于对比文件1和对比文件2的结合是显而易见的,不具有实质性特点和进步,不具备创造性,不符合《专利法》第22条第3款的规定。

3. 从属权利要求3没有以说明书为依据

权利要求3进一步限定了"瓶盖带有一个用于刺破隔挡片(5)的尖刺部(7),尖刺部(7)位于顶壁内侧(1)且向隔挡片(5)的方向延伸",其中顶壁概括了较宽的保护范围。

根据该专利说明书中记载,为了方便、卫生地破坏隔挡片,在顶壁内侧设置尖刺部。要使尖刺部在常态下与隔挡片不接触,而在需要饮用时能刺破隔挡片,顶壁必须由易变形的弹性材料制成,从而按压顶壁时,顶壁能够向下变形,带动尖刺部向下运动刺破隔挡片。

权利要求3未进一步限定顶壁具有弹性易于变形,所要求保护的技术方案涵盖了顶壁不能变形这种无法解决技术问题的情形,即不能将顶壁向下按压使尖刺部刺破隔挡片。

因此权利要求3没有以说明书为依据,不符合《专利法》第26条第4款的规定。

4. 权利要求4引用权利要求1和2时的技术方案不清楚

从属权利要求4引用权利要求1~3,但权利要求4中的"尖刺部"在其引用的权利要求1和2中并无记载,因此缺乏引用的基础,导致权利要求4引用权利要求1和2时的技术方案保护范围不清楚,不符合《专利法》第26条第4款的规定。

综上所述,现请求宣告专利号为201020123456.7、名称为"即配式饮料瓶盖"的实用新型专利的权利要求1~3,以及引用权利要求1和2时的权利要求4无效。

专利代理机构:××××　　专利代理师:×××
××××年××月××日

第二题参考答案

第一件申请权利要求的撰写

1. 一种内置调味材料的瓶盖组件,包括瓶盖本体(1),所述瓶盖本体(1)具有顶壁、侧壁和用于容纳调味材料的容置腔室(3),所述容置腔室(3)底部由气密性隔挡片(4)密封,其特征在于:所述瓶盖组件还包括盖栓(2),所述盖栓(2)由栓帽(21)和栓体(22)两部分组成;顶壁上开设孔(5),栓体(22)穿过孔(5)进入容置腔室(3)内,向下运动时刺破隔挡片(4);所述瓶盖组件还包括限制盖栓(2)受压时向隔挡片(4)方向运动的部件。

2. 如权利要求1所述的内置调味材料的瓶盖组件,其特征在于:所述限制盖栓(2)受压时向隔挡片(4)方向运动的部件由内壁带有内螺纹的中空套管(6)和带有外螺纹的所述栓体(22)构成,所述中空套管(6)与顶壁一体成型并从所述孔(5)的位置向瓶盖本体开口方向延伸。

3. 如权利要求1所述的内置调味材料的瓶盖组件,其特征在于:所述限制盖栓(2)受压时向隔挡片(4)方向运动的部件为可移除的环状部件,所述可移除的环状部件卡扣在栓帽(21)和瓶盖本体的顶壁之间。

4. 如权利要求3所述的内置调味材料的瓶盖组件,其特征在于:所述可移除的环状部件为一侧带有开口的卡环(8)。

5. 如权利要求3所述的内置调味材料的瓶盖组件,其特征在于:所述可移除的环状部为可撕除的拉环。

6. 如权利要求1~5中任一项所述的内置调味材料的瓶盖组件，其特征在于：侧壁上固定地设置径向向内凸出的环状凸缘，所述隔挡片（4）固定于环状凸缘上，顶壁、侧壁和隔挡片（4）共同形成所述容置腔室（3）。

7. 如权利要求1~5中任一项所述的内置调味材料的瓶盖组件，其特征在于：从顶壁内侧向下延伸设置管状储存器，所述隔挡片（4）固定于管状储存器下缘，顶壁、管状储存器和隔挡片（4）共同形成所述容置腔室（3）。

第二件申请权利要求的撰写

1. 一种内置调味材料的瓶盖组件，包括瓶盖本体（31），所述瓶盖本体（31）具有顶壁、带有内螺纹的侧壁和位于侧壁内侧内螺纹上方的环状凸缘（34），气密性隔挡片（35）固定于环状凸缘（34）上，顶壁、侧壁和隔挡片（35）共同形成密闭的容置腔室（33），其特征在于：还包括可移除的环状部件，所述可移除的环状部件设置在瓶盖本体（31）的下缘。

2. 如权利要求1所述的内置调味材料的瓶盖组件，其特征在于：所述可移除的环状部件为可撕除的拉环（32）。

3. 如权利要求2所述的内置调味材料的瓶盖组件，其特征在于：所述拉环（32）通过多个连接柱（36）固定在瓶盖本体（31）的下缘，拉环（32）具有开口（37），开口（37）的一侧设有拉环扣（38）。

4. 如权利要求1所述的内置调味材料的瓶盖组件，其特征在于：所述可移除的环状部件为一侧带有开口的卡环（8）。

分案申请的理由

第一件申请相对于现有技术作出贡献的技术特征为"瓶盖组件还包括限制盖栓受压时向隔挡片方向运动的部件"；第二件申请相对于现有技术作出贡献的技术特征为"包括可移除的环状部件，可移除的环状部件安装在瓶盖本体的下缘"。

由此可见，两个权利要求对现有技术作出贡献的技术特征既不相同也不相应，在技术上也无相互关联，彼此之间不属于一个总的发明构思，从而两个权利要求之间并不包含相同或相应的特定技术特征，彼此之间不具备单一性，不符合《专利法》第31条第1款的规定，应当分别作为两件申请提出。

专题十七　无效宣告请求分析题完整案例[1]

试题说明

客户 A 公司正在研发一项产品。在研发过程中，A 公司发现该产品存在侵犯 B 公司的实用新型专利的风险，为此，A 公司进行了检索并得到对比文件 1、2，拟对 B 公司的实用新型专利（下称"涉案专利"，即附件 1）提出无效宣告请求。在此基础上，A 公司向你所在代理机构提供了涉案专利、对比文件 1~2 和 A 公司技术人员撰写的无效宣告请求书（附件 2），以及 A 公司所研发产品的技术交底书（附件 3）。

第一题：请你具体分析客户所撰写的无效宣告请求书中的各项无效宣告理由是否成立，并将结论和具体理由以信函的形式提交给客户。

第二题：请你根据客户提供的材料为客户撰写一份无效宣告请求书，在无效宣告请求书中要明确无效宣告请求的范围、理由和证据，要求以《专利法》及其实施细则中的有关条、款、项作为独立的无效宣告理由提出，并结合给出的材料具体说明。

第三题：请你根据 A 公司所研发产品的技术交底书（附件 3），综合考虑附件 1 和对比文件 1~2 所反映的现有技术，为客户撰写一份发明专利申请的权利要求书。

第四题：简述你撰写的独立权利要求相对于现有技术具备新颖性和创造性的理由。

第五题：如果所撰写的权利要求书中包含两项或者两项以上的独立权利要求，请简述这些独立权利要求能够合案申请的理由；如果客户提供的技术内容涉及多项发明，应当以多份申请的方式提出，则请说明理由，并撰写另案申请的独立权利要求。

附件 1（涉案专利）：

(19) 中华人民共和国国家知识产权局

(12) 实用新型专利说明书

(45) 授权公告日　2018 年 6 月 11 日

(21) 申请号　201721443567.X
(22) 申请日　2017 年 12 月 12 日
(73) 专利权人　B 公司

（其余著录项目略）

---

[1] 本案例改编自 2019 年全国专利代理人资格考试专利代理实务真题。

权 利 要 求 书

1. 一种压蒜器，主要由上压杆（1）和下压杆（2）构成，其特征在于：上压杆（1）和下压杆（2）活动连接，上压杆（1）靠近前端的位置设有压蒜部件（3），下压杆（2）上设有与压蒜部件（3）相对应的压筒（4），压筒（4）上端开口，压筒（4）底部设有多个出蒜孔（5）。

2. 根据权利要求1所述的压蒜器，其特征在于：上压杆（1）前端与下压杆（2）前端活动连接。

3. 根据权利要求2所述的压蒜部件，其特征在于：所述压蒜部件（3）包括压臂（31）和固定连接在压臂（31）下端的压盘（32），所述压臂（31）的上端与上压杆（1）活动连接。

4. 根据权利要求2或3所述的压蒜部件，其特征在于：所述压盘（32）上设有多个压蒜齿（33）。

说 明 书

压蒜器

本实用新型涉及一种用于将蒜瓣压制成蒜泥的压蒜器。

大蒜是一种常用的调味食材，在将蒜瓣制成蒜泥时，传统的方法是采用捣杆与瓦罐配合将蒜瓣捣成蒜泥。目前市面上有一种压蒜器，可较传统方法更为方便省力地获得蒜泥。该压蒜器包括上压杆1'和下压杆2'，下压杆2'的端部设有压头3'，上压杆1'的端部设有与上述压头3'相配合的压筒4'，上压杆1'和下压杆2'在中间铰接起来形成钳子的形状。使用时，将蒜瓣放在压筒4'内，用手握住压杆，便可利用杠杆原理将蒜瓣压碎。

但是，该压蒜器用于挤压配合的压头3'和压筒4'分开的角度有限，蒜瓣较大时不易放入，而且压杆长度有限，挤压较大的蒜瓣时仍然比较费劲。

本实用新型的目的在于提供一种压蒜器，该压蒜器具有操作方便、节省力气的特点。

图1是现有技术的压蒜器的示意图。

图2是本实用新型的压蒜器实施例的示意图。

图3是本实用新型的压蒜器改进实施例的示意图。

如图2所示，本实用新型的压蒜器主要由上压杆1和下压杆2组成，上压杆1的前端与下压杆2的前端活动连接。上压杆1靠近前端的位置设有压蒜部件3，所述压蒜部件3包括压臂31和固定连接在压臂31下端的压盘32。下压杆2靠近前端的位置设有与压件部件3相对应的压筒4，压筒4与下压杆2一体成型，其形状为上端开口的筒状体，压筒4底部具有多个圆形的出蒜孔5，这些出蒜孔5间隔均匀地分布在压筒4的底面上。压蒜部件3与上压杆1之间最好采用活动连接的方式，例如，上压杆1底部靠近前端的位置设有一固定支座6，压蒜部件3的压臂31通过销轴7与所述固定支座6连接。压臂31与固定支座6也可以通过其他方式活动连接，例如铆钉连接、螺栓连接等。

上述实施例中压蒜器的压盘32的下表面为平面，在使用时，压蒜器将蒜瓣压扁后，仍有部分蒜瓣被压成饼状残留在压筒4内，即便反复施力挤压扔无法将残留的蒜瓣挤碎并排出压筒4。

为进一步解决蒜瓣残留的问题,如图3所示,在压盘32的下表面上设置多个与出蒜孔5对应的压蒜齿33。所述多个压蒜齿33间隔均匀地分布在压盘32的下表面上,其横截面直径小于出蒜孔5的内径,当压盘32置入压筒4内时,压蒜齿33与出蒜孔5一一对应,从而对蒜泥挤压更加充分,提高了蒜泥的挤出效率。

具体操作过程如下:首先一手握住下压杆2,将上压杆1向上抬起,使得压盘32离开压筒4,之后将蒜瓣放入压筒4内,将上压杆1下压,在上压杆1向下运动的过程中,压盘32进入压筒4,对蒜瓣进行挤压,压蒜齿33将蒜泥从出蒜孔5挤出。

虽然本实用新型同样是利用杠杆原理将蒜瓣压碎,但由于将支点的位置调整到上、下压杆的前端,相比于现有的压蒜器操作更为省力,不需施加很大的握压力即可将蒜瓣压碎成蒜泥;而且,压盘32上设置多个压蒜齿33也可以进一步提高蒜泥的挤出效率。

说 明 书 附 图

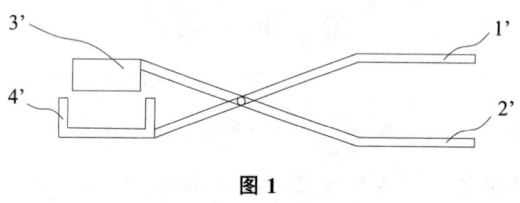

图 1

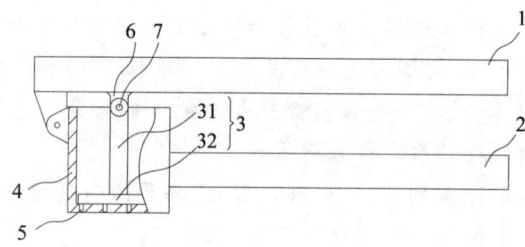

图 2

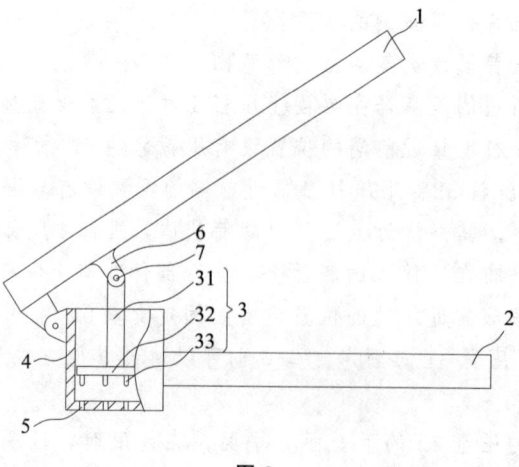

图 3

对比文件1：

(19) 中华人民共和国国家知识产权局

(12) 实用新型专利说明书

(45) 授权公告日　2018年6月30日

(21) 申请号　201721433456.5
(22) 申请日　2017年11月22日
(73) 专利权人　赵××

（其余著录项目略）

说　明　书

家用压蒜器

本实用新型涉及一种压蒜器，特别涉及一种简易家用压蒜器。

大蒜是我们常用的一种食材，但是在使用大蒜的时候，剥蒜后将蒜瓣捣碎是一件很麻烦的事情，很浪费时间。

本实用新型的目的在于提供一种简易又方便省事的家用压蒜器。

图1为本实用新型的结构示意图。

如图1所示，家用压蒜器由压头1、压槽2及两个手柄3组成。压头1和压槽2分别设置在两个手柄3的前端，手柄3中部设有连接孔，把两个手柄3通过连接孔用铆钉4连接起来，形成一个钳子形状。压槽2顶部开口，底部分布有多个漏孔5，压头1上有多个相对应的压蒜齿6，把蒜瓣放在压槽里，用手握住手柄3用力挤压，由于杠杆的作用，蒜瓣就被压成泥状；然后在压蒜齿6的挤压下，蒜泥从漏孔5中被挤出，方便又快捷。

说　明　书　附　图

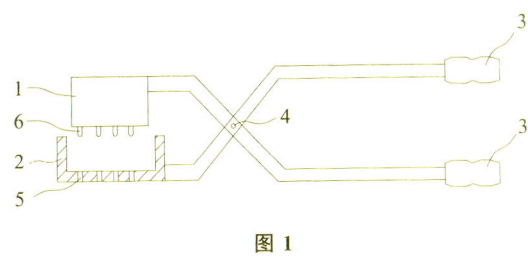

图1

对比文件 2：

(19) 中华人民共和国国家知识产权局

(12) 实用新型专利

(45) 授权公告日　2013 年 3 月 23 日

(21) 申请号　201220789117.7
(22) 申请日　2012 年 9 月 4 日
(73) 专利权人　孙××

（其余著录项目略）

说　明　书

一种防堵孔压蒜装置

本实用新型涉及一种压蒜装置，特别涉及一种防堵孔压蒜装置。

现有的压蒜装置在使用时压料筒的漏孔容易被细碎蒜粒堵塞，进而阻碍蒜泥出料，影响压蒜效率。

本实用新型的目的是提供一种防堵孔压蒜装置，以解决现有技术中压蒜装置在使用过程中其漏孔容易堵塞，进而阻碍蒜泥出料问题。

图 1 本实用新型的压蒜装置的结构示意图。

如图 1 所示，一种防堵孔压蒜装置，包括有上压杆 1、下压杆 2、第一压臂 3、第一压板 4 和压料筒 5，上压杆 1 和下压杆 2 的前端部通过销轴连接在一起。下压杆 2 上设有压料筒 5，压料筒 5 为顶部敞口的筒体，其底部设有供蒜泥通过的多个漏孔（图中未示出）；第一压臂 3 与上压杆 1 在与压料筒 5 相对应的位置（图 1 所示上压杆 1 的下侧位置）活动连接，第一压板 4 与第一压臂 3 焊接在一起，在上压杆 1 上还活动安装有第二压臂 6，所述第二压臂 6 在第一压臂 3 相对的位置（图 1 所示上压杆 1 的上侧位置），第二压臂 6 上焊接第二压板 7，第二压板 7 上设置有若干凸起 8，凸起 8 的直径略小于漏孔内径，其位置与压料筒上设置的漏孔一一对应。

在压蒜时若出现细碎蒜粒堵塞漏孔的现象，可反向（即图 1 中逆时针方向）转动上压杆 1，使另一侧的第二压板 7 向压料筒 5 底面运动，第二压板 7 上的若干凸起 8 穿透压料筒 5 底部的对应漏孔，从而将堵塞的漏孔疏通，保证压蒜装置的正常使用。

说 明 书 附 图

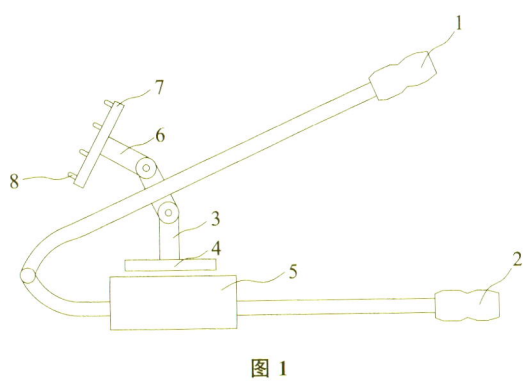

图 1

附件 2（A 公司技术人员撰写的无效宣告请求书）：

一、关于新颖性和创造性

1. 对比文件 1 作为现有技术，公开了一种家用压蒜器，由压头 1、压槽 2 及两个手柄 3 组成，压头 1 和压槽 2 分别设置在两个手柄 3 的前端，手柄 3 中部设有连接孔，把两个手柄 3 通过连接孔用铆钉 4 连接起来（即上压杆和下压杆活动连接），压槽 2 顶部开口，底部设有多个漏孔 5。由此可见，对比文件 1 公开了权利要求 1 的全部技术特征，权利要求 1 相对于对比文件 1 不具备《专利法》规定的新颖性。

2. 对比文件 2 作为现有技术，公开了一种防堵孔压蒜装置，包括上压杆 1、下压杆 2、第一压臂 3、第一压板 4 和压料筒 5。上压杆 1 和下压杆 2 的前端部通过销轴连接在一起（即上压杆和下压杆活动连接），上压杆靠近前端的位置活动安装有第一压臂 3，第一压板 4 与第一压臂 3 焊接在一起（第一压臂和第一压板一起构成压蒜部件）；下压杆 2 上对应设有压料筒 5，压料筒 5 为顶部敞口的筒体，因此，对比文件 2 公开了权利要求 1 的全部技术特征，权利要求 1 相对于对比文件 2 也不具有《专利法》规定的新颖性。

3. 对比文件 2 还公开了从属权利要求 2~3 的附加技术特征，在其引用的权利要求不具备新颖性的前提下，从属权利要求 2~3 也不具备《专利法》规定的新颖性。

4. 对比文件 1 公开了压头 1 上设有多个压蒜齿 6，因此，本领域的技术人员容易想到将上述特征用于对比文件 2 的压蒜装置中从而得到权利要求 4 所要求保护的技术方案，因此，权利要求 4 相对于对比文件 2 和对比文件 1 的结合不具备《专利法》规定的创造性。

5. 对比文件 2 公开了第二压板 7 上设有若干凸起 8 且与漏孔一一对应，因此本领域的技术人员容易想到在第一压板 4 上也设有若干凸起（即压蒜齿），因此，权利要求 4 相对于对比文件 2 不具备《专利法》规定的创造性。

二、其他无效宣告理由

6. 权利要求 3 和 4 的主题名称与所引用的权利要求的主题名称不一致，不符合《专利法实施细则》第 22 条第 1 款的规定。

7. 权利要求4没有限定压蒜齿的大小,因此未以说明书为依据,不符合《专利法》的有关规定。

因此请求宣告涉案专利全部无效。

附件3(技术交底书):

现有技术中公开了一种压蒜器,包括上手柄、下手柄、压头和压料筒,采用压头和带有漏孔的压料筒相配合来压制蒜泥。然而,这种压蒜器的压料筒与下手柄是一体的,不容易对压料筒内的残留的蒜末进行清理,导致不够卫生。

在上述现有技术的基础上,我公司提出一种改进的压蒜器。

图1为我公司改进的压蒜器的结构示意图。我公司提供的压蒜器,包括上压杆1和下压杆2,上压杆1与下压杆2在两者的前端部活动连接。在上压杆1靠近前端部的位置设有压蒜部件3,压蒜部件3包括压臂31和压盘32。在下压杆2上相应设有压筒4,压筒4包括壳体41和可拆卸的内筒42。壳体41为上下两端开口的筒状结构,其位置靠近下压杆2前端,壳体41与下压杆2连为一体。内筒42上端开口,内筒42底部开设有多个出蒜孔5,内筒42的上端边缘设有外翻的折边42a。在使用时,将内筒42放置于壳体41内,通过所述折边42a抵靠在壳体41的上端面,把蒜瓣放入内筒42内,随后合拢上、下压杆,使得压蒜部件3进入内筒42,从而进行压蒜操作。清洗的时候,只需取出内筒42,即可对内筒42中的残留物进行清洗,非常方便。

图2为我公司改进的另一结构的压蒜器的结构示意图。相同部件不再赘述,所述压蒜器的压筒4包括壳体41和可拆卸的插片42,壳体41为上下两端开口的筒状结构,它与下压杆2连为一体,位置靠近下压杆2前端,在壳体41下端沿垂直于壳体41轴线的方向开设有插槽41a,在插槽41a下方、壳体41内壁面上设有一圈环形的凸起41b,所述凸起41b从壳体41的内壁面沿径向向内延伸。插片42的形状大小与壳体41内部横截面基本一致,插片42设置有多个出蒜孔5,插片42的一侧边缘设置有便于插拔插片42的把手42b。使用时,将插片42从插槽41a插入壳体41内,插片42到位后其边缘抵靠在凸起41b上,通过凸起41b实现支撑定位。由于插片42是可拆卸的,在清洗时,仅需拉住把手42b将插片42抽出,壳体41和插片42可以分开清洗。

图3为我公司改进的又一结构的压蒜器的结构示意图。相同部件不再赘述,所述压蒜器的压筒4包括壳体41和可拆卸的出蒜筒42,壳体41为上下两端开口的筒状结构,它与下压杆2连为一体,位置靠近下压杆2前端,在壳体41靠近下端的外壁面设有外螺纹,出蒜筒42为上端开口的筒体结构,出蒜筒42的底板上设置多个出蒜孔5。出蒜筒42的内壁设有与壳体41上外螺纹相配合的内螺纹。出蒜筒42通过螺纹连接在壳体41的下端。由于出蒜筒42是可拆卸的,清洗时,仅需将出蒜筒42从壳体41上拧下即可分开清洗。

现有技术以及前述的压蒜器中,上压杆1和下压杆2均为直杆,在将两者合拢以挤压蒜泥时,由于上、下压杆间的距离较大,需要用两只手分别握住上压杆1和下压杆2进行操作,因此单手压蒜操作不太方便。为解决上述问题,我公司还对压蒜器的压杆进行了改进设计,图4为对压杆改进后的压蒜器的结构示意图。如图4所示,上压杆1的中后段设置有圆弧状的下凹部1a,与上压杆1为直杆的压蒜器相比,上、下压杆间的距离得以减小,在压制蒜泥时,能够一只手将上、下压杆同时握住进行操作,操作更为便利。需要注意的是,下凹部1a的尺寸应当满足如下条件,即当压蒜部件3的压盘32处于压筒4底部时,下凹部1a的最低点略高于下压杆2的上表面,从而防止上、下压杆在压蒜操作时发生干涉,导致压盘32不能充分挤压蒜瓣。

上述实施方式仅为本发明的优选实施方式,不能以此来限定本发明的保护范围。本领域的技术人员在本发明的基础上所作的任何非实质性的变化及替换均属于本发明所要求保护的范围，比如还可以配置出蒜孔尺寸不同的多个用于出蒜的部件，根据需要更换不同的出蒜部件，从而获得粗细不同的蒜泥。

技术交底材料附图：

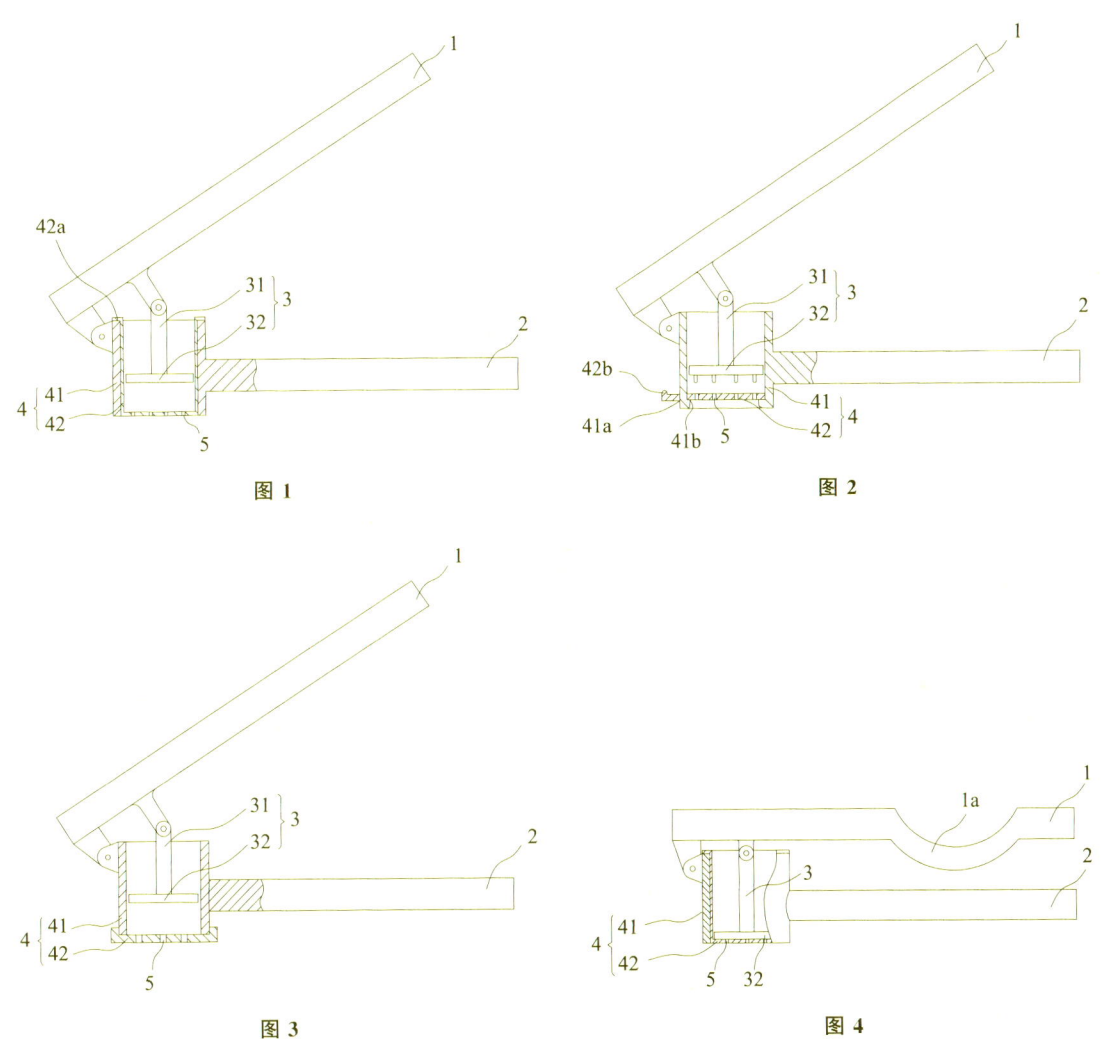

图1

图2

图3

图4

解题思路

一、对客户提出的无效理由分析

对比文件1的申请日为2017年11月22日，公告日为2018年6月30日，涉案专利的申请日为2017年12月12日，因此，对比文件1属于申请在先、公告在后的中国实用新型专利文件，仅能用于评价权利要求的新颖性。

对比文件2的公告日为2013年3月23日，早于涉案专利的申请日2017年12月12日，构成了涉案专利的现有技术，可以用于评价权利要求的新颖性和创造性。

1. 对于理由1的分析

涉案专利权利要求1与对比文件1特征对比如下表所示，下划线表示对比文件公开的涉案专利的技术特征，括号表示增加的技术内容。

权利要求1	对比文件1
一种压蒜器，主要由上压杆（1）和下压杆（2）构成，上压杆（1）和下压杆（2）活动连接	一种家用压蒜器，由压头1、压槽2及两个手柄3（图中所示上下设置）组成。压头1和压槽2（相当于压蒜部件）分别设置在两个手柄3的前端，手柄3中部设有连接孔，把两个手柄3通过连接孔用铆钉4连接起来，形成一个钳子形状。压槽2顶部开口，底部分布有多个漏孔5，压头1上有多个相对应的压蒜齿6
上压杆（1）靠近前端的位置设有压蒜部件（3）	
下压杆（2）上设有与压蒜部件（3）相对应的压筒（4）	
压筒（4）上端开口	
压筒（4）底部设有多个出蒜孔（5）	

权利要求1的技术方案被对比文件1公开，且二者的技术领域、所要解决的技术问题、技术效果均相同，对比文件1破坏涉案专利权利要求1的新颖性。

客户认为权利要求1相对于对比文件1不具有新颖性的结论是成立的。但理由1中在论述权利要求1不具备新颖性的原因时，指出"对比文件1作为现有技术"，未注意到对比文件1的公告时间在涉案申请的申请日之后，因此论述存在错误。此外，在该无效宣告理由中没有引用涉及的具体法条。

2. 对于理由2的分析

涉案专利权利要求1与对比文件2特征对比如下表所示，下划线表示对比文件公开的涉案专利的技术特征。

权利要求1	对比文件2
一种压蒜器，主要由上压杆（1）和下压杆（2）构成，上压杆（1）和下压杆（2）活动连接	一种防堵孔压蒜装置，包括有上压杆1、下压杆2、第一压臂3、第一压板4和压料筒5，上压杆1和下压杆2的前端部通过销轴连接在一起。下压杆2上设有压料筒5，压料筒5为顶部敞口的筒体，其底部设有供蒜泥通过的多个漏孔；第一压臂3与上压杆1在与压料筒5相对应的位置活动连接，第一压板4与第一压臂3焊接在一起，在上压杆1上还活动安装有第二压臂6，所述第二压臂6在第一压臂3相对的位置，第二压臂6上焊接第二压板7，第二压板7上设置有若干凸起8，凸起8的直径略小于漏孔内径，其位置与压料筒上设置的漏孔一一对应
上压杆（1）靠近前端的位置设有压蒜部件（3）	
下压杆（2）上设有与压蒜部件（3）相对应的压筒（4）	
压筒（4）上端开口	
压筒（4）底部设有多个出蒜孔（5）	

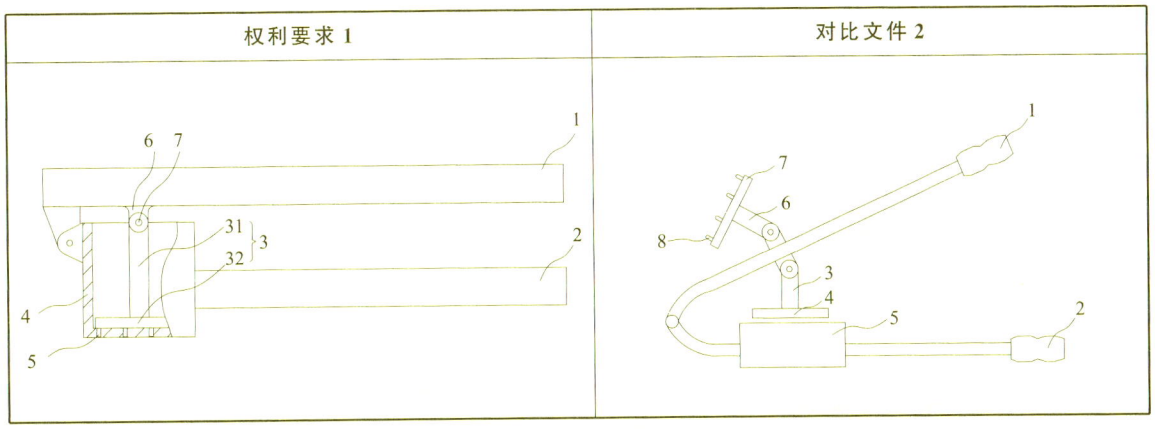

权利要求1的技术方案被对比文件2公开,且二者的技术领域、所要解决的技术问题、技术效果均相同,对比文件2破坏涉案专利权利要求1的新颖性。

客户认为权利要求1相对于对比文件2不具备新颖性的结论是成立的,但在评述中遗漏了"压筒底部设有多个出蒜孔"这一特征。另外,在该无效宣告理由中没有引用涉及的具体法条,存在撰写不规范的问题。

3. 对于理由3的分析

涉案专利权利要求2、3的附加技术特征与对比文件2特征对比如下表所示。

权利要求2的附加技术特征	对比文件2
上压杆(1)前端与下压杆(2)前端活动连接	一种防堵孔压蒜装置,包括有上压杆1、下压杆2、第一压臂3、第一压板4和压料筒5,上压杆1和下压杆2的前端部通过销轴连接在一起。下压杆2上设有压料筒5,压料筒5为顶部敞口的筒体,其底部设有供蒜泥通过的多个漏孔;第一压臂3与上压杆1在与压料筒5相对应的位置活动连接,第一压板4与第一压臂3焊接在一起,在上压杆1上还活动安装有第二压臂6,所述第二压臂6与第一压臂3相对的位置,第二压臂6上焊接第二压板7,第二压板7上设置有若干凸起8,凸起8的直径略小于漏孔内径,其位置与压料筒上设置的漏孔一一对应
权利要求3的附加技术特征	
压蒜部件(3)包括压臂(31)和固定连接在压臂(31)下端的压盘(32),所述压臂(31)的上端与上压杆(1)活动连接	

权利要求2、3的附加技术特征被对比文件2公开，当其引用的权利要求1不具备新颖性时，权利要求2、3相对于对比文件2也不具有新颖性。

客户认为权利要求2~3相对于对比文件2不具有新颖性的结论是成立的，但没有针对所述技术方案的具体对比，存在论述缺陷。

4. 对于理由4的分析

客户认为权利要求4相对于对比文件1和对比文件2的结合不具有创造性的结论不成立。对比文件1的申请日在涉案专利的申请日之前，授权公告日在涉案专利的申请日之后，是申请在先、公告在后的专利文件，不属于现有技术，不能单独或与其他对比文件结合来评价权利要求的创造性。

5. 对于理由5的分析

权利要求4的附加技术特征	对比文件2
压盘（32）上设有多个压蒜齿（33）	第一压板无凸起，第二压板上设置凸起，疏通堵塞的漏孔

对比文件2先用第一压板捣蒜，当出现细碎蒜粒堵塞漏孔时，旋转上压杆，用第二压板的凸起从压料筒底部向上运动疏通堵塞，因而对比文件2公开的技术特征和权利要求4在结构、作用上均不同，因此权利要求4具有创造性。

客户认为权利要求4相对于对比文件2不具有创造性的结论不成立，答题时需要详细分析权利要求4具有创造性的理由。

6. 对于理由6的分析

《专利法实施细则》第65条第2款规定了无效宣告请求理由所涵盖的具体法律条款，但《专利法实施细则》第22条第1款并不属于所规定的范畴。因此，根据上述规定，不能以《专利法实施细则》第22条第1款的规定为由提出无效宣告请求，理由6不成立。

7. 对于理由7的分析

客户认为权利要求4的概括未以说明书为依据的结论成立。根据说明书中记载，压蒜器的压盘的下表面为平面，在使用时，压蒜器将蒜瓣压扁后，仍有部分蒜瓣被压成饼状残留在压筒内，即便反复施力挤压仍无法将残留的蒜瓣挤碎并排出压筒。为进一步解决蒜瓣残留的问题，在压盘的下表面上设置多个与出蒜孔对应的压蒜齿，多个压蒜齿的横截面直径小于出蒜孔的内径，从而使得挤压更加充分，提高了蒜泥的挤出效率。而在该权利要求的附加技术特征中仅仅在压盘上设有压蒜齿，既没有限定"压蒜齿的大小"，也没有限定"压蒜齿的位置"，涵盖了当压蒜齿与出蒜孔位置不对应或压蒜齿的直径大于等于出蒜孔的内径时，压蒜齿无法进入出蒜孔内的技术方案，而这些技术方案无法解决挤压充分、提高蒜泥挤出效率的问题。因此，权利要求4未以说明书为依据，无效宣告理由成立。

二、无效宣告理由分析

1. 在第一题已经分析过的无效宣告理由

在第一题分析的基础上，已确定无效宣告理由为：

① 权利要求1相对于对比文件1不具有新颖性；

② 权利要求1相对于对比文件2不具有新颖性；

③ 权利要求2相对于对比文件2不具有新颖性；

④ 权利要求3相对于对比文件2不具有新颖性；

⑤ 权利要求4没有以说明书为依据。

2. 其他无效宣告理由分析

（1）权利要求2、3、4和对比文件1内容对比

对比文件1未公开权利要求2中上压杆和下压杆前端活动连接，因此对比文件1不能破坏权利要求2的新颖性。权利要求3、4均引用权利要求2，因此对比文件1也不能破坏权利要求3、4的新颖性。

（2）权利要求1缺少必要技术特征

根据说明书中记载，现有的压蒜器用于挤压配合的压头3'和压筒4'分开的角度有限，蒜瓣较大时不易放入，而且压杆长度有限，挤压较大的蒜瓣时仍然比较费劲。因此上、下压杆的前端活动连接是解决这一技术问题的必要技术特征，而权利要求1缺少这一必要特征。

（3）权利要求4缺乏引用基础

权利要求4的附加技术特征中，对"压盘"作了进一步限定，然而在其引用权利要求2中并没有出现"压盘"，因而缺少引用基础，导致权利要求4引用权利要求2时的保护范围不清楚。

三、删除式六步法撰写思路

第一步：技术特征分析

下面在技术交底书原文基础上，以删除线形式显示删除的非技术特征：

现有技术中公开了一种压蒜器，包括上手柄、下手柄、压头和压料筒，采用压头和带有漏孔的压料筒相配合来压制蒜泥。~~然而，这种压蒜器的压料筒与下手柄是一体的，不容易对压料筒内的残留的蒜末进行清理，导致不够卫生。~~

~~在上述现有技术的基础上，我公司提出一种改进的压蒜器。~~

（第一实施例）

~~图1为我公司改进的压蒜器的结构示意图。~~我公司提供的压蒜器，包括上压杆1和下压杆2，上压杆1与下压杆2在两者的前端部活动连接。在上压杆1靠近前端部的位置设有压蒜部件3，压蒜部件3包括压臂31和压盘32。在下压杆2上相应设有压筒4，压筒4包括壳体41和可拆卸的内筒42。壳体41为上下两端开口的筒状结构，其位置靠近下压杆2前端，壳体41与下压杆2连为一体。内筒42上端开口，内筒42底部开设有多个出蒜孔5，内筒42的上端边缘设有外翻的折边42a。~~在使用时，将内筒42放置于壳体41内，通过所述折边42a抵靠在壳体41的上端面，~~把蒜瓣放入内筒42内，随后合拢上、下压杆，使得压蒜部件3进入内筒42，从而进行压蒜操作。清洗的时候，只需取出内筒42，即可对内筒42中的残留物进行清

洗，非常方便。

（第二实施例）

图2为我公司改进的另一结构的压蒜器的结构示意图。相同部件不再赘述，所述压蒜器的压筒4包括壳体41和可拆卸的插片42，壳体41为上下两端开口的筒状结构，它与下压杆2连为一体，位置靠近下压杆2前端，在壳体41下端沿垂直于壳体41轴线的方向开设有插槽41a，在插槽41a下方、壳体41内壁面上设有一圈环形的凸起41b，所述凸起41b从壳体41的内壁面沿径向向内延伸。插片42的形状大小与壳体41内部横截面基本一致，插片42设置有多个出蒜孔5，插片42的一侧边缘设置有便于插拔插片42的把手42b。使用时，将插片42从插槽41a插入壳体41内，插片42到位后其边缘抵靠在凸起41b上，通过凸起41b实现支撑定位。由于插片42是可拆卸的，在清洗时，仅需拉住把手42b将插片42抽出，壳体41和插片42可以分开清洗。

（第三实施例）

图3为我公司改进的又一结构的压蒜器的结构示意图。相同部件不再赘述，所述压蒜器的压筒4包括壳体41和可拆卸的出蒜筒42，壳体41为上下两端开口的筒状结构，它与下压杆2连为一体，位置靠近下压杆2前端，在壳体41靠近下端的外壁面设有外螺纹，出蒜筒42为上端开口的筒体结构，出蒜筒42的底板上设置多个出蒜孔5。出蒜筒42的内壁设有与壳体41上外螺纹相配合的内螺纹。出蒜筒42通过螺纹连接在壳体41的下端。由于出蒜筒42是可拆卸的，清洗时，仅需将出蒜筒42从壳体41上拧下即可分开清洗。

现有技术以及前述的压蒜器中，上压杆1和下压杆2均为直杆，在将两者合拢以挤压蒜泥时，由于上、下压杆间的距离较大，需要用两只手分别握住上压杆1和下压杆2进行操作，因此单手压蒜操作不太方便。为解决上述问题，我公司还对压蒜器的压杆进行了改进设计，图4为对压杆改进后的压蒜器的结构示意图。如图4所示，上压杆1的中后段设置有圆弧状的下凹部1a，与上压杆1为直杆的压蒜器相比，上、下压杆间的距离得以减小，在压制蒜泥时，能够一只手将上、下压杆同时握住进行操作，操作更为便利。需要注意的是，下凹部1a的尺寸应当满足如下条件，即当压蒜部件3的压盘32处于压筒4底部时，下凹部1a的最低点略高于下压杆2的上表面，从而防止上、下压杆在压蒜操作时发生干涉，导致压盘32不能充分挤压蒜瓣。

上述实施方式仅为本发明的优选实施方式，不能以此来限定本发明的保护范围。本领域的技术人员在本发明的基础上所作的任何非实质性的变化及替换均属于本发明所要求保护的范围，比如还可以配置出蒜孔尺寸不同的多个用于出蒜的部件，根据需要更换不同的出蒜部件，从而获得粗细不同的蒜泥。

第二步：找发明点

1. 找出区别技术特征

下面在表中对比技术交底书的技术特征与涉案专利的区别，以下划线形式标示出区别技术特征。

技术交底	涉案专利
压蒜器，包括上压杆 1 和下压杆 2，上压杆 1 与下压杆 2 在两者的前端部活动连接 在上压杆 1 靠近前端部的位置设有压蒜部件 3，压蒜部件 3 包括压臂 31 和压盘 32 在下压杆 2 上相应设有压筒 4 压筒 4 包括壳体 41 和可拆卸的内筒 42 壳体 41 为上下两端开口的筒状结构，其位置靠近下压杆 2 前端，壳体 41 与下压杆 2 连为一体 内筒 42 上端开口，内筒 42 底部开设有多个出蒜孔 5 内筒 42 的上端边缘设有外翻的折边 42a 压蒜器的压筒 4 包括壳体 41 和可拆卸的插片 42 壳体 41 为上下两端开口的筒状结构，它与下压杆 2 连为一体，位置靠近下压杆 2 前端 在壳体 41 下端沿垂直于壳体 41 轴线的方向开设有插槽 41a，在插槽 41a 下方、壳体 41 内壁面上设有一圈环形的凸起 41b，所述凸起 41b 从壳体 41 的内壁面沿径向向内延伸 插片 42 的形状大小与壳体 41 内部横截面基本一致，插片 42 设置有多个出蒜孔 5，插片 42 的一侧边缘设置有便于插拔插片 42 的把手 42b 压蒜器的压筒 4 包括壳体 41 和可拆卸的出蒜筒 42 壳体 41 为上下两端开口的筒状结构，它与下压杆 2 连为一体，位置靠近下压杆 2 前端 出蒜筒 42 为上端开口的筒体结构，出蒜筒 42 底板上设置多个出蒜孔 5 在壳体 41 靠近下端的外壁面设有外螺纹，出蒜筒 42 的内壁设有与壳体 41 上外螺纹相配合的内螺纹，出蒜筒 42 通过螺纹连接在壳体 41 的下端 上压杆 1 的中后段设置有圆弧状的下凹部 1a 当压蒜部件 3 的压盘 32 处于压筒 4 底部时，下凹部 1a 的最低点略高于下压杆 2 的上表面 配置出蒜孔尺寸不同的多个用于出蒜的部件，根据需要更换不同的出蒜部件	一种压蒜器，主要由上压杆 1 和下压杆 2 组成，上压杆 1 的前端与下压杆 2 的前端活动连接。上压杆 1 靠近前端的位置设有压蒜部件 3，所述压蒜部件 3 包括压臂 31 和固定连接在压臂 31 下端的压盘 32。下压杆 2 靠近前端的位置设有与压件部件 3 相对应的压筒 4，压筒 4 与下压杆 2 一体成型，其形状为上端开口的筒状体，压筒 4 底部具有多个圆形的出蒜孔 5，这些出蒜孔 5 间隔均匀地分布在压筒 4 的底面上。压蒜部件 3 与上压杆 1 之间最好采用活动连接的方式，例如，上压杆 1 底部靠近前端的位置设有一固定支座 6，压蒜部件 3 的压臂 31 通过销轴 7 与所述固定支座 6 连接。压臂 31 与固定支座 6 也可以通过其他方式活动连接，例如铆钉连接、螺栓连接等。在压盘 32 的下表面上设置多个与出蒜孔 5 对应的压蒜齿 33。所述多个压蒜齿 33 间隔均匀地分布在压盘 32 的下表面上，其横截面直径小于出蒜孔 5 的内径，当压盘 32 置入压筒 4 内时，压蒜齿 33 与出蒜孔 5 一一对应

2. 技术逻辑分析

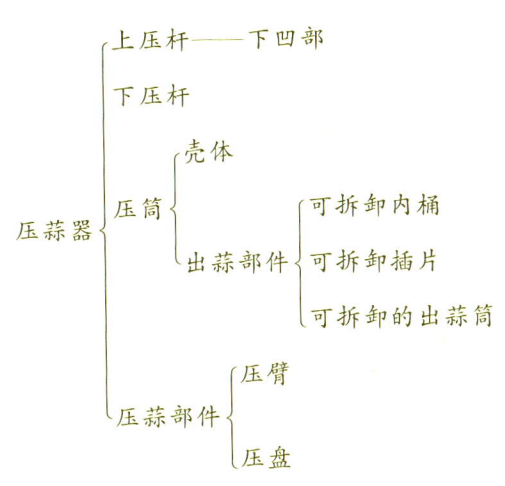

3. 确定发明点

上述区别技术特征中,"压蒜器的压筒4包括壳体41和可拆卸的插片42""压蒜器的压筒4包括壳体41和可拆卸的插片42""压蒜器的压筒4包括壳体41和可拆卸的出蒜筒42"分别为第一个最基础的改进的三个实施例,概括为"可拆卸的出蒜部件"作为第一个发明点;"上压杆1的中后段设置有圆弧状的下凹部1a"为第二个最基础的改进,作为第二个发明点。

第三步:确定所要解决的技术问题

与第一个发明点对应的技术方案解决了现有的压蒜器的压料筒与下手柄是一体的,不容易对压料筒内残留的蒜末进行清理,有时会有蒜末残余,导致不够卫生的技术问题。

与第二个发明点对应的技术方案解决了压杆为直杆,不方便单手操作的技术问题。

第四步:确定第一件申请的必要技术特征

"压蒜器,包括上压杆1和下压杆2,上压杆1与下压杆2在两者的前端部活动连接""在上压杆1靠近前端部的位置设有压蒜部件3,压蒜部件3包括压臂31和压盘32""在下压杆2上相应设有压筒4"均是构成压蒜器的必要特征,均属于必要技术特征。

第一个发明点"可拆卸的出蒜部件"为必要技术特征。

"壳体41为上下两端开口的筒状结构,其位置靠近下压杆2前端,壳体41与下压杆2连为一体"是壳体的形状和连接关系,是必要技术特征。

第一个发明点"出蒜部件底部开设多个出蒜孔"为必要技术特征。

其余技术特征均为具体结构,均不属于必要技术特征;

"上压杆1的中后段设置有圆弧状的下凹部1a""当压蒜部件3的压盘32处于压筒4底部时,下凹部1a的最低点略高于下压杆2的上表面"为第二个发明点,不属于必要技术特征。

第五步:撰写第一件申请的独立权利要求

1. 确定主题名称

根据技术交底书第二段第一句话的描述,可将主题名称确定为"压蒜器"。

2. 组合全部必要技术特征

将与最接近的现有技术共有的必要技术特征写入前序部分,将作为必要技术特征的区别技术特征写入特征部分,得出独立权利要求如下:

1. 一种压蒜器,包括上压杆(1)和下压杆(2),上压杆(1)与下压杆(2)在两者的前端部活动连接;在上压杆(1)靠近前端部的位置设有压蒜部件(3),压蒜部件(3)包括压臂(31)和压盘(32);在下压杆(2)上相应设有压筒(4),其特征在于:压筒(4)包括壳体(41)和可拆卸的出蒜部件;壳体(41)为上下两端开口的筒状结构,其位置靠近下压杆(2)前端,壳体(41)与下压杆(2)连为一体;出蒜部件底部开设多个出蒜孔。

第六步:撰写第一件申请的从属权利要求

将出蒜部件的三种具体形式各写为一项从属权利要求,其余未写入独立权利要求的各特征以及第二个发明点均写入从属权利要求,得出的从属权利要求请参见参考答案。

第七步:撰写第二件申请的独立权利要求

第二个发明点是上压杆的中后段设置有下凹部,没有特殊情况,第二件申请的前序部分可以和第一件申请前序部分相同,特征部分写为第二个发明点。第二件申请的独立权利要求如下:

1. 一种压蒜器,包括上压杆(1)和下压杆(2),上压杆(1)与下压杆(2)在两者的前端部活动连接;在上压杆(1)靠近前端部的位置设有压蒜部件(3),压蒜部件(3)包括压臂(31)和压盘(32);在下压杆(2)上相应设有压筒(4),其特征在于:上压杆(1)的中后段设置有下凹部(1a)。

参考答案

第一题参考答案

尊敬的 A 公司：

现收到贵公司提供的 B 公司涉案专利、两份对比文件以及贵公司撰写的无效宣告请求书，分析如下。

1. 权利要求 1 相对于对比文件 1 不具有新颖性结论正确

对比文件 1 申请日为 2017 年 11 月 22 日，公开日为 2018 年 6 月 30 日，涉案专利申请日为 2017 年 12 月 12 日，因此对比文件 1 是申请在先、公开在后的中国实用新型专利，仅能评价涉案专利的新颖性，不能评价创造性。

对比文件 1 公开了权利要求 1 全部技术内容，二者均属于相同的压蒜器领域，所要解决的问题和产生的效果相同，均是挤压蒜瓣并使蒜泥从出蒜孔中挤出，因此对比文件 1 构成抵触申请，权利要求 1 相对于对比文件 1 不具备新颖性，不符合《专利法》第 22 条第 2 款的规定。

因此，贵公司提出权利要求 1 相对于对比文件 1 不具有新颖性结论正确。但是，贵公司所陈述的对比文件 1 为现有技术是错误的，对比文件 1 是申请在先、公开在后的中国专利。再者，贵方进行技术特征对比之后，应当分析技术领域、解决的技术问题和产生的效果实质相同。

另外，贵方也没有给出新颖性所涉及的法条，应当指出权利要求 1 不具有新颖性，不符合《专利法》第 22 条第 2 款的规定。

2. 权利要求 1 相对于对比文件 2 不具有新颖性结论正确

对比文件 2 公开日早于涉案专利申请日，属于现有技术。

对比文件 2 也公开了权利要求 1 的全部技术特征，二者均属于相同的压蒜器领域，所要解决的问题和产生的效果相同，均是挤压蒜瓣并使蒜泥从出蒜孔中挤出，因此权利要求 1 相对于对比文件 2 不具备新颖性，不符合《专利法》第 22 条第 2 款的规定。

因此，贵公司提出权利要求 1 相对对比文件 2 不具有新颖性结论正确。但是，贵方没有评述"压筒底部设有多个出蒜孔"，不符合新颖性同样的发明和实用新型的判断原则。再者，贵方进行技术特征对比之后，应分析技术领域、解决的技术问题和产生的效果实质相同。

另外，贵方也没有给出新颖性所涉及的法条，应当指出权利要求 1 不具有新颖性，不符合《专利法》第 22 条第 2 款的规定。

3. 权利要求 2~3 相对于对比文件 2 不具有新颖性结论正确

权利要求 2、3 的附加技术特征都在对比文件 2 公开，权利要求 2、3 不具有新颖性理由和结论都正确。

但是，贵方并没有在无效宣告请求书中详细论述理由。无效宣告请求书中应当结合对比文件详细分析权利要求 2、3 的附加技术特征已被对比文件 2 公开的具体理由，并指明不符合新颖性的法条。

4. 权利要求 4 相对于对比文件 1、2 的结合不具有创造性理由和结论均不成立

对比文件 1 是申请在先、公开在后的中国实用新型专利，不能和其他文件组合评价创造性，贵公司认为权利要求 4 相对于对比文件 1、2 的结合不具有创造性结论错误。

5. 权利要求 4 相对于对比文件 2 不具有创造性结论不成立

权利要求 4 是对权利要求 2 或权利要求 3 的进一步限定，其附加技术特征是"压盘（32）上

设有多个压蒜齿（33）"，对比文件2中的第一压板4相当于压盘32，第一压板4上没有设置凸起。因此，"压盘（32）上设有多个压蒜齿（33）"属于区别技术特征。

基于该区别技术特征，权利要求4所要解决的技术问题是进一步提高蒜泥的挤出效率。

对比文件2中虽然公开了第二压板7上设置凸起8，但其起作用的方式是当出现细碎蒜粒堵塞漏孔的现象，反向（即图1中逆时针方向）转动上压杆1，使另一侧的第二压板7向压料筒5底面运动，从压料筒的底部向上顶出堵塞的蒜粒，从而将堵塞的漏孔疏通。因此两者在结构、作用，以及解决的技术问题方面均不相同，对比文件2没有给出将第二压板上的凸起8设置在第一压板上的启示。

由于涉案专利在压盘上设置了压蒜齿，在捣蒜的同时能够方便地将蒜泥从出蒜孔中挤出，具有进步。因此对比文件2不能破坏权利要求4的创造性，权利要求4相对于对比文件2不具备创造性的无效宣告结论不成立。

6. 权利要求3、4主题名称不一致不是无效理由

《专利法实施细则》第22条第1款不属于《专利法实施细则》第65条第2款的规定无效宣告理由，因此不能将权利要求3、4主题名称不一致作为无效宣告理由。

7. 权利要求4未以说明书为依据的结论正确

权利要求4概括地描述了压蒜齿的设置。根据说明书的记载，只有压蒜齿与出蒜孔位置对应，直径略小于出蒜孔直径，才能将残余的蒜压出。如果压蒜齿与出蒜孔位置不对应，或者压蒜齿的直径大于出蒜孔直径，则无法解决压出蒜瓣残留的技术问题。因此权利要求4未以说明书为依据，不符合《专利法》第26条第4款的规定。

贵方分析结论正确，但没有详细分析权利要求未以说明书为依据的理由，也没有引用具体法条。

综上，贵司提出的无效宣告理由需要修改才能提交。以上咨询意见供参考，有问题请与我们随时沟通。

专利代理机构：××××　　专利代理师：×××
××××年××月××日

第二题参考答案

国家知识产权局：

根据《专利法》第45条及《专利法实施细则》第65条的规定，现请求申请号为201721234567.X、名称为"压蒜器"的实用新型专利（以下简称"该专利"）无效。

请求人使用的证据为：

对比文件1：201721433456.5，申请日2017年11月22日，授权公告日2018年6月30日；

对比文件2：201220789117.7，申请日2012年9月4日，授权公告日2013年3月23日。

上述对比文件1的申请日早于该专利的申请日，授权公告日晚于该专利的申请日，属于申请在先、公开在后的中国专利，仅能评价权利要求新颖性。

对比文件2的公开日早于该专利的申请日，构成该专利的现有技术，可评价权利要求新颖性和创造性。

依据对比文件1和2，请求人请求宣告该专利无效的具体理由如下。

1. 权利要求1相对于对比文件1不具有新颖性

对比文件1申请日为2017年11月22日，公开日为2018年6月30日，涉案专利申请日为2017年12月12日，因此对比文件1是申请在先、公开在后的中国实用新型专利。

对比文件1公开了一种家用压蒜器,包括两个手柄3组成(即上压杆和下压杆),一个手柄的前端连接压头1(即压蒜部件),另外一个手柄的前端连接压槽2(即压筒),两个手柄3通过铆钉4连接起来(即上压杆和下压杆活动连接),压槽2顶部开口,底部设有多个漏孔5(即压筒底部设有多个出蒜孔)。

由此可见,对比文件1公开了权利要求1的全部技术特征,二者相比,技术方案实质上相同,均属于相同的压蒜器领域,所要解决的问题和产生的效果相同,均是挤压蒜瓣并使蒜泥从出蒜孔中挤出,因此对比文件1构成涉案专利的抵触申请,权利要求1相对于对比文件1不具备新颖性,不符合《专利法》第22条第2款的规定。

2. 权利要求1相对于对比文件2不具有新颖性

对比文件2公开日早于涉案专利申请日,属于现有技术。

对比文件2公开了一种防堵压蒜装置,包括上压杆1、下压杆2,第一压臂3,第一压板4和压料筒5。上压杆1和下压杆2的前端部通过销轴连接在一起(即上压杆和下压杆活动连接),上压杆靠近前端的位置活动安装有第一压臂3,第一压板4与第一压臂3焊接在一起(第一压臂和第一压板一起构成压蒜部件);下压杆2上对应设有压料筒5,压料筒5为顶部敞口的筒体,筒体底部设有供蒜泥通过的多个漏孔(相当于压筒底部设有多个出蒜孔)。

由此可见,权利要求1所要求保护的技术方案与对比文件2所公开的内容相比,技术方案实质上相同,均属于相同的压蒜器领域,所要解决的问题和产生的效果相同,均是均是挤压蒜瓣并使蒜泥从出蒜孔中挤出,权利要求1相对于对比文件2不具备新颖性,不符合《专利法》第22条第2款的规定。

3. 权利要求1缺少必要技术特征

根据涉案专利背景技术的记载,现有的压蒜器用于挤压配合的压头3'和压筒4'分开的角度有限,蒜瓣较大时不易放入,而且压杆长度有限,挤压较大的蒜瓣时仍然比较费劲。

根据涉案专利具体实施方式最后一段描述,由于将支点的位置调整到上、下压杆的前端,相比于现有的压蒜器操作更为省力,不需施加很大的握压力即可将蒜瓣压碎成蒜泥。

因此,"上压杆1前端与下压杆2前端活动连接"是解决技术问题的必要技术特征,该必要技术特征并未记载在权利要求1中。权利要求1缺少解决技术问题的必要技术特征,不符合《专利法实施细则》第20条第2款的规定。

4. 权利要求2相对于对比文件2不具有新颖性

权利要求2进一步限定了"上压杆(1)前端与下压杆(2)前端活动连接",对比文件2公开上压杆和下压杆的前端部通过销轴连接在一起(即前端活动连接的下位概念)。在权利要求1不具有新颖性的情况下,权利要求2也不具有新颖性,不符合《专利法》第22条第2款的规定。

5. 权利要求3相对于对比文件2不具有新颖性

权利要求3进一步限定了"压蒜部件(3)包括压臂(31)和固定连接在压臂(31)下端的压盘(32),压臂(31)的上端与上压杆(1)活动连接",对比文件2公开第一压板4与第一压臂3焊接在一起(即压臂下端固定连接压盘),第一压臂3与上压杆在与压料筒相对应的位置活动连接(即压臂的上端和上压杆活动连接)构成压蒜部,即公开了权利要求3的附加技术特征。在权利要求2不具有新颖性的情况下,权利要求3也不具有新颖性,不符合《专利法》第22条第2款的规定。

6. 权利要求4缺少引用基础

在权利要求4的附加技术特征中,对"压盘"作了进一步限定,然而在其引用权利要求2中并没有出现"压盘",因而缺少引用基础,导致权利要求4引用权利要求2时,技术方案所要求保护的范围不清楚,不符合《专利法》第26条第4款的规定。

7. 权利要求4未以说明书为依据

权利要求4进一步限定了"压盘上设有多个压蒜齿",其中"压蒜齿"概括了较宽的保护范围。

根据说明书的记载,只有压蒜齿与出蒜孔位置对应,直径略小于出蒜孔直径,才能将残余的蒜压出。如果压蒜齿与出蒜孔位置不对应,或者压蒜齿的直径大于出蒜孔直径,则无法解决压出蒜瓣残留的技术问题,因此权利要求4未以说明书为依据,不符合《专利法》第26条第4款的规定。

综上所述,本专利不符合《专利法》第22条第2款和《专利法》第26条第4款的规定,因此请求宣告该专利权全部无效。

专利代理机构:××××　　专利代理师:×××
××××年××月××日

第三题参考答案

第一件申请权利要求的撰写

1. 一种压蒜器,包括上压杆(1)和下压杆(2),上压杆(1)与下压杆(2)在两者的前端部活动连接;在上压杆(1)靠近前端部的位置设有压蒜部件(3),压蒜部件(3)包括压臂(31)和压盘(32);在下压杆(2)上相应设有压筒(4),其特征在于:压筒(4)包括壳体(41)和可拆卸的出蒜部件;壳体(41)为上下两端开口的筒状结构,其位置靠近下压杆(2)前端,壳体(41)与下压杆(2)连为一体;出蒜部件底部开设多个出蒜孔。

2. 根据权利要求1所述的压蒜器,其特征在于:所述出蒜部件为内筒(42),内筒(42)上部开口,内筒(42)的上端边缘设有外翻的折边(42a),内筒(42)底部开设有多个出蒜孔。

3. 根据权利要求1所述的压蒜器,其特征在于:所述出蒜部件为可拆卸的插片(42),插片(42)设置有多个出蒜孔(5)。

4. 根据权利要求3所述的压蒜器,其特征在于:在壳体(41)下端沿垂直于壳体(41)轴线的方向开设有插槽(41a),在插槽(41a)下方、壳体(41)内壁面上设有一圈环形的凸起(41b),所述凸起(41b)从壳体(41)的内壁面沿径向向内延伸。

5. 根据权利要求4所述的压蒜器,其特征在于:插片(42)的形状大小与壳体(41)内部横截面基本一致,插片(42)的一侧边缘设置有便于插拔插片(42)的把手(42b)。

6. 根据权利要求1所述的压蒜器,其特征在于:所述出蒜部件为出蒜筒(42),出蒜筒(42)为上端开口的筒体结构,出蒜筒(42)的底板上设置多个出蒜孔(5)。

7. 根据权利要求6所述的压蒜器,其特征在于:在壳体(41)靠近下端的外壁面设有外螺纹,出蒜筒(42)的内壁设有与壳体(41)上外螺纹相配合的内螺纹,出蒜筒(42)通过螺纹连接在壳体(41)的下端。

8. 根据权利要求1所述的压蒜器,其特征在于:上压杆(1)的中后段设置有圆弧状的下凹部(1a)。

9. 根据权利要求8所述的压蒜器,其特征在于:当压蒜部件(3)的压盘(32)处于压筒(4)底部时,下凹部(1a)的最低点略高于下压杆(2)的上表面。

10. 根据权利要求1所述的压蒜器,其特征在于:设置多个出蒜的部件,其出蒜孔尺寸不同,根据需要更换不同的出蒜部件。

第四题参考答案

1. 权利要求 1 具有新颖性

涉案专利没有公开权利要求 1 中的技术特征"压筒（4）包括壳体（41）和可拆卸的出蒜部件"，因此撰写的独立权利要求相对于涉案专利具有新颖性，符合《专利法》第 22 条第 2 款的规定。

对比文件 1 没有公开权利要求 1 中的技术特征"压筒（4）包括壳体（41）和可拆卸的出蒜部件"，因此撰写的独立权利要求相对于对比文件 1 具有新颖性，符合《专利法》第 22 条第 2 款的规定。

对比文件 2 没有公开权利要求 1 中的技术特征"压筒（4）包括壳体（41）和可拆卸的出蒜部件"，因此撰写的独立权利要求相对于对比文件 2 具有新颖性，符合《专利法》第 22 条第 2 款的规定。

2. 权利要求 1 具有创造性

涉案专利与本申请技术领域相同，公开的技术特征最多，所要解决的技术问题最为接近，是最接近的现有技术。

独立权利要求 1 与涉案专利相比，区别技术特征在于"压筒（4）包括壳体（41）和可拆卸的出蒜部件"。

根据该区别技术特征，权利要求 1 实际解决的技术问题是现有技术的压料筒和手柄一体，不容易对压料筒内的残留蒜末进行清理。

对比文件 1、2 均没有公开上述区别技术特征，也没有给出设置可拆卸的出蒜部件以解决上述技术问题的启示，权利要求 1 的技术方案不是显而易见的，具备突出实质性特点。

权利要求 1 的技术方案通过设置可拆卸的出蒜部件，从而方便取出出蒜部件，对残留物进行清洗，具有有益的技术效果。

因此，权利要求 1 相对于涉案专利、对比文件 1、对比文件 2 或其结合，具有突出的实质性特点和显著的进步，具备创造性，符合《专利法》第 22 条第 3 款的规定。

第五题参考答案

第二件申请独立权利要求的撰写

1. 一种压蒜器，包括上压杆（1）和下压杆（2），上压杆（1）与下压杆（2）在两者的前端部活动连接；在上压杆（1）靠近前端部的位置设有压蒜部件（3），压蒜部件（3）包括压臂（31）和压盘（32）；在下压杆（2）上相应设有压筒（4），其特征在于：上压杆（1）的中后段设置有下凹部（1a）。

分案申请的理由

第一份申请的独立权利要求相对于现有技术作出贡献的技术特征是"压筒（4）包括壳体（41）和可拆卸的出蒜部件"，从而解决清洗不方便的技术问题。

第二份申请的独立权利要求相对于现有技术作出贡献的技术特征是"上压杆（1）的中后段设置有下凹部"，从而解决压杆为直杆，不方便单手操作的技术问题。

由此可见，两个独立权利要求对现有技术作出贡献的技术特征既不相同也不相应，彼此之间在技术上也不相互关联，从而两个独立权利要求之间并不包含相同或相应的特定技术特征，不属于一个总的发明构思，彼此之间不具备单一性，不符合《专利法》第 31 条的规定，因此应当分别作为两份专利申请提出。

专题十八　无效宣告答辩题完整案例[1]

试题说明

第一题　无效宣告实务题

甲公司拥有一项实用新型专利，名称为"一种冷藏箱"，申请号为202020123456.7。

某请求人针对该专利于2021年10月16日向国家知识产权局提出无效宣告请求，请求宣告该专利权全部无效，提交的证据为对比文件1至3。

甲公司委托某专利代理机构办理无效宣告程序中的有关事务，委托权限包括代为修改权利要求书。该专利代理机构接受委托后指派应试者作为专利代理师，要求应试者：

1. 具体分析和说明无效宣告请求书中的各项无效宣告理由是否成立。

认为无效宣告理由成立的，可以简要回答；认为无效宣告理由不成立的，详细说明事实和依据；认为可以通过修改权利要求使得相应理由不成立的，提出修改建议并简要说明理由。

2. 撰写提交给专利复审和无效审理部的修改后的权利要求书以及意见陈述书。

第二题　申请实务题

甲公司同时向该专利代理机构提供了技术交底材料，委托其申请发明专利。该专利代理机构接受委托并指派应试者具体办理专利申请事务，要求应试者：

1. 撰写发明专利申请的权利要求书。

应当根据技术交底材料记载的内容，综合考虑附件1、对比文件1至3所反映的现有技术，撰写能够有效且合理地保护发明创造的权利要求书。

如果认为应当提出一份专利申请，则应撰写独立权利要求和适当数量的从属权利要求；如果认为应当提出多份专利申请，则应说明不能合案申请的理由，并针对其中的一份专利申请撰写独立权利要求和适当数量的从属权利要求，对于其他专利申请，仅需撰写独立权利要求；如果在一份专利申请中包含两项或两项以上的独立权利要求，则应说明这些独立权利要求能够合案申请的理由。

2. 简述所撰写的所有独立权利要求相对于附件1所解决的技术问题及取得的技术效果。

无效宣告请求书：

根据《专利法》第45条及《专利法实施细则》第65条的规定，请求宣告专利号为202020123456.7、名称为"一种冷藏箱"的实用新型专利（以下简称"该专利"）全部无效，所使用的证据为对比文件1至3，具体理由如下。

一、权利要求1~4不符合《专利法》第22条第2、3款关于新颖性、创造性的规定

1. 关于权利要求1

对比文件1公开了一种硬质冷藏箱，包括箱本体1和盖体2；箱本体1包括内外两层防水尼龙面料层及保温中间层；箱本体1的内部形成容纳空间，其上部为开口；用于盖合容纳空间开口的盖体2设于箱本体1的上方；容纳空间内固定设置有若干个装有蓄冷剂的密封的蓄冷剂包。因此，权利要求1不具备新颖性，不符合《专利法》第22条第2款的规定。

---

[1] 本案例改编自2012年全国专利代理人资格考试专利代理实务真题，增加了撰写意见陈述。

2. 关于权利要求 2

对比文件 1 公开了箱本体 1 和盖体 2 上设有相互配合的连接件 3，而拉链是生活中公知的连接件，因此，权利要求 2 相对于对比文件 1 也不具备新颖性，不符合《专利法》第 22 条第 2 款的规定。

3. 关于权利要求 3

对比文件 2 公开了一种小型冷藏桶，包括桶本体 1 和设于桶本体 1 上方的盖体 2；桶本体 1 和盖体 2 由外向内依序设有防水尼龙面料层、硬质材料层、保温层及防水尼龙面料层；桶本体 1 侧壁的顶部边缘及盖体 2 的边缘设有拉链 3。对比文件 3 公开了冷藏箱，箱本体 1 的容纳空间内固定设置若干个装有蓄冷剂的密封的蓄冷剂包，在盖体 2 的边缘处固定设置有挡片 4。因此，权利要求 3 相对于对比文件 2 和 3 的结合不具备创造性，不符合《专利法》第 22 条第 3 款的规定。

4. 关于权利要求 4

对比文件 2 公开了保温层可以采用泡沫材料，因此，权利要求 4 相对于对比文件 1 和 2 的结合不具备创造性，不符合《专利法》第 22 条第 3 款的规定。

此外，对比文件 2 和 3 公开的内容如上所述，可见，权利要求 4 相对于对比文件 2 和 3 的结合也不具备创造性，不符合《专利法》第 22 条第 3 款的规定。

二、权利要求 3 不符合《专利法》第 26 条第 4 款的规定

权利要求 3 对拉链作出了限定，但并未限定拉链的设置位置及其与其他部件的连接关系，导致权利要求 3 的保护范围不清楚，不符合《专利法》第 26 条第 4 款的规定。

三、权利要求 4 不符合《专利法》第 2 条第 3 款的规定

权利要求 4 的附加技术特征是对产品材料的限定，是对材料本身提出的改进。由此，权利要求 4 的技术方案不属于实用新型专利保护的客体，不符合《专利法》第 2 条第 3 款的规定。

综上所述，请求宣告该专利的权利要求 1 至权利要求 4 全部无效。

附件 1（无效宣告请求针对的专利）：

(19) 中华人民共和国国家知识产权局

(12) 实用新型专利说明书

(45) 授权公告日 2021 年 1 月 21 日

(21) 申请号 202020123456.7
(22) 申请日 2020 年 2 月 23 日
(73) 专利权人 甲公司

（其余著录项目略）

权 利 要 求 书

1. 一种硬质冷藏箱，包括箱本体（1）和盖体（2），所述箱本体内部形成一个上部开口的容纳空间，所述盖体（2）设置于所述箱本体（1）的上方，用于打开、关闭所述容纳空间的开口，

其特征在于：所述箱本体（1）包括防水外层（3）、保温中间层（4）及防水内层（5），所述箱本体（1）的容纳空间内固设有若干个装有蓄冷剂的密封的蓄冷剂包（6）。

2. 如权利要求1所述的硬质冷藏箱，其特征在于：所述箱本体（1）和所述盖体（2）的连接处设置有拉链（7）。

3. 如权利要求1所述的硬质冷藏箱，其特征在于：在所述盖体（2）上设有能盖住拉链（7）的挡片（8）。

4. 如权利要求1所述的硬质冷藏箱，其特征在于：所述保温中间层（4）为泡沫材料。

说　明　书

一种冷藏箱

本实用新型涉及一种硬质冷藏箱。

人们在外出旅游或参加户外活动时，经常会使用箱子携带一些冷饮料，以达到消暑降温的目的。现有的箱子一般由箱本体和盖于其上的盖体构成，但因为箱本体没有保温设计，同时也没有冷源给饮料保温或降温，所以无法使装在箱本体内的饮料长时间保持低温状态。

本实用新型采用如下技术方案：一种硬质冷藏箱，包括箱本体和盖体，所述箱本体的内部形成一个上部开口的容纳空间，所述盖体设置于箱本体的上方，用于打开、关闭所述容纳空间的开口，其特征在于：所述箱本体包括防水外层、保温中间层及防水内层，所述箱本体的容纳空间内固设有若干个装有蓄冷剂的密封的蓄冷剂包。

本实用新型的箱本体结构为多层复合层，能阻止箱本体内、外的热量交换，为箱内物品保温；箱本体内的蓄冷剂包能够为箱内的物品降温；同时蓄冷剂包固定在箱本体内能防止运输过程中相互碰撞或堆积在一起。此外，箱本体和盖体的连接处设置有拉链或黏扣或磁性件。在盖体上设有能盖住拉链的挡片，以减少箱本体内、外空气的对流，延长箱内物品的冷藏时间。因此，本实用新型的冷藏箱能长时间为所容纳的物品提供低温环境。

图1是本实用新型实施例的立体图，其中挡片被局部剖开；

图2是本实用新型实施例箱本体的俯视剖视图。

如图1、2所示，本实施例的冷藏箱由箱本体1、设置在箱本体1上部的盖体2构成。箱本体1为多层复合层结构，其内部形成一个上部开口的容纳空间，用于容纳被冷藏的物品。如图2所示，优选地，箱本体1的外层3和内层5由防水材料制成，中间层4为保温层。若干个蓄冷剂包6固定设置于箱本体1的容纳空间内。蓄冷剂包6为一密封的装有蓄冷剂的包状结构。将冷藏箱放入冰箱充分冰冻后，蓄冷剂包6即可作为冷源长时间给冷藏箱内的物品降温。箱本体1和盖体2的连接处设置有拉链7，通过打开或闭合拉链7，使得盖体2打开或关闭容纳空间的开口。在盖体2上设有能盖住拉链7的挡片8。此外，为了增强箱本体1的保温效果，箱本体1的保温中间层4采用泡沫材料。

说 明 书 附 图

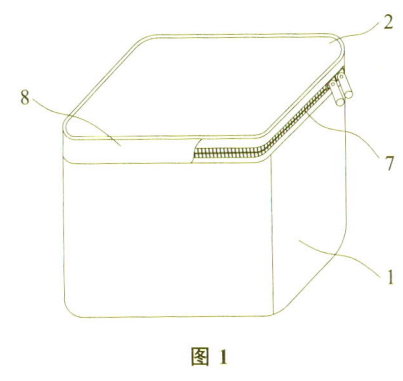

图 1

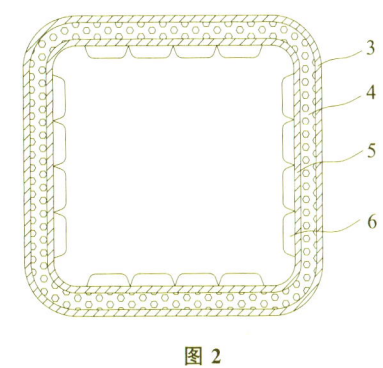

图 2

对比文件 1：

(19) 中华人民共和国国家知识产权局

(12) 实用新型专利说明书

(45) 授权公告日 2020 年 12 月 9 日

(21) 申请号 202020012345.6
(22) 申请日 2020 年 1 月 25 日
(73) 专利权人 甲公司   （其余著录项目略）

权 利 要 求 书

1. 一种硬质冷藏箱，包括箱本体（1）和盖体（2），盖体（2）设置于箱本体（1）的上方，其特征在于：所述的箱本体（1）包括内外两层防水尼龙面料层及保温中间层。

说 明 书

冷藏箱

本实用新型公开了一种硬质冷藏箱。
（背景技术、实用新型内容部分略）
图 1 是本实用新型冷藏箱盖体打开状态的立体图；
图 2 是本实用新型冷藏箱盖体关闭状态的立体图。

如图1、2所示，硬质冷藏箱包括箱本体1和盖体2。箱本体1包括内外两层防水尼龙面料层及保温中间层。箱本体1的内部形成放置物品的容纳空间，容纳空间上部为开口。用于盖合容纳空间开口的盖体2设于箱本体1的上方。箱本体1和盖体2上设有相互配合的连接件3。容纳空间内固定设置有若干个装有蓄冷剂的密封的蓄冷剂包（图中未示出）。

平时须将冷藏箱放置于冰箱内以冷冻蓄冷剂包。使用时打开盖体2，把需要冷藏的物品放置于箱本体1的容纳空间内，然后盖上盖体2，以减少容纳空间内的冷空气散失。本实用新型的冷藏箱特别适用于旅行中对食品、饮料的冷藏。

说 明 书 附 图

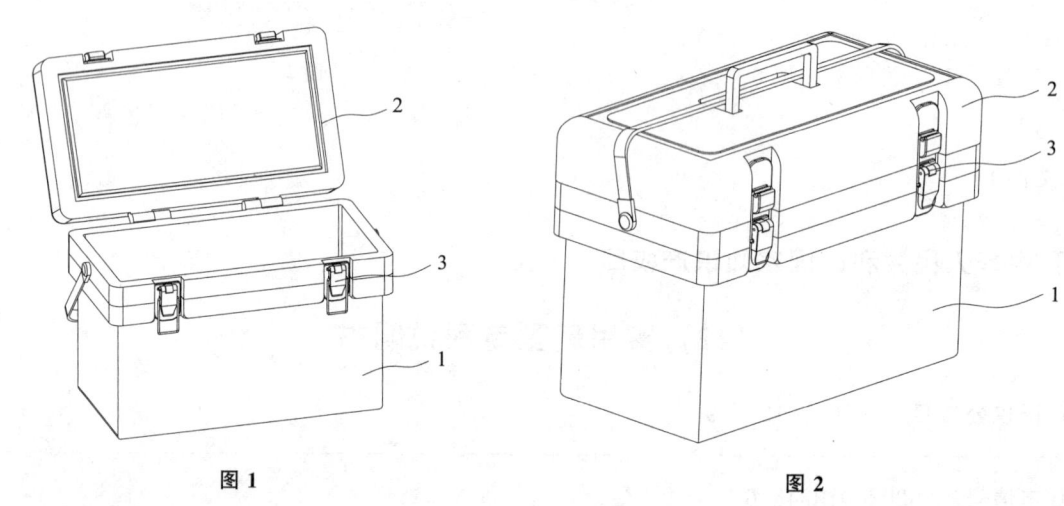

图1　　　　　　　　　　　　　　图2

对比文件2：

（19）中华人民共和国国家知识产权局

（12）实用新型专利说明书

（45）授权公告日　2019年12月1日

（22）申请日　2019年1月20日
（21）申请号　201920234567.8　　　　　　　　　　（其余著录项目略）

说 明 书

小型冷藏桶

本实用新型涉及一种小型冷藏桶。

（背景技术、实用新型内容部分略）

图1是本实用新型小型冷藏桶的立体图。

如图1所示，冷藏桶包括桶本体1和设于桶本体1上方的盖体2。桶本体1和盖体2由外向内依序设有防水尼龙面料层、硬质材料层、保温层及防水尼龙面料层。桶本体1具有一体成型的侧壁和桶底，在侧壁的顶部边缘及盖体2的边缘设有拉链3。为了使冷藏桶具有冷藏功能，还需在冷藏桶的桶本体1内放置若干个装有冰块的密封的冰块包（图中未示出），使得冷藏桶能够用于运输和存放饮料、食品等需要低温保存的物品。为了仅将冰块包放入冰箱内冷冻而无须将冷藏桶一并放入冰箱，所有冰块包均是直接放置在桶本体1内。此外，保温层可以采用泡沫材料。

平时把所有冰块包都放在冰箱中充分冷冻。使用时拉开拉链3，打开盖体2，把需要冷藏的物品和若干个冰块包放置于桶本体1内，再将盖体2盖合于桶本体1上，并闭合拉链3。

说 明 书 附 图

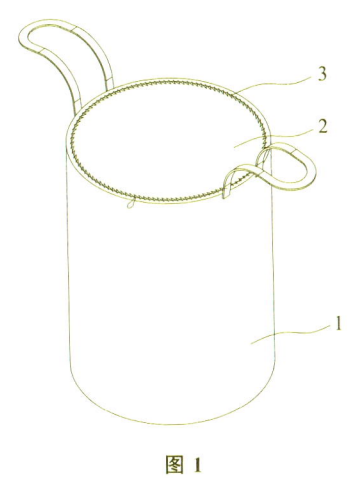

图1

对比文件3：

(19) 中华人民共和国国家知识产权局

(12) 实用新型专利说明书

(45) 授权公告日 2018年12月22日

(22) 申请日 2018年2月1日
(21) 申请号 201820345678.9

（其余著录项目略）

说 明 书

便携式冷藏箱

本实用新型涉及一种便携式冷藏箱。

(背景技术、实用新型内容部分略)

图1是本实用新型冷藏箱盖体打开状态的立体图；

图2是本实用新型冷藏箱盖体关闭状态的立体图。

如图1、2所示，冷藏箱包括箱本体1和盖体2，盖体2设于箱本体1的上方。箱本体1内形成放置被冷藏物品的容纳空间，容纳空间的上部具有用于取、放物品的开口。盖体2朝向容纳空间的一侧设有与容纳空间的开口相匹配的凸起3。凸起3由弹性材料制成且能紧密插入容纳空间的开口中，使得盖体2牢固盖合在箱本体1上。此外，在盖体2的边缘处固定设置有挡片4，人们可以通过手握挡片4将盖体2向上提起，拔出容纳空间开口中的凸起3，进而将盖体2从箱本体1上打开。在容纳空间内固定设置若干个装有蓄冷剂的密封的蓄冷剂包（图中未示出），以便长时间为冷藏箱内放置的例如饮料、食物等物品降温。

平时须将冷藏箱放置于冰箱内冷冻蓄冷剂包，经充分冷冻后可随时取出使用。

说 明 书 附 图

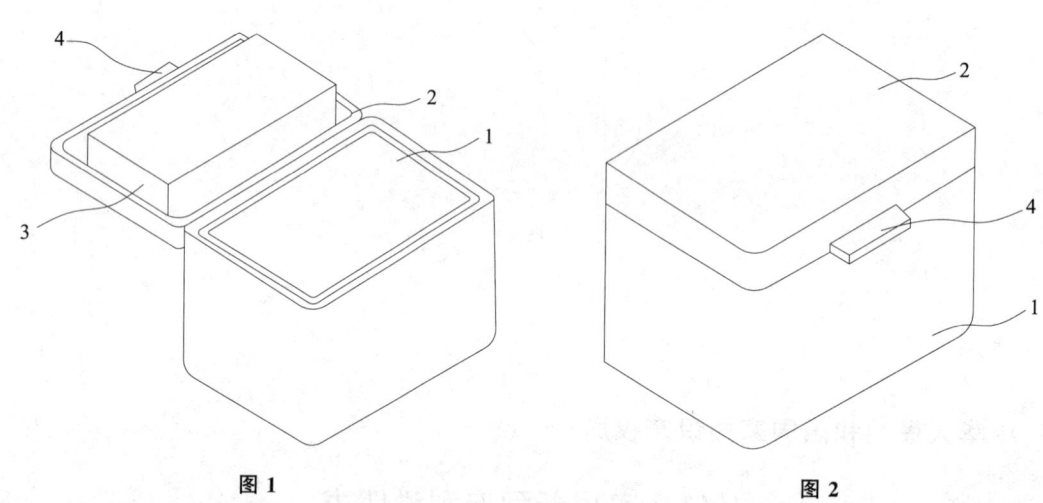

图1　　　　　　　　　　　图2

附件2（技术交底材料）：

现有技术的冷藏箱/桶，在使用过程中存在必须打开整个盖体取放物品，以及蓄冷剂包固定放置或者冰块包不固定放置等带来的不便。

在现有技术的基础上，我公司提出改进的冷藏桶。

一种由硬质保温材料制成的冷藏桶，包括桶本体1、盖体2和上盖3。桶本体1的顶部开口，盖体2盖合在桶本体1的开口上，以打开和关闭该开口。盖体2上开有窗口4，上盖3能打开和盖合窗口4，以便在不打开盖体2的情况下，就能取、放物品。作为冷源的若干个密封的冰块包或蓄冷剂包放置在桶本体 1 内，最好以可拆卸的方式例如通过黏扣等与桶本体 1 连接。

如图 1、2 所示，上盖 3 为圆形薄盖，盖合在盖体 2 上，上盖 3 开有口部 5。平时，口部 5 与窗口 4 彼此完全错开，上盖 3 除口部 5 以外的其他部分盖合在窗口 4 上。当取放物品时，将上盖 3 相对于盖体 2 水平转动，使窗口 4 完全露出，从而打开窗口 4。

如图 3、4 所示，上盖 3 为薄片状，其外形尺寸能盖住窗口 4，上盖 3 通过设置在盖体 2 上的竖直转轴 6 与盖体 2 连接。平时，上盖 3 盖合在窗口 4 上。当取放物品时，将上盖 3 以竖直转轴 6 为轴相对于盖体 2 水平转动，从而打开窗口 4。

如图 5、6 所示，上盖 3 为薄片状，其外形尺寸能盖住窗口 4，上盖 3 通过设置在盖体 2 上的水平转轴 7 与盖体 2 连接。平时，上盖 3 盖合在窗口 4 上。当取放物品时，将上盖 3 以水平转轴 7 为轴相对于盖体 2 向上转动翻开，从而打开窗口 4。

可以采用现有技术中的已知手段，例如通过相互配合的黏扣、磁性件等使上盖 3 紧密盖合在盖体 2 上，以获得更好的冷藏效果。此外，窗口 4 的大小可以设置成不同规格，以适应取放不同物品的需要。

技术交底材料附图：

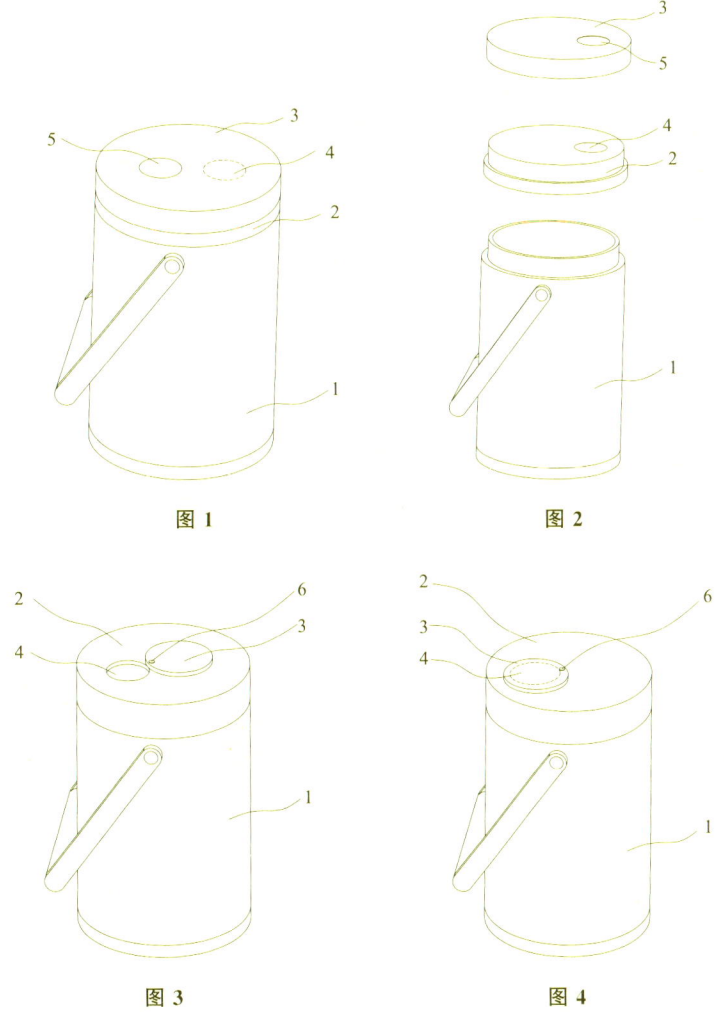

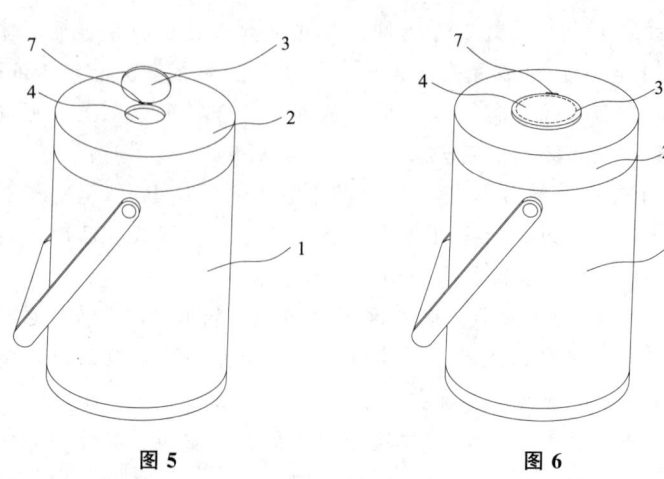

图 5　　　　　　图 6

解题思路

一、判断各项无效宣告理由是否成立

1. 核实对比文件的时间

对比文件1的申请日（2020年1月25日）早于附件1的申请日（2020年2月23日），但授权公告日（2020年12月9日）晚于附件1的申请日，因此对比文件1相对于附件1是申请在先、公开在后的专利文件，不构成附件1的现有技术，仅能用于单独评价附件1权利要求的新颖性，而不能和公知常识结合或者与其他对比文件结合用于评价权利要求的创造性。

对比文件2、3的授权公告日早于附件1的申请日，因此构成附件1的现有技术，能够用于评价附件1权利要求的创造性。

2. 对于理由1的分析

下表中对比权利要求1的技术方案与对比文件1公开的技术内容，下划线表示对比文件公开的技术特征。

权利要求1	对比文件1
一种硬质冷藏箱，包括箱本体（1）和盖体（2）	一种冷藏箱，包括箱本体1和盖体2。箱本体1包括内外两层防水尼龙面料层及保温中间层。箱本体1的内部形成放置物品的容纳空间，容纳空间上部为开口。用于盖合容纳空间开口的盖体2设于箱本体1的上方。箱本体1和盖体2上设有相互配合的连接件3。容纳空间内固定设置有若干个装有蓄冷剂的密封的蓄冷剂包
箱本体内部形成一个上部开口的容纳空间	
盖体（2）设置于箱本体（1）的上方，用于打开、关闭容纳空间的开口	
箱本体（1）包括防水外层（3）、保温中间层（4）及防水内层（5）	
箱本体（1）的容纳空间内固设有若干个装有蓄冷剂的密封的蓄冷剂包（6）	

续表

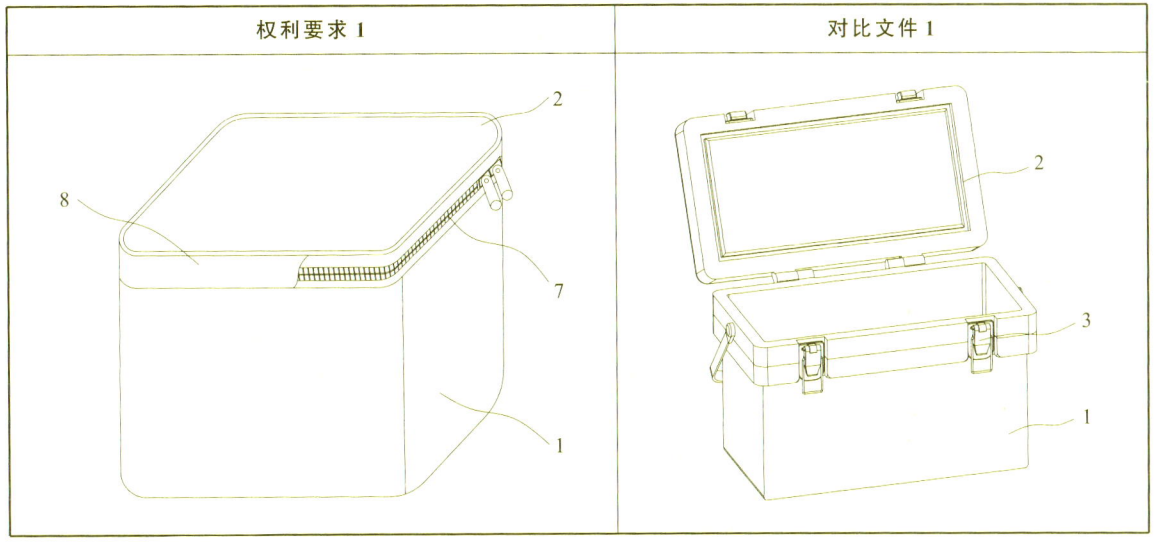

权利要求 1 的技术方案与对比文件 1 公开的技术方案相比，技术领域、技术方案、解决的技术问题和取得的技术效果相同，不具有新颖性。

无效宣告请求人的无效宣告请求理由中，进行了技术特征对比分析，但是没有分析对比文件的时间和新颖性的四个相同。因此，应当简要分析无效宣告理由成立的理由，补上时间对比以及对技术领域、技术问题和技术效果的分析说明。

3. 对于理由 2 的分析

对比文件 1 公开了箱本体 1 和盖体 2 上设有相互配合的连接件 3，并未公开权利要求 2 中的拉链。

无效宣告请求人在无效宣告请求书中表达了两层意思：

① 连接件是拉链的上位概念，因此权利要求 2 不具有新颖性。上述无效宣告理由不能成立，连接件是拉链的上位概念，上位概念不能破坏下位概念的新颖性，也不属于惯用手段的直接置换，对比文件 1 不能破坏权利要求 2 的新颖性。

② 拉链是公知常识，因此权利要求 2 不具有新颖性。上述无效宣告理由不能成立，新颖性适用于单独对比原则，并且对比文件 1 是申请在先、公开在后的专利文件，不能将其公开的技术方案与公知常识相结合来评述权利要求的新颖性。

答题时需要从上述两个方面详细分析无效宣告请求不能成立的理由。

4. 对于理由 3 的分析

由于权利要求 2 中进一步限定箱本体和盖体的连接处设置"拉链"，权利要求 3 进一步限定盖体上设有能盖住"拉链"的挡片，因此权利要求 3 虽然在形式上引用权利要求 1，但实质是对权利要求 1、2 的进一步限定，权利要求 3 的技术方案包括权利要求 1、2 的技术方案。

下表中对比权利要求 3 的技术方案与对比文件 2、3 公开的技术内容，下划线表示对比文件公开的技术特征。

权利要求3	对比文件2	对比文件3
一种硬质冷藏箱，包括箱本体（1）和盖体（2），箱本体内部形成一个上部开口的容纳空间，盖体（2）设置于箱本体（1）的上方，用于打开、关闭容纳空间的开口，箱本体（1）包括防水外层（3）、保温中间层（4）及防水内层（5），箱本体（1）的容纳空间内固设有若干个装有蓄冷剂的密封的蓄冷剂包（6）	一种小型冷藏桶，包括桶本体1和设于桶本体1上方的盖体2。桶本体1和盖体2由外向内依序设有防水尼龙面料层、硬质材料层、保温层及防水尼龙面料层。桶本体1具有一体成型的侧壁和桶底，在侧壁的顶部边缘及盖体2的边缘设有拉链3。在冷藏桶的桶本体1内放置若干个装有冰块的密封的冰块包，所有冰块包均是直接放置在桶本体1内。保温层可以采用泡沫材料	一种便携式冷藏箱，包括箱本体1和盖体2，盖体2设于箱本体1的上方。箱本体1内形成放置被冷藏物品的容纳空间，容纳空间的上部具有用于取、放物品的开口。盖体2朝向容纳空间的一侧设有与容纳空间的开口相匹配的凸起3。凸起3由弹性材料制成且能紧密插入容纳空间的开口中，使得盖体2牢固盖合在箱本体1上。盖体2的边缘处固定设置有挡片4。在容纳空间内固定设置若干个装有蓄冷剂的密封的蓄冷剂包
箱本体（1）和盖体（2）的连接处设置有拉链（7）		
在盖体（2）上设有能盖住拉链（7）的挡片（8）		

权利要求3中的"挡片"结构能够盖住拉链，从而使得权利要求3的技术方案能够解决由于拉链闭合处存在箱本体内、外空气的对流，缩短了冷藏箱的冷藏时间的技术问题，起到了阻止空气对流，延长冷藏时间的作用。而对比文件3中的"挡片"所具有的结构仅是人们用手握住挡片，用于解决盖体难于开启的技术问题，其作用在于当需要打开盖体时，人们手握挡片，以将盖体向上提起。权利要求3与对比文件3中的"挡片"的结构、解决的技术问题和所起作用均不相同，权利要求3中的上述区别技术特征未被对比文件3公开，对比文件3也未给出在盖体上设置能盖住拉链的挡片以解决上述技术问题的启示。因此，权利要求3相对于对比文件2、3的结合不具有创造性的理由不能成立。

5. 对于理由4的分析

（1）权利要求4相对于对比文件1、2的结合不具有创造性的理由分析

对比文件1是申请在先、公开在后的专利文件，不能和其他文件结合评价权利要求的创造性，权利要求4相对于对比文件1和2不具备创造性的无效宣告理由不成立。

（2）权利要求4相对于对比文件2、3的结合不具有创造性的理由分析

权利要求4引用的权利要求1，在前面的无效宣告理由中，并未使用过对比文件2、3评价权利要求1，因此权利要求4的创造性应当从权利要求1开始对比。下表中对比权利要求4的技

术方案与对比文件2、3公开的技术内容，下划线表示对比文件公开的技术特征。

权利要求4	对比文件2	对比文件3
一种硬质冷藏箱，包括箱本体（1）和盖体（2），箱本体内部形成一个上部开口的容纳空间，盖体（2）设置于箱本体（1）的上方，用于打开、关闭容纳空间的开口，箱本体（1）包括防水外层（3）、保温中间层（4）及防水内层（5），箱本体（1）的容纳空间内固设有若干个装有蓄冷剂的密封的蓄冷剂包（6）	<u>一种小型冷藏桶，包括桶本体1和设于桶本体1上方的盖体2。桶本体1和盖体2由外向内依序设有防水尼龙面料层、硬质材料层、保温层及防水尼龙面料层。</u>桶本体1具有一体成型的侧壁和桶底，在侧壁的顶部边缘及盖体2的边缘设有拉链3。在冷藏桶的桶本体1内放置若干个装有冰块的密封的冰块包，所有冰块包均是直接放置在桶本体1内。<u>保温层可以采用泡沫材料</u>	<u>一种便携式冷藏箱，包括箱本体1和盖体2，盖体2设于箱本体1的上方。箱本体1内形成放置被冷藏物品的容纳空间，容纳空间的上部具有用于取、放物品的开口。</u>盖体2朝向容纳空间的一侧设有与容纳空间的开口相匹配的凸起3。凸起3由弹性材料制成且能紧密插入容纳空间的开口中，使得盖体2牢固盖合在箱本体1上。盖体2的边缘处固定设置有挡片4。<u>在容纳空间内固定设置若干个装有蓄冷剂的密封的蓄冷剂包</u>
保温中间层（4）为泡沫材料	<u>用泡沫材料</u>	

权利要求4与对比文件2相比的区别在于"冷藏箱"和"箱本体的容纳空间内固设有若干个装有蓄冷剂的密封的蓄冷剂包"，而对比文件3公开了上述区别技术特征，所起作用也相同，即对比文件3给出了与对比文件2相结合以得到权利要求4技术方案的技术启示。因此，权利要求4相对于对比文件2和3不具备创造性的无效宣告理由成立。

6. 对于权利要求3不符合《专利法》第26条第4款的分析

权利要求3因其进一步限定的附加技术特征"拉链"在所引用的权利要求1中没有出现而缺乏引用基础，并且没有限定"拉链"的设置位置及连接关系，导致该权利要求保护范围不清楚，不符合《专利法》第26条第4款的规定。权利要求3不清楚的无效宣告理由成立。

7. 对于权利要求4不符合《专利法》第2条第3款的分析

对于实用新型的保护客体，需要具体判断该材料特征是否在现有技术中公开。对比文件2公开了保温层可以采用泡沫材料，因此权利要求4不属于对材料本身提出的改进，符合实用新型的保护客体。权利要求4不符合实用新型技术方案的无效宣告理由不成立。

8. 修改权利要求书的方案

鉴于权利要求1不具有新颖性的无效宣告理由成立，权利要求2的附加技术特征"拉链"也在权利要求3的无效宣告理由中进行过了评述，权利要求2也不具有创造性，只有权利要求3中的"挡片"可为实用新型带来创造性。因此确定权利要求的修改方案为：删除权利要求1，用权利要求3的附加技术特征对权利要求2进一步限定，形成新的权利要求1。

修改后的权利要求书、意见陈述书及意见分析详见参考答案。

二、删除式六步法撰写思路

第一步：技术特征分析

下面在技术交底书原文基础上，以删除线形式显示删除的非技术特征：

现有技术的冷藏箱/桶，在使用过程中存在必须打开整个盖体取放物品，以及蓄冷剂包固定放置或者冰块包不固定放置等带来的不便。

在现有技术的基础上，我公司提出改进的冷藏桶。

一种由硬质保温材料制成的冷藏桶，包括桶本体1、盖体2和上盖3。桶本体1的顶部开口，盖体2盖合在桶本体1的开口上，以打开和关闭该开口。盖体2上开有窗口4，上盖3能打开和盖合窗口4，以便在不打开盖体2的情况下，就能取、放物品。作为冷源的若干个密封的冰块包或蓄冷剂包放置在桶本体1内，最好以可拆卸的方式例如通过黏扣等与桶本体1连接。

（第一实施例）

如图1、2所示，上盖3为圆形薄盖，盖合在盖体2上，上盖3开有口部5。平时，口部5与窗口4彼此完全错开，上盖3除口部5以外的其他部分盖合在窗口4上。当取放物品时，将上盖3相对于盖体2水平转动，使窗口4完全露出，从而打开窗口4。

（第二实施例）

如图3、4所示，上盖3为薄片状，其外形尺寸能盖住窗口4，上盖3通过设置在盖体2上的竖直转轴6与盖体2连接。平时，上盖3盖合在窗口4上。当取放物品时，将上盖3以竖直转轴6为轴相对于盖体2水平转动，从而打开窗口4。

（第三实施例）

如图5、6所示，上盖3为薄片状，其外形尺寸能盖住窗口4，上盖3通过设置在盖体2上的水平转轴7与盖体2连接。平时，上盖3盖合在窗口4上。当取放物品时，将上盖3以水平转轴7为轴相对于盖体2向上转动翻开，从而打开窗口4。

（第四实施例）

可以采用现有技术中的已知手段，例如通过相互配合的粘扣、磁性件等使上盖3紧密盖合在盖体2上，以获得更好的冷藏效果。此外，窗口4的大小可以设置成不同规格，以适应取、放不同物品的需要。

第二步：找发明点

1. 找出区别技术特征

下表中对比技术交底书的技术特征与现有技术的区别，以下划线形式标示出区别技术特征。

技术交底	涉案专利
一种由硬质保温材料制成的冷藏桶，包括桶本体1、盖体2和<u>上盖3</u> 桶本体1的顶部开口，盖体2盖合在桶本体1的开口上，以打开和关闭该开口 <u>盖体2上开有窗口4，上盖3能打开和盖合窗口4</u> 作为冷源的若干个密封的冰块包或蓄冷剂包放置在桶本体1内 冷源以可拆卸的方式与桶本体1连接 冷源通过黏扣与桶本体1连接 <u>上盖3为圆形薄盖，盖合在盖体2上，上盖3开有口部5，上盖3相对于盖体2水平转动</u> <u>上盖3为薄片状，其外形尺寸能盖住窗口4</u> <u>上盖3通过设置在盖体2上的竖直转轴6与盖体2连接，上盖3以竖直转轴6为轴相对于盖体2水平转动</u> <u>上盖3通过设置在盖体2上的水平转轴7与盖体2连接，上盖3以水平转轴7为轴相对于盖体2向上转动翻开</u> <u>通过相互配合的黏扣、磁性件等使上盖3紧密盖合在盖体2上</u>	一种冷藏箱，由箱本体1、设置在箱本体1上部的盖体2构成。箱本体1为多层复合层结构，其内部形成一个上部开口的容纳空间。箱本体1的外层3和内层5由防水材料制成，中间层4为保温层。若干个蓄冷剂包6固定设置于箱本体1的容纳空间内。蓄冷剂包6为一密封的装有蓄冷剂的包状结构。箱本体1和盖体2的连接处设置有拉链7。在盖体2上设有能盖住拉链7的挡片8。箱本体1的保温中间层4采用泡沫材料

2. 技术逻辑分析

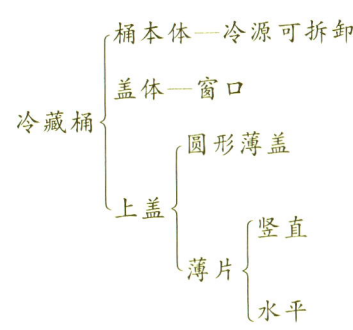

3. 确定发明点

上述区别技术特征中，有两个最基础的结构改进：①盖体2上开有窗口4，上盖3能打开和盖合窗口4；②冷源以可拆卸的方式与桶本体1连接。两个最基础的结构改进为并列的两个发明点。

第三步：确定所要解决的技术问题

第一个发明点对应的技术方案解决的技术问题是当需要取出或者放入较小物品时，仅需通过上盖打开盖体上的窗口即可，而无须打开整个盖体；

第二个发明点对应的技术方案解决的技术问题是无须将整个冷藏桶都放入冰箱中，只需拆卸放入蓄冷剂包就能达到蓄冷的效果。

第四步：确定第一件申请的必要技术特征

"一种由硬质保温材料制成的冷藏桶，包括桶本体1、盖体2和上盖3；桶本体1的顶部开口，盖体2盖合在桶本体1的开口上，以打开和关闭该开口"为冷藏桶的基本结构，属于必要技术特征。

在"作为冷源的若干个密封的冰块包或蓄冷剂包放置在桶本体1内"中，其中"冷源"要解决的技术问题是延长保藏时间，与本发明无须要打开整个盖体取放物品无关，不是必要技术特征。

"盖体2上开有窗口4，上盖3能打开和盖合窗口4"是第一个发明点，属于必要技术特征。

"上盖3为圆形薄盖，盖合在盖体2上，上盖3开有口部5，上盖3相对于盖体2水平转动；上盖3为薄片状，其外形尺寸能盖住窗口4；上盖3通过设置在盖体2上的竖直转轴6与盖体2连接，上盖3以竖直转轴6为轴相对于盖体2水平转动；上盖3通过设置在盖体2上的水平转轴7与盖体2连接，上盖3以水平转轴7为轴相对于盖体2向上转动翻开；通过相互配合的黏扣、磁性件等使上盖3紧密盖合在盖体2上"是对第一个发明点的进一步限定，不是必要技术特征。

"冷源以可拆卸的方式与桶本体1连接；冷源通过粘扣与桶本体1连接"是第二个发明点，不是必要技术特征。

第五步：撰写第一件申请的独立权利要求

1. 确定主题名称

根据技术交底书第三段第一句话的描述，可将主题名称确定为"冷藏桶"。

2. 组合全部必要技术特征

将与最接近的现有技术共有的必要技术特征写入独立权利要求的前序部分，将作为必要技术特征的区别特征写入独立权利要求的特征部分，调整语言语序，得到独立权利要求如下：

1. 一种冷藏桶，由硬质保温材料制成，包括桶本体（1）、盖体（2），桶本体（1）的顶部开口，盖体（2）盖合在桶本体（1）的开口上，其特征在于：盖体（2）上开有窗口（4），并设有上盖（3），上盖（3）能打开和盖合窗口（4）。

第六步：撰写第一件申请的从属权利要求

技术交底材料中针对上盖的结构及其与盖体的配合方式给出了三种实施方式。在三种方式中，上盖的具体结构及其与盖体的配合方式不同，但均是通过相对于盖体转动的方式来打开和关闭盖体的窗口，由此可以将上述三种实施方式概括成"上盖能够相对于盖体转动，以打开和盖合窗口"作为从属权利要求2。

第一实施例是通过上盖相对于盖体水平转动的方式来打开和关闭盖体的窗口，而第二实施例与第三实施例的特征中，上盖不仅结构相同，而且均是通过转轴与盖体连接。由此，可以将第一实施例作为一个从属权利要求，同时将第二实施例与第三实施例概括成另一个从属权利要求，并且这两个从属权利要求均可以上述从属权利要求2作为引用基础。然后，再分别以上述两个从属权利要求为基础，以"上盖为圆形薄盖""上盖通过设置在盖体上的竖直转轴与盖体连接""上盖通过设置在盖体上的水平转轴与盖体连接"作进一步限定来撰写相对应的从属权利要求，以形成有层次的保护。第二个发明点冷源的设置方式应当写为从属权利要求。

从属权利要求的写法参见参考答案，此处略。

第七步：撰写第二件申请独立权利要求

在第一件申请的独立权利要求基础上，将特征部分改为第二个发明点，撰写如下：

1. 一种冷藏桶，由硬质保温材料制成，包括桶本体（1）、盖体（2），桶本体（1）的顶部开口，盖体（2）盖合在桶本体（1）的开口上，其特征在于：冷源可拆卸地连接在桶本体（1）内。

参考答案

第一题参考答案

1. 权利要求1不具备新颖性的无效宣告理由成立

相对于涉案专利而言，对比文件1属于申请在先、公开在后的专利文件，能够用来评价涉案专利权利要求的新颖性。

由于涉案专利权利要求1的全部技术特征已经被对比文件1公开，并且两者技术领域、技术方案、解决的技术问题和取得的技术效果相同，不符合《专利法》第22条第2款的规定，因此对方提出的该无效宣告理由成立。

2. 权利要求2不具备新颖性的无效宣告理由不成立

首先，涉案专利权利要求2中的"拉链"是对比文件1中"连接件"的下位概念，由此权利要求2的技术方案与对比文件1实质上不同，上位概念不能破坏下位概念的新颖性；其次，新颖性的评价适用单独对比原则，且对比文件1属于申请在先、公开在后的专利文件，不能将对比文件1与公知常识相结合来评价权利要求的新颖性。因此，权利要求2不具备新颖性的无效宣告理由不成立。

3. 权利要求3不具备创造性的无效宣告理由不成立

对比文件2和3的公开日均早于涉案专利的申请日，构成了现有技术，能够用来评价涉案专利权利要求的创造性。

对比文件2的技术领域与涉案专利相同，最要解决的问题最为接近，是最接近的现有技术。

权利要求3与对比文件2公开的技术内容相比，区别特征在于"在盖体上设有能盖住拉链的挡片"。

基于上述区别特征可以确定，权利要求 3 实际要解决的技术问题是：因拉链闭合处存在箱本体内、外空气的对流，缩短了冷藏箱的冷藏时间，挡片结构能够盖住拉链，从而阻止空气对流，延长冷藏时间。

对比文件 3 中虽然公开了"挡片"，但该挡片的结构仅是人们用手握住即可，用于解决盖体难于开启的技术问题；其作用在于当需要打开盖体时，人们手握挡片，以将盖体向上提起。权利要求 3 与对比文件 3 中"挡片"的结构、解决的技术问题和所起作用均不相同。对比文件 3 未公开上述区别技术特征，也未给出将上述区别技术特征结合对比文件 2 以解决上述技术问题的启示，权利要求 3 相对于对比文件 2 和 3 的结合是非显而易见的，具有实质性特点。

权利要求 3 的有益效果为：在盖体上设有能盖住拉链的挡片，减少了箱本体内、外空气的对流，延长箱内物品的冷藏时间，具有进步。

综上，权利要求 3 具备创造性，符合《专利法》第 22 条第 3 款的规定，对方提出的该项无效宣告理由不成立。

4. 关于权利要求 4 不具备创造性的无效宣告理由

（1）权利要求 4 相对于对比文件 1、2 的结合不具有创造性的无效宣告理由不成立

由于涉案专利的申请日早于对比文件 1 的公开日、公开日晚于涉案专利的申请日，因此对比文件 1 不构成现有技术，不能用于评价涉案专利权利要求的创造性。对方提出的权利要求 4 相对于对比文件 1、2 结合不具备创造性的无效宣告理由不成立。

（2）权利要求 4 相对于对比文件 2、3 的结合不具有创造性的无效宣告理由成立

对比文件 2 和 3 的公开日均早于涉案专利的申请日，构成了现有技术，能够用来评价涉案专利权利要求的创造性。

对比文件 2 的技术领域与涉案专利相同，最要解决的问题最为接近，是最接近的现有技术。

权利要求 4 与对比文件 2 公开的内容相比，区别特征在于：权利要求 4 保护一种"冷藏箱"，以及"箱本体（1）的容纳空间内固设有若干个装有蓄冷剂的密封的蓄冷剂包（6）"。

基于上述区别技术特征，权利要求 4 实际要解决的技术问题是防止蓄冷剂包相互堆积碰撞。

对比文件 3 公开了上述区别技术特征，而且该特征在对比文件 3 中所起作用与其在本实用新型中为解决其技术问题所起的作用相同，均是防止蓄冷剂包相互堆积碰撞，即对比文件 3 给出了将该技术特征用于对比文件 2 以解决上述技术问题的启示。因此，权利要求 4 技术方案相对于对比文件 2 和对比文件 3 的结合是显而易见的，权利要求 4 没有实质性特点和进步，不具有创造性，不符合《专利法》第 22 条第 3 款的规定。因此，对方提出的权利要求 4 相对于对比文件 2 和 3 不具备创造性的无效宣告理由成立。

5. 权利要求 3 不符合《专利法》第 26 条第 4 款规定的无效宣告理由成立

首先，权利要求 3 限定的技术特征"拉链"只有部件名称，并未限定拉链的设置位置及其与其他部件的连接关系；其次，在其引用的权利要求 1 中未出现"拉链"这一技术特征，权利要求 3 缺乏引用基础，导致权利要求 3 的保护范围不清楚，不符合《专利法》第 26 条第 4 款的规定。对方提出的该项无效宣告理由成立。

6. 权利要求 4 不符合《专利法》第 2 条第 3 款规定的无效宣告理由不成立

权利要求 4 的附加技术特征是"所述保温中间层（4）为泡沫材料"，对比文件 2 公开了相同内容，由此泡沫材料作为保温层是现有技术，权利要求 4 是将已知材料应用于具有形状、构造的产品上，不属于对材料本身提出的改进，符合《专利法》第 2 条第 3 款的规定。对方提出的该项无效宣告理由不成立。

关于如何修改权利要求书

(1) 虽然无效宣告请求书中并没有提及原权利要求 2 的创造性问题，但是权利要求 2 还存在相对于对比文件 2、3 的结合不具备创造性的缺陷，具体原因如下：

权利要求 2 与对比文件 2 的区别技术特征在于"箱本体（1）的容纳空间内固设有若干个装有蓄冷剂的密封的蓄冷剂包（6）"，而对比文件 3 公开了"在容纳空间内固定设置若干个装有蓄冷剂的密封的蓄冷剂包"，且该区别技术特征在对比文件 3 中所起的作用与其在权利要求 2 中为解决技术问题所起的作用相同，对比文件 3 给出了将该特征用于对比文件 2 以解决技术问题的启示，权利要求 2 相对于对比文件 2、3 的结合不具备《专利法》第 22 条第 3 款规定的创造性，因此不建议将原权利要求 2 作为新的独立权利要求。

(2) 由于对比文件 1～3 均没有公开原权利要求 3 中"盖体（2）上设有能盖住拉链（7）的挡片（8）"，也不能解决使用挡片将拉链盖住，阻止拉链闭合处内、外空气的对流，以延长冷藏时间的技术问题，因此建议删除原权利要求 1，将原权利要求 3 的附加技术特征对原权利要求 2 作进一步限定，形成新的独立权利要求 1，从而使修改后的独立权利要求 1 符合《专利法》第 22 条有关新颖性和创造性的规定，同时符合《专利法》第 26 条第 4 款的规定。由于修改后的独立权利要求 1 具备新颖性和创造性，则其从属权利要求 2 也必然具备新颖性和创造性。

(3) 将原权利要求 4 的附加特征对原权利要求 2、3 作进一步限定，形成新的从属权利要求 2。

(4) 修改后的权利要求既没有超出原说明书和权利要求书记载的范围，又没有扩大原专利的保护范围，并且符合《专利法》《专利法实施细则》和《审查指南》中关于无效宣告程序中专利文件修改的各项规定。

修改后的权利要求书

1. 一种硬质冷藏箱，包括箱本体（1）和盖体（2），所述箱本体（1）的内部形成一个上部开口的容纳空间，所述盖体（2）设置于所述箱本体（1）的上方，用于打开、关闭所述容纳空间的开口，其特征在于：所述箱本体（1）包括防水外层（3）、保温中间层（4）及防水内层（5），所述箱本体（1）的容纳空间内固设有若干个装有蓄冷剂的密封的蓄冷剂包（6），所述箱本体（1）和所述盖体（2）的连接处设置有拉链（7），在所述盖体（2）上设有能盖住所述拉链（7）的挡片（8）。

2. 如权利要求 1 所述的硬质冷藏箱，其特征在于：所述保温中间层（4）为泡沫材料。

意见陈述书

国家知识产权局：

专利权人收到请求人于提交的专利权无效宣告请求书及所附对比文件 1 至 3。现针对无效宣告请求人所提出的请求宣告本专利权无效的理由和证据进行答辩。具体答辩意见如下：

一、专利权人对权利要求书进行了修改，将独立权利要求 1 删除，并用从属权利要求 3 的附加技术特征对权利要求 2 作进一步限定，形成新的独立权利要求 1。用原权利要求 4 的附加技术特征对原权利要求 2 作进一步限定，形成新的权利要求 2。修改后的独立权利要求 1 没有超出原说明书和权利要求书记载的范围，符合《专利法》第 33 条、《专利法实施细则》第 69 条第 1 款以及《审查指南》的规定。专利权人请求国家知识产权局在修改后的权利要求书的基础上进行审查。

二、修改后的独立权利要求 1 符合《专利法》第 22 条第 2 款和第 3 款有关新颖性、创造性的规定以及《专利法》第26条第4款有关权利要求清楚限定要求专利保护范围的规定。具体理由如下。

1. 独立权利要求1清楚

独立权利要求1明确了拉链的设置位置以及与冷藏箱其他部件之间的连接关系，因此权利要求1所请求的保护范围是清楚的，符合《专利法》第26条第4款的规定。

2. 独立权利要求1相对于对比文件1具备新颖性

对比文件1是申请在先、公开在后的中国专利文件，只能评价权利要求1的新颖性，不能评价创造性。

对比文件1中记载了包括有箱体、盖体、连接件的硬质冷藏箱。独立权利要求1所述冷藏箱与对比文件1所公开的冷藏箱相比，区别技术特征在于：箱本体和盖体的连接处设置拉链，盖体上设置有能盖住拉链的挡片。上述内容并没有被对比文件1所披露。

由此看出，权利要求1所要求保护的冷藏箱的技术方案与对比文件1中公开的技术方案实质不同。所以，独立权利要求1相对于对比文件1具备《专利法》第22第2款所规定的新颖性。

3. 独立权利要求1相对于对比文件2、3的结合具备创造性

对比文件2和3的公开日均早于涉案专利的申请日，构成了现有技术，能够用来评价涉案专利权利要求的创造性。

对比文件2的技术领域与涉案专利相同，所要解决的技术问题最为接近，是最接近的现有技术。

权利要求1与对比文件2公开的内容相比，区别技术特征为：箱本体的容纳空间内固设有若干个装有蓄冷剂的密封的蓄冷剂包，在盖体上设有能盖住所述拉链的挡片。

基于上述区别技术特征可以确定，涉案专利权利要求1所要解决的技术问题是冷源可固定，以及由于拉链闭合处存在箱本体内、外空气的对流，缩短了冷藏箱的冷藏时间。

对比文件3公开了设置在盖体上的"挡片"，但是对比文件3中的"挡片"所具有的结构仅是人们用手握住挡片即可，用于解决盖体难于开启的技术问题，其作用在于当需要打开盖体时，人们手握挡片，以将盖体向上提起，权利要求1与对比文件3中"挡片"的结构、解决的技术问题和所起作用均不相同。因此，上述区别技术特征未被对比文件3公开，对比文件3也未给出将上述区别特征与对比文件2结合以解决上述技术问题的启示，权利要求1相对于对比文件2、3的结合是非显而易见的，具有实质性特点。

涉案专利权利要求1的有益效果为：在盖体上设有能盖住拉链的挡片，减少了箱本体内、外空气的对流，延长箱内物品的冷藏时间，具有进步。

综上，权利要求1具有创造性，符合《专利法》第22条第3款的规定。

4. 权利要求2具备新颖性和创造性

权利要求2是权利要求1的从属权利要求，在权利要求1具有新颖性和创造性的情况下，从属权利要求2也具有新颖性和创造性。

5. 权利要求2属于实用新型的保护客体

权利要求2的附加技术特征是"保温中间层（4）为泡沫材料"，对比文件2公开了泡沫材料作为保温层，可见权利要求2是将已知材料应用于具有形状、构造的产品上，不属于对材料本身提出的改进，权利要求2符合《专利法》第2条第3款的规定。

综上所述，专利权人认为修改后的权利要求符合《专利法》及其实施细则的有关规定，请求人所提出的无效理由均不成立，因此请求国家知识产权局依法维持专利权有效。

专利代理机构：××××　　专利代理师：×××
××××年××月××日

第二题参考答案

第一件申请权利要求的撰写

1. 一种冷藏桶，由硬质保温材料制成，包括桶本体（1）、盖体（2），桶本体（1）的顶部开口，盖体（2）盖合在桶本体（1）的开口上，其特征在于：盖体（2）上开有窗口（4），并设有上盖（3），上盖（3）能打开和盖合窗口（4）。

2. 如权利要求1所述的冷藏桶，其特征在于：上盖（3）能够相对于盖体（2）转动，以打开和盖合窗口（4）。

3. 如权利要求2所述的冷藏桶，其特征在于：上盖（3）能够相对于盖体（2）水平转动，以打开和盖合窗口（4）。

4. 如权利要求3所述的冷藏桶，其特征在于：上盖（3）为圆形薄盖，盖合在盖体（2）上，上盖（3）开有口部（5），将上盖（3）相对盖体（2）水平转动，能够使得口部（5）与窗口（4）彼此完全错开。

5. 如权利要求2所述的冷藏桶，其特征在于：上盖（3）为薄片状，其外形尺寸能盖住窗口（4），上盖（3）通过转轴与盖体（2）连接。

6. 如权利要求5所述的冷藏桶，其特征在于：上盖（3）通过设置在盖体（2）上的竖直转轴（6）与盖体（2）连接，上盖（3）能以竖直转轴（6）为轴相对于盖体（2）水平转动。

7. 如权利要求5所述的冷藏桶，其特征在于：上盖（3）通过设置在盖体（2）上的水平转轴（7）与盖体（2）连接，上盖（3）能以水平转轴（7）为轴相对于盖体（2）向上转动翻开。

8. 如权利要求1至7中任一项所述的冷藏桶，其特征在于：在桶本体（1）内设置有冷源，冷源可拆卸地与桶本体（1）连接。

9. 如权利要求8所述的冷藏桶，其特征在于：通过黏扣将冷源可拆卸地与桶本体（1）连接。

10. 如权利要求8所述的冷藏桶，其特征在于：所述冷源为若干个冰块包或蓄冷剂包。

11. 如权利要求1、2、3、5、6、7中任一项所述的冷藏桶，其特征在于：上盖（3）通过相互配合的粘扣或磁性件紧密盖合在盖体（2）上。

第二件申请独立权利要求的撰写

1. 一种冷藏桶，由硬质保温材料制成，包括桶本体（1）、盖体（2），桶本体（1）的顶部开口，盖体（2）盖合在桶本体（1）的开口上，其特征在于：冷源可拆卸地连接在桶本体（1）内。

分案申请的理由

第一份专利申请的独立权利要求1相对于现有技术作出贡献的技术特征为"盖体（2）上开有窗口（4），并设有上盖（3），上盖（3）能打开和盖合窗口（4），所解决的技术问题为在不打开盖体的情况下，就能取出放入物品；

第二份专利申请的独立权利要求1相对于现有技术作出贡献的技术特征为"冷源可拆卸地连接在桶本体（1）内"，所解决的技术问题为蓄冷剂包固定放置需将箱体整体放入冰箱或不固定放置容易堆积碰撞；

由此可见，两个独立权利要求对现有技术作出贡献的技术特征既不相同也不相应，彼此之间在技术上也无相互关联，因此两个独立权利要求之间并不包含相同或相应的特定技术特征，不属于一个总的发明构思，彼此之间不具备单一性，不符合《专利法》第31条第1款的规定，应当分别作为两份专利申请提出。

独立权利要求相对于附件1解决的技术问题及取得的技术效果

第一件申请的独立权利要求通过在盖体上开有窗口并设有能打开和盖合窗口的上盖，解决了取放物品时打开整个盖体，内外空气对流冷藏效果降低的技术问题；获得了当需要取放较小物品时，仅需通过上盖打开盖体上的窗口，无须打开整个盖体，减少了冷藏桶内外空气对流的机会，延长了所保存物品的冷藏时间的技术效果。

第二件申请的独立权利要求通过冷源可拆卸地连接在桶本体内，解决了需要将箱体整体放入冰箱冷藏，不便于取放，冷源不固定容堆积碰撞的技术问题；获得了无须将整个冷藏桶都放入冰箱中就能冷冻蓄冷剂包，节省所占用的冰箱中的空间，使用方便的技术效果。

参考文献

[1] 吴观乐. 发明和实用新型专利申请文件撰写案例剖析［M］. 3版. 北京：知识产权出版社，2011.

[2] 李超，吴观乐. 全国专利代理人资格考试考前培训系列教材：专利代理实务分册［M］. 2版. 北京：知识产权出版社，2013.

[3] 欧阳石文，吴观乐. 专利代理实务应试指南及真题精解［M］. 3版. 北京：知识产权出版社，2015.

[4] 田力普. 发明专利审查基础教程［M］. 北京：知识产权出版社，2013.

[5] 国家知识产权局条法司. 2006年全国专利代理人资格考试试题解析［M］. 北京：知识产权出版社，2007.

[6] 国家知识产权局条法司. 2007年全国专利代理人资格考试试题解析［M］. 北京：知识产权出版社，2008.

[7] 国家知识产权局条法司. 2008年全国专利代理人资格考试试题解析［M］. 北京：知识产权出版社，2009.

[8] 国家知识产权局条法司. 2009年全国专利代理人资格考试试题解析［M］. 北京：知识产权出版社，2010.

[9] 国家知识产权局条法司. 2010年全国专利代理人资格考试试题解析［M］. 北京：知识产权出版社，2011.

[10] 国家知识产权局条法司. 2011年全国专利代理人资格考试试题解析［M］. 北京：知识产权出版社，2012.

[11] 国家知识产权局条法司. 2012年全国专利代理人资格考试试题解析［M］. 北京：知识产权出版社，2013.

[12] 国家知识产权局条法司. 2013年全国专利代理人资格考试试题解析［M］. 北京：知识产权出版社，2014.

[13] 国家知识产权局条法司. 2014年全国专利代理人资格考试试题解析［M］. 北京：知识产权出版社，2015.

[14] 国家知识产权局条法司. 2015年全国专利代理人资格考试试题解析［M］. 北京：知识产权出版社，2016.

[15] 中华全国专利代理人协会. 2016年全国专利代理人资格考试试题解析［M］. 北京：知识产权出版社，2017.

[16] 中华全国专利代理人协会. 2017年全国专利代理人资格考试试题解析［M］. 北京：知识产权出版社，2018.

[17] 国家知识产权局专利代理师考试委员会办公室. 2018年全国专利代理人资格考试试题解析［M］. 北京：知识产权出版社，2019.

[18] 国家知识产权局专利代理师考试委员会办公室. 2019年全国专利代理师资格考试试题解析［M］. 北京：知识产权出版社，2020.

后　　记

到 2022 年 8 月，我已从事专利工作 22 年，先后在国家知识产权局专利局、专利代理机构、律师事务所、企业等单位工作过，诸多领导、老师、同事都给过我莫大的指导、帮助和提携，使我获得今天的积累，在此一并致以谢意。

本书能够出版，要感谢的人太多。早在 2003 年，天津北洋专利事务所的所长江镇华老先生即邀请我为其举办的专利代理人资格考试培训班讲授专利代理实务，为我提供了初登讲台的机会。2007 年，我的研究生导师中国政法大学的冯晓青教授邀请我一起编写专利代理人资格考试培训教材，让我对教材的编写有了初步认识。2009 年，受中华全国专利代理人协会的指定，与吴观乐等众多前辈、同行一起编写《专利申请代理实务　机械分册》教材，并在全国多地巡回授课，锻炼了我的讲课、写作能力，又从前辈及同行处学到诸多经验。对外公开授课的第一讲之后，即受到当时北京知识产权服务中心庞铁主任（现为北京君以信知识产权代理有限公司总经理）的青睐，力邀我为考前培训班讲授专利法、相关法、专利代理实务的课程，并在其后数年内逐步成为全部课程唯一指定授课老师，使我授课的信心备受鼓舞。随后，又收到天津知识产权服务中心张占疆主任（现为天津华盛理律师事务所律师）、国防知识产权局执法处李晓红处长、陕西知识产权服务中心张娟主任、大连理工大学张雨葭老师等诸位领导的邀请和安排，在北京、天津、西安、长沙、合肥、大连等地授课。授课过程中，北京市知识产权服务中心的马东辉、李葭，天津市知识产权服务中心的张颖，国防科技大学的曹德斌参谋等众人都在生活上给过我无微不至的关怀，深表感谢。2020 年年初，思博论坛工组人员邀请我共同开辟网络培训项目，又帮助我开辟了网络培训的广袤新天地。

本书的前身为国防工业出版社 2015 年出版的《专利代理实务讲座教程及历年试题解析》。在国防工业出版社孙严冰主任的关切下，经过毛俊权编辑的数月努力，这本由我独立完成的培训教材才第一次正式出版。该书出版后，被很多考生誉为"最贴近考试的辅导书"。然而盛赞之下，谬误实多，此后数年多次筹划修订出版，均无果而终，只好以内部讲义形式发给辅导班的考生，众多没有报班的考生无缘看到改版内容。

2022 年年初，经知识产权出版社卢海鹰主任筹划，王瑞璞编辑的辛勤工作，本书终于在大幅修订之后，时隔 7 年再与广大读者见面。本次修订工作中，天津三元专利商标代理有限责任公司专利代理师陈露曦执笔修改文字部分，苏州市中南伟业知识产权代理事务所专利分析师陈森重新绘制全部图纸，北京慧智兴达知识产权代理有限公司专利工程师王明伟对全部图纸再次修订，经我先后六次检查、修改后，再由北京农学院叶春蕾博士修改校对两次。虽然经过多人、多轮修改，但是由于水平有限，仍会存在错误，希望读者发现后，在读者交流群、学习群中不吝指出，以便下一版出版时修订。

最后还要提醒广大读者，本书是针对专利代理实务考试的应试教程，其中对新颖性、创造性的判断与现实中的判断思路基本吻合，但是概括有反例、撰写"六步法"等并不能简单地在现实撰写中应用。对现实工作中专利撰写、检索、无效、侵权判断等内容感兴趣的读者，可关注我的"专利代理实操"视频课程。

韩 龙

修订完成于 2022 年 2 月 22 日

扫码提供购书凭证
进读者微信群 ⇨